奈良文化財研究所研究報告　第19冊

第20回 古代官衙・集落研究会報告書
郡庁域の空間構成

序

　奈良文化財研究所では、古代官衙と集落に関する研究集会を平成8年から継続しています。この研究集会は、全国の官衙や古代集落に関心のある考古学・文献史学・建築史学・歴史地理学など諸分野の研究者が年に一度、一堂に会して熱い議論を交わす学際的な研究集会です。昨年度には20年目という節目の年を迎えることができました。

　記念すべき20回目となる研究集会では、「郡庁域の空間構成」に焦点を当て、郡衙（家）、とりわけ郡庁域を対象として議論を重ねることにしました。これまでに「門」（2009年）・「四面廂建物」（2011年）・「長舎」（2013年）といった官衙を構成する各建物の検討をおこなってきました。これらの検討を踏まえ、各建物を群として総合的に捉えることで、郡庁空間の使われ方や性格を再検討してみよう、というのが今回の取り組みでした。

　研究集会では、各地域・分野の研究者の報告と議論を通して、郡庁域の建物配置や建物構成の変遷があきらかになり、廂の付加や礎石化といった建物構造の時期的変化や荘厳化、歴史的展開について整理・考察がなされました。討論では、各地域における郡庁の地域性や建物構造の変化、郡庁移転の契機といった地域社会の在り方を考える上での重要な論点が議論され、今後の地方官衙の研究につながる充実した成果をあげることができました。

　この度、その研究成果をまとめた研究報告が完成し、皆様にお届けできる運びとなりました。本書の執筆に当たられました研究報告者をはじめ、研究集会に参加された皆さまに厚く感謝申し上げる次第です。

　当研究所では、これからも古代官衙・集落から古代国家の様相を探るべく、新たな研究課題を開拓し、全国の研究者の皆様と連携しながら、研究集会を継続していきたいと考えています。

　今後とも古代官衙・集落研究会の活動に対して、皆様のご支援とご協力を賜りますよう、よろしくお願い申し上げます。

2017年12月

独立行政法人国立文化財機構
奈良文化財研究所長
松村 恵司

目 次

序 …………………………………………………………………………………………… 3
目次 ………………………………………………………………………………………… 5
例言 ………………………………………………………………………………………… 6
開催趣旨 …………………………………………………………………………………… 7
プログラム ………………………………………………………………………………… 8

Ⅰ 報 告 …………………………………………………………………………………… 9

遺構からみた郡庁の建築的特徴と空間的特質 ………………………………… 海野　聡　11

九州の郡庁の空間構成について ………………………………………………… 西垣　彰博　49

郡庁域の空間構成─西日本の様相─ …………………………………………… 雨森　智美　85

弥勒寺東遺跡（史跡弥勒寺官衙遺跡群）の郡庁院─変遷の把握とその意味─ …… 田中　弘志　107

関東地方における郡庁域の空間構成 …………………………………………… 栗田　一生　135

東北の郡庁の空間構成 …………………………………………………………… 藤木　海　155

文献からみた郡庁内・郡家域の空間構成 ……………………………………… 吉松　大志　203

Ⅱ 討 議 …………………………………………………………………………………… 217

例　言

1　本書は、平成28年（2016）12月9日から10日にかけて、奈良文化財研究所平城宮跡資料館講堂において開催した古代官衙・集落研究会の第20回研究集会「郡庁域の空間構成」の報告書である。

2　本研究集会は、馬場基（都城発掘調査部主任研究員）、林正憲（都城発掘調査部主任研究員）、小田裕樹（都城発掘調査部考古第二研究室研究員）、海野聡（都城発掘調査部遺構研究室研究員）、大澤正吾（都城発掘調査部考古第二研究室研究員）、清野陽一（都城発掘調査部考古第三研究室研究員）が企画・担当し、松村恵司、山中敏史（名誉研究員）の助言を得て開催した。参加者は、地方公共団体職員・研究者等計140名であった。

3　本書は、「Ⅰ　報告」と「Ⅱ　討議」の2部構成からなる。Ⅰは、研究集会における発表内容と検討成果を踏まえて新たに加筆修正された論考を収録し、Ⅱは、討議の記録を参照しながら清野・大澤が整理し、収録した。

4　本書における表記は『発掘調査のてびき（集落遺跡編、整理・報告書編、各種遺跡調査編）』（文化庁文化財部記念物課2010・2013）に準拠し統一を図った。ただし、著者の意図を尊重し、表記を統一しなかった部分がある。

5　本書の作成にあたり、下記の各機関・各氏から画像提供などのご高配を賜った。記して感謝申し上げる（五十音順）。
海龍王寺、株式会社至文堂、株式会社吉川弘文館、宮内庁書陵部、第一法規株式会社、當麻寺、東京国立博物館、唐招提寺、東大寺、奈良県文化財保存事務所、文化庁文化財部記念物課、法隆寺、宮本長二郎

6　本書の編集は、馬場・林・小田・海野・大澤・清野の協議の上、清野・大澤が担当した。また、編集および本文の校正にあたり野口成美、山川貴美、北野智子の助力を得た。

開催趣旨

　古代官衙では、コの字型や品字型など、複数の建物配置の類型が確認されており、古代官衙・集落研究会では門（2009年）・四面廂建物（2011年）・長舎（2013年）を対象に、その建築的特徴、役割、建物配置などを検討してきた。こうした検討を踏まえて、郡衙の中枢域の遺構をみていくと、廂の付加、礎石化、床、瓦葺など、時代の流れとともに、建物やその配置の変化が確認できる。また郡衙ごとに規模、遮蔽施設、廂の有無など、多様な形式をみせており、これらの政庁域の空間構成は機能との関係も課題であろう。さらに国庁や古墳など、郡衙周辺に目を移すと、地域社会の背景によって、官衙の位置付けや差異も認めることができる。これらの相違点や共通点をあきらかにすることで、これらを官衙の成立、最盛期、終焉という歴史的変遷とその表出である建物のもつ意味もおのずから明確になってくるであろう。

　そこで、今回の研究集会では、郡庁域に対象を絞り、その地域性、変遷に着目し、空間を構成する諸要素を比較・検討したい。また郡庁域の空間構成を検討することで、今後、地方官衙の定型化や中央・国府との関係、政庁域の空間的意義・官衙や集落での様相の違いといった諸々の地域社会の問題を考える第一歩としたい。

プログラム

2016年12月9日（金）・10日（土）
於：奈良文化財研究所　平城宮跡資料館　講堂

12月9日（金）
13:00 〜 13:10　開会挨拶
13:10 〜 14:10　遺構からみた郡庁の建築的特徴と空間的特質
　　　　　　　　　　　　　　　　　　　　　海野　聡（奈良文化財研究所）
14:10 〜 15:10　九州の郡庁の空間構成について　　西垣彰博（粕屋町教育委員会）
15:10 〜 15:30　〈休　憩〉
15:30 〜 16:30　郡庁域の空間構成—西日本の様相—　雨森智美（栗東市教育委員会）
16:30 〜 17:30　弥勒寺東遺跡（弥勒寺官衙遺跡群）の郡庁院
　　　　　　　　　—変遷の把握とその意味—　　　田中弘志（関市教育委員会）

12月10日（土）
 9:30 〜 10:30　関東地方の郡庁の空間構成　　　　栗田一生（川崎市教育委員会）
10:30 〜 11:30　東北の郡庁の空間構成　　　　　　藤木　海（南相馬市教育委員会）
11:30 〜 12:20　文献からみた郡庁内・郡家域の空間構成
　　　　　　　　　　　　　　　　　　　　　吉松大志（島根県古代文化センター）
12:20 〜 13:20　〈昼食・休憩〉
13:20 〜 15:30　**討　論**　　　　　　　　司会：坂井秀弥（奈良大学）
15:30 〜　　　　閉会挨拶

I 報 告

遺構からみた郡庁の建築的特徴と空間的特質

海野　聡（奈良文化財研究所）

I　はじめに

　政庁域の空間はその中心たる正殿・脇殿のほか、周囲を囲む遮蔽施設や通行のための門など、数多くの建物によって構成されている。そして、建物の配されない余地として、政庁域にはいわゆる空閑地、前庭空間ともいうべき場所がある。

　本稿では、郡庁の遺構を整理することで、郡庁の機能的要求にこたえる建物構成を検討する。その上で、個々の建物の特徴をみていきたい。また掘立柱と礎石・廂の付加方法と面積の拡大（屋根形状）・床の構造と有無・維持管理の点に絞って、政庁域建物の建築的特徴をみて、政庁域の空間的特質を検討したい。なお、検討は郡庁を主な対象とするが、適宜城柵政庁・国庁も対象に加え、広く建築的な特徴をみることとする。

　また、郡庁域の発掘調査において建築学的に考慮しておくべき事項・注意点について述べておきたい。

II　郡庁の建物構成

郡庁の建物　郡庁の建物として、どのような建物が必要かということを考えてみたい。これは、建物・空間を考えることでその共通点を探るとともに、郡庁の機能に迫る手がかりになると考えるからである。

　もちろん、遺跡の性格を考える上で、廂付建物や長舎が官衙の政庁域と判断する材料になっていることも多いため、郡庁に求められる建物を遺構からのみ抽出し、構成を判断することは問題を抱えているが、文字資料による情報が限られる以上、推定郡庁の建物構成を整理しておくことは一定の成果があろう。

　例えば、初期の郡庁などでは、正殿がなく長舎状の建物が遮蔽施設として機能する場合もある。その一方で、国庁には正殿は必ず確認できる。後者は国庁においておこなう元日朝賀に対応する施設として、正殿が不可欠であったためと考えられる。すなわち、機能的に国庁正殿は必要であったのである。では、郡庁の正殿とはいかなる機能なのであろうかという疑問が生じてくる。ここでは、郡庁の建物構成を明示するには至っていないが問題提起を図りたい。

政庁域の建物構成　郡庁の中には正殿に相当する独立建物が確認できないものもある。辺殿のみが郡庁の四方を取り囲み前庭空間を作り出すが、独立した建物として正殿が置かれない場合である。もちろん、発掘調査によって確認できていないのみで、正殿不在と断ずることはできないが、現状をみてみると、郡山遺跡I-A期、大野田官衙遺跡A・B期、栄町遺跡I〜III期、嶋戸東遺跡I期、御殿前遺跡評期、榎垣外官衙遺跡1B期、岡遺跡II期、丹上遺跡、古志本郷遺跡I期、郡垣遺跡I期、宮尾遺跡、那珂遺跡群、福原長者原遺跡I期、阿恵遺跡、坊所一本谷遺跡などがこれにあたる[1]。

　正殿がないということは、空間的に優位な建物が明確には存在しないということであり、政庁域の機能を考える上で重要な視座である。国司と郡司などの上下関係、あるいは在地豪族同士の上下・並列関係など、在地社会の構成を映す鏡とも考えられる。例えば、宮殿における重要儀礼の一つである饗宴を例にとると、共食であるのか服属であるのかといった違いに結び付く問題である。時代性をみると、7世紀後半など比較的早い段階のものが多く、辺殿[2]を用いる場合に、正殿が置かれないという傾向がうかがえる。あるいは、北辺殿などが正殿としての機能を果たした可能性もあろう。

　また前殿や後殿といった中軸上の建物があまりみられない点は、国庁との大きな違いである。上野国新田郡家跡3〜5段階、長者ヶ平官衙遺跡II-3・4期、久米官衙遺跡群I期では前殿、泉官衙遺跡CA期、正道官衙遺跡III期、上原遺跡群上原B期、小郡官衙遺跡III期では後殿が設けられている。また、郡

山遺跡Ⅱ－A期、城原・里遺跡里地区3期には前殿、根岸官衙遺跡群郡庁ⅢA～d期、下寺尾西方A遺跡Ⅴ期、堂ノ上遺跡、宮尾遺跡第3期、上岩田遺跡ⅠA期には後殿の可能性もある建物が確認される。特に神野向遺跡Ⅱ・Ⅲ期では前殿を設けており、ここには床束が確認できる。いずれの場合も、前殿・後殿のいずれであるかは正殿との位置関係によって定められるため、正殿の比定を明確にする必要があろう。

次に辺殿・脇殿についてみていこう。正殿はともかくとして、長舎は辺殿にしろ脇殿にしろ、いずれかの施設は必要と考えられる。

長舎の中でも神野向遺跡は特徴的で、Ⅱ・Ⅲ期に遮蔽施設として回廊を用いる。脇殿がないため、回廊が脇殿を代替する機能を有していたと推定でき、脇殿の機能を考える上で一つの指標となろう。これは御殿前遺跡Ⅲ・Ⅳ期においても同様に脇殿を代替するように回廊があり、この推定をある程度担保する。ただし、名生館官衙遺跡Ⅴ期のように回廊と脇殿が併存する事例もあり、早急には結論を導きがたい。大宰府跡Ⅱ・Ⅲ期政庁がまさにこの形式である。一方で、河合遺跡のように、辺殿で周囲を囲みながら脇殿相当の施設が設けられるものや、久米官衙遺跡群Ⅰ期・小郡官衙遺跡Ⅱ期のように辺殿と脇殿が併存する事例もあり、なお議論を必要とする。これらの事例は主に九州を中心に確認でき、地域的な特徴を示すのかもしれない。

建物構成と前庭空間　このように、郡庁・国庁の基本的な建物構成を明確にすることには困難がともなうが、ひとまずは正殿・前殿・後殿・長舎（脇殿）・門・遮蔽施設が主な構成と考えられる。これらの中から適宜、必要な建物が選択的に建てられた。こうしてみると、郡庁にはいわゆる寺院における七堂（金堂・塔・講堂・僧房・食堂・鐘楼・経楼）のような、建物の基本構成があったとは考えにくい。共通点としては、機能的な要求を満たす建物としては長舎程度で、後述のように、遮蔽施設ですら必須ではないようである。

こうした共通点の少ない郡庁の建物構成であるが、いずれも正殿や長舎状の建物で取り囲まれた空間が存在している。

ここから、前庭空間は必須であり、建物それ以上に必要な空間であったと推察される。もちろん空間に優劣をつけ、荘厳や上下関係を示す機能を有していたと推定するほうが律令支配と空間構成の関係を考える上では理解しやすいが、正殿なしの空間のように、空間内に明確な差がなく、共存あるいは協和といった点に重点が置かれた可能性も排除できない。

Ⅲ　郡庁建物の個別の特徴

（1）正殿の建築的特徴

正殿の建築的特徴を考えるにあたって、桁行規模・梁行規模・廂の有無の3点に大きく着目してみていきたい。

桁行規模　基本的には柱間を奇数とする。これは一般的に古代建築では中央間に通用口を設けるため、奇数間とする点と共通する。しかし、志波城跡B・C期、胆沢城跡Ⅲ期、泉官衙遺跡Ⅱ期（B－A・B期）、法華寺畑遺跡Ⅰ期、不入岡遺跡BⅠ期、下本谷遺跡Ⅱ～Ⅳ期の桁行6間、郡山遺跡Ⅱ－A期、岡遺跡Ⅲ－1・2期、正道官衙遺跡Ⅲ期、有田・小田部遺跡の桁行8間のように偶数間とする事例もある。偶数間の場合、中央に柱が置かれるため建物の中心（中軸）性や空間の対称性が低下する（図1）。

奇数間の中でも桁行5間のものが多く、奇数間で最大級のものでは栄町遺跡のように桁行7間のものもある。後述のように、身舎桁行5間に四面廂が付き、桁行7間になるものもある。その一方で、勝間田遺跡Ⅰ期のように身舎が7間以上のものもある。後者は廂がなく、正殿ではない可能性もあり、遺構の性格を考える上で、現状この桁行7間という規模は一つの指標となるのではなかろうか。また、偶数間の正殿は中軸や対称性を重視する律令的な建物の構成から考えるとやや不自然であり、その時期や地域性とあわせて考えていく必要があろう。

梁行規模　梁行規模は廂の有無と関係性が強いが、身舎の梁行は基本的に2間で、郡山遺跡Ⅱ－A期、多賀城跡Ⅰ期、名生館官衙遺跡Ⅲ期、三十三間堂官衙遺跡Ⅰ～Ⅲ期、秋田城跡Ⅰ・Ⅱ期、栄町遺跡Ⅵ期、泉官衙遺跡CB期、神野向遺跡Ⅱ・Ⅲ期、上野国新田郡家跡3段階・4～5段階、御殿前遺跡Ⅰ～Ⅳ期、

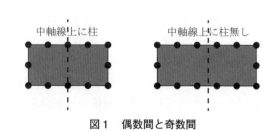

図1　偶数間と奇数間

長者原遺跡、今小路西遺跡Ⅱ期、芝山遺跡Ａ１群、上原遺跡群山宮阿弥陀森遺跡１期、戸島遺跡Ⅰ・Ⅱ期、法華寺畑遺跡Ⅰ期、稲木北遺跡、城原・里遺跡里地区３期など、一部梁行３間のものもある。全国的に確認できるが東北に特に多く集中しており、地域的特徴の可能性もある。余談ではあるが、平安時代以降、梁行２間の側柱建物であっても入母屋造や寄棟造の屋根を架ける技術があると考えられ、平等院鳳凰堂などがその例として挙げられる。時代性とともに考慮しておく必要がある。

廂の有無　遺構の性格を考える上で、廂付建物を正殿とみなしていることも多く、正殿の特徴と捉えてよいかは再考の余地を残す。そのため現状では、発掘されて正殿、あるいはその可能性が指摘されている遺構を検討の対象にせざるを得ないという制約があることをはじめに断わっておきたい。正殿と目される遺構は四面廂も多いが、片廂あるいは二面廂のものもある。後者の廂の場合、基本的には切妻造の屋根となるため、廂の付加による屋根形状の変化は見出しがたい（図２）。また、無廂のものも一定数あり、明確な廂の形式は見出しがたい。また、いずれの廂も正面（主に南）に付くことが多く、建物と郡庁空間の正面性を示している。後述のように、廂のみの付け替えや廂の付加による建物の荘厳化も確認できる。

郡庁正殿の格式　下寺尾西方Ａ遺跡Ⅴ期新、大ノ瀬官衙遺跡ⅣＡ・Ｂ期のように、桁行５間に四面廂という形式が郡庁正殿としてはもっとも大きく、格式の高い形式と考えられる（図３）。美濃国府跡・三河国府跡・大宰府跡Ⅱ・Ⅲ期などの正殿がこの規模であり、郡庁正殿の規模は国庁正殿の規模を超えないように造られた可能性がうかがえる。

また、上原遺跡群上原遺跡Ｂ期、万代寺遺跡中央官衙遺構前・後期、城原・里遺跡里地区３期のように、桁行７間として片廂や二面廂とする例や、芝山遺跡Ａ１群、上原遺跡群山宮阿弥陀森遺跡１・２期、勝間田遺跡Ⅰ～Ⅲ期のように、身舎のみで桁行７間とする例もみられる。これらの場合、屋根形状は切妻造となり、建物規模は確保しつつ、国庁正殿の四面廂建物よりも格式を落とした形式とした可能性も考えられる。この建物の規模に関する点は、郡庁正殿の

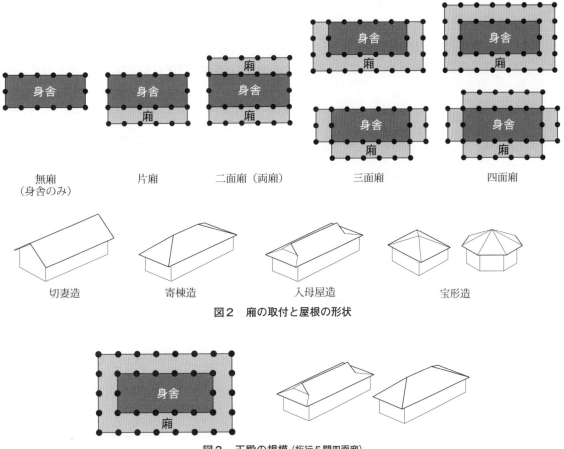

図２　廂の取付と屋根の形状

図３　正殿の規模（桁行５間四面廂）

機能を解明するための一つの足掛かりになろう。

（2）長舎（脇殿・辺殿）の建築的特徴

長舎については、2013年度の第17回古代官衙・集落研究集会（文献16）において検討しているが、ここでは建物規模・廂・床束について着目したい。特に床を張るための構法や遺構の特徴については後述するが、ここでは、床張りの長舎についてみてみたい。これは正殿が名生館官衙遺跡Ⅲ期、城輪柵跡Ⅳ期、岡遺跡Ⅲ－1・2期・稲木北遺跡を除き床を張らない（少なくとも、床の痕跡が確認できない）のに対して、脇殿には少なからずこの痕跡が確認できるためである。

長舎の棟数　長舎の数は脇殿と辺殿で異なるが、対称性が確認できる郡庁に限っても両脇殿（方位・名称は仮）各1棟によるものと、複数棟によるものの二つが確認できる。ほとんどが前者であるため、後者について取り上げたい。また辺殿については遮蔽との兼ね合いもあるため複数棟となることが多い。

複数棟の脇殿となる事例をみると、郡山遺跡Ⅱ期、弥勒寺東遺跡郡庁Ⅰ期、狐塚遺跡、稲木北遺跡などその数は限られている。

郡山遺跡の事例では、辺殿による構成であったものがⅡ期に脇殿が独立したという変遷がある。複数の辺殿から脇殿に建物構成が変わるにあたって、それぞれの辺殿の機能を継承させるために脇殿を複数設けた可能性もある。建物の変遷がある場合は、こうした建物構成や建て替えによる機能の移転も考慮しておく必要があろう。

一方で、弥勒寺東遺跡のように郡庁Ⅰ期には複数棟であったものが、Ⅱ期以降には両脇殿のみとなる事例もある。この場合は、北の脇殿2棟が失われているが、これらの建物は実務機能として不用であった可能性や、政庁外に機能が移された可能性などが考えられる。むろん、常陸国府跡のように国庁と曹司の機能が一体化していくような事例もあり、政庁のみではなく郡衙の包括的な機能の把握が必要となってこよう[3]。

やや話が郡庁から逸れるが、国庁では多賀城跡Ⅳ－3期、常陸国府跡、伊賀国府跡、大宰府跡、筑後国府跡Ⅰ～Ⅲ期、肥前国府跡Ⅲ期、日向国府跡Ⅲ期で複数棟の脇殿が確認できる。これも現状の発掘成果によるため過分な推定をともなうが、やはり九州で複数棟の脇殿が多いという傾向は、大宰府跡の建物構成との関係や地域性と捉えることができよう。また多賀城跡のように、Ⅰ～Ⅲ期は各1棟であったものがⅣ－3期で複数棟化するなど、要求機能・規模の増加がうかがえる事例もある。

なお、ここでは脇殿の位置の北方に総柱建物を配するものも複数棟の脇殿の事例としたが、これらは楼閣状の建物の可能性があり、政庁域を荘厳する施設

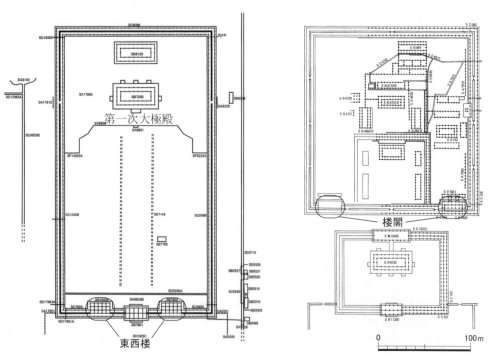

図4　平城宮第一次大極殿院と内裏の楼閣　1：4000

であった可能性もある。例をあげれば、大野田官衙遺跡、伊勢国府跡や伯耆国府跡などの国庁である。平城宮第一次大極殿院や内裏Ⅲ期のように、機能はあきらかではないが中枢域に楼閣を建てる事例があり、こうした空間を荘厳する建物との関連性は今後の課題であろう（図4）。

建物規模 建物規模が確定していない事例も多く、全体の傾向をうかがうことは困難であるが、脇殿の建物規模について分析を試みたい。遮蔽施設を兼ねた辺殿については郡庁の規模に影響されるため、ここでは建物規模の比較の対象からは除外し、独立して建つ脇殿のみを対象としたい。

脇殿の桁行規模をみると、ほぼすべてが桁行5間以上である。正殿の規模が身舎桁行5間以下のものが多いのに対し、脇殿はこれよりも長くする傾向があるといえよう。これは、梁行方向に拡大することは困難であるのに対し、桁行方向への拡大は容易であることに起因する（図5）。また辺殿などから脇殿へ変化した可能性も考慮しておく必要があろう。脇殿の祖型や変遷を考える上で一つの視座になる。

4間以下のものは、三十三間堂官衙遺跡Ⅰ～Ⅲ期西脇殿、東山官衙遺跡Ⅱ・Ⅳ期東脇殿、根岸官衙遺跡群C・d期西脇殿、泉官衙遺跡Ⅲ期西脇殿、弥勒寺東遺跡郡庁Ⅰ期東第一脇殿・西第一脇殿、古国府遺跡群東西脇殿程度である。このうち三十三間堂官衙遺跡・泉官衙遺跡・弥勒寺東遺跡は複数棟の脇殿の事例であり、桁行の長い脇殿が別に設けられている。古国府遺跡群では、遮蔽施設が近接しており物理的に桁行方向に長くすることが困難である。

また、桁行偶数間も一定数確認できる。これは、正殿とは異なり中心性や対称性を重視しておらず、偶数間であっても大きな問題とならなかったためであろう。

梁行は2間が基本で、廂の付加により3間となるものもある。ただし、国庁はともかくとして郡庁脇殿で廂が付加されるものは、栄町遺跡西脇殿、正道官衙遺跡東脇殿などにとどまり、ほとんどが無廂建物であった。郡庁正殿は二面廂程度のものが多く、脇殿はこれよりも桁行が大きいため、廂を付加すると正殿よりも巨大な建物になってしまうということに配慮した結果かもしれない。なお、廂を付加した場合、棟高が高くなるため、この点も廂が付加されなかった理由のひとつかもしれない。

床の有無 床の有無は脇殿の性格を考える上で重要な視座となる。郡庁・国庁で床束をもつ建物をまとめたものが**表1・2**である。これをみると、床束を持つ建物は城輪柵跡Ⅳ期、岡遺跡Ⅲ-1・2期に確認できるものの、それ以外は脇殿・辺殿に多い。床束の構法については後述することとするが、床を張るという要素は脇殿の性格、さらには政庁域の性格を考える上で一つの指標になる。これについては後述したい。

（3）遮蔽施設・門の建築的特徴

遮蔽方法（図6） 遮蔽の方法もさまざまである。他の建物（正殿や脇殿）から独立して、塀あるいは柵を設けるものが多い。より遮蔽性の高い築地塀とする例や材木塀・板塀とするものもある。その一方で、辺殿によって緩やかに遮蔽し、その間を塀でふさぐ場合、あるいは回廊で取り囲む場合もある。大溝のみで構築物をもたないものや、溝のみのものもある。事務局の資料集成をもとに遮蔽施設を分類すると、以下のようになる。なお、辺殿による遮蔽は一辺の半分以上を建物でふさぐ場合とする。

A　遮蔽施設

①一本柱塀・柵列

胆沢城跡Ⅰ・Ⅱ期・Ⅲ期、徳丹城跡Ⅰ・Ⅱ期、東山官衙遺跡Ⅱ～Ⅴ期、秋田城跡Ⅲ期・ⅣA・B期・Ⅵ期、城輪柵跡Ⅰ期、西原堀之内遺跡第1次、根岸官衙遺跡Ⅰ期、泉官衙遺跡BB・CA・CB・CC期、関和久上町遺跡1・5・6期、常陸国府跡ⅠA・B・Ⅱ期、神野向遺跡Ⅰ期（東西辺は辺殿）、下野国府Ⅰ・Ⅱ期、西下谷田遺跡Ⅰ・Ⅱ期、御殿

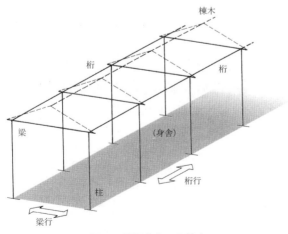

図5　桁行方向への拡大

表1 床束建物一覧（1）

遺跡名	遺構期	年代	建物の性格	遺構番号	基部構造	建物形式	平面形式	桁行間数(間)	桁行総長(m)	梁行間数(間)	梁行総長(m)	足場縁	雨落溝	地業	基壇	間仕切	瓦葺	備考	遺跡文献番号
志波城	b〜c期(完成〜改修期)	9世紀初めヵ	東脇殿	SB540	掘立	床束建物	その他	5	15.00	3	7.35	○	○					c期まで継続・階溝	85
志波城	b〜c期(完成〜改修期)	9世紀初め	西脇殿	SB580	掘立	床束建物	無廂	5	15.00	2	6.00	○	○					c期まで継続	82
徳丹城	政庁Ⅰ期	9世紀	政庁東脇殿	B13	掘立	床束建物	無廂	5	14.80	2	6.00	○	△					西中央間に廂ヵ	113
徳丹城	政庁Ⅰ期	9世紀	政庁西脇殿	B16	掘立	床束建物	無廂	5	14.90	2	5.90								113
鳥海柵	Ⅲ-1期	11世紀前半	殿舎ヵ	SB1	掘立	床束建物	四面廂	5	15.98	4	12.49							目隠し廂ヵ	115
郡山	Ⅱ-A期	7世紀後半〜8世紀初めヵ	東脇殿	SB1210	掘立	床束建物	無廂	7	18.3	2	5.6								58
郡山	Ⅱ-A期	7世紀後半〜8世紀初めヵ	その他	SB1555	掘立	床束建物	無廂	5ヵ	(15.0)	2	5.92								59
桃生城		8世紀後半	東脇殿	SB16	掘立	床束建物	無廂	5	11.76	2	5.38		○					添束あり	205
桃生城		8世紀後半	西脇殿	SB17	掘立	床束建物	無廂	5	11.82	2	5.42							添束あり	205
多賀城	第Ⅰ期	8世紀前半	東脇殿	SB127	掘立	床束建物	無廂	7	17.9	2	5.6				○	○		地下式礎石	91
多賀城	第Ⅰ期	8世紀前半	西脇殿	SB175	掘立	床束建物	無廂	7	17.88	2	5.52		○		○	○		礎石・添束	91
多賀城	第Ⅱ-2期	8世紀末葉〜貞観11(869)年	東脇殿	SB1150	掘・礎併用	側柱建物	無廂	5ヵ	(16.0)	2ヵ	(6.4)		○		△	○		西側隅に3間分の縁。縁床は掘立・床張か	92
多賀城	第Ⅲ-2期	8世紀末葉〜貞観11(869)年	西脇殿	SB1151	掘・礎併用	床束建物	無廂	5	16.0	2	6.4		○		△	○		東側に3間分の縁か。縁床は掘立、床張か	92
伊治城	Ⅲ期	780年以前	西脇殿	SB310b	掘立	床束建物	無廂	5	13.20	3	7.00					○			13
伊治城	Ⅲ期	780年以降	西脇殿	SB310c	掘立	床束建物	無廂	5	13.00	2	6.50					○			13
名生館官衙	Ⅲ期(域内地区B期)	8世紀初めか〜前葉	正殿	SB01	掘立	床束建物	四面廂	7	17.15	5	12.10	○						礎石・根巻石	198
名生館官衙	V期(小館地区Ⅳ2期)	8世紀末葉〜9世紀	西脇殿	SB1315a	掘立	床束建物	無廂	5	9.5	2	6.0		△					建替	202
名生館官衙	V期(小館地区Ⅳ2期)	8世紀末葉〜9世紀	西脇殿	SB1315b	掘立	床束建物	無廂	5	9.5	2	6.0							建替	202
三十三間堂官衙	Ⅱ期	9世紀中葉	北辺建物(北辺期)	SB45B	掘立	床束建物	無廂	8	20.0	2	3.8							建替	65
三十三間堂官衙	Ⅲ期	9世紀後半	北辺建物(北辺期)	SB45C	掘立	床束建物	無廂	8	20.0	2	3.8							建替	65
東山官衙	Ⅱ期	8世紀後半	東脇殿ヵ	SB342	掘立	床束建物	無廂	3	6.65	2	5.15								129
秋田城	V期	878年〜10世紀第2四半期	その他	SB326	掘立	床束建物	片廂	5	12.31	3	8.17	△						廂あるいは縁・根巻石	128
秋田城	VI期	10世紀第2四半期〜中葉	東脇殿	SB1703	掘立	床束建物	無廂	7	21.0	3	8.1							東北隅に材木塀SA1715が取り付く	5
払田柵	ⅠA期	8世紀末葉	東脇殿	SB1702	掘立	床束建物	無廂	5	21.0	2	5.4							側柱は礎石・東柱は掘立柱、目隠し塀(SA1711)	5
払田柵	Ⅲ期	9世紀末葉	東脇殿	SB120A	掘立	床束建物	無廂	6	(18)	2	(7.2)	○							192
払田柵	Ⅳ期	9世紀後半〜末葉	西脇殿	SB121A	掘立	床束建物	無廂	5	14.19	2	6.34							建替	192
払田柵	V期	10世紀中葉〜11世紀初めか	その他	SB500C	掘立	床束建物	無廂	4	14.50	2	6.95							建替・東柱根石	192
払田柵	V期	10世紀後葉〜11世紀初めか	西脇殿	SB122	掘立	床束建物	無廂	5	12.60	2	6.30		○					建替・根石	192
払田柵	V期	10世紀後葉〜11世紀初めか	東脇殿	SB501	掘立	床束建物	無廂	5	11.82	2	6.36		○						192
城輪柵	Ⅰ期	9世紀後半	西脇殿	SB006	掘立	床束建物	無廂	5	15.0	2	6.0								38
城輪柵	ⅡA期	9世紀前半	東脇殿	SB004	掘立	床束建物	無廂	7	21.0	2	7.8		○					隅欠き縁	41
城輪柵	ⅡA期	9世紀前半	西脇殿	SB007	掘立	床束建物ヵ	無廂	7	21.0	2	6.0							縁	38
城輪柵	ⅡB期	9世紀後半〜末葉	東脇殿	SB005	掘立	床束建物	無廂	3	9.0	2	6.2								41
城輪柵	Ⅳ期	9世紀中葉〜末葉	東脇殿	SB005-2	掘立	床束建物	片廂	4	10.8	2	5.6							建替・南門南東	40
城輪柵	V期	10世紀後葉〜11世紀初めか	西脇殿	SB031	掘立	床束建物	片廂	4	10.8	2	5.4		○					区画外南門南西	41
城輪柵	V期	9世紀後半	その他	SB019	掘立	床束建物	無廂	7	21.0	2	6.0							区画外南門南緑	41
城輪柵	ⅢA期	10世紀後葉	その他	SB008	掘立	床束建物	片廂	4	16.8	2	6.0							隅欠き緑縁	40
城輪柵	Ⅳ期	11世紀	正殿	SB032	掘立	床束建物	片廂	7ヵ	21	3	10.5						○		41
泉官衙	C-a期	8世紀末葉〜9世紀	正殿	SB1712a	掘立	床束建物	無廂	5	19.50	3	9.00		○						15
泉官衙	C-b期	8世紀末葉〜9世紀	正殿	SB1712b	掘立	床束建物	無廂	5	19.50	3	9.00		○						15
神野向	Ⅱ期	9世紀末葉	前殿	SB1035	掘立	床束建物	片廂	3	4.2以上	3	5.4								32
神野向	Ⅲ期	9世紀初め	前殿	SB1050	掘立	床束建物	片廂	3	4.2以上	3	6.0								32
下野国府	Ⅰ期	8世紀前半〜中葉	東脇殿ヵ	SB015A	掘立	床束建物	無廂	16	(44.50)	2	(4.80)							建替	71
下野国府	Ⅱ期	8世紀後半〜9世紀前半	西脇殿ヵ	SB015B	掘立	床束建物	無廂	16	44.50	2	4.80						○	建替・根石	71
嶋戸東	Ⅰ期	7世紀後葉	西辺殿ヵ	SB008	掘立	床束建物	無廂	6	16.80	2	4.00								68

表 2　床束建物一覧 (2)

遺跡名	遺構期	年　代	建物の性格	遺構番号	基部構造	建物形式	平面形式	桁行間数(間)	桁行総長(m)	梁行間数(間)	梁行総長(m)	足場	縁	雨落溝	地覆	基壇	間仕切	瓦葺	備　考	遺跡文献番号
御殿前	都府院Ⅰ期	8世紀第1四半期後半〜第3四半期前半	西脇殿	SB030A	掘立	床束建物	無廂	4以上	7.95以上	2	5.0								建替	61
御殿前	都府院Ⅱ期	8世紀第3四半期〜第4四半期前半	西脇殿	SB030B	掘立	床束建物	無廂	4以上	7.95以上	2	4.8								建替	61
広畑野口		7世紀後半	その他	SH4b	掘立	床束建物か	無廂	6	13.88	2	5.04								建替。東束に柱列あり。張り出しか足場穴か	143
伊場遺跡群(梶子北遺跡)	Ⅱ〜Ⅲ期	9世紀〜10世紀中葉		SH12	掘立	床束建物	無廂	5		2	4.3								礎板。Ⅲ期まで継続	23
伊勢国府		8世紀後半〜	西脇殿	SB05	礎石	床束建物	無廂	10以上	36以上	3	6.0				○					17
孤塚			西脇殿か	SB14	掘立	床束建物	無廂	6	(12.6)	3	(5.85)								3期まで継続	37
伊賀国府(国町)	政庁1期	8世紀末葉〜9世紀前半	その他	SB1020	掘立	側柱建物	無廂	5	11.5	3	4.8								区画外。床束あり	8
堂ノ上		〜10世紀前半		SB4	掘立	床束建物	無廂	5	12.0	3	6.3									110
岡	Ⅲ−1期	8世紀前半	正殿	SB−01A	掘立	床束建物	四面廂	8	16.8	4	9.6									32
岡	Ⅲ−2期	8世紀後半	東辺殿	SB−01B	掘立	側柱・床束併用	四面廂	8	16.8	4	10.2									32
岡	Ⅳ−1.2期	9世紀中葉〜後半	その他	SB−18	掘立	側柱建物	無廂	6	12.8	2	4.8								政庁か。Ⅳ−2期まで継続	32
岡	Ⅳ−3期	9世紀後半	その他	SB−38	掘立	床束建物	四面廂	3	6.0	2	4.2								政庁か。中央の小穴は束柱の可能性あり	32
美作国府	Ⅰ期(国府成立以前)	7世紀後半〜8世紀前半	その他	SB203	掘立	床束建物	片廂	4	4.8	2以上	3.46以上									196
美作国府	ⅡA期(国府期)	8世紀前期〜中葉	北脇殿か	SB101A	掘立	床束建物	片廂	7	18.9	3	8.1	○							東向きの政庁か。根石。縁の出あり。縁の出1.35m	196
美作国府	ⅡA期(国府期)	8世紀前期〜中葉	南脇殿か	SB406A	掘立	床束建物	片廂	7	(18.9)	3	8.1	○							東向きの政庁か。根石。縁の出あり。縁の出1.35m	196
美作国府	ⅡB期(国府期)	8世紀中葉〜末葉	北脇殿か	SB101B	掘立	床束建物	無廂	7	18.9	2	5.4							○	東向きの政庁か。ⅡA期より廂消滅	196
美作国府	ⅡB期(国府期)	8世紀中葉〜末葉	南脇殿か	SB406B	掘立	床束建物	無廂	7	(18.9)	2	5.4							○	東向きの政庁か。ⅡA期より廂消滅	196
美作国府	ⅡC期(国府期)	8世紀末葉〜9世紀中葉	北脇殿か	SB101C	礎石	側柱建物	無廂	7	18.9	2	5.4							○	東向きの政庁か	196
美作国府	ⅡC期(国府期)	8世紀末葉〜9世紀中葉	南脇殿か	SB406C	礎石	側柱建物	無廂	7	(18.9)	2	5.4							○	東向きの政庁か	196
稲荷木		8世紀初め〜前半	正殿	SB3001	掘立	床束	無廂	4以上	9.60	3	5.48								根石	21
筑後国府	Ⅳ期	11世紀後半〜12世紀前半		SB405	掘立	床束建物	四面廂	6	10.5	5	9.4									97
福原長者原	Ⅱ期	8世紀第1四半期	東脇殿か	SB015	掘立	側柱建物	無廂	6	12.1	2	4.95	△						○	根石。内部に小穴あり。足場か床束か	145
福原長者原	Ⅱ期	8世紀第1四半期	西脇殿か	SB014	掘立	側柱建物	無廂	6	12.4	2	4.8	△						○	地下式礎石。内部に小穴あり。足場か床束か	145
福原長者原	Ⅱ期	8世紀第1四半期	その他	SB16	掘立	側柱建物	無廂	2以上	4.6以上	2	5.2								SB017柱穴は床束の可能性あり	145
大宰府	Ⅱ期	8世紀第1四半期〜10世紀中葉	西脇殿回廊	SC060A	掘立	回廊	複廊	32	(117.4)	2	4.65		○		乱			○	建替。一部床張りの可能性あり。南端は瓦積基壇・塊組暗渠 (SX064)	95
大宰府	Ⅱb期	8世紀第1四半期〜10世紀中葉	その他	SB500b	礎石	床束建物	四面廂	8	21.60	5	10.90		○		乱			△	建替。檜皮葺の可能性もあり	95
大宰府	Ⅱb期	10世紀中葉	西面回廊	SC060B	礎石	回廊	単廊	29か	111.6	1	3.9				乱				建替。一部床張りの可能性あり。南端は瓦積基壇・塊組暗渠 (SX064)	95
豊前国府	Ⅳ期	11世紀前半〜12世紀前葉	東脇殿	SB5002a	掘立	床束建物	無廂	11か	(33.0)	2	6.0								建替	152
豊前国府	Ⅳ期	11世紀前半〜12世紀前葉	西脇殿	SB5002b	掘立	床束建物	無廂	11か	(33.0)	2	6.0								建替	152
肥前国府	Ⅲ期	9世紀前半	東第一脇殿	SB600A	掘立	床束建物	無廂	3以上	7.6以上	2	5.3								7×2間 (17.55×5.3m) か	131
肥前国府	Ⅲ期	9世紀前半	西第一脇殿	SB600B	掘立	床束建物	無廂	3以上	7.6以上	2	5.3								7×2間 (17.55×5.3m) か	131
二木		8世紀中葉	その他	6号建物(東)	掘立	床束建物	四面廂	8	18.80	4	9.50								区画外。並堂	123
二木		8世紀中葉	その他	6号建物(西)	掘立	床束建物	四面廂	8	19.00	4	9.50								区画外。並堂	123
二木		8世紀後半	その他	1号建物Ⅰ	掘立	側柱・床束併用	無廂	7	17.2	3	6.4								区画外。建替。床束か	123
二木			その他	1号建物Ⅱ	掘立	側柱建物	無廂	6	16.6	3	5.4								区画外。建替	123
日向国府	Ⅲa期	9世紀〜10世紀前葉	西第二脇殿	SB008a	掘立	廂か否かなど不明		7	16.8	2	4.8								建替。時期不明の縁束をともなう	137
日向国府	Ⅲb期	9世紀〜10世紀前葉	西第二脇殿	SB008b	掘立	廂か否かなど不明		7	16.8	2	4.8								建替。時期不明の縁束をともなう	137
日向国府	Ⅲc期		西第二脇殿	SB008c	掘立	廂か否かなど不明		7	16.8	2	4.8								建替。時期不明の縁束をともなう	137
日向国府	Ⅲd期	〜10世紀前半頃	西第二脇殿	SB008d	掘立	廂か否かなど不明		7	16.8	2	4.8								建替。時期不明の縁束をともなう	137
日向国府	Ⅲ期		西第二脇殿	SB008e	礎石	側柱建物	廂か否かなど不明	7	16.8	2	4.8							○	建替。時期不明の縁束をともなう	137

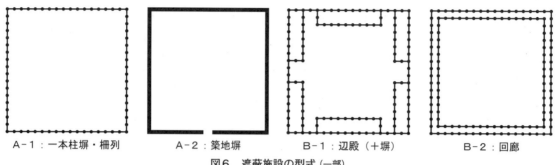

図6 遮蔽施設の型式（一部）

前遺跡Ⅰ・Ⅱ期、相模国府跡(坪ノ内遺跡)、弥勒寺東遺跡Ⅰ・Ⅱ期、広畑野口遺跡7世紀後葉②、美濃国府跡第1〜3期、三河国府跡Ⅰ〜Ⅲ期、伊賀国府跡(国町遺跡)1〜4期、青野南遺跡4期、正道官衙遺跡Ⅱ期、樋ノ口遺跡B期、平尾遺跡、因幡国府跡Ⅱ期、法華寺畑遺跡Ⅰ期、古志本郷遺跡Ⅱ期、美作国府跡ⅡA〜C期、宮尾遺跡第2期、鴻臚館跡第Ⅱ期、福原長者原遺跡Ⅲ期、上岩田遺跡ⅠA・A区3B期、大ノ瀬官衙遺跡ⅣA・ⅣB期、肥前国府跡Ⅰ・Ⅱ期、二本木遺跡、古国府遺跡群、日向国府跡ⅢA・B期

②築地塀

志波城跡B・C期、桃生城跡8世紀後半、多賀城跡、伊治城跡、秋田城跡Ⅰ・Ⅱ期(Ⅱ期は一部材木塀)、城輪柵跡Ⅱ・Ⅲ期、西原堀之内遺跡第2次、関和久上町遺跡4期、常陸国府跡ⅢA・B期、下野国府跡Ⅲ・Ⅳ期、伊勢国府跡、近江国庁跡Ⅰ〜Ⅲ期、堂ノ上遺跡、正道官衙遺跡Ⅲ期、樋ノ口遺跡A期、祢布ヶ森遺跡、伯耆国府跡Ⅲ・Ⅳ期、筑後国府跡Ⅰ・Ⅱ期、大宰府跡Ⅱ・Ⅲ期(南北の区画)、豊前国府跡Ⅲ期、肥前国府跡Ⅲ・Ⅳ期、竜王畑遺跡3期、日向国府跡ⅢC期

③材木塀・板塀

郡山遺跡Ⅱ期、三十三間堂官衙遺跡Ⅳ期、秋田城跡Ⅱ・Ⅴ期(Ⅱ期は一部築地塀)、払田柵跡Ⅰ〜Ⅴ期、八森遺跡

B　建物遮蔽

①辺殿(＋塀)

郡山遺跡Ⅰ-A・B期(板塀)、名生館官衙遺跡Ⅲ期、三十三間堂官衙遺跡Ⅰ〜Ⅲ期(北面のみ)、根岸官衙遺跡ⅡA・B期、栄町遺跡Ⅰ〜Ⅲ・Ⅴ期、泉官衙遺跡A・BA期、常陸国府跡初期官衙、神野向遺跡Ⅰ期(南北辺は掘立柱塀)、上野国新田郡家跡1〜4段階、嶋戸東遺跡Ⅰ期、御殿前遺跡評期、長者原遺跡A期、今小路西遺跡Ⅰ・Ⅱ期、下寺尾西方A遺跡Ⅴ期旧、横江荘遺跡2〜4期、榎垣外遺跡1C・1D期、久留倍遺跡Ⅰ-②期、竹ヶ鼻遺跡、岡遺跡Ⅱ・Ⅲ-1・2・Ⅳ-1・2期、芝山遺跡A1群、平安京右京一条三坊九町、丹上遺跡、河合遺跡、戸島遺跡Ⅰ・Ⅱ期、伯耆国府跡Ⅰ・Ⅱ期、不入岡遺跡BⅠ期、万代寺遺跡、古志本郷遺跡Ⅰ期、郡垣遺跡Ⅰ期、宮尾遺跡第1期、下本谷遺跡Ⅱ〜Ⅳ期、久米官衙遺跡ⅠA・B期、那珂遺跡群Ⅳ末〜Ⅵ期、比恵遺跡、鴻臚館跡南館第Ⅰ期、都地遺跡、有田・小田部遺跡1期、小郡官衙遺跡Ⅱ期、井出野遺跡Ⅱ・Ⅲ期、阿恵遺跡、フルトノ遺跡、坊所一本谷遺跡、城原・里遺跡第2期(里地区)・2・3期(城原地区)、日向国府跡ⅠA〜C期

②回　廊

名生館官衙遺跡Ⅴ期、神野向遺跡Ⅱ・Ⅲ期、御殿前遺跡Ⅲ・Ⅳ期、美作国府跡Ⅰ期、鴻臚館跡南館第Ⅲ期、ヘボノ木遺跡、福原長者原遺跡Ⅱ期、大宰府跡Ⅱ・Ⅲ期(南北の区画は築地塀で囲む)

C　構築物なし

①溝のみ

大野田官衙遺跡、城輪柵跡Ⅳ期、栄町遺跡Ⅵ期、嶋戸東遺跡ⅢB期、武蔵国府、弥勒寺東遺跡Ⅲ期、伊場遺跡群(梶子北遺跡)Ⅱ〜Ⅲ期、六ノ坪遺跡1群、上原遺跡群(山宮阿弥陀森遺跡)1期ヵ、長者屋敷遺跡、宮尾遺跡第3期、備後国府跡、筑後国府跡Ⅲ・Ⅳ期、下高橋官衙遺跡、福原長者原遺跡Ⅰ期、神水遺跡

②遮蔽施設なし

根岸官衙遺跡ⅢA〜d期、長者ヶ平遺跡Ⅱ1〜4期、上神主・茂原官衙遺跡Ⅰ・Ⅱ期、大畑・向台遺跡群Ⅳ・Ⅴ期、長者原遺跡B期、小郡官衙遺跡Ⅲ期、井出野遺跡Ⅰ期

多くの遮蔽施設は一本柱塀・柵列であり、一部築

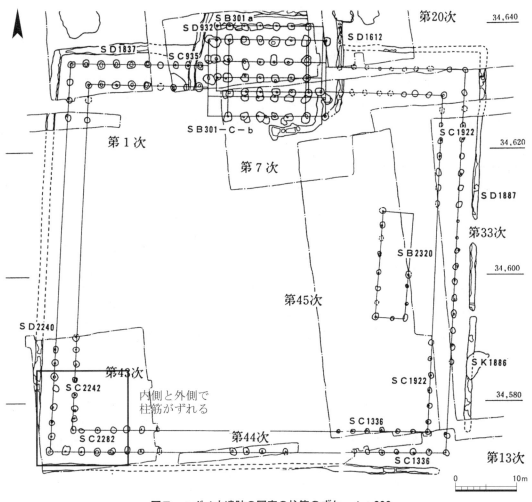

図7　ヘボノ木遺跡の回廊の柱筋のずれ　1：600

地塀が確認できる。ただし、この築地塀が用いられている遺跡は城柵と国庁が多い。前者は防御性の観点で一定の説明ができ、後者は格式のある構えとして築地塀が用いられたのであろう。しかし、必ずしも国庁のすべてが築地塀というわけではなく、また国庁限定ではなく郡庁に用いられることもあった。材木塀・板塀に関しては、東北地方・関東に限定されており、これは地域性を示すと考えて差し支えなかろう。

一方で、建物により遮蔽するものがある。一つは辺殿と塀によって遮蔽するもので、長舎で郡庁域を囲い、長舎同士の間を塀などでふさぐ形式である。概観すると、7世紀など初期郡衙の時期のものが多いが、那珂遺跡群のように、時代が下ったものでも辺殿を用いる事例もある。独立して遮蔽施設を設けるよりも、建物を区画施設として活用することで、造営の作業量は減少し造営期間が短くなるため、関東以北や九州に多いのは、蝦夷・隼人など軍事的な要素との関連性もうかがわれる。また、事例は少ないが回廊を設ける場合がある。前述のように、回廊には脇殿相当の機能が推定される。ただし、大宰府跡をはじめ名生館官衙遺跡のように、回廊とともに脇殿を設ける事例もあり、なお議論を要する。

また、ヘボノ木遺跡は郡庁以外の施設である可能性もあるが、ここでは回廊とされる遺構の内側と外側で柱の位置が揃っていない(図7)。桁行方向の柱筋は通ることから、桁をそろえた構造と考えざるを得ない。よって回廊であるとすると、現存建築にみられるような梁の上に桁を置く折置組ではなく、桁行方向の材の上に梁を架ける京呂組を考える必要がある(図8)。

Cの構築物なしは、築地などが削平により失われている場合や、調査範囲により区画施設が発掘されていない可能性も念頭に置く必要があろうが、遮蔽に対する意識が必ずしも高くないことをうかがわせる。ただし上神主・茂原官衙遺跡や長者原遺跡B期のように、塀などの構築物による遮蔽がないものもあ

り、こうした開放的な形式も想定しておく必要があろう。弥勒寺東遺跡Ⅲ期も地上の遮蔽施設という面では、これに当たるのかもしれない。長者原遺跡A期のように、辺殿を持つ場合でも辺殿同士の間を遮蔽しない場合もあり、遮蔽性は概して高いとは言い難い。
門の構造　地方官衙の門の構造をみていきたい。遮蔽施設との兼ね合いがあるが、郡庁の門の構造には以下の形式が確認できる（図9・10）。

・四脚門
・八脚門
・棟門（遮蔽施設と門の柱筋が通るもの）
・穴門（潜門）
・薬医門（遮蔽施設と門の柱筋が異なり、梁行1間のもの）
・辺殿と辺殿の間を門とするもの

なお、発掘遺構から確認することは困難であるが、棟門など親柱のみで構成される門は、冠木門（図11）などの形式の可能性もあるが、棟門との平面上の差異は雨落溝の位置程度で、判別はきわめて困難である。

南門（正門）に相当する門は、三十三間堂官衙遺跡Ⅰ～Ⅲ期、八森遺跡、泉官衙遺跡CA・CB期、長者ヶ平官衙遺跡Ⅱ－3・4期、今小路西遺跡Ⅱ期、横江荘遺跡Ⅴ1期、久留倍官衙遺跡Ⅰ－②期、堂ノ上遺跡、岡遺跡Ⅲ－1・2期、青野南遺跡、正道官衙遺跡Ⅱ・Ⅲ期、久米官衙遺跡群Ⅱ－B期、ヘボノ木遺跡Ⅱ期、福原長者原遺跡Ⅱ期が八脚門である。現存する奈良時代の八脚門としては、法隆寺東大門、東大寺転害門がある。

八脚門も十分に大きな門であるが、西原堀之内遺跡第2次、小郡官衙遺跡Ⅱ期のように5間門とする例もある。一方で、下高橋官衙遺跡や大ノ瀬官衙遺跡Ⅳ期のように四脚門も確認できる。

四脚門と八脚門・五間門との大きな違いは通行以外の機能があるかどうかである。すなわち、前者は間口1間のため通行の機能が重視されようが、後者の場合、中央間は通行の機能があろうが脇間・端間はそれ以外の機能も想起されるのである。そのため、後者は門であるとともに建物としての位置付けも考える必要がある。例えば、庭儀の際に控えの場所となる可能性や、門において儀礼がおこなわれた可能性なども考慮しておく必要があろう。

空間の範囲の概念　遮蔽施設や門は、空間を遮蔽・接続・規定する構築物である。こうした範囲の概念は、古代の空間構成においては非常に重要である。

ここでは詳細には述べないが、古代宮殿では「大極殿出御型」「閤門出御型」という出御形態に差が設けられたように、空間が厳しく設定されていた（文献18）。大極殿院では、即位式や元日朝賀など限られた儀式のみが執りおこなわれた。また奈良時代における空間の範囲の概念に関しては、行宮への侵入に対する警備規定がわかる史料がある。「衛禁律20」行宮営門条で、ここでは行宮の門について記述する。

凡行宮外営門。次営門与宮門同。牙帳門与殿門同。御幕門与閤門同。至御在所。依上条。行宮。謂。車駕行幸及所至安置之処。外営門。次営門与宮門同。闌入者。得徒一年。牙帳門与殿門同。闌入者徒一年半。御幕門与閤門同。闌入者徒三年。至御在所。依上条絞。自余諸犯。或以闌入論。及応加減者。並同正宮殿之法。

これによると、外営門が行宮の一番外側にめぐり、次営門・牙帳門、そして御在所にもっとも近いのが御幕門である。門に附属しそれぞれ垣や塀がめぐっていたであろう。また、それぞれ行宮の門は、宮城門と同様に侵入の程度により罰が決まっており、三重の囲繞施設は行宮にとって必要不可欠な要素であると考えられる。また門によって罰を定めたことから、門が領域を示す装置として認識されていたことがわかる。

このように、明確な概念は明示できないが、郡庁には遮蔽施設や門といった設備による空間の遮蔽が確認できる。郡庁の性格を考える上で、一つの指標になると想定される。

Ⅳ　掘立柱と礎石

（1）掘立柱と礎石の構造の違い

自立性　掘立柱と礎石を比較した場合、建築構造の最大の違いは柱の自立性である。掘立柱は地中に根元が埋まるため一本で自立するが、礎石の場合は一本の柱では自立困難である。そのため礎石建物の場合、一本ずつの立柱では構造的な安定は得られず、一定のユニットを造らなくてはならない。ゆえに掘立柱建物と礎石建物では建設の工程、難易度が異なるのである。

同時に木部の構造をみると、礎石建物の場合、複数の部材によって安定性を確保するため、柱同士を緊結する必要性が高くなる。具体的には頭貫などで柱を固める必要が出てくるのである。

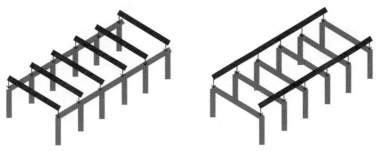

図8 京呂組（左）と折置組（右）

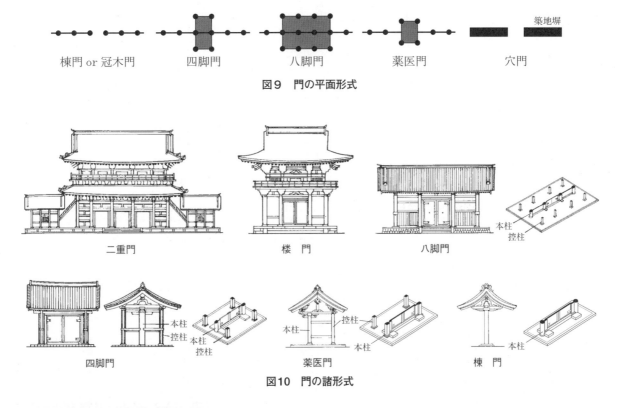

棟門 or 冠木門　　四脚門　　八脚門　　薬医門　　穴門　　築地塀

図9 門の平面形式

二重門　　楼門　　八脚門

四脚門　　薬医門　　棟門

図10 門の諸形式

関寺の冠木門
（『一遍上人絵伝』、東京国立博物館蔵）

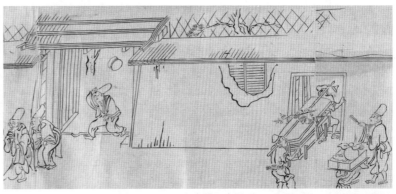

上土門と穴門（『年中行事絵巻』、宮内庁書陵部蔵）

図11 冠木門と穴門

表3　礎石・掘立柱併用建物の発掘遺構（1）

	場　所	遺構名	調査次数（調査年）	建築年代	建物規模・形式（桁行×梁行。括弧内は柱間寸法）	分　類	遺跡文献番号
1	藤原宮	SB1020	藤原第5～7次（1972）	7世紀末	20間（9尺）×2間（9尺）南北棟。南11間を床束として礎石を用い、他は掘立柱。掘立柱の柱掘方から柱径約60cm。礎石は30～40cmの扁平な自然石。	1-A	147
2	平城宮	SB7802	平城第77次（1973）	奈良時代前半	5間（15.5尺）×3間（13尺）東西棟。入側柱を礎石、側柱を掘立柱。礎石部分の柱径約40cm（SB18500出土）、掘立柱部分の柱径約72cm。天平勝宝5年（752）以後に廃絶。楼造か。第一次大極殿院東楼。	1-A	167
3	平城宮	SB18500	平城第337次（2002）	奈良時代前半	5間（15.5尺）×3間（13尺）東西棟。入側柱を礎石、側柱を掘立柱。礎石部分の柱径約40cm、掘立柱部分の柱径72cm（SB7802出土）。天平勝宝5年（752）以後に廃絶。楼造か。第一次大極殿院西楼。	1-A	177
4	平城宮	SB7600	平城宮第73次（1971）	天平17年（745）～天平宝字4年（760）頃	5間（13.3尺）×2間（13尺）東西棟＋四面廂（9尺）。礎石建。棟通り中央4間を掘立柱。南面築地回廊の築地を取り込む。重層建築か。内裏楼閣。掘立柱の柱径は約45cm（出土柱根）。礎石は築地回廊と同じとみられ、柱座の径は約50cm。	2-A	171
5	平城宮	SB8480	平城宮第99次（1976）	奈良時代後半	5間（10尺）×2間（10尺）東西棟。四隅を掘立柱。他を礎石。SB8470からの建て替えで、平面はSB48470を踏襲したと考えられている。東院庭園中央建物。掘立柱の径は約42cm。礎石部分は未検出。	2-B	176
6	平城宮	SB8490	平城第99次（1976）	奈良時代後半	5間（10尺）×2間（10尺）東西棟＋四面廂（5尺）。身舎を礎石、廂を掘立柱。東院庭園。掘立柱の柱径は約27cm。縁束か。	1-B	176
7	平城宮	SB17700	平城第284次（1997）	奈良時代後半	5間（10尺）×2間（10尺）東西棟＋北廂（5尺）。身舎の棟通りに礎石、廂柱と身舎北側柱を掘立柱、他を礎石。棟通りの礎石は小さい。掘立柱部分が池の中。東院庭園。身舎の柱掘方は礎石部分、掘立柱部分ともに約1.5m前後。	2-B	176
8	平城宮	SB413	平城第8次（1962）	宝亀年間（770～780）頃	5間（8尺）×3間（9尺）東西棟＋南廂（10.5尺）。身舎を掘立柱、廂を礎石。礎石は径30～40cmの自然石。掘立柱の柱径は約30cm。北方官衙。	2-C	163
9	平城宮	SB6621	平城第69・72次（1970・1971）	平安時代初頭	5間（9尺）×2間（9尺）東西棟＋南北廂（13尺）。身舎を礎石、廂を掘立柱。平城上皇期の東西脇殿の一つ。足場穴列あり。東西対称の位置にあるSB7209は北廂部分の2間を検出。西宮。掘方の大きさは礎石部分、掘立柱部分ともに約1m。	2-B	167
10	平城宮	SB7172	平城第69・72次（1970・1971）	平安時代初頭	5間（8.4尺）×2間（9尺）東西棟＋南北廂（11尺）。身舎の一部を礎石、他を掘立柱。平城上皇期の東西脇殿の一つ。足場穴列あり。古材を再用し、材の長さによって礎石と掘立の併用となった可能性が指摘されている。SB7173が東西対称の位置にある。西宮。掘立柱の柱径は柱痕跡から約45cm。報告書では一部を礎石とした理由を、材の不足のためとしており、礎石部分の柱径も同じと考えられる。	2-B	167
11	平城宮	SB11200	平城第152・153次（1982）	奈良時代前半	5間（15尺）×2間（15尺）東西棟＋南北廂。廂は付け替えられており、当初は廂の出20尺、後に17尺。身舎を礎石、廂を掘立柱。礎石部分の根石の集中の範囲は約1.3m。掘立柱の柱径は約30cm。第二次大極殿院南門。中央区朝堂院南門など、平城宮中枢部の門の礎石の大きさは約70cm程度（柱座）であり、この掘立柱の径は小さい。	1-B	174
12	平城宮	SB17000	平城第265次（1996）	奈良時代前半	5間（中央3間15尺、端間10尺）×2間（12尺）東西棟＋南北廂。北廂の出は17尺。南廂の出は古いものが14尺、新しいものが17尺。南北とも、軒支柱とみられる掘立柱の痕跡あり。身舎を礎石、廂を掘立柱。掘立柱の柱径は約30cm程度か。第二次朝堂院南門。報告書では、掘立柱は仮設ではないとする。中央区朝堂院南門など、平城宮中枢部の門の礎石の大きさは約70cm程度（柱座）であり、この掘立柱の径は小さい。	1-B	175
13	平城京（法華寺）	現本堂前身建物	本堂解体修理にともなう地盤調査（1952）	天平17年（745）頃	7間（10尺）×2間（9尺）東西棟＋南北廂（9尺）。南北側柱の中央4本を礎石、他を礎石。掘立柱は後に切断され、礎石を挿入。掘立柱の柱座は2.5尺程度（柱座とみられる部分が2尺程度）。柱径は約1.6～1.7尺程度。	2-B	178
14	平城京（法華寺）	現本堂東Ⅲ期建物	平城京第79-2・10次（1972）	天平17年（745）頃	7間（10尺）×2間（9尺）東西棟＋南北廂。南北側柱の中央4本を掘立柱、他を礎石。掘立柱部分は後に全て礎石に取り換え。掘立柱の柱径は約60cm。礎石部分は根石のみ検出した。遺構の特徴が類似することから、礎石の大きさは法華寺の現本堂前身建物（13）と同程度とみられる。	2-B	179
15	平城京（長屋王邸）	SB4601	平城京第186次・190次（1987・1988）	奈良時代前半	7間（10尺）×2間（9尺）東西棟。西から1・3・5・8石目の側柱を礎石とする。報告書では、礎石の位置が左右非対称であることを不審とする。掘立柱の柱径は抜取穴から約50cm。礎石部分は未検出。	2-B or 2-D	180
16	長岡京	SB436601	左京第435・436次（1999）	奈良時代末	9間（10尺）×2間（10尺）東西棟＋四面廂（10尺）。身舎・南北廂を掘立柱。東西廂を礎石。礎石部分は未検出も、足場穴列が存在し、同一建物の掘立柱の柱穴が残ることから、礎石を使用したと判断。掘立柱の柱径は柱痕跡から約60～70cm。	2-C	119

表4 礎石・掘立柱併用建物の発掘遺構（2）

	場　所	遺構名	調査次数（調査年）	建築年代	建物規模・形式（桁行×梁行。括弧内は柱間寸法）	分　類	遺跡文献番号
17	長岡京	ＳＢ436603	左京第435・436次(1999)	奈良時代末	9間(10尺)×2間(10尺) 東西棟+南北広廂(17尺)、東西廂(10尺)。身舎・南北廂を掘立柱、東西廂を礎石。礎石部分未検出も、足場穴列が存在し、同一建物の掘立柱の柱穴が深く残ることから、礎石建と判断。廂の四隅は不明。南廂の両妻側には階段親柱礎石の据付痕跡あり。掘立柱の柱径は柱痕跡から約40～60cm。	2－C	119
18	平安京	ＳＢ1	右京三条一坊(1996・1997)	平安時代	5間(10尺)×2間(10尺) 東西棟+南北廂(12尺)。身舎を礎石、廂を掘立柱。計帳所・右籍所に関わる建物と推定。根石から復原。身舎部分は周辺部よりも高い。廂の掘立柱の柱穴には柱根が残るも、その大きさについては未報告。	2－B	161
19	平安京	建物1	右京三条二坊	平安時代	3間(8尺)×2間(8尺) 東西棟+四面廂(9尺)。身舎を礎石、廂を掘立柱。身舎の柱は痕跡を残しておらず、削平されたと考えられる。身舎部分は基壇状の高まりに礎石建であった可能性を指摘している。掘立柱の径は約30cm。礎石部分は未検出。	2－B	162
20	平安京	ＳＢ5	右京六条一坊	平安時代	5間(9尺)×2間(9尺) 東西棟+四面廂(9尺)。身舎を礎石、廂を掘立柱。身舎の礎石は痕跡を残しておらず、削平されたと考えられる。柱穴の大きさ、柱径は不明。	2－B	160
21	平安京	ＳＢ52	右京一条三坊	平安時代以前か	5間×2間東西棟+四面廂。桁行総長18.0m、梁行総長12.4m。身舎を礎石、廂を掘立柱。山背国葛野郡衙の建物の可能性あり。詳細図面なく、柱径などは不明。	2－B	157
22	多賀城	ＳＢ774	立石地区第24次(1974)	8世紀	2間(2m)×2間(1m) 南北棟。南側柱列を礎石、他を掘立柱。実測図から読み取ると、礎石・掘立柱ともに柱径は約40cm程度。	2－C or 2－D	90
23	秋田城	ＳＢ1702	秋田城第82次(2003)	10世紀第1四半世紀～10世紀中葉	7間(10尺)×2間(9尺) 南北棟。掘立柱の床束あり。東側柱の北から2・5・7目、西側柱の北から3・4目を礎石。他は掘立柱で、床束の柱穴は側柱よりも小さい。東脇殿。礎石は円形または不整形で、大きさは約60cm。推定される柱径は約40cm程度か。側通りの掘立柱の柱径は柱痕跡から約33～36cm。	2－D	5
24	払田柵	ＳＢ121Ｃ	払田柵第12・13次(1977・1978)	10世紀中葉	7間(2.838m)×2間(3.17m) 南北棟。両平側の北から3間目を礎石、他を掘立柱。東脇殿。礎石の大きさは約70cm、掘立柱の柱径は柱痕跡から約50cm。	2－D	192
25	下野国府	ＳＢ066Ｃ	下野国府第27次(1983)	9世紀中葉頃～後半	5間以上(8尺、脇間9尺)×3間(8尺) 東西棟+南廂(8尺)。身舎を礎石、廂を掘立柱。介館。掘立柱の柱径は抜取から約30cm。礎石部分の詳細は不明も、根石が集中する範囲は約1.5m。	1－B	74
26	鞠智城	11号	鞠智城12次(1990)	698年～8世紀後半	6間(2.2m)×5間(2.3m) 総柱建物。側柱を掘立柱、他を礎石。位置は動くが、礎石が多く残る。掘立柱の柱径は抜取穴から約35cm。礎石の大きさは約1m、柱の当たりをみられる円形状の凹みは径約40cm。	2－A	42
27	鞠智城	12号	鞠智城12次(1990)	698年～8世紀後半	6間(2.2m)×5間(2.3m) 総柱建物。側柱を掘立柱、他を礎石。位置は動くが、礎石が多く残る。掘立柱の柱径は抜取穴から35～50cm。礎石の大きさは約1m。礎石に柱の当たりは見られないが、遺構の特徴が11号(26)と似ているため、礎石部分の柱径は40cm程度か。	2－A	42
28	鞠智城	29号	鞠智城13次(1991)	698年～8世紀後半	6間(2.15m)×3間以上(2.3m)。南妻側東から3間目のみ礎石、他を掘立柱。掘立柱の柱径は抜取穴から約40cm。礎石の大きさは約1m。	2－D	42
29	甲賀寺	金堂西軒廊	2004年度調査	奈良時代後半	4間(2.9m)×1間(3.6m) 東西棟。礎石列(北)と掘立柱列(南)の単廊。礎石の大きさは約60～70cm。掘立柱の柱径は抜取穴より約40～60cm。	2－C	49
30	甲賀寺	南面西行廻廊	2007年度調査	奈良時代後半	7間(3.0m、東の端のみ3.6m)×1間(3.6m) 東西棟。礎石列(南)と掘立柱列(北)の単廊。金堂院外側に対する意匠的な配慮として、礎石を南側に用いたと考えられる。礎石の大きさは約60～70cm。掘立柱の柱径は抜取穴より約60cm。	2－C	49
31	甲賀寺	南面東回廊	1930年	奈良時代後半	7間×1間東西棟。東に延びる礎石列を検出。詳細図面なく柱径や柱穴については不明。金堂院外側に対する意匠的な配慮として、礎石を南側に用いたと考えられる。	2－C カ	48
32	久世廃寺	ＳＢ8020	1980年度調査	9世紀前半～10世紀	5間(3.15m)×2間(2.625m) 東西棟+四面廂(2.625m)。身舎を礎石、他を掘立柱。講堂。掘立柱の柱径は抜取から約30cm。礎石部分の掘方の大きさは約1.5m。	2－B	43
33	宝菩提院廃寺	ＳＢ755005	長岡京跡右京第755次(2002)	10世紀前半	3間(2.7+2.3+2.4m)×2間(1.2+1.5m) 南北棟+二面廂(北0.9mと南0.6mの出)で、南西隅1間分は廂なし。廂の北側中央2石のみ礎石建。他を掘立柱。湯屋の覆屋。掘立柱の柱径は柱痕跡、柱の周囲の石敷痕跡から約25cm。礎石の大きさは約40cm程度か。	2－D	189

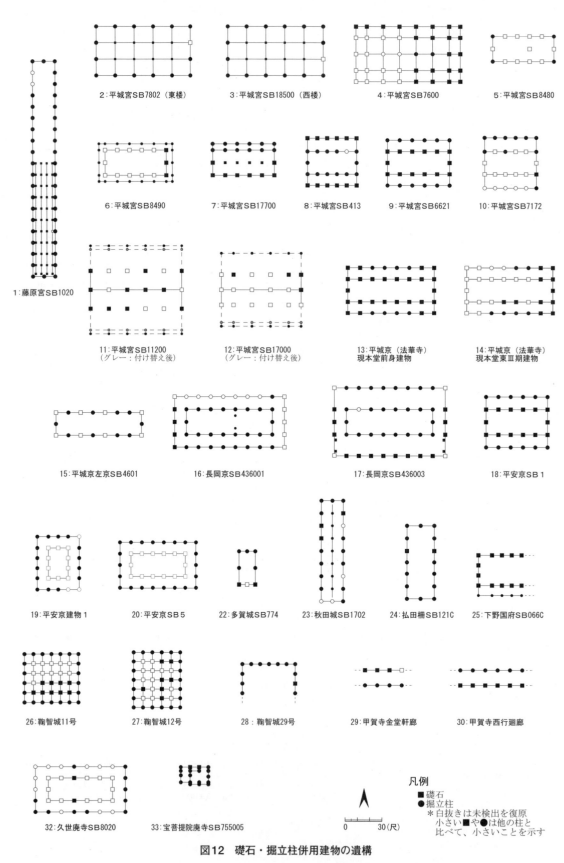

図12　礎石・掘立柱併用建物の遺構

荷重による不同沈下　建物の場合、水平に沈下する以上に、柱ごとに沈下の大きさが異なる不同沈下が大きな問題となる。水平に沈下した場合には、軸部に変形の荷重がかかることはないが、不同沈下の場合、軸部に歪みが生じるため建物への影響が大きい。

これに対応するため、掘立柱では、不同沈下を防ぐため礎板を置くことが知られている。柱の断面で受けるよりも柱より大きい面で荷重を受け、地盤に荷重を伝える。礎板の使用によって単位面積当たりの荷重が小さくなるため、沈下への対応策としてはある程度、有効である。

礎石の場合は、柱を伝わった荷重を礎石で一旦受けるため、地盤には比較的分散して荷重が伝わる。そのため、掘立柱と比べて荷重の大きい葺材や、重い内容物 (瓦葺や正倉、重層の建物など) のための施設には礎石が有効であろう。裏を返せば、礎石はこうした荷重の大きな上部構造を想起する手掛かりとなる。

耐久性の問題　掘立柱には耐久性の問題があることは、伊勢神宮が社殿の更新を続けていることからも想像に難くなかろう。特に根腐れの問題は柱が地中に埋まっている以上、避けることのできない問題である。

一方で礎石建物の場合、柱が地中に埋まらず自立しない点で、構造的な利点は掘立柱に比べると低いが、根腐れという経年的な破損に対しては非常に有効である。

根腐れに対しては、礎石建物の場合、解体をせずに腐った柱の足元を切断し、新たな部材に取り替える根継で対応可能である。掘立柱の場合、柱根が埋まることから、柱の足元の一部を切断するだけでは根継をすることができない。

それゆえ、掘立柱の一部の柱の足元を切断し、礎石に変更して修理するということは、掘立柱の根腐れの修理としては一定の有効性があるのである。

寺院建築に関しては、恒久性を求めて礎石建物にしたと考えられ、藤原宮・平城宮の一部における礎石の使用も同様であろう。こうした点は単に発掘遺構や遺物による状況を示すだけではなく、その先に建築観や荘厳・思想といったものも見え隠れしている。

（2）礎石・掘立柱併用建物（図12・表3・4）

1) 柱穴の大きさが大きく異なる
　A：床束礎石型（1〜3）
　B：掘立柱廂付加型（掘立柱を付加・仮設的に用いる）
　　（5、11、12ほか(4)）

2) 柱穴の大きさがほぼ等しい
　A：総柱型（4、26、27）
　B：掘立柱補強型（廂や隅柱などを部分的に掘立柱で構造補強するもの）（5〜7、9、10、13〜15、18〜21、32）
　C：礎石意匠型（廂を礎石とし、礎石建物にみせるためのもの）（8、16、17、22、29〜31）
　D：不規則型(5)（15、22〜24、28、33）

1−Aは、身舎・廂を基本的に掘立柱で構成し、礎石を身舎の内部に用い、その礎石の大きさが掘立柱の柱穴に比べて小さいものである。これは、内部の礎石が床束として用いられ、内部の礎石部分より大きい掘立柱はより大きな荷重を受け、直接屋根を支える構造と推察できる。つまり、側柱が通柱(6)、内部柱が床を支える束柱と考えられる。

1−Bは、礎石建物の構造は安定的で、これに廂をつけるというものである。『年中行事絵巻』の建礼門に描かれるような、土廂状の付加・仮設の廂と考えられる（図13）。なお、平城宮東区朝堂院南門（図12−12）では、身舎と柱筋が揃う部分だけではなく、構造負荷の大きい軒の隅を軒支柱で支えている。この掘立柱については、恒常的な設備であったと推察されるが、身舎の梁行12尺に対し廂の出が17尺もあるための構造補強であろう。よって、礎石部分の構造に不安があるために掘立柱を補強で加えたのではなく、出の大きな廂を支持するためと解釈できる。すなわち、身舎の構造が自立した上で付加・仮設的な廂

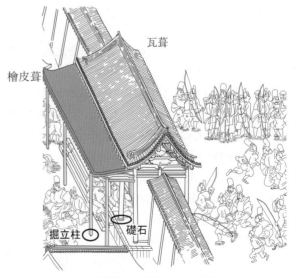

図13　平安宮建礼門の土廂（『年中行事絵巻』をトレース）

を掘立柱で加えているのである。

2－Aは柱配置が総柱で、柱穴の大きさがほぼ同じでその一部を掘立柱とするものである。2－Aは各柱の太さが均一であり、倉庫や管柱の楼閣など上層の荷重が均等に下層にかかる建物と推察できる。2－Bは礎石建物の一部を掘立柱とする形式で、廂や身舎の隅柱などを掘立柱とすることで部分的に構造補強するものである。2－Cは身舎柱を掘立柱とし、廂柱を礎石とするもので、蓮沼麻衣子氏の述べるところの、礎石建物にみせるためのものであろう(文献19)。2－Dは柱のほとんどを掘立柱とし、一部を礎石とするものである。礎石の位置に規則性がほとんどみられないため、掘立柱建物の一部が腐朽し、これを礎石に変更した可能性がある。今後、この点の解明のため同様の遺構の発掘調査の際には、礎石部分の断割調査をおこない、掘立柱から礎石への変更の有無を解明することを期待する。

なお、弥勒寺東遺跡のように掘立柱から礎石へと建築構造を変える場合がある。基礎の一部を取り替える事例は、ここであげた併用建物とは性格が異なるため、後述の維持管理で述べることとしたい。

V 廂の付加と面積の拡大

(1) 平面積・屋根形状・組物

平面積と屋根形状 これまで、四面廂の検討の際にも述べられてきたことであるが(文献17)、廂の付加により、平面積の拡大と屋根形状の変化がある。屋根形状の変化については先行研究に詳しいため(文献13・17他)詳述を避けるが、四面廂の場合、入母屋造、寄棟造となり荘厳性が増す。

実際に同じ身舎桁行3間×梁行2間の建物で、廂の有無による平面積と屋根形状の違いを比較してみたい。

海龍王寺西金堂は、桁行3間(10尺等間)×梁行2間(10尺等間)の無廂の建物で、屋根は切妻造である(図14・文献10)。一方の東大寺法華堂は、正面側(南側)に礼堂(鎌倉時代)がつくため、少々わかりにくいが、正堂(奈良時代)は桁行3間(14尺等間)×梁行2間(12尺等間)の身舎の四面に廂(10尺)の廻る寄棟造の建物である(図15・文献12)。

両者を比較すると、屋根形状と大きさの違いは一目瞭然であろう。柱間が異なるため、一概には比較できないが、海龍王寺西金堂が約52m²であるのに対し、東大寺法華堂礼堂は約241m²と4倍以上の大きさである。両者には柱間寸法の差があるので、東大寺法華堂の柱間寸法が海龍王寺西金堂と同じ10尺等間であったと仮定して比較しても、175m²であるから、やはり約3.5倍の大きさになる。

組物(図16) 組物は屋根を支える際に大きな役割を果たす部分で、手先の大きな組物は軒の出が大きくなり、発掘遺構では、柱の位置から雨落溝までの距離に表れてくる。

もちろん、郡庁の建物において、組物を用いるほどの建物が存在したかどうかという点は慎重に判断しなくてはならないが、組物は軒の出と大きく関わる問題である(図17)。組物の手先を出すことで、軒の出を大きくすることができ、のびやかで水平に広がる屋根を構築できる。

古代に手先の出る組物は、東大寺法華堂(出組)を除いてすべて三手先であり、これが当時の最高級の組物と考えられている。しかしながら、この組物の手先を出す際にも柱配置が大きな問題となる。切妻造の場合、妻側の組物の処理が難しいため、手先を出すことができない。そのため、屋根を大きくすることができないのである。

一方で、四面廂の建物の場合は妻側にも屋根が廻

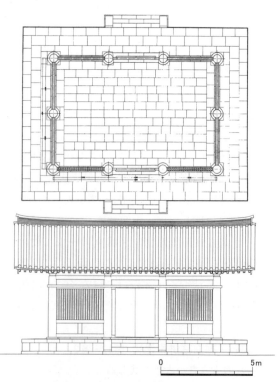

図14　海龍王寺西金堂　平面図・立面図　1：200

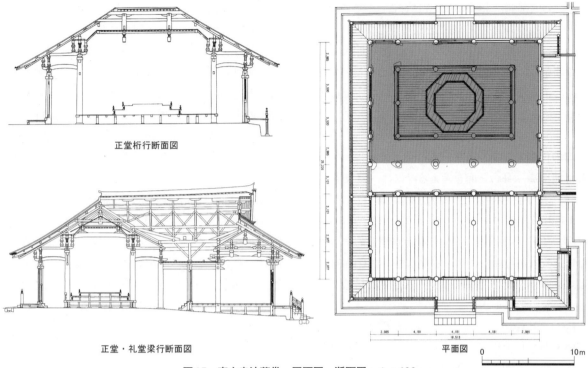

正堂桁行断面図

正堂・礼堂梁行断面図

平面図

図15　東大寺法華堂　平面図・断面図　1：400

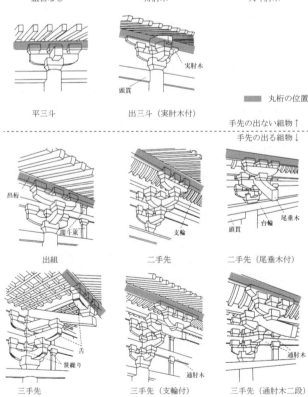

図16　組物の諸形式

図17　軒の出・組物・雨落溝（東大寺転害門）

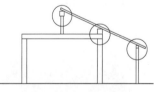

身舎・廂一体型

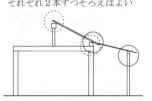

身舎・廂分離型

図18　身舎・廂一体型と身舎・廂分離型

り、建物の内部側にも組物を引き込むことができるため、手先の出る組物を用いることが可能となる。

このように、廂を付加することで面積が拡大するだけではなく、外観意匠上も大きく荘厳されるのである。逆に言えば、四面廂の建物が少ない郡庁では手先の出る組物を用いたとは考えにくい[7]。

（2）廂の付加の2つの構造
廂の付加構造　身舎と廂を考える際には、**図18**のように「身舎・廂一体型」と「身舎・廂分離型」の2つが考えられる。

「身舎・廂一体型」とは、廂と身舎が構造的に一体となり、棟木から廂桁にかかる垂木を一材（打越垂木）もしくは継手を用いて屋根面を一面とする構造である。

「身舎・廂分離型」とは、廂と身舎が構造的に分離し、棟木から身舎桁まで垂木をかけて屋根面を構成し、身舎桁から廂桁まで別の垂木をかけて、身舎と廂で勾配の異なる屋根面を構成する構造である。錣葺のような形状となる可能性も考えられる。

施工精度の面について考えると、前者については、一面の平滑な屋根面を構成するため、棟木・身舎桁・廂桁の3本を平行とする必要がある。これに対して後者の場合、棟木と身舎桁・身舎桁と廂桁のそれぞれ2本ずつで屋根面を構成するため、前者と比べて精度が低くても施工可能である。

両者の違いと屋根の形状　四面廂以外の場合は、葺材が異なる場合を除き身舎と廂の屋根に段差ができる程度で、外観上大きな差異は生じないと考えられる。また分離型の場合は、葺材が異なっても問題なく、さらに後補で付け加えることや仮設的に付加する

ことも容易である。

一方で四面廂の場合、屋根の形状は両者で大きく異なる可能性がある。「身舎・廂一体型」では、寄棟造か入母屋造となる。一方で、「身舎・廂分離型」では切妻造の身舎の四周に廂が廻るため、法隆寺玉虫厨子のような錣葺の屋根となる（**図19**）。錣葺は関野克が登呂遺跡の復元で用いたように、原始的かつ低い精度でも施工可能な方法で、入母屋造の原形の可能性も考えられよう。

身舎と廂の柱筋が揃っている場合には、「身舎・廂一体型」と「身舎・廂分離型」のいずれであるかを判別することはできないが、揃わない場合は後者の可能性が高い。そして屋根の形状も、錣葺となる。また、この場合は廂を後補することも可能である。このように、発掘遺構の柱穴の位置から、屋根形状がある程度想定できるのである。

（3）廂の付け替え
廂を付け替えることで建物の大きさや外観意匠に大きな変化が生じる。ここでは、現存遺構・発掘遺構・文献史料から確認できる廂の付け替えの事例をみていきたい。

唐招提寺講堂（**図20**・文献11）　唐招提寺講堂は、奈良時代後半の平城宮東朝集堂を天平宝字4～7年（760～763）に移築したものであるが、移築前の東朝集堂は桁行9間×梁行2間の二面に廂が付いた建物規模で、切妻造、瓦葺で柱間装置は両妻面と背面の端間のみを壁とするほかはすべて吹放ちで、大斗肘木で屋根を支えていた。これが改造によって大きく形を変えている。

現状の唐招提寺講堂は鎌倉時代の改造を受けているが、桁行7間×梁行2間の身舎の四面に廂の廻る柱配置で、入母屋造、瓦葺である。組物は出三斗で、正面には扉・連子窓を構えて開放性を喪失し、仏堂としての性格を強くしている。

移築という行為であるが、棟通りの2本の柱の追加と切妻造から入母屋造への屋根形状の変更により、建物規模は変わらないが建物の外観意匠が大きく変化している。

當麻寺本堂（曼荼羅堂）（**図21**・文献9）　現在の本堂は永暦2年（1161）の建立で、桁行7間×梁行6間、奥の桁行5間×梁行2間に四面廂の廻る内陣と正面梁行2間の礼堂からなる。修理によって発見された痕

図19　法隆寺玉虫厨子の錣葺（法隆寺蔵）

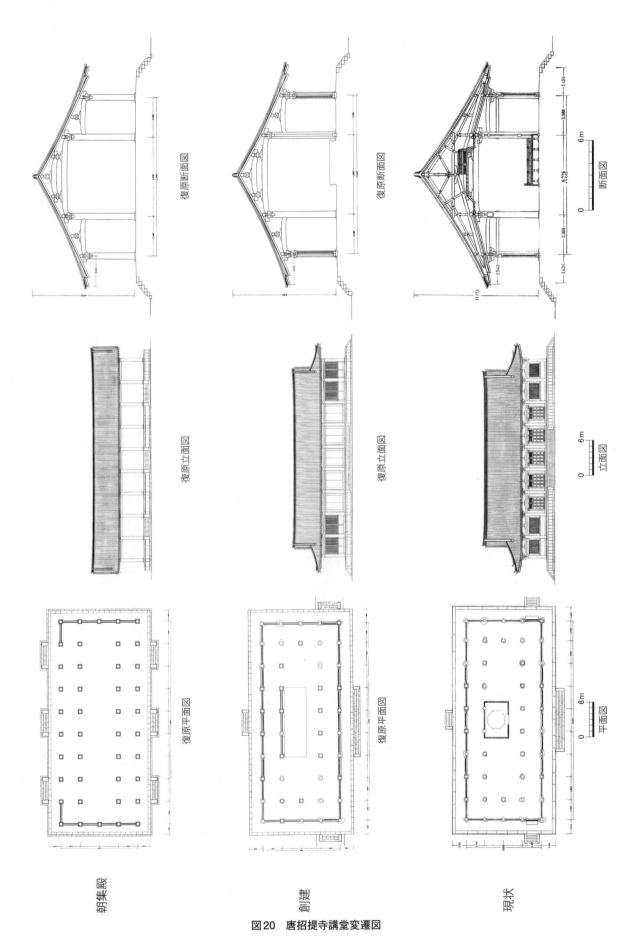

図20　唐招提寺講堂変遷図

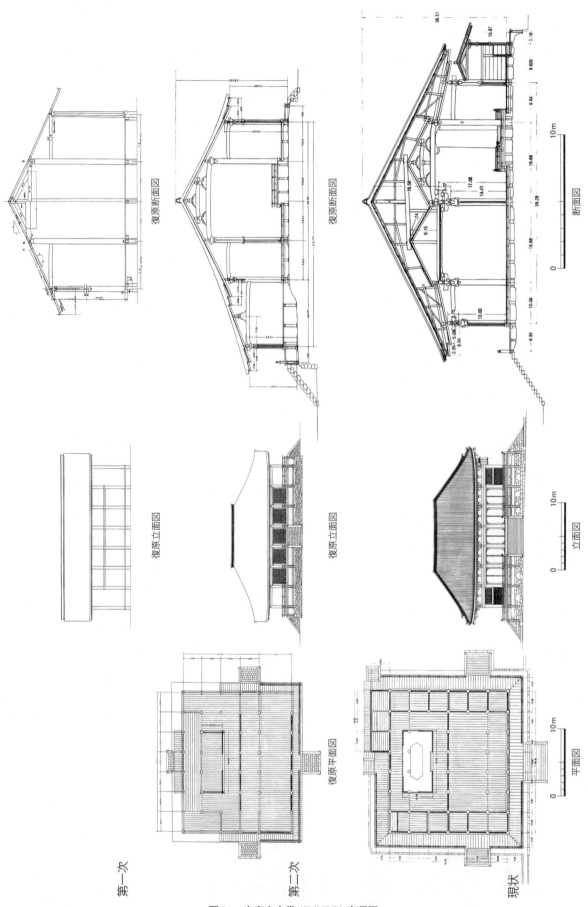

図21　当麻寺本堂（曼荼羅堂）変遷図

跡にもとづいて、現状の前身建物の姿があきらかになっている。その復原過程は、説明が煩雑かつ専門的であるため、復原された建物の概略を述べるにとどめたい。

解体修理によると、第一次前身堂、第二次前身堂があり、第一次前身堂は奈良時代後半の建立の掘立柱建物で、桁行7間×梁行2間の身舎に二面廂の付いた切妻造の建物で床を張っていたと考えられる。

第二次前身堂は、礎石建物であるが身舎桁行5間×梁行2間の四面廂、寄棟造の建物にさらに正面に孫廂の付いた形状である。

廂を付加する際に、幅広の孫廂を付けることで平面を拡大する手法を取っており、外観意匠だけではなく内部空間の拡大も図っている。その結果として礼堂という空間が作り出された。

また、掘立柱から礎石への変更により、構造的にも意匠的にも大きく変わっている。まずは第一次前身堂では組物を用いなかったものが、礎石建物となった第二次前身堂では大斗肘木としている。

このように、同じ部材を活用しながら廂の付加・屋根形状の改変などの改造を重ねることで、建物の構成は構造的・宗教的・意匠的に大きく変わるのである。

上神主・茂原官衙遺跡（図22・文献8） 上神主・茂原官衙遺跡の正殿は、廂の付け替えについて興味深い特徴を示している。

発掘調査報告書をもとに発掘遺構を確認すると、当初の掘立柱建物（SB090）は身舎を桁行5間（3.4m等間）×梁行2間（3.1m等間）で、南面に廂を付ける（廂の出2.4m）。妻柱が梁行方向の柱筋より外側に位置しており、棟持柱とする。柱掘方の大きさは身舎柱で約40cm、廂柱で約25cm。

その後、建て替えられた建物（SB091）は、身舎部分は変わらず廂が南面片廂から四面廂となる。廂の柱間は桁行6間（3.5m等間）×梁行3間（3.3m等間）で、廂の出は身舎の隅柱から各2m。廂柱が身舎の柱間の中央の柱筋に位置する。廂柱の柱掘方の大きさは約20cm、隅柱のみ約25cm。

発掘遺構から身舎柱の抜取穴を1時期分しか検出しておらず、建て替えに際して身舎柱は抜かれていないと判断できる。よって身舎の柱を立てたまま南面廂を取り外し、その後に四面廂を取り付けたという工程がわかる。

次に繋梁をみると、礎石建物の場合、廂柱のみでは自立せず構造的に不安定となるため、身舎柱と廂柱を繋梁で繋ぐ必要がある。この場合、廂柱と身舎柱の柱筋は揃うのであるが、SB091では廂柱が隅柱を除いてすべて身舎柱の柱間の中央の柱筋にある。そのため、この柱位置からみると、身舎柱と廂柱は繋梁で繋がれていなかったと考えられる。これは柱が自立する掘立柱建物の特有の技術であろう。廂柱を身舎柱の柱間の中央筋に置く柱配置は、同遺跡の北方においても確認されており（変則三面廂）、この地域の独自の柱配置である可能性がある。なお廂柱を身舎の柱筋と揃えず、身舎の柱間の中央の筋に揃える例は、御殿前遺跡SB015Dにおいても確認でき、同様に掘立柱建物である。

SB090・SB091については、身舎柱を立てた状

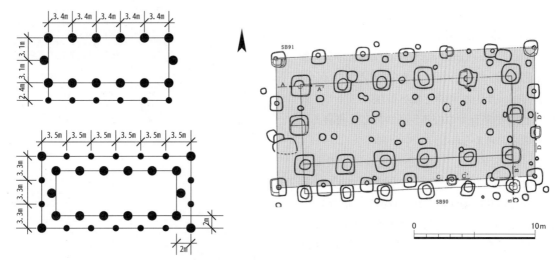

図22 上神主・茂原官衙遺跡正殿 平面図・模式図 1：300

態で廂の付け替えをおこなっている。「身舎・廂一体型」では棟木・身舎桁・廂桁の３点を揃える必要があるが、ＳＢ091の廂と身舎の柱筋が揃わないため、身舎と廂の柱頭で垂木勾配の調整ができない。よって「身舎・廂一体型」ではなく、低い精度で施工可能な「身舎・廂分離型」であったと考えられる。

　四面廂の屋根構造についてみると、四面廂の建物の場合、一般的に入母屋造と寄棟造の屋根構造が考えられ、隅行方向の材を考慮すると、隅の間を正方形とする必要がある。

　ＳＢ091の屋根構造については、身舎と廂の柱筋が揃わないが、身舎の隅柱から廂の隅柱の出は桁行方向・梁行方向ともに２ｍである。そのため隅木は斜め45度に架かり、この点に関しては入母屋造・寄棟造とする際に支障とはならない。ただしＳＢ091において考慮すべきことは、身舎に棟持柱が存在する点である。寄棟造の場合、棟の長さは身舎の桁行総長よりも短くなるため、ＳＢ091は寄棟造ではなく入母屋造であると考えられる。

　これらの検討から、上神主・茂原官衙遺跡における中央の技術とは異なる在地の特有の技術と考えられる点は、以下のとおりである。
　①「身舎・廂分離型」の構造
　②四面廂を付ける際に、身舎と廂の柱筋を揃えず廂柱を身舎柱の柱間の中間の筋に揃え、繋梁を用いない。
　③四面廂の隅柱のみ、柱掘方を大きくする。

　特に①については、上部構造と密接に関係しており、②についても、廂柱を独立して立てることのできる掘立柱建物の特有の技術であると考えられる。③については、隅柱に荷重がかかるためその柱の掘方も大きくしたと推定される。

　また、一面廂から四面廂へと廂を付け替えることで、建物の平面規模、屋根形状が大きく変化している。

　なお、有田・小田部遺跡正殿ＳＢ04のように、身舎と廂で柱筋が平行でない事例も、同じく身舎・廂分離型の構造と考えられる。

桑原庄券（表５・文献３）　桑原庄は越前国坂井郡にあった東大寺領の庄園で、天平勝宝７歳(755)に大伴宿祢麻呂から坂井郡堀江郷の地を買得して成立した。この越前国桑原庄については、その経営状態を示す四つの史料が存在する。通常「桑原庄券」と称される天平勝宝７歳(755)５月３日付の「越前国使等解」、天平勝宝８歳(756)２月１日付の「越前国田使解」、天平勝宝９歳(757)２月１日付の「越前国田使解」、天平宝字元年(757)11月12日付の「越前国使等解」の四つの史料である。以下、それぞれ「桑原庄券」第一から第四とする。年毎に田使が庄園の所有する寺地、稲、建物、購入した物、修理費用を検校し、その内容が「桑原庄券」に記述された。このうち、主要建物である草葺板敷東屋の記載から、廂の様相がわかる。草葺板敷東屋の平面を復元するにあたって、まず「桑原庄券」における建物規模の記載方法について検討しよう。

　天平勝宝７歳「桑原庄券第一」
　　草葺板敷東屋一間広一丈七尺六寸（長三丈三尺五寸）……Ａ
　　更作著廂二間広（各）一（長）丈（二）二尺（丈三尺五寸）……Ｂ
　天平勝宝８歳「桑原庄券第二」
　　草葺板敷東屋一間広一丈七尺六寸（長三丈三尺五寸）　前後在ﾚ廂
　天平勝宝９歳「桑原庄券第三」
　　草葺板敷東屋一間広一丈七尺六寸（長三丈五尺）在ﾚ前後廂ﾚ
　天平宝字元年「桑原庄券第四」
　　草葺板敷東屋一間広一丈七尺六寸（長三丈五尺）在ﾚ前後廂ﾚ

　草葺板敷東屋の形状については、「桑原庄券第一」の記述が詳しい。まず、Ｂの廂が二面に付くと廂の梁行方向の長さは２丈４尺となり、Ａの部分の梁行１

表５　桑原庄券に記された建物

			天平勝宝7歳(755年)桑原庄券第一	天平勝宝8歳(756年)桑原庄券第二	天平勝宝9歳(757年)桑原庄券第三	天平宝字元年(757年)桑原庄券第四	寸法変化
A	板屋	長(尺)		36	30	36	変化
		広(尺)		28	20	24	変化
B	草葺板敷東屋	長(尺)	33.5	33.5	35	35	変化
		広(尺)	17.6	17.6	17.6	17.6	
C	板倉	長(尺)	18	18	18	18	
		広(尺)	16	16	16	16	
D	板葺屋	長(尺)	31.5	31.5	30	30	変化
		広(尺)	17	17	17	17	
E	草葺真屋	長(尺)	23	23	23	23	
		広(尺)	16	16	16	16	
F	草葺東屋	長(尺)	27	27	27	27	
		広(尺)	15	15	15	15	
G	草葺東屋	長(尺)	30	30	30	30	
		広(尺)	15	15	15	15	
H	板屋	長(尺)		20	20	20	
		広(尺)		13	12	13	変化

丈7尺6寸よりも大きくなる。そのためBの廂の寸法はAには含まれない。つまり「桑原庄券」において建物規模は身舎の寸法で表したのである。「桑原庄券」第二から第四についても梁行は1丈7尺6寸で異同はなく、記載方法は同じである。

　よって、草葺板敷東屋は身舎（梁行1丈7尺6寸、桁行3丈3尺5寸）の前後に廂（各梁行1丈2尺）が付いた形に復元できる。また、Bの部分に「更作著廂二間」すなわち「更めて、廂を作り着けること二間」とあることから、移築以前の建物に付いていた廂を撤去して、新たに身舎の前後に廂を付け加えたことがわかる。なお、移築以前の建物については、勾配の急な草葺建物に廂が付いていたことから、かなり高さのある建物であったと考えられる。

Ⅵ　床の構造

（1）床の支持方法

床の張り方　一般的には大引を渡し、その上に根太を置き、その上に床板を張る。この大引を支えるための構造物が必要である。床を張る方法は、図23のように主に4種類の方法がある。

　まずは建物本体を支える柱の近くに大引を支えるための床束を立てる。また、柱と柱の間に床束を置く。これらの床束は建物よりも受ける荷重が少ないため、柱よりも小さい。この床束の置かれる位置は桁行の柱間・梁行柱間と2パターンある（図23A・B）。

　もう一つは柱の足元に長押状に柱の横に材を打ち付け、根太掛けとする方法である（図23C）。また、側柱筋の足固貫を用いて、そこに大引を架ける方法もある（大引貫式、図23D）。これらの方法の場合には床束が置かれず、発掘調査によっても痕跡が検出されることはない。

床　束　床を張る際には床束を置くことがあり、この痕跡が発掘調査でみつかることもある。ただし、床束は建物本体の柱に比べると細いため、その柱穴も非常に小さい。また床束には礎石・掘立柱の両方の構造があるが、特に礎石の場合、据付穴も浅い。そのため、床束の遺構を検出することは困難である。一方で、床束がないからといって、床を張らないとは限らないということも忘れてはならない。

　この床束の主な配置については、図24のようにさまざまな種類がある。床を張るためには大引や根太を架ける必要があり、これをどう支えるかというのが問題となる。さらに、建物本体の構造を支える柱もあるのでこれを避けなくてはならない。その一つの方法

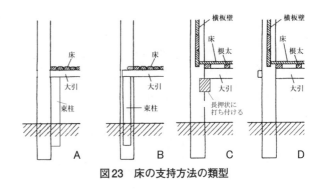

図23　床の支持方法の類型

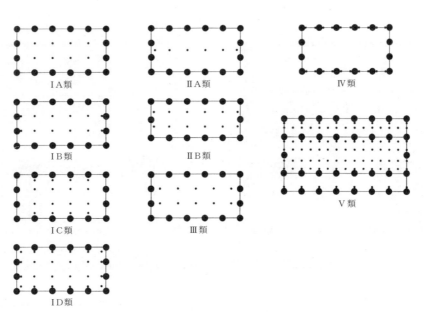

図24　主な床束の配置の類型

が、建物内部に床束を置いて柱の内側に添えるようにして床束を立てる方法である(図25)。この場合は、建物本体と床は基本的に別々の構造となる。そのため、床束の上に大引・根太を組み、その上に床を張ればよいのである。

一方で、柱筋のグリッドの交点のみに置くものや、棟通筋(大棟の筋)のみに置くものがある。これらの場合には、建物の柱が大引の端部を支えることとなる。

添束式・大引貫式は、古代以降の日本建築によくみられる形式で、後者は特に多い。添束式は図25に提示した方法で、柱は建物全体、床束(束柱)は床と支持する構造を分離している。柱に添えた束柱は大引を支え、その上に床板を直接置く。これに対して大引貫式では、束柱を置かず柱と柱の間に大引貫を渡し、その上に根太を張ってさらに床板を置く方法である。

以上が建物内部の床の張り方であるが、建物の外部にも床を張った痕跡が確認できることもある。縁束の痕跡である。建物本体の柱筋の延長上に見つかることもあるが、建物本体の柱配置とは無関係に周囲に配されることもある。なお、基壇をともなう建物などの場合、基壇上の建物内部は削平されて床束の痕跡が見つからず、建物の外側にのみ縁束の痕跡が見つかることもある。縁を張る時には、もちろん建物の内部も床を張るため、建物の外部の縁束の存在から建物全体の床の存在があきらかになるのである。

(2) 兵部省と式部省 (図26・文献15)

奈良時代後半の平城宮では、壬生門の北側に兵部省と式部省がほぼ同じ大きさで造られたことが知られる。周知のとおり、兵部省は武官の人事と軍事をつかさどり、式部省は文官の人事をつかさどるという。

兵部省と式部省の南半の空間の建物構成は、正殿とその両脇に並ぶ脇殿4棟による構成である。両者はほぼ同じであるが、個別の建物には床の有無という点が異なる。少々細かいがその遺構の違いをみていこう。

正　殿　正殿の遺構は一部のみの検出に留まり、兵部省SB13700は基壇の延石の抜取溝のみが検出されており、基壇規模が復元されている。同じく、式部省SB15100では、基壇土と基壇外装の抜取溝、階段部分の突出が検出されている。ただし、基壇土が20cmほど残るものの、礎石の据え付け、抜取の痕跡は確認できない。この基壇規模と階段の位置か

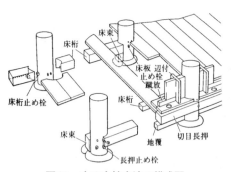

図25　床の支持方法の模式図

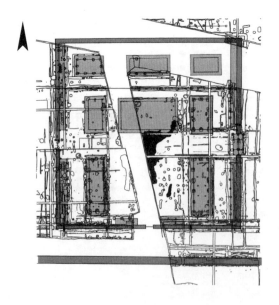
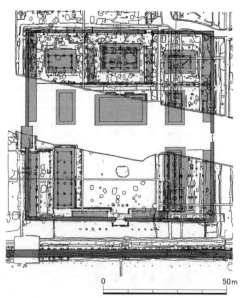

図26　兵部省と式部省の遺構配置図　1：1500

ら、桁行5間×梁行4間の柱配置に復元される。
脇　殿　南北2棟が並んでおり、それぞれ第一堂・第二堂と称している。

　兵部省の西第一堂ＳＢ12990、東第一堂ＳＢ13750は桁行3間×梁行2間（10尺等間）で、軒の出6尺の建物で切妻造と考えられる。西第二堂のＳＢ12980・東第二堂のＳＢ13740ともに桁行5間（14尺等間）×梁行2間（9尺等間）の建物で、やはり切妻造であろう。基壇土が10cm程度残るが床束は確認できない。

　これに対して、式部省では西第一堂は検出していないが、東第一堂ＳＢ15300は一部分の検出ではあるものの桁行3間×梁行2間（10尺等間）に復元される。また、西第二堂ＳＢ14560・東第二堂ＳＢ14700は、ともに基壇土が10〜25cmほど残っており、抜取穴から桁行5間（14尺等間）×梁行2間（9尺等間）の床束のある建物に復元できる。兵部省では、同等の基壇土の残存状況であっても床束は確認できず、式部省の特徴といえよう。特にＳＢ14700は興味深く、平側（東側・西側）に縁束を張り出している（図27）。

　このように、兵部省と式部省ではほぼ同じ建物構成でありながら、脇殿をみると式部省では床を張り、兵部省では床を張らないのである。文官の人事を掌る式部省は、床張りの実務空間が求められたと考えられる。一方で、武官の人事や軍事に関わりの強い兵部省は床張りではなく、土間であった。残念ながら正殿の遺構が検出されていないのであきらかではないが、脇殿については床の有無と文官・武官といった機能的な相違のリンクが想起される。地方官衙における床の性格を考える上で、一つの手がかりにならないだろうか。

（3）政庁域における床

　政庁域の建物は脇殿を中心に、床が張られていたものも多いのではないだろうか。これは、朝堂や朝集堂が土間であったと考えられているのと、大きく異なる特徴である。

　何ゆえ床に着目するかというと、郡庁の祖型・機能を考える際に、一つの指標となる可能性があるからである。すなわち、郡庁の空間構成を大極殿院や朝堂院の系統、内裏系統のいずれの系譜であるのか、あるいは両者の融合として捉えられるのかといった問題を考える際に床の存在は重要である。また、機能の面でも、床を張るか否かという点は、郡庁の建物

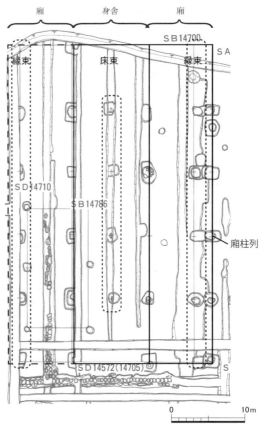

図27　式部省ＳＢ14700の縁束・床束　1：500

や空間の性格を考える上でも、欠くことのできない視点であろう。

　こうした視点をもった先行研究には上野邦一氏のものがあり、東北城柵の政庁域の建物を対象に検討をしており、その中で脇殿の床束について言及している（文献1）。上野氏は城柵政庁の脇殿について土間床の可能性を提起している。

　上野氏は脇殿について、建物の機能が要求されるのではなく、政庁を政庁らしくするための装置としての建物と考えている。そして、床については正殿・脇殿ともに土間と考えつつも、正殿を土間、脇殿を床張りの可能性も否定的であるが、指摘している。そして、平城宮内裏などの天皇が生活する建物が高床だが、そのほかのほとんどの建物は土間であることを考慮した上で、政庁の正殿・脇殿を土間と考えた場合に、脇殿の身舎内部の柱穴をどう解釈すべきか、という研究の方向性を提示している。この指摘自体は床張りという先入観に一石を投じるものであるが、これを受けて、政庁域の床について改めて問題提起をしてみたい。

　まず、上野邦一氏が提案する「政庁の正殿・脇殿

を土間と考える」という前提から考えてみたい。もちろん、身舎内部の小穴の床束以外の可能性を模索する方向性は重要ではある。しかし、遺構は限られるものの、城輪柵跡西脇殿ＳＢ004・005のように、建物の中軸線側に縁が取り付くという点を考慮すると、身舎も床張りと考えるのが妥当ではなかろうか (図28)。それゆえ、脇殿が土間であるということを議論の前提にするにはやや疑問がある。

これを踏まえ、身舎の内部に柱があり、床束の可能性がある遺構を集めたものが前掲の**表1・2**である。この**表1・2**をみると、正殿には床が張られることが少ないが、名生館官衙遺跡Ⅲ期 (図29)、岡遺跡Ⅲ－1、Ⅲ－2期 (図30) の事例をみてみたい。

名生館官衙遺跡Ⅲ期正殿の場合、柱筋の間の位置に小穴があり、これは足場穴と考えられる。これに対し、身舎の内側には、梁行方向の柱筋と揃う小穴があり、これは床束の可能性が考えられる。

岡遺跡Ⅲ－1、Ⅲ－2の正殿ＳＢ01Ａ・Ｂについては、報告書によると桁行6間×梁行2間の掘立柱建物の身舎の四周に廂のめぐる構造で、棟通りに床束を持つとする。身舎の柱が比較的精度よく構成されるのに対して四周の廂柱は柱筋が通らず、また柱穴も身舎のものに比べると小さい。廂ではなく、軒支柱や仮設物 (仮設の縁や差掛け)、儀礼にともなうものの可能性も考えられる。少なくとも、廂であっても前述の「身舎・廂分離型」と考えられる。また床束とされる身舎の棟通りの柱穴をみると、他の柱とほぼ同じ柱掘方である。これを勘案すると、床束というよりは

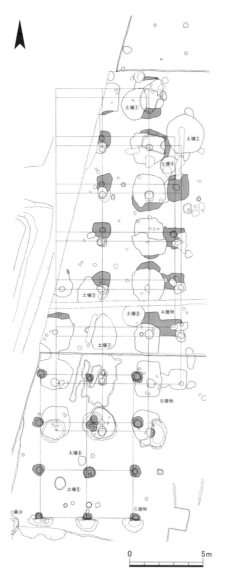

図28　城輪柵跡西脇殿の床束・縁　1：500

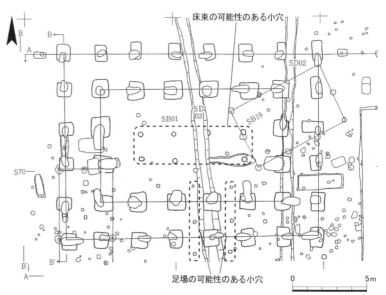

図29　名生館官衙遺跡正殿の床束　1：500

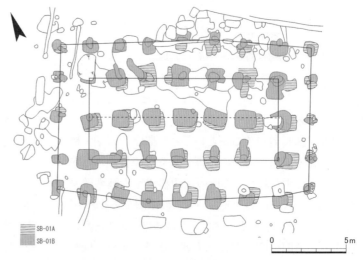

図30　岡遺跡正殿の床束と身舎四周の小穴　1：500

総柱の高床の構造も考えられる。

　また正殿ではないが、神野向遺跡では前殿に床束が確認でき、正殿と相対する建物の機能を考える上でも一つの手がかりとなろう。

　次に脇殿について、身舎内部の柱・縁束を中心にみてみよう。表1・2のように、郡庁の脇殿の床束は少なく城柵に多い。この地域の例として、城輪柵跡の例を取り上げたい。

　城輪柵跡の脇殿は、東西ともに桁行7間×梁行2間で棟通りに小穴をもつ。また、中軸線側には桁行5間分の規模の小さい柱穴が取り付く。この内部の小穴は床束の痕跡、中軸側の小穴は縁束の痕跡と考えられ、脇殿が床張りであった可能性を強く示している。

　また城柵以外で狐塚遺跡をみると、西脇殿の可能性のあるＳＢ14は桁行6間×梁行3間で、内部に側柱よりも小さい柱穴が桁行・梁行の柱筋の交点に並ぶ。

　また国庁脇殿に多くみられる点も一つの特徴と言えよう。郡庁にみられず国庁に床張りが多くみられる点は、饗宴など政庁域を使用した儀礼など、両者の機能の違いを表しているのかもしれない。

　このように、政庁域には床張りの可能性のある建物が一定数確認できる。特に脇殿に関しては、藤原宮朝堂院の第二堂～第六堂で確認できるのに対して、平城宮では中央区・東区ともに、朝堂は土間で建物としての特徴が大きく異なる。この点については郡庁の個別の建物だけではなく、郡庁の祖型や機能、さらには宮殿における大極殿院・内裏・朝堂院の機能を含め、今後、総合的に考えていくべき課題であるが、床はこれらを考える上で建築的に重要な特徴の一つである。

Ⅶ　建物の変遷と維持管理
（1）維持管理

　前述の廂の付け替えのように、郡庁の建物は一時期に定まった形ができるのではなく、同規模・同位置で建て替えがおこなわれたり、時代を追うごとに変化したり荘厳化されたりしている。この点は、郡庁の継続的な変遷を考える上で非常に重要な視座である。

　郡庁の変遷をみていく際には、建て替えや補修という維持管理に関する空間変化の経過が重要である。

　同規模・同位置での建て替えの場合、使用できる部材を再利用した可能性が想起される。部材の再利用自体は、前近代まで広くおこなわれていた行為であり、場所を移す移築もある程度活発におこなわれていた。そして同規模・同位置での建て替えは、機能的な要求が変化せず、維持されたことを示している。大野田官衙遺跡Ａ・Ｂ期では、東西脇殿ともに建て替えが確認でき、東脇殿は完全に同規模である。

　礎石建物の修理の場合、部分修理・半解体修理・全解体修理といった方法があり、半解体修理では柱や梁などの軸部を組んだまま、ジャッキアップなどにより基礎を含め、修理をおこなう。また、柱の根元が腐朽した場合でも、根元部分のみを挿げ替える根継がおこなわれる。しかし、掘立柱建物の場合、柱の根元が地中に埋まるためこうした修理は不可能である。そのため、柱の根元などの部分的な修理程度の破損であっても全解体し、柱自体を引き倒す必要があるのである。なお、さらに踏み込めば、柱の根元の腐朽部分を切って部材を再利用した場合、建物の成（高さ）は低くならざるを得ない。こうした点を鑑みると、梁より上の小屋組などに関しては再利用が可能であろうが、柱材の再利用は困難であったと推察される。一方で、小屋組についても再利用するには条件がある。柱間寸法である。特に梁行の寸法が変化すると屋根の勾配まで変わってくるため、梁をはじめ垂木に至るまで再利用が困難となってくる。

　これに対して、弥勒寺東遺跡のように一部を掘立柱から礎石へと変更し、補修した事例（本書108頁田中論文）も確認されている。こうした方法は掘立柱の柱の腐朽の修理方法としては秀逸で、礎石とすることで地中部分の長さが不要となり、柱の腐朽していない部分のみを使用できる。

　発掘遺構で補修が確認される例は少ないが、掘立柱であれ礎石であれ、木造建築であるかぎり維持管理のための補修はかなりの頻度で必要である。そのため、調査時にこうした痕跡の有無を考え検出できれば、郡庁のクロノロジカルな議論が可能となろう。

（2）荘厳化

　郡庁の荘厳化という観点から、時代的変遷を検討する手立てがあろう。むろん、進歩的史観で郡庁の空間が荘厳化のみされていくということではないが、郡庁の祖型や発展、理想を考える上で一つの指標となる。例えば、辺殿は初期地方官衙の特徴的な形状

と目されるが、遮蔽施設の変更との関係性が大きい。また廂の付加や礎石化も荘厳化の事例であろう。これらの点については、自身の力がおよばず詳細な検討には至っていないが、建築史学的な視点からの展望を提示したい。

遮蔽施設の変更については、正道官衙遺跡や伯耆国府跡のように遮蔽施設を一本柱塀から築地塀に変更する事例がある。一方で、樋ノ口遺跡のように築地塀から一本柱塀に変更する事例もある。

根岸官衙遺跡群では、四面廂建物＋一本柱塀という形式から、辺殿付＋一本柱塀という形式へ変化しており、必ずしも辺殿を用いる形式が古いというわけではない。

廂の付加については、上神主・茂原官衙遺跡の例を挙げたように、廂を付加することで面積の増大と荘厳化を図った例がみられる。特に四面廂への変化は屋根の形状が変化するもので、大きな転機の一つと考えられる。

また、掘立柱建物から礎石建物へ変更する事例もある。礎石化は単に建築構造の変化にとどまらず、建築物の恒常化、すなわち維持管理の体制化とセットで考えていく必要のあるものである。地域社会でみると、国庁も掘立柱であったが、時代が下って礎石化する事例もある。一方で、国分寺は当初より礎石建物で建てられた。もちろん在地には白鳳寺院が存在し、すでに礎石建物の技術は一定程度存在したと考えられるが、これらの点を鑑みると、国分寺の建立により主に寺院の技術であった礎石建物の技術が国庁や郡庁などの地方官衙に波及した可能性もあろう。正倉の礎石化との関連性を念頭に入れつつ今後検討していくべき課題であろう。

Ⅷ　発掘調査における留意点

郡庁の可能性のある遺跡の発掘調査時における注意点を述べておきたい。発掘遺構はいずれも遺構の深さと削平の程度に大きく依存している。それゆえ、発掘調査においてはその痕跡を逃さないことが政庁域の空間を知る第一歩となる。ここでは、建築的な視点から、発掘調査における留意点をいくつか挙げておきたい。

柱径・柱穴の深さ　建物本体の柱とそれ以外の柱で柱の径が異なることも多く、これは上部構造を類推する手掛かりとなる。また、柱穴の深さの違いも柱の長さを考える手がかりとなる。

建物本体でも身舎柱と廂柱で柱穴の大きさが異なることもあり、身舎と廂の構造の違いや葺材の違いなどを示唆する痕跡として重要である。

床束・縁束　床束は建物本体の柱穴に比べ平面的にも小さく、柱穴も浅いことが多い。そのため、その痕跡を見つけることが困難なことも多い。また掘立柱建物であっても、床束のみを礎石とする事例もある。

正殿において、床束が検出されないことを指摘したが、正殿が脇殿よりも整地などにより高い地に設けられた可能性を考慮すると、削平により床束の痕跡が失われている可能性もある[8]。これらを判断する材料となるのが断割調査で、これにより床束の深さや柱の太さを確認しておく必要がある。同様のことは縁束や足場の小穴に関しても言え、建物そのものの柱だけではなく、関連する小穴についても十全な断面情報の収集が求められる。

礎石下の柱穴　前述のように、掘立柱建物から礎石建物に建て替えがおこなわれることがある。この場合、礎石の下に掘立柱建物の柱穴があるが、平面では掘立柱の柱穴を確認できない。それゆえ、礎石の据付掘方の断割をおこなった際には、据付掘方の下部に掘立柱建物の痕跡がないか、注意して観察する必要がある。同様に、基壇建物であっても、基壇を構築する前、すなわち基壇の下層に掘立柱建物があった可能性もある。

改造の痕跡　建物の改造に多くの形式があることは前述のとおりであるが、これを判断する材料となる痕跡について少し述べておきたい。

廂の付加や取替に関しては、廂の柱穴が身舎の柱筋と揃うか否かが一つの判断材料になる。また、側柱建物から廂付建物に改造される場合には、雨落溝あるいは雨垂れ痕跡が判断材料となる。すなわち、身舎柱と廂柱の間にこれらの痕跡が残っていれば、こうした改造がおこなわれたと判断できるのである。

基壇建物の場合には、建物の平面の拡大により、基壇の継ぎ足しがおこなわれることがある。その際には元の基壇外装を埋め殺して、新しい基壇外装を構築することがある。中央の寺院の事例であるが、薬師寺東塔や東大寺東塔などがその好例であろう。また、元の基壇外装を抜き取った場合でも、その痕跡は基壇中に確認できる。それゆえ、断割調査により部分的にであっても、これらの痕跡を確認することが

望まれる。また基壇建物の場合、改造の多い部位として階段があり、これについても同様の調査により改造の履歴を解明できよう。

Ⅸ　おわりに
（1）政庁域の建物と空間構成
正殿と脇殿・辺殿　政庁域、特に郡庁の建物のなかでも特に重要な意味を持つのが、正殿と脇殿・辺殿であろう。これらの政庁域の建物について考える際に、①正殿の有無とその機能、②脇殿と辺殿の違い、③正殿・脇殿の床の有無が重要である。そしてその先に、正殿・脇殿・辺殿の意味・意義付けがあろう。③については、前述しているので、本節にて①②について述べたい。

郡庁における正殿の有無は、先述のように区域内の建物の優位性の有無と相関関係にある。時代性でみると、時代が下るにしたがって独立した正殿が形成されるという一定の傾向がみられる。特に辺殿を用いる場合、正殿が置かれないという傾向もある。

脇殿と辺殿の違いについては、時間軸でみると、辺殿が塀などの遮蔽施設から独立し、脇殿として成立するという傾向がうかがえる。その一方で、時代が下った平安宮豊楽院のように、回廊と長舎が接続する形もある。

これらの2点については、政庁域の空間の性格を考える手がかりとなりうるので、機能面の検討をあわせて述べたい。

政庁域の空間の特質　それでは、政庁域の空間の特質とはいかなるものであろうか。空間の認知という観点から政庁域をみてみよう。

空間を認知する際には、近景・中景・遠景の3つの見え方、そして視点が重要なポイントとなる。政庁域程度の広さの場合、前者については、中景・遠景は山並みなどの地形や塔などの施設が該当するが、この要素は地域ごとに異なるため、近景のみが共通して検討できる事項であろう。

むしろ近景とその見方、すなわち、政庁域内の視点場が重要である。これを考える際には2つのポイントがあろう。一つは正殿なり政庁域の奥から手前を見る視点で、もう一つは前庭空間から正殿あるいは政庁域奥を望む視点である。

この両者の視点の際たるものが、国庁における元日の朝拝で、まず国司はみな配下の郡司等を率いて国庁に向かって拝賀し、その後長官が拝賀を受ける。この時の郡司等の視点こそが、前庭空間から政庁域奥を望む視点で、拝賀を受ける視点は政庁域奥から手前を見る視点であろう。郡庁における儀礼が詳らかではないが、こうした服属的な構成は律令的な空間構成と言えよう。また脇殿に関しては、この視点場の場合、脇殿であっても辺殿であっても、前庭空間の両側に建物が並ぶという近景は大きくは変わらない。郡庁において辺殿が配される理由の一つがここにあるのかもしれない。

その一方で、問題となるのが正殿なしの場合である。正殿の存在は上記の服属的な空間構成と同じ方向性であるが、前述のように、正殿なしはこれと逆行するものである。これは、政庁域における儀礼の一つである饗宴が関係しているのではなかろうか。

饗宴施設として知られる平安宮豊楽院は、回廊と長舎が接続しており、平安宮八省院の朝堂が遮蔽の回廊から独立しているのと対照的である。この違いは、地方官衙においてみられる辺殿と脇殿の違いと共通する。この点を鑑みると、回廊ではない点など相違点はあるものの、辺殿による政庁域の構成は正殿・脇殿という構成による八省院型の律令的な空間構成ではなく、豊楽院のような饗宴の機能を重視した空間構成であったのではなかろうか。平安宮豊楽院では、脇殿にあたる諸堂は回廊で繋がっており、遮蔽施設と脇殿が一体化している。

その一方で、饗宴について考える際には、服属的な饗宴と共食という2つの性格の異なる饗宴があることを考慮せねばならない。もちろん、朝堂院でおこなわれる饗宴にはこの両者があるが、地方においては饗宴の性格が空間構成とも大きく関わっていると考えられる。

正殿がなく辺殿によって囲まれる空間は、律令的な支配関係の視覚的実現ではなく、在地における調和を示す一端とも考えられる。すなわち、律令制の形成過程の時期では国司も常駐ではないことから、支配的な空間構成ではなく、郡司等在地豪族との調和という側面が重視された空間が形成されたと考えられるのである。饗宴でいえば、共食にあたるのであろう。正殿なしの辺殿による空間構成が、7世紀末等の初期の郡庁に多い点もこれを補完する。こうした点からみると、辺殿の脇殿への分離は律令的な空間構成の成立に大きく寄与していると考えられる。

(2) まとめと今後の課題

本稿では郡庁の建物構成・郡庁の建物の特徴、礎石と掘立柱・廂・床という限られた建築の部分から考察を試みた。もちろん不十分な点、限定された視野ではあるが、さらなる地方官衙政庁の研究の広がりも糸口もみえてこよう。最後に拙稿をまとめつつ、正殿・脇殿・辺殿の意味・意義付けについて一考を述べておきたい。

まず、各地域における郡庁の特徴の抽出と国庁との関係として、郡庁(地域)における国庁の影響と独自性を抽出し、脇殿の数、廂の取付方法・遮蔽方法などに共通点があるかという点は、国庁を郡庁が模倣した可能性を含め、その形状伝播や祖型を検討する上で、建築的な視点からは重要な着眼点と考える。

そして、国庁の変遷(成立・盛隆・終焉)の時期の明確化とその画期の社会的背景の解明は、国庁の建物構成の時代的な変化が社会的背景によるものであるのか、自然発生的な維持管理の結果であるのかという視点と密接に関連してこよう。

加えて中央の技術と在地の技術のいずれをもって建設されたのかという点は、これまで建築史では看過されてきた在地の技術を解明する上でも大きな手がかりとなると考える。

また、正殿・脇殿による構成が確立した空間は、正殿の優位性を示す空間であり、地域社会における郡庁の位置付け・意味を考えるキーストーンとなろう。すなわち、正殿がなく辺殿による空間構成は並列的であるのに対し、正殿のある空間構成は序列が視覚化されており、律令支配の浸透との関係性も想起される。

以上のように、郡庁の空間構成は単に郡衙の中枢というだけではなく、中央と在地の空間的特質の共通点と差異、地域社会の在り方と支配・儀礼など、さまざまな課題の中心となるもので、今後、多面的な検討がなされることを期待したい。

註

(1) 発掘調査の進捗により、正殿の検出がなされていない可能性、比定がなされていない可能性を十分に考慮する必要がある。
(2) 遮蔽施設が別にあり、独立しているものを脇殿、囲繞施設に取り付くもの、もしくはそれ自体が囲繞施設となるものを辺殿と称することとした。
(3) なお、弥勒寺東遺跡の場合は、掘立柱建物であるため、喪失したと考えられるが、礎石建物の場合、考古学的に建て替えが確認できなくても、建物が存続し続けた可能性があるため、注意を要する。
(4) 平城宮第二次大極殿院南門・平城宮東区朝堂院南門など。
(5) 1—A・B、2—A〜Cに該当しないもので、これらには礎石の位置に規則性がみられない。
(6) ここでは構造に着目するため、床部分で柱が切れず、直接、屋根を支える構造を通柱とし、床の下の空間の存在の有無については区別しない。
(7) もちろん、礎石と掘立柱で構造が根本的に異なり、掘立柱建物には組物を用いないという可能性を考慮しておく必要がある。當麻寺本堂の前身堂の復原などがその例である。
(8) 転ばし根太による床張りを考えた際に、脇殿において床束が張られていた場合、正殿も同様の構造であったとすれば、前述のように正殿が基壇などで高い位置にある場合を除いて、同様の痕跡が検出されるはずである。それゆえ、こうしたケースでは、正殿に考古学的な根拠のない転ばし根太による床張りを考える必然性は低いと考える。

参考文献

1 上野邦一「古代東北城柵の政庁域の建物について」『古代学5』古代学学術研究センター、2013。
2 海野聡「古代地方官衙政庁域の空間構成」『日本建築学会計画系論文集645』日本建築学会、2009。
3 海野聡「越前国桑原庄券に記された地方建築の検討」『建築史学57』建築史学会、2011。
4 海野聡「掘立柱建物の身舎・庇分離型―郡庁正殿の上部構造―」『日本建築学会大会学術講演大会梗概集F−2』日本建築学会、2011−B。
5 海野聡「鞠智城の遺構の特徴と特殊性―建物の基礎構造と貯木場を中心に―」『鞠智城跡Ⅱ―論考編1―』熊本県教育委員会、2014。
6 海野聡『奈良時代建築の造営体制と維持管理』吉川弘文館、2015。
7 海野聡『古建築を復元する〜過去と現在の架け橋〜』吉川弘文館、2017。
8 上三川町教育委員会・宇都宮市教育委員会『上神主・茂原官衙遺跡』上三川町埋蔵文化財調査報告第27集 宇都宮市埋蔵文化財調査報告第47集、2003。
9 奈良県文化財保存事務所『国宝当麻寺本堂修理工事報告書』1960。
10 奈良県文化財保存事務所『重要文化財海竜王寺西金堂・経蔵修理工事報告書』1967。
11 奈良県文化財保存事務所『国宝唐招提寺講堂他二棟修理工事報告書』1972。

12　奈良県文化財保存事務所『国宝東大寺法華堂修理工事報告書』1972。
13　奈良文化財研究所『古代の官衙遺跡』Ⅰ　遺構編、2003。
14　奈良文化財研究所『古代の官衙遺跡』Ⅱ　遺物遺跡編、2004。
15　奈良文化財研究所『平城宮発掘調査報告XVI　兵部省地区の調査』2005。
16　奈良文化財研究所『第17回古代官衙・集落研究会報告書　長舎と官衙の建物配置　報告編』2014。
17　箱崎和久「身舎外周柱列の解釈と上部構造」『第15回古代官衙・集落研究会報告書　四面廂建物を考える　報告編』奈良文化財研究所、2012。
18　橋本義則『平安宮成立史の研究』塙書房、1995。
19　蓮沼麻衣子「古代建築における掘立柱と礎石の併用」『埋もれた中近世の住まい』同成社、2001。

図表出典

図1：　著者作成。
図2・3：文献13を一部改変。
図4：　奈良文化財研究所『平城宮発掘調査報告書XIII　内裏の調査Ⅱ』1991、『平城宮発掘調査報告XVII　第一次大極殿院地区の調査』2011を一部改変して作成。
図5：　文献13。
図6・8・9：著者作成。
図7：　久留米市教育委員会『久留米市文化財調査報告書第71集　東部地区埋蔵文化財調査報告書第11集』1992を一部改変。
図10：　小野正敏ほか編『歴史考古学大辞典』吉川弘文館、2007、文化庁文化財部記念物課・奈良文化財研究所編『発掘調査のてびき－各種遺跡調査編』2013。
図11：　『一遍上人絵伝』東京国立博物館蔵。
　　　　『年中行事絵巻』宮内庁書陵部蔵。
図12：　文献5。
図13：　『年中行事絵巻』より作成、文献7掲載に加筆。
図14：　文献10。
図15：　文献12。
図16：　工藤圭章「古代の建築技法」『文化財講座日本の建築2』第一法規、1976を一部改変、文献7掲載。
図17：　東大寺転害門、著者撮影、文献7掲載。
図18：　文献4。
図19：　法隆寺蔵、奈良文化財研究所撮影、文献7掲載。
図20：　文献11。
図21：　文献9。
図22：　文献4、8。
図23：　宮本長二郎『日本原始古代の住居建築』中央公論美術出版、1996を一部改変、文献7掲載。
図24：　文献13。
図25：　浅野清『日本の美術　第245号　日本建築の構造』至文堂、1986。
図26：　文献15。
図27：　奈良文化財研究所『年報1993』1993を一部改変。
図28：　酒田市教育委員会『史跡城輪柵跡　昭和59年度遺構調査概報』1985。
図29：　宮城県多賀城跡調査研究所『名生館遺跡Ⅰ　玉造柵跡推定地』1981。
図30：　栗東町教育委員会・(財) 栗東町文化体育振興事業団『岡遺跡発掘調査報告書1次・2次・3次調査』1990。
表1・2：著者作成。
表3・4：文献19にその後の発掘成果・古代の地方官衙・地方寺院を追加、加筆修正して作成。
表5：　文献3。

遺跡文献（五十音順）

1　阿恵遺跡：粕屋町教育委員会『糟屋官衙遺跡群阿恵遺跡現地説明会資料 (2014.7.19)』2014。
2　青野南遺跡：綾部市教育委員会「青野南遺跡発掘調査概報」『綾部市文化財調査報告』第9集、1982。
3　青野南遺跡：綾部市教育委員会「青野南遺跡第3次・第4次発掘調査概報」『綾部市文化財調査報告』第10集、1983。
4　秋田城跡：秋田市教育委員会・秋田城跡調査事務所『秋田城跡－政庁跡－』2002。
5　秋田城跡：秋田市教育委員会・秋田城跡調査事務所『秋田城跡』秋田城跡調査事務所年報2003、2004。
6　有田・小田部遺跡：福岡市教育委員会『有田・小田部33－有田遺跡群第189次の調査－』福岡市埋蔵文化財調査報告書第649集、2000。
7　有田・小田部遺跡：福岡市教育委員会『有田・小田部50』福岡市埋蔵文化財調査報告書第1135集、2012。
8　伊賀国府跡：三重県埋蔵文化財センター『伊賀国府跡』三重県埋蔵文化財調査報告99－4、1992。
9　伊賀国府跡：三重県埋蔵文化財センター「伊賀国府跡 (第6次) 調査」『－弥生時代小特集・伊賀国府跡 (第6次) －』研究紀要第13号、2003。
10　胆沢城跡：水沢市教育委員会『胆沢城跡－昭和53年度発掘調査概報－』1979。
11　胆沢城跡：水沢市教育委員会『胆沢城跡－昭和54年度発掘調査概報－』1980。
12　胆沢城跡：水沢市教育委員会『胆沢城跡－昭和60年度発掘調査概報－』1986。
13　伊治城跡：築館町教育委員会『伊治城跡－平成4年度発掘調査報告書－』築館町文化財調査報告書第6集、1993。
14　伊治城跡：栗原市教育委員会「史跡伊治城跡第39次

調査の概要」『第36回古代城柵官衙遺跡検討会資料集』古代城柵官衙遺跡検討会、2010。

15 泉官衙遺跡：南相馬市教育委員会『泉廃寺－陸奥国行方郡家の調査報告－』南相馬市埋蔵文化財調査報告書第6集、2007。

16 伊勢国府跡：鈴鹿市教育委員会「長者屋敷遺跡の調査」『伊勢国分寺・国府跡－長者屋敷遺跡ほか発掘調査事業概要報告－』1994。

17 伊勢国府跡：鈴鹿市教育委員会『伊勢国分寺・国府跡2』1995。

18 伊勢国府跡：鈴鹿市教育委員会『伊勢国分寺・国府跡3』1996。

19 伊勢国府跡：鈴鹿市教育委員会『伊勢国府跡2』2000。

20 井出野遺跡：朝倉市教育委員会『八並遺跡・井出野遺跡』朝倉市文化財調査報告書第5集、2009。

21 稲木北遺跡：長井博志「稲木北遺跡」『稲木北遺跡　長井北遺跡　小塚遺跡』一般国道11号坂出丸亀バイパス建設に伴う埋蔵文化財発掘調査報告第1冊、香川県教育委員会、2008。

22 因幡国府跡：鳥取県教育委員会『鳥取県岩美郡国府町　因幡国府遺跡発掘調査報告書Ⅵ　国府地区県営ほ場整備事業に伴う発掘調査』1978。

23 伊場遺跡群：浜松市博物館『梶子北遺跡　遺構編』(財)浜松市文化協会、1997。

24 今小路西遺跡：今小路西遺跡発掘調査団『神奈川県鎌倉市　今小路西遺跡 (御成小学校内) 発掘調査報告書』鎌倉市教育委員会、1990。

25 榎垣外遺跡：岡谷市教育委員会『榎垣外官衙遺跡』郷土の文化財29、2008。

26 近江国府跡：滋賀県教育委員会『史跡近江国衙跡発掘調査報告』滋賀県文化財調査報告書第6冊、1977。

27 大野田官衙遺跡：仙台市教育委員会「大野田官衙遺跡」『下ノ内遺跡・春日社古墳・大野田官衙遺跡ほか－仙台市富沢駅周辺土地区画整理地業関係遺跡発掘調査報告書Ⅱ－』仙台市文化財調査報告書第390集、2011。

28 岡遺跡：栗東町教育委員会・(財)栗東町文化体育振興事業団『岡遺跡発掘調査報告書1次・2次・3次調査』1990。

29 小郡官衙遺跡：小郡市教育委員会『小郡遺跡　発掘調査と環境整備報告』小郡市文化財調査報告書第6集、1980。

30 勝間田遺跡：岡山県教育委員会「勝間田遺跡緊急発掘調査概要」『岡山県埋蔵文化財報告』4、1974。

31 勝間田遺跡：團正雄「岡山県勝間田・平遺跡」『日本古代の郡衙遺跡』雄山閣、2009。

32 神野向遺跡：鹿島町教育委員会『神野向遺跡Ⅴ－昭和59年度発掘調査概報－』鹿島町の文化財第46集、1985。

33 上岩田遺跡：小郡市教育委員会『上岩田遺跡Ⅲ』小郡市文化財調査報告書第252集、2011。

34 上神主・茂原官衙遺跡：上三川町教育委員会・宇都宮市教育委員会『上神主・茂原官衙遺跡』上三川町埋蔵文化財調査報告第27集　宇都宮市埋蔵文化財調査報告第47集、2003。

35 河合遺跡：芝田和也「河合遺跡－地方官衙の発見－」『ヒストリア』第225号、大阪歴史学会、2011。

36 上原遺跡群：奈良文化財研究所『上原遺跡群発掘調査報告書－古代因幡国気多郡衙推定地－』気高町文化財報告書第30集、気高町教育委員会、2003。

37 狐塚遺跡：藤原秀樹・吉田真由美「河曲郡衙と伊勢国分寺」『平成27年度あいちの考古学2015　資料集』2015。

38 城輪柵跡：酒田市教育委員会『城輪柵跡　城輪柵跡第2次発掘調査概要』酒田市教育委員会・城輪柵跡発掘調査団、1971。

39 城輪柵跡：酒田市教育委員会『国指定史跡　城輪柵跡』1981。

40 城輪柵跡：酒田市教育委員会『史跡城輪柵跡　昭和58年度発掘調査概報』1984。

41 城輪柵跡：酒田市教育委員会『史跡城輪柵跡　昭和59年度遺構調査概報』1985。

42 鞠智城跡：熊本県教育委員会『鞠智城跡Ⅱ－鞠智城跡第8～32次調査報告－』熊本県文化財調査報告第276集、2012。

43 久世廃寺：近藤義行「久津川遺跡群発掘調査概報」『城陽市埋蔵文化財調査報告書』第10集、城陽市教育委員会、1981。

44 久米官衙遺跡群：(財)松山市生涯学習振興財団埋蔵文化財センター『史跡久米官衙遺跡群調査報告書』松山市文化財調査報告書第111集、2006。

45 久米官衙遺跡群：(財)松山市生涯学習振興財団埋蔵文化財センター『史跡久米官衙遺跡群調査報告書3　久米高畑遺跡47次・51次調査　政庁の発掘調査1』松山市文化財調査報告書第135集、松山市教育委員会ほか、2009。

46 久米官衙遺跡群：(財)松山市生涯学習振興財団埋蔵文化財センター『久米高畑遺跡1次・7次調査　政庁の発掘調査2』松山市文化財調査報告書第136集、松山市教育委員会ほか、2009。

47 久留倍遺跡：四日市市教育委員会『久留倍遺跡5　一般国道1号北勢バイパス建設事業に伴う埋蔵文化財発掘調査報告書Ⅱ』四日市市埋蔵文化財発掘調査報告書46、2013。

48 甲賀寺：肥後和男「紫香楽宮址の研究」『滋賀県史蹟

調査報告』第四冊、滋賀県保勝会、1931。

49　甲賀寺：滋賀県教育委員会『史跡紫香楽宮跡（内裏野丘陵地区）確認調査事業報告書』2009。

50　上野国新田郡家跡【天良七堂遺跡】：太田市教育委員会『天良七堂遺跡2　上野国新田郡庁の範囲確認調査』2010。

51　上野国新田郡家跡【天良七堂遺跡】：太田市教育委員会『天良七堂遺跡3　平成21～23年度　新田郡庁の確認調査報告書』2012。

52　鴻臚館跡：福岡市教育委員会『鴻臚館跡12－平成11・12年度発掘調査報告－』福岡市埋蔵文化財調査報告書第733集、2002。

53　鴻臚館跡：福岡市教育委員会『鴻臚館跡13－平成13年度発掘調査報告－』福岡市埋蔵文化財調査報告書第745集、2003。

54　鴻臚館跡：福岡市教育委員会『鴻臚館跡14』福岡市埋蔵文化財調査報告書第783集、2003。

55　鴻臚館跡：福岡市教育委員会『鴻臚館跡15－平成14年度発掘調査報告書－』福岡市埋蔵文化財調査報告書第838集、2005。

56　鴻臚館跡：福岡市教育委員会『鴻臚館跡19－南館部分の調査（1）－』福岡市埋蔵文化財調査報告書第1175集、2012。

57　郡垣遺跡：雲南市教育委員会『郡垣遺跡Ⅲ　旧大原郡家等範囲確認調査報告書1』雲南市埋蔵文化財調査報告書8、2014。

58　郡山遺跡：仙台市教育委員会『郡山遺跡Ⅸ　昭和63年度発掘調査概報』仙台市文化財調査報告書第124集、1989。

59　郡山遺跡：仙台市教育委員会『郡山遺跡発掘調査報告－総括編（1）（2）－』仙台市文化財調査報告書第283集、2005。

60　古志本郷遺跡：島根県教育庁埋蔵文化財調査センター『古志本郷遺跡Ⅴ　出雲国神門郡家関連遺跡の調査』斐伊川放水路建設予定地内埋蔵文化財発掘調査報告書ⅩⅥ、国土交通省中国地方整備局出雲工事事務所・島根県教育委員会、2003。

61　御殿前遺跡：東京都北区教育委員会『御殿前遺跡』北区埋蔵文化財調査報告第4集、1988。

62　御殿前遺跡：北区飛鳥山博物館「西ヶ原遺跡群（地点：上中里1－46－4）」『北区埋蔵文化財調査年報－平成24年度－』東京都北区教育委員会、2014。

63　栄町遺跡：須賀川市教育委員会『栄町遺跡－陸奥国石背郡衙跡の発掘調査報告－』須賀川市文化財調査報告書第60集、2012。

64　相模国府跡：（財）かながわ考古学財団『湘南新道関連遺跡Ⅳ　坪ノ内遺跡　六ノ域遺跡　都市計画道路3・3・6号（湘南新道）建設に伴う発掘調査』かながわ考古学財団調査報告243、2009。

65　三十三間堂官衙遺跡：亘理町教育委員会『国史跡三十三間堂官衙遺跡　平成16・17年度重要遺跡範囲内容確認調査報告書』亘理町文化財調査報告書第11集、2006。

66　三十三間堂官衙遺跡：亘理町教育委員会『国史跡三十三間堂官衙遺跡　平安時代の陸奥国日理郡衙跡発掘調査総括報告書』亘理町文化財調査報告書第19集、2016。

67　芝山遺跡：（財）京都府埋蔵文化財調査研究センター「芝山遺跡平成14・15年度発掘調査概要」『京都府遺跡調査概報』第110冊、2004。

68　嶋戸東遺跡：（財）千葉県教育振興財団文化財センター『武射郡衙跡－山武市嶋戸東遺跡総括報告書－』千葉県教育振興財団調査報告第628集、2009。

69　下高橋官衙遺跡：大刀洗町教育委員会『下高橋（上野・馬屋元）遺跡Ⅳ　福岡県三井郡大刀洗町大字下高橋・大字鵜木所在遺跡の調査』大刀洗町文化財調査報告書第16集、1999。

70　下高橋官衙遺跡：大刀洗町教育委員会『下高橋遺跡Ⅷ　史跡下高橋官衙遺跡確認調査』大刀洗町文化財調査報告書第48集、2010。

71　下野国府跡：栃木県教育委員会『下野国府跡Ⅱ　昭和54年度発掘調査概報』栃木県埋蔵文化財調査報告第35集、1980。

72　下野国府跡：栃木県教育委員会『下野国府跡Ⅲ　昭和55年度発掘調査概報』栃木県埋蔵文化財調査報告第42集、1981。

73　下野国府跡：栃木県教育委員会『下野国府跡Ⅳ　昭和56年度発掘調査概報』栃木県埋蔵文化財調査報告第50集、1982。

74　下野国府跡：栃木県教育委員会『下野国府跡Ⅵ　昭和58年度発掘調査概報』栃木県埋蔵文化財調査報告第63集、1985。

75　下寺尾西方A遺跡：（財）かながわ考古学財団『下寺尾西方A遺跡　茅ヶ崎方面単位制普通科高校（県立茅ヶ崎北陵高校）校舎等新築工事に伴う発掘調査』かながわ考古学財団調査報告157、2003。

76　下本谷遺跡：下本谷遺跡発掘調査団『下本谷遺跡－推定備後国三次郡衙跡の発掘調査報告－』1975。

77　下本谷遺跡：広島県教育委員会『下本谷遺跡発掘調査概報』1980。

78　正道官衙遺跡：城陽市教育委員会『正道官衙遺跡』城陽市埋蔵文化財調査報告書第24集、1993。

79　城原・里遺跡：大分市教育委員会『海部の遺跡1　都市計画道路横塚久土線建設に伴う埋蔵文化財発掘調査報告書』大分市埋蔵文化財調査報告書第56集、2005。

80　城原・里遺跡：大分市教育委員会「城原・里遺跡第10次調査」『大分市市内遺跡確認調査概報－2006年度－』2007。
81　城原・里遺跡：大分市教育委員会『城原・里遺跡第5・7・8・9・12次調査報告書　市内遺跡確認調査に伴う埋蔵文化財発掘調査報告書』大分市埋蔵文化財発掘調査報告書第101集、2010。
82　志波城跡：盛岡市教育委員会『志波城跡－昭和61年度発掘調査概報－』1987。
83　志波城跡：盛岡市教育委員会『志波城跡－平成8・9・10年度発掘調査概報－』1999。
84　志波城跡：似内啓邦・津嶋知弘「志波城跡発掘調査の成果」『第28回古代城柵官衙遺跡検討会資料集』古代城柵官衙遺跡検討会、2002。
85　志波城跡：盛岡市教育委員会『志波城跡－平成11～14年度発掘調査概報－』2003。
86　関和久上町遺跡：福島県教育委員会『関和久上町遺跡』福島県文化財調査報告書第300集、1994。
87　大ノ瀬官衙遺跡：新吉富村教育委員会『大ノ瀬下大坪遺跡　福岡県築上郡新吉富村大字大ノ瀬所在遺跡の発掘調査概要報告』新吉富村文化財調査報告書第10集、1997。
88　大ノ瀬官衙遺跡：新吉富村教育委員会『大ノ瀬下大坪遺跡Ⅱ　福岡県築上郡新吉富村大字大ノ瀬所在遺跡の発掘調査概要報告』新吉富村文化財調査報告書第11集、1998。
89　大ノ瀬官衙遺跡：新吉富村教育委員会『史跡大ノ瀬官衙遺跡保存整備基本計画』2000。
90　多賀城跡：宮城県多賀城跡調査研究所『多賀城跡－昭和49年度発掘調査概報－』宮城県多賀城跡調査研究所年報1974、1975。
91　多賀城跡：宮城県教育委員会・宮城県多賀城跡調査研究所『多賀城跡　政庁跡　本文編』1982。
92　多賀城跡：宮城県多賀城跡調査研究所『多賀城跡政庁跡補遺編』宮城県教育委員会・宮城県多賀城跡調査研究所、2010。
93　多賀城跡：宮城県多賀城跡調査研究所『多賀城跡』宮城県多賀城跡調査研究所年報2012、2013。
94　竹ヶ鼻遺跡：高橋美久二「第三章　第三節　郡郷と地方官衙」『新修　彦根市史』第一巻　通史編　古代・中世、彦根市、2007。
95　大宰府：九州歴史資料館『大宰府政庁跡』2002。
96　丹上遺跡：大阪府教育委員会・(財)大阪文化財センター『丹上遺跡（その1）発掘調査概要報告書』1986。
97　筑後国府跡：久留米市教育委員会『横道遺跡（Ⅰ）歴史時代編』久留米市文化財調査報告書第49集、1987。
98　筑後国府跡：久留米市教育委員会『筑後国府跡・国分寺跡　平成3年度発掘調査概報』久留米市文化財調査報告書第70集、1992。
99　筑後国府跡：久留米市教育委員会『筑後国府跡・国分寺跡　平成9年度発掘調査概要』久留米市文化財調査報告書第139集、1998。
100　筑後国府跡：久留米市教育委員会『筑後国府跡－平成12・13年度発掘調査概要報告－』久留米市文化財調査報告書第182集、2002。
101　筑後国府跡：久留米市教育委員会『筑後国府跡－平成14年度発掘調査報告－』久留米市文化財調査報告書第193集、2003。
102　長者ヶ平遺跡：(財)とちぎ生涯学習文化財団埋蔵文化財センター『長者ヶ平遺跡　重要遺跡範囲確認調査』栃木県埋蔵文化財調査報告第300集、栃木県教育委員会・(財)とちぎ生涯学習文化財団、2007。
103　長者原遺跡：水掘順敏「神奈川県長者原遺跡」『日本古代の郡衙遺跡』雄山閣、2009。
104　長者屋敷遺跡：岸本町教育委員会『鳥取県西伯郡岸本町　長者原遺跡群発掘調査報告書』1982。
105　長者屋敷遺跡：(財)鳥取県教育文化財団「総括－坂長第6遺跡と会見郡衙－」『一般国道181号（岸本バイパス）道路改良工事に伴う埋蔵文化財発掘調査報告書Ⅱ　坂長第6遺跡』鳥取県教育文化財団調査報告書111、2009。
106　都地遺跡：福岡市教育委員会『都地南遺跡－大野・二丈線改良工事に伴う調査Ⅱ－』福岡市埋蔵文化財報告書第74集、1981。
107　都地遺跡：福岡市教育委員会「都地遺跡第6次調査」『金武5－金武地区農村振興総合整備統合事業関係調査報告5－』福岡市埋蔵文化財報告書第1016集、2008。
108　東大寺：奈良文化財研究所『国宝東大寺転害門調査報告書』2003。
109　東大寺：奈良文化財研究所「東大寺東塔院跡の調査－第574次」『奈良文化財研究所紀要』2017、2017。
110　堂ノ上遺跡：林博通・葛野泰樹「大津市瀬田堂ノ上遺跡調査報告Ⅱ」『滋賀県文化財調査年報』（昭和50年度）、滋賀県教育委員会、1977。
111　堂ノ上遺跡：大津市教育委員会『堂ノ上遺跡発掘調査報告書』大津市埋蔵文化財調査報告書90、2015。
112　徳丹城跡：矢巾町教育委員会『徳丹城跡第18次発掘調査略報』1981。
113　徳丹城跡：矢巾町教育委員会『徳丹城－第60・61次発掘調査－』2005。
114　戸島遺跡：気高町教育委員会『上光遺跡群発掘調査報告書－因幡国気多郡推定坂本郷所在の官衙遺跡－県営瑞穂地区ほ場整備事業に伴う発掘調査』気高町文化財報告書第16集、1988。

115 鳥海柵跡：金ケ崎町中央生涯教育センター『鳥海柵跡遺跡　平成22・23年度（第18・19次）発掘調査報告書』岩手県金ヶ崎町文化財調査報告書第70集、2013。

116 那珂遺跡群：福岡市教育委員会『那珂遺跡群17－那珂遺跡群第55次、第56次調査報告－』福岡市埋蔵文化財調査報告書第500集、1997。

117 那珂遺跡群：福岡市教育委員会『那珂遺跡群53－那珂遺跡群第117次調査報告－』福岡市埋蔵文化財調査報告書第1034集、2009。

118 那珂遺跡群：福岡市教育委員会『那珂遺跡群56－那珂遺跡群第114次調査報告－』福岡市埋蔵文化財調査報告書第1082集、2010。

119 長岡京：（財）向日市埋蔵文化財センター『長岡京跡左京北一条三坊二町』向日市埋蔵文化財調査報告書第55集、2002。

120 西下谷田遺跡：（財）とちぎ生涯学習文化財団埋蔵文化財センター『西下谷田遺跡　国庫補助下水道資源化工場建設事業　下水道資源化工場施設建設に伴う埋蔵文化財発掘調査』栃木県埋蔵文化財調査報告第273集、2003。

121 西原堀之内遺跡：堀の内遺跡発掘調査団「山形県尾花沢市堀ノ内遺跡発掘調査概報」『山形考古』第2巻第2号、山形考古学会、1973。

122 西原堀之内遺跡：加藤孝「古代出羽国村山郡衙跡の研究－古代東北城柵跡の考古学的研究－」『東北学院大学東北文化研究所紀要』第8号、東北学院大学東北文化研究所、1977。

123 二本木遺跡：熊本市教育委員会『二本木遺跡群Ⅱ－第13次調査区発掘調査報告書－』2007。

124 祢布ケ森遺跡：日高町『但馬国府と但馬国分寺　発掘調査からその謎に迫る』2002。

125 根岸官衙遺跡群：いわき市教育委員会『根岸遺跡　磐城郡衙跡の調査』いわき市埋蔵文化財調査報告第72冊、2000。

126 八森遺跡：八幡町教育委員会『八森遺跡　古代編・古代図録編』八幡町埋蔵文化財調査報告書第11集、2002。

127 比恵遺跡：福岡市教育委員会『比恵遺跡群28－比恵遺跡群第13次・15次・21次調査－』福岡市埋蔵文化財調査報告書第596集、1999。

128 東山官衙遺跡：宮城県多賀城跡調査研究所『東山遺跡Ⅴ－賀美郡衙跡推定地－』多賀城関連遺跡発掘調査報告書第16冊、1991。

129 東山官衙遺跡：宮城県多賀城跡調査研究所『東山遺跡Ⅵ－賀美郡衙跡推定地－』多賀城関連遺跡発掘調査報告書第17冊、1992。

130 東山官衙遺跡：宮城県多賀城跡調査研究所『東山遺跡Ⅶ－賀美郡衙跡推定地－』多賀城関連遺跡発掘調査報告書第18冊、1993。

131 肥前国府跡：大和町教育委員会『肥前国庁跡－遺構編－』大和町文化財調査報告書第55集、2000。

132 肥前国府跡：佐賀市教育委員会『国史跡　肥前国庁跡保存整備事業報告書－遺物・整備編－』佐賀市文化財整備報告書第1集、2006。

133 常陸国府跡：石岡市教育委員会『常陸国衙跡－国庁・曹司の調査－』2009。

134 樋ノ口遺跡：伊野近富「樋ノ口遺跡」『京都府遺跡調査概報』第48冊、（財）京都府埋蔵文化財調査研究センター、1992。

135 日向国府跡：宮崎県教育委員会『国衙跡保存整備基礎調査報告書　寺崎遺跡』2001。

136 日向国府跡：西都市教育委員会『日向国府跡　平成23年度発掘調査概要報告書』西都市埋蔵文化財発掘調査報告書第62集、2012。

137 日向国府跡：西都市教育委員会『日向国府跡　平成24年度発掘調査概要報告書』西都市埋蔵文化財発掘調査報告書第64集、2013。

138 日向国府跡：西都市教育委員会『日向国府跡　平成25年度発掘調査概要報告書』西都市埋蔵文化財発掘調査報告書第66集、2014。

139 日向国府跡：西都市教育委員会『日向国府跡　平成26年度発掘調査概要報告書』西都市埋蔵文化財発掘調査報告書第68集、2015。

140 日向国府跡：西都市教育委員会『日向国府跡　平成27年度発掘調査概要報告書』西都市埋蔵文化財発掘調査報告書第69集、2016。

141 日向国府跡：西都市教育委員会『日向国府跡　平成28年度発掘調査概要報告書』西都市埋蔵文化財発掘調査報告書第72集、2017。

142 平尾遺跡：大阪府教育委員会『平尾遺跡－府立美原高等学校下水道放流切替工事に伴う調査－』大阪府埋蔵文化財調査報告2011－4、2012。

143 広畑野口遺跡：岐阜県文化財保護センター『広畑野口遺跡』岐阜県文化財保護センター調査報告書第113集、岐阜県文化財保護センター、2010。

144 備後国府跡：府中市教育委員会『備後国府関連遺跡1－第二分冊－』府中市埋蔵文化財調査報告第27冊、2016。

145 福原長者原遺跡：行橋市教育委員会『福原長者原遺跡－福岡県行橋市南泉所在古代官衙遺跡の調査－』行橋市文化財調査報告書第58集、2016。

146 藤原宮：日本古文化研究所『藤原宮阯傳説地高殿の調査二』日本古文化研究所報告第十一、1941。

147 藤原宮：奈良国立文化財研究所『飛鳥・藤原宮発掘調査報告Ⅱ－藤原宮西方官衙地域の調査－』奈良国

148 藤原宮：奈良文化財研究所「藤原宮の調査」『奈良文化財研究所紀要』2004、2004。

149 藤原宮：奈良文化財研究所「藤原宮の調査」『奈良文化財研究所紀要』2005、2005。

150 藤原宮：奈良文化財研究所「藤原宮の調査」『奈良文化財研究所紀要』2006、2006。

151 藤原宮：奈良文化財研究所「藤原宮の調査」『奈良文化財研究所紀要』2007、2007。

152 豊前国府跡：豊津町教育委員会『豊前国府および節丸西遺跡　平成元年度発掘調査概報』豊津町文化財調査報告書第9集、1990。

153 豊前国府跡：豊津町教育委員会『豊前国府　平成2年度発掘調査概報』豊津町文化財調査報告書第10集、1991。

154 不入岡遺跡：倉吉市教育委員会『不入岡遺跡群発掘調査報告書　不入岡遺跡・沢ベリ遺跡2次調査』倉吉市文化財調査報告書第85集、1996。

155 古国府遺跡群：大分市教育委員会『古国府遺跡群1　第15次調査　南大分小学校校舎改築地業に伴う埋蔵文化財発掘調査報告書』大分市文化財発掘調査報告第122集、2013。

156 フルトノ：矢野和昭「旧豊前国における平成12年度の主要な調査について」『第4回西海道古代官衙研究会発表資料集』西海道古代官衙研究会、2001。

157 平安京：杉山信三・鈴木広司「住宅公団花園鷹司団地建設敷地内埋蔵文化財発掘調査概報－平安京右京土御門木辻－」『埋蔵文化財発掘調査概報集』1976、鳥羽離宮跡調査研究所、1976。

158 平安京：京都府教育委員会「平安京跡（右京一条三坊九町）昭和54年度発掘調査概要」『埋蔵文化財発掘調査概報』1980第3分冊、1980。

159 平安京：京都府教育委員会「平安京（右京一条三坊九・十町）昭和55年度発掘調査概要」『埋蔵文化財発掘調査概報』1981第1分冊、1981。

160 平安京：平尾政幸「平安京右京六条一坊」『平成4年度　京都市埋蔵文化財調査概要』(財)京都市埋蔵文化財研究所、1995。

161 平安京：(財)京都市埋蔵文化財研究所『平成9年度京都市埋蔵文化財調査概要』1999。

162 平安京：(財)京都市埋蔵文化財研究所『平安京右京三条二坊十五・十六町－「齋宮」の邸宅跡－』京都市埋蔵文化財研究所調査報告第21冊、2002。

163 平城：奈良国立文化財研究所『平城宮発掘調査報告Ⅳ　官衙地域の調査2』奈良国立文化財研究所学報第17冊、1966。

164 平城：奈良国立文化財研究所「1969年度平城宮跡・藤原宮跡発掘調査」『奈良国立文化財研究所年報』1970、1970。

165 平城宮：奈良国立文化財研究所『昭和52年度　平城宮跡発掘調査部発掘調査概報』、1978。

166 平城宮：奈良国立文化財研究所『昭和53年度　平城宮跡発掘調査部発掘調査概報』、1979。

167 平城宮：奈良国立文化財研究所『平城宮発掘調査報告ⅩⅠ　第一次大極殿地域の調査』奈良国立文化財研究所学報第40冊、1981。

168 平城宮：奈良国立文化財研究所「平城宮の調査」『昭和59年度　平城宮跡発掘調査部発掘調査概報』、1985。

169 平城宮：奈良国立文化財研究所「平城宮の調査」『昭和61年度　平城宮跡発掘調査部発掘調査概報』、1987。

170 平城宮：奈良国立文化財研究所「平城宮の調査」『1989年度　平城宮跡発掘調査部発掘調査概報』、1990。

171 平城宮：奈良国立文化財研究所『平城宮発掘調査報告ⅩⅢ　内裏の調査2　本文』奈良国立文化財研究所学報第50冊、1991

172 平城宮：奈良国立文化財研究所「平城宮の調査」『1991年度　平城宮跡発掘調査部発掘調査概報』、1992。

173 平城宮：奈良国立文化財研究所「平城宮の調査」『1992年度　平城宮跡発掘調査部発掘調査概報』、1993。

174 平城宮：奈良国立文化財研究所『平城宮発掘調査報告ⅩⅣ』奈良国立文化財研究所創立40周年記念学報第51冊、1993。

175 平城宮：奈良国立文化財研究所「平城宮の調査」『1995年度　平城宮跡発掘調査部発掘調査概報』、1996。

176 平城宮：奈良文化財研究所『平城宮発掘調査報告ⅩⅤ　東院庭園地区の調査　本文編　図版編』奈良文化財研究所学報第69冊、2003。

177 平城宮：奈良文化財研究所『平城宮発掘調査報告ⅩⅦ　第一次大極殿院地区の調査2　本文編　図版編』奈良文化財研究所学報第84冊、2011。

178 平城京：奈良県教育委員会『重要文化財法華寺本堂南門鐘楼修理工事報告書』1956。

179 平城京：奈良国立文化財研究所「法華寺境内発掘調査」『昭和47年度　平城宮跡発掘調査部発掘調査概報（2）－法華寺境内・阿弥陀浄土院跡・中山瓦窯－』、1973。

180 平城京：奈良国立文化財研究所『平城京左京二条二坊・三条二坊発掘調査報告－長屋王邸・藤原麻呂邸の調査－』奈良国立文化財研究所学報第54冊、1995。

181 ヘボノ木遺跡：久留米市教育委員会『東部地区埋蔵文化財調査報告書第8集』久留米市文化財調査報告書58集、1989。

182 ヘボノ木遺跡：久留米市教育委員会『東部地区埋蔵文化財調査報告書第10集』久留米市文化財調査報告書第66集、1991。

183 ヘボノ木遺跡：久留米市教育委員会『東部地区埋蔵文化財調査報告書第11集』久留米市文化財調査報告書第71集、1992。

184 ヘボノ木遺跡：熊代昌之「ヘボノ木遺跡（第71次調査）」『平成26年度久留米市内遺跡群』久留米市文化財調査報告書第356集、久留米市教育委員会、2015。

185 伯耆国府跡：倉吉市教育委員会『伯耆国庁跡発掘調査概報（第3次）』1976。

186 伯耆国府跡：倉吉市教育委員会『伯耆国庁跡発掘調査概報（第4次）』1977。

187 伯耆国府跡：倉吉市教育委員会『史跡伯耆国府跡国庁跡発掘調査報告書（第12次～第14次）』倉吉市文化財調査報告書第141集、2012。

188 坊所一本谷遺跡：原田大介「佐賀県上峰町　坊所一本谷遺跡の掘立柱建物跡」『佐賀考古談話会1997年度大会　佐賀県における古代官衙遺跡の調査　発表要旨資料』佐賀考古談話会、1997。

189 宝菩提院廃寺：(財) 向日市埋蔵文化財センター『宝菩提院廃寺湯屋跡』向日市埋蔵文化財調査報告第64集第2分冊、2005。

190 法隆寺：奈良六大寺大観刊行会編『奈良六大寺大観』第1巻、岩波書店、1972。

191 法華寺畑遺跡：倉吉市教育委員会『史跡伯耆国府跡法華寺畑遺跡環境整備事業報告書』倉吉市文化財調査報告書第106集、2001。

192 払田柵跡：秋田県教育委員会・払田柵跡調査事務所『払田柵跡Ⅰ－政庁跡－』秋田県文化財調査報告書第122集、1985。

193 万代寺遺跡：郡家町教育委員会『鳥取県八頭郡郡家町　万代寺遺跡発掘調査報告書』1983。

194 三河国府跡：豊川市教育委員会『附載　三河国府跡確認調査の再検討について』『東赤土遺跡　豊川西部土地区画整理事業に伴う埋蔵文化財調査報告書』2012。

195 美濃国府跡：垂井町教育委員会『岐阜県不破郡垂井町府中　美濃国府跡発掘調査報告Ⅱ』1999。

196 美作国府跡：津山市教育委員会『美作国府跡』津山市埋蔵文化財発掘調査報告第50集、1994。

197 宮尾遺跡：岡山県教育委員会「宮尾遺跡」『中国縦貫自動車道建設に伴う発掘調査2』岡山県埋蔵文化財発掘調査報告4、1974。

198 名生館官衙遺跡：宮城県多賀城跡調査研究所『名生館遺跡Ⅰ　玉造柵跡推定地』多賀城関連遺跡発掘調査報告書第6冊、1981。

199 名生館官衙遺跡：宮城県多賀城跡調査研究所『名生館遺跡Ⅱ　玉造柵跡推定地』多賀城関連遺跡発掘調査報告書第7冊、1982。

200 名生館官衙遺跡：鈴木勝彦「名生館官衙遺跡第12次調査の概要」『第18回古代城柵官衙遺跡検討会資料』古代城柵官衙遺跡検討会、1992。

201 名生館官衙遺跡：鈴木勝彦「名生館官衙遺跡と周辺の城柵官衙遺跡」『第19回古代城柵官衙遺跡検討会資料』古代城柵官衙遺跡検討会、1993。

202 名生館官衙遺跡：鈴木勝彦「名生館官衙遺跡・宮沢遺跡調査概要」『第20回古代城柵官衙遺跡検討会資料』古代城柵官衙遺跡検討会、1994。

203 名生館官衙遺跡：古川市教育委員会「名生館官衙遺跡第24次調査の概要」『第29回古代城柵官衙遺跡検討会』古代城柵官衙遺跡検討会、2003。

204 弥勒寺東遺跡：関市教育委員会『国指定史跡　弥勒寺官衙遺跡群　弥勒寺東遺跡Ⅰ－郡庁区域－』関市文化財調査報告第30号、2012。

205 桃生城跡：宮城県多賀城跡調査研究所『桃生城跡Ⅲ』多賀城関連遺跡発掘調査報告書第20冊、1995。

206 薬師寺：奈良文化財研究所「薬師寺東塔の調査－第536次・第554次」『奈良文化財研究所紀要』2016、2016。

207 横江荘遺跡：白山市教育委員会『加賀横江荘遺跡－範囲内容確認調査発掘調査報告書－』2013。

208 竜王畑遺跡：大分県教育庁埋蔵文化財センター『竜王畑遺跡－大分県立芸術文化短期大学施設整備工事に伴う埋蔵文化財発掘調査報告書－』大分県教育庁埋蔵文化財センター調査報告書第84集、大分県教育委員会、2015。

209 六ノ坪遺跡：松本一男・前田庄一「静岡県掛川市六ノ坪遺跡」『日本考古学年報』43（1990年度版）、日本考古学協会、1992。

九州の郡庁の空間構成について

西垣彰博（粕屋町教育委員会）

I　はじめに

　九州を対象にして郡庁の空間構成を検討するにあたり、郡庁と判断する基準を提示した上で、調査を担当している糟屋評(郡)衙である阿恵遺跡の状況に触れながら、郡庁の空間構成の検討をおこなう。九州内におけるその他の郡庁の空間構成においても、大宰府等の上位施設との比較をおこないながら、各建物・設備の整理と地域的特徴の抽出を試みる。これら郡庁の移転を含めた空間構成の変遷には、造営体制の変化が背景の一つにあると考え、建物柱穴の規模・形状等を比較することで、画期をあきらかにしてみたい。

　さらに、阿恵遺跡では古代道路も検出していることから、遺跡が位置する博多湾沿岸の官衙と古代交通の関係性について、歴史的社会背景に触れながら検討する。

II　阿恵遺跡からみる郡庁の空間構成

(1) 阿恵遺跡の周辺環境【福岡県粕屋町】(図1・2)

　阿恵遺跡は、古代において、筑前国糟屋郡(9郷：

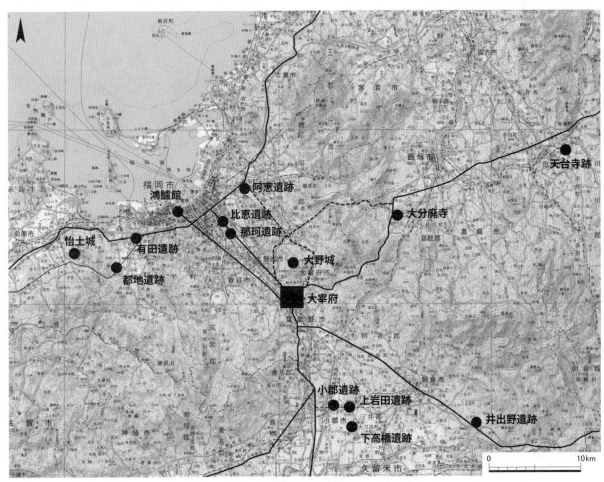

図1　北部九州官衙関連遺跡位置図　1：400000

上郡）に属する。糟屋郡が位置する博多湾東岸は、多々良川・須恵川・宇美川が河口付近で合流し、古代において入り江状の内海を形成していた。当時の推定海岸線から須恵川を約2km遡上した微高地上に阿恵遺跡が立地する。

阿恵遺跡の周辺には、政庁の北側100mに阿恵原口遺跡（文献24・25）があり、長舎2棟がL字形に配置され、阿恵遺跡の官衙域の広がりが想定される。正倉群の東約200mには、6世紀後半の前方後円墳である鶴見塚古墳がある。推定全長80mほどの大型墳であり、那津官家の管掌者と目される福岡市東光寺剣塚古墳と同時期・同規模であることから、糟屋屯倉との関連も示唆される。また、政庁の北側200mを駅路推定線（大宰府路）が通過し、この駅路に沿って北に約1km進むと、大宰府式鬼瓦、ベンガラが付着した隅切りの軒瓦など多量の瓦が出土し、夷守駅の駅館院とみられる建物群を検出した内橋坪見遺跡（文献25・26）がある。内橋坪見遺跡の近くには多々良川が流れ、川沿いには港湾施設と考えられる多々良込田遺跡もあり、阿恵遺跡周辺は交通の要衝に立地している。さらに、阿恵遺跡の北東約1.6kmに位置する6世紀後半～7世紀前半（小田編年ⅢA～ⅣB）の戸原寺田遺跡（文献28）では、幅5～6mの断面台形を呈する溝があり、紡いだ糸を巻き取る榁の腕木が出土している。その他に鍛冶関連遺構もあり、手工業を抱えていた形跡がある。隣接する戸原御堂の原遺跡では同時期の倉庫群も確認しており、周囲に倉をともなう居宅と考えられる。また、遺跡名の「寺田」にも関わる東円寺（現伊賀薬師堂）が隣接し、瓦散布は確認されていないものの、古い寺院が存在した可能性も考えられる場所である。これらの居宅関連遺構は、阿恵遺跡成立前の豪族支配体制の一端を示すものとして注目される。

（2）阿恵遺跡の主な遺構（図3・4）

阿恵遺跡は、平成25～28年度（2013～2017）にかけて確認調査をおこない、政庁・正倉群・古代道路を検出した。西に向かって緩やかに傾斜する東西に長い微高地上に政庁と正倉が立地し、東に位置する正倉は政庁より約2m標高が高い。政庁地区の遺構

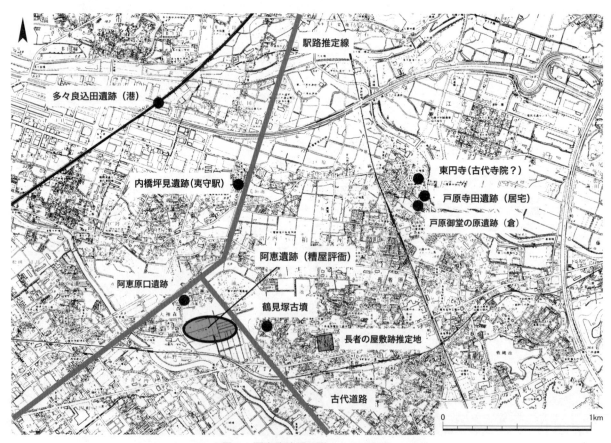

図2　阿恵遺跡周辺図　1：25000

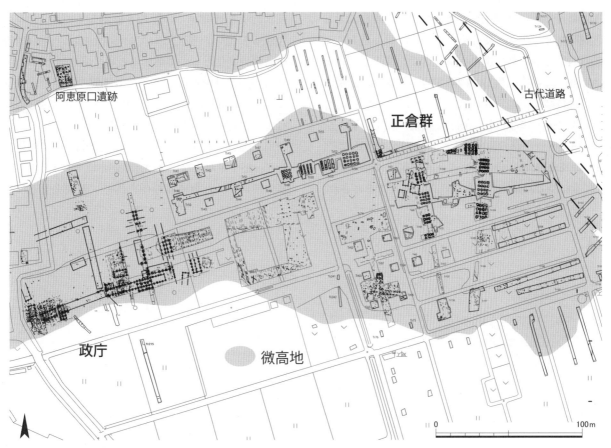

図3　阿恵遺跡全体図　1：2500

は、7世紀後半〜8世紀前半のなかで複数の変遷を想定している。政庁は、半町四方規模の長舎囲いの構造をなし、方位は地形に沿って西偏して、官道や条里には沿わない。7世紀後半に造営を開始していることから、糟屋評衙と考えている。糟屋評については、698年に製作された京都妙心寺梵鐘の銘文「糟屋評造春米連廣國」により評造名が判明しており、発掘調査による評衙比定地と文字資料による人物名が合致する貴重な事例になる。

正倉はL字形に並ぶ15棟を検出した。造営初期は政庁と同じ方位の一群があり、8世紀中頃以降に正方位の一群が増築されたとみられる。この時期に正方位へ変化する現象は、近傍の内橋坪見遺跡（夷守駅）をはじめ、他の郡衙とも同調したものであり、広域的な現象とみられる。一方、政庁は正方位へ変化する前に移転する。隣接する阿恵原口遺跡の丘陵や、長者屋敷の伝承が残る東方約1kmの方形区画地（1町四方）を移転先候補地として考えておきたい。

正倉の東側では、300m以上平行する直線的な溝を二条検出し、7世紀後半〜8世紀代の遺物が出土した。溝間に硬化面や波板状遺構は認められないが、丘陵間の谷部では人工的な積土を施している状況を古地図や現地調査で確認でき、古代道路の側溝と判断する。溝間の幅は約21mであり、有田遺跡で確認されている官道幅に近似する。この道幅が官衙前面道路に限ったものであるかどうかは、今後の周辺調査で判断していきたい。道路は遺跡の北側で駅路推定線（大宰府路）と直交しており、古代道路の交差点に阿恵遺跡が立地していることが判明した。

（3）郡庁の構成要素について

郡庁の空間構成について検討する前に、何をもって郡庁とするか、判断基準を整理しておく。

九州の事例をあげると、7世紀前半は、下唐原伊柳遺跡（福岡県上毛町）における長舎と四面廂建物の配置や、古国府遺跡（大分県大分市）における柵と長舎と脇殿風付属舎の配置などから、中心建物と小規模ながらそれに付随する前庭状の空間を重視し、豪族居宅と官衙機能の未分化な状態が指摘されている（文献60）。一方で、那津官家関連施設とみられる比恵遺跡

13次調査や那珂遺跡114次調査では、囲繞施設として、柵や溝あるいは長舎をその一部に組み込むことで、区画内部に中心建物と前庭空間を構成している(文献60)。この空間構造が同時期の下位施設に伝播することはない。

7世紀後半になると、部曲の廃止、庚午年籍・庚寅年籍による戸籍の編成、天武年間の国境策定など、新たな支配領域区分にともなう人民編成が推し進められるなかで、後期評衙が全国的に成立するとされ、族制的支配機構からの脱却を展開していくことが前代からの違いと考えられている(文献92)。その過程を遺構の変化として理解するときに重視したいのが、施設の内と外を遮蔽することで境界を設定し、独立した職務執行機関としての建物と、それにともなう前庭によって儀礼空間を創出する構造である。

出土遺物の特徴としては、儀礼空間としての役割から、出土量が少ないという点があげられようが、饗宴に使用された金属器模倣の器や、新羅系土器・畿

図4　阿恵遺跡政庁遺構配置図　1:1000

内系土器など希少な搬入品も指標となるだろう。また、実務的な文書事務をおこなっていたことも考えられ、硯や木簡も想定される。建物の荘厳化という点から、瓦の出土も指標となる。ただし総瓦葺ではなく、甍棟や熨斗棟など、出土量は少量にとどまることが多い。

（4）阿恵遺跡の政庁変遷からみる空間構成

政庁地区の遺構は、7世紀後半～8世紀前半にかけて、長舎囲いの政庁を含む複数時期の変遷を想定している。建物方位の変化や、造営尺が0.302mから0.294mへ変わることを踏まえながら、政庁機能の始まりから移転までを検討した。ただし、全面的な発掘調査をおこなっていないため、各時期の建物構成が確定しているわけではない[1]。各期の年代観についてもある程度幅を持って設定している。

1期（7世紀後半）（図5）　SB－3と重複し、SB－3より古いSB－2と、SB－2に東妻を揃えるSB－5を設定した。1期と2期の建物方位は、20～23°西偏する。SB－5の柱穴一段下げ時に8世紀前半の遺物が出土しているが、SB－5付近は柱穴基底部しか残っていないほど削平が著しく、混入の可能性を考えておきたい。SB－2は、柱間間隔が9～10尺で、政庁変遷の建物のなかでもっとも長い間隔になる。5間以上の桁行をもち、おそらく長舎になると思われる。

中心的な長舎1棟と付属建物の組み合わせである。建物配置から、2棟の間の空間を前庭とした可能性が考えられるが、遮蔽効果が十分ではなく、開かれた空間構成となり、境界の設定が曖昧である。ただし、SB－2が次の2期においてSB－3へ同じ場所で建て替えられている(同一場所の建て替えは全時期を通して唯一)のは重要であり、建物の性格を継承していて連続性が認められる。遮蔽施設や前庭空間が明確ではないが、居宅の族制的建物構造から脱却し、官衙的性格の萌芽がうかがわれる段階と考えたい。

なお、1期の設定にあたっては、SB－5の評価に若干の問題を残している。柱穴一段下げ時ではあるものの、8世紀前半の遺物が出土していること、SB－2に対して建物方位が約2°ずれていることがあげら

図5　阿恵遺跡政庁1期遺構配置図　1：1000

れようか。ただし、SB-5を2期とした場合、前庭の中途半端な場所に位置するため、その可能性は考えにくいだろう。また、3期以降にしたとしても、建物方位があきらかに異なってしまう。現時点では、1期とするのがもっとも矛盾が生じないものと判断する。

2期（7世紀末ヵ）　この時期に、前項で提示した要件を満たす政庁が成立したと考える。ただし、2期と3期の変遷については、判断の難しい部分が多く、変遷案にいくつかの可能性を残しておきたい。

①2期①案（図6）　SB-2と重複し、SB-2より新しいSB-3と、それに東妻を揃えるSB-4、方位や柱筋を同じくするSB-7、SB-10を設定する。東側が開くコの字型配置で、門は確認できない。また、前庭に建物は見当たらず、正殿は存在していなかったと考えている。なお、西側は未調査地や削平の影響で建物配置が不明確な部分がある。

SB-3は、前段階からの建て替えによる建物で、間仕切が建て替え前のSB-2東妻と近い位置にある。SB-3そのものがSB-2の性格を継承しているとみられ、特に間仕切により機能分化されてSB-2とほぼ重なる箇所（間仕切以西）が機能的にも同様の性格を有していたと考えられるだろうか。柱間は8～10尺と依然として長く、北辺殿だけの特徴である。また、北辺殿と南辺殿の柱穴基底部の標高差が約1.2mあり、北辺殿が高所になる。このようなことから、北辺殿が正殿を兼ねる構造であることを想定する。同時に、1期の中心建物が長舎のSB-2であることも確認できる。

南辺殿はSB-4とSB-7の2棟の建物を直列配置することで構成している。西辺殿もおそらく複数の建物になるとみられる。南辺殿の柱間は6～7尺で、北辺殿と対照的に政庁内でもっとも狭くなる。梁行は15尺（4.53m）で、他の建物より1尺長いことも特徴的である。

間仕切や複数建物による構成は、1期と比べて、政庁機能としての職務の増加や複雑化が進んだことが背景にあると考えられ、長舎が遮蔽の役割を担って境界効果を生み出すとともに、多様化した実務を分担していたことを示しているのではなかろうか。政庁の空間構成をみても、内部に儀礼空間を確保し、官衙としての機能が整った時期といえるだろう。

2期は、政庁の南北範囲を確実に抑えられたので、SB-3の北側桁行とSB-4の南側桁行のうち、断面で確認できる確実な柱痕跡を基準にして造営尺を割り出した（図11）。柱穴間の南北間距離は約54.4mであり、この数値をもとに、完数となる近似値1尺＝0.302mを算出した（180尺×0.302m＝54.36m）。政庁の東西幅も54.36mであり、半町四方に設計されている。この0.302mの造営尺は、1～3期を通して使用されている[2]。

この時期の出土遺物には、柱穴を壊すピットから7世紀中頃の新羅土器[3]が出土している。このほかに、出土地点は政庁ではないが、2期と同時期の可能性が高いものとして、古代道路の側溝（正倉の東側を通過）から金属器模倣の須恵器杯が出土している。

②2期②案（図7）　①案との違いは、SB-3の東梁行を1間分長く想定することで、柱筋を揃えるSB-1を東辺殿とし、ロの字型配置の政庁とする点である。1間分長くしたSB-3東梁行の柱穴は、①案においては3期の北辺殿の柱穴と判断しているものである。

①案と②案で解釈が異なるSB-3東梁行の柱穴は、判断に苦慮するところである。①案のように桁行を1間分短くすると、梁行を支える柱穴が存在しないという問題が発生する。他の柱穴は深さ60cmほど残っているので、削平の影響で消滅したというのも考えにくい。梁行の柱穴が存在しない明確な理由は提示できないが、1期のSB-2、2期のSB-4・SB-7、3期のSB-11、4期のSB-18にも共通し、SB-3に限ったものではないことから、阿恵遺跡の建物の特徴の1つとして解することも可能であろうか。ただし、柱穴3基を3期北辺殿にともなうものと想定しても、北辺殿の別の柱穴を確認できておらず、確実に建物として存在するのか不明な点が問題として残る。一方で、②案とする場合、①案の問題は解消できるが、そのかわりに、SB-3桁行の柱間間隔が南北で2尺分異なり、桁行と梁行が直角に設計されていないという建物構造の問題が生じてくる。また、建物方位が約7°異なるSB-1を東辺殿に位置付けるため、東辺殿と南辺殿の隅が大きくいちがう結果となる。

現在の調査状況では、①・②案を提示するにとどめ、今後の調査の課題としたい。

3期（8世紀第1四半期ヵ）（図8）　2期の東側に政庁を移設する。政庁は、SB-1、SB-11、SB-24、柵などで構成される。SB-1は17×2間で、桁行

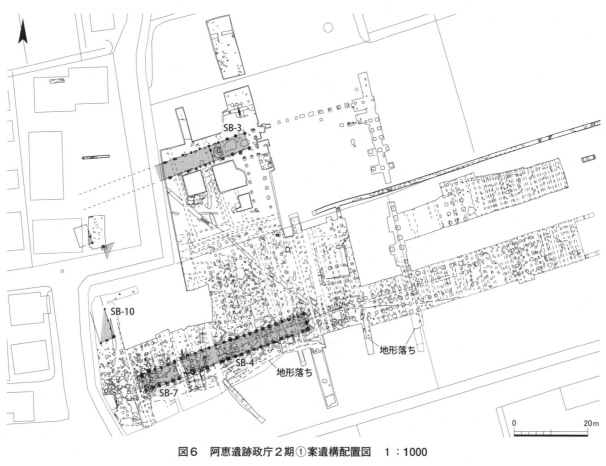

図6　阿恵遺跡政庁2期①案遺構配置図　1:1000

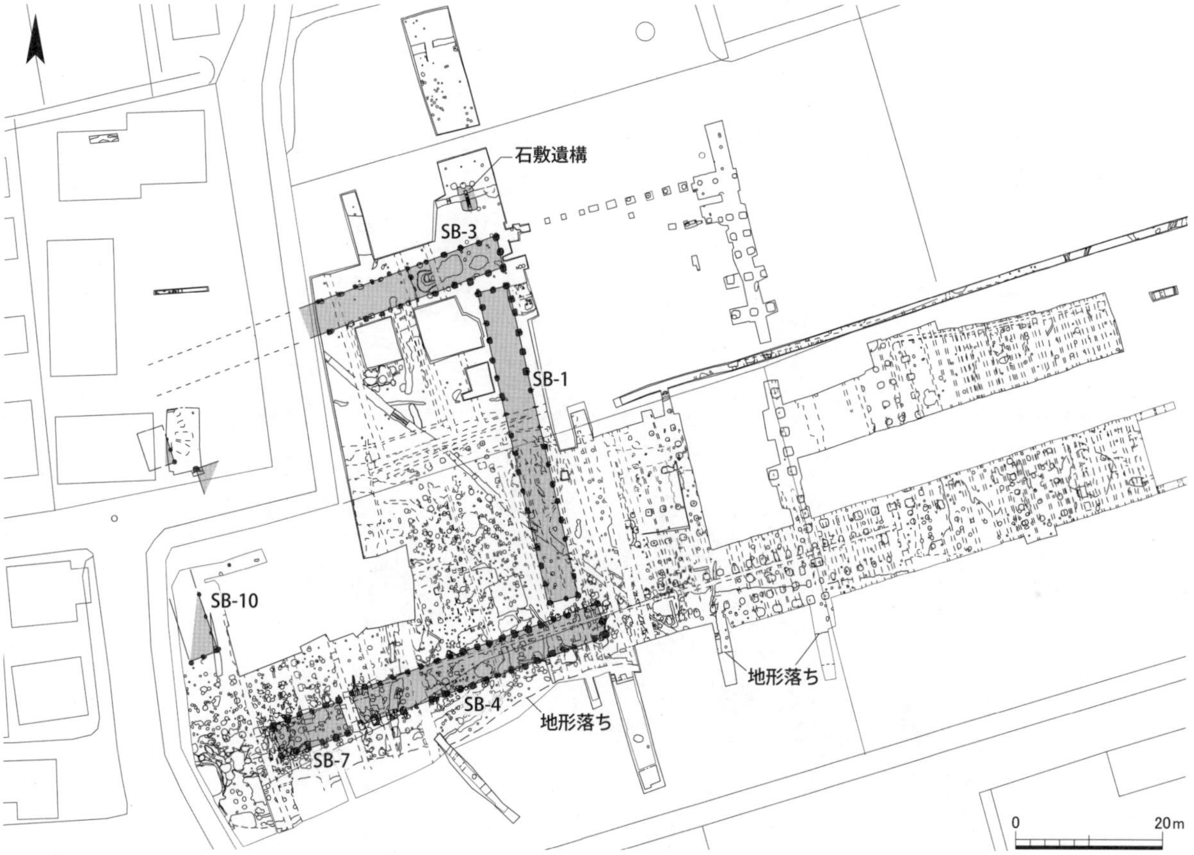

図7　阿恵遺跡政庁2期②案遺構配置図　1:1000

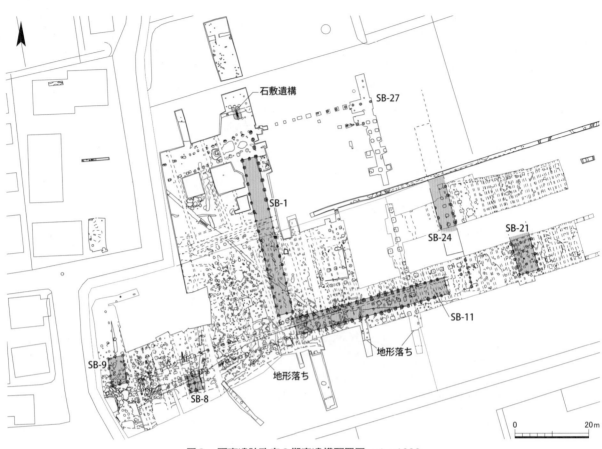

図8　阿恵遺跡政庁3期案遺構配置図　1:1000

図9　阿恵遺跡政庁4期案遺構配置図　1:1000

は42.28m(140尺)、梁行は4.228m(14尺)を測る。東辺殿のＳＢ－24東側桁行には柵が取り付く可能性がある。政庁の東側には床束をもつＳＢ－21があり、梁行を南辺殿に揃えていることから3期に含めている。政庁の南北距離は2期と同じ54.36mであるが、東西距離は52.548mと短くなる。建物群の方位は、11～15°西偏に変化しており、これは次の4期においても共通している。

政庁の空間構成については、北辺殿と東辺殿の構造が不明ではあるものの、長舎囲いを基本とし、一部に柵を併用しながら、政庁内部に儀礼空間を確保した構造と判断したい。1棟の長舎が政庁の1辺を構成し、建物内部に間仕切はみられない。一方で、南辺殿は、依然として柱間が6～7尺と短く、梁行が15尺を維持している点は2期と同様である。2期の南辺殿2棟の機能を統合したものだろうか。正殿と門については、未調査部分が多く、その有無が確認できていない。

2期から3期への変遷について触れておく。2期①案→3期の場合は、コの字型配置からロの字型配置の変遷が想定される。2期②案→3期の場合は、ロの字型配置のまま移設したことになる。このとき、ＳＢ－1は2期と3期の両方に存続した可能性も考えられるが、どちらの変遷案にせよ、3期の政庁は、北辺殿と東辺殿の全容および正殿の有無を確認することが課題である。これらがあきらかになると、関連して2期の政庁構造も結論を導くことができると考える。

政庁の選地に目を向けると、前述のとおり、北から南に傾斜する微高地の緩斜面上に立地し、政庁の南北で約1.2mの高低差がある。つまり、政庁を微高地の南端に寄せていて、2期・3期ともに南辺殿南側の平坦地は幅3～7mほどしかなく、その先は地形が落ちて湿地状になることを確認している。南側に十分な空間がなく、必ずしも政庁の出入口を南に限る必要はないようにも思える。

それでは、このような選地をおこなった理由はどこにあるのだろうか。注目したいのは、微高地北側の高所にある石敷遺構である。南北3.3m、東西2.1m、深さ0.37mの土坑状の掘り込みの底に石を敷いている。出土遺物はないものの、ＳＢ－1の延長線上に位置し、方位を同じくすることから、3期政庁にともなうものと考える。具体的な性格は不明だが、儀礼行為に関連する可能性が考えられ、政庁北側の空閑地が意図を持って設計されていた可能性も考慮すべきであろう。この空閑地を遡ると、1期の段階から計画されていた可能性もある。1期から2期の変化は、北辺殿を継承し、その位置を動かすことなく方形の政庁区画を設計している。2期から3期の変化は、政庁の南北位置を固定したまま東へ平行移動したものである。この期間、政庁の北側は一貫して空閑地であった。1期に中心建物であるＳＢ－2を設置したのは、単純に微高地の中央を選地しただけかもしれないが、少なくともそれ以降は、北辺殿の位置、つまり政庁と政庁北側の空閑地を確保する設計基準が継承されていたのではなかろうか。

政庁の空間構成を2期と比較すると、単独長舎への機能集約や、石敷遺構の設置[4]などから、執務機能の向上や儀礼行為の拡大が想定される。ただし、形態的には類似した構造が基本となっており、1期から3期にかけて、執務機構の変化に対応しながら、同一場所で政庁の発展・変化を遂げていく様相が考えられる。このように評から郡へ移行していく時期は、前述の妙心寺梵鐘を鋳造した糟屋評造春米連廣國が在任していた頃に該当する。梵鐘の鋳造を可能にした経済的・技術的背景には、春米氏が保持していた歴史的な地縁・政治関係が推察される。春米氏の存在が政庁の発展状況にも反映されているのではないだろうか。

4　期（8世紀第2四半期ヵ）（図9）　長舎はなくなり、桁行4～6間程度の建物群で構成される。遮蔽施設もなくなり、儀礼空間と呼べるものも認められない。建物群は直列・並列を基本とし、政庁とは別の機能をもつ施設に変化したと考える。また、ＳＤ－7が3期の石敷遺構を壊し、儀礼的機能を必要としなくなっている状況も、4期の建物群が政庁ではないことを示している。

建物群の柱穴平面形は方形に規格化され、規模も大型化する。3期までの柱穴の大部分が1m未満だったことに比べて、4期では6棟の建物においてすべての柱穴が1mを超えている。また、ばらつきのあった柱間も等間隔に揃えられる。さらに、造営尺が0.294mに変わるという大きな画期を確認できた。

4期の建物群にはそれまでの造営尺（0.302m）が合致せず、造営尺の変化が想定されたが、平面検出のみのため柱痕跡を断面で確認できる建物がない。そ

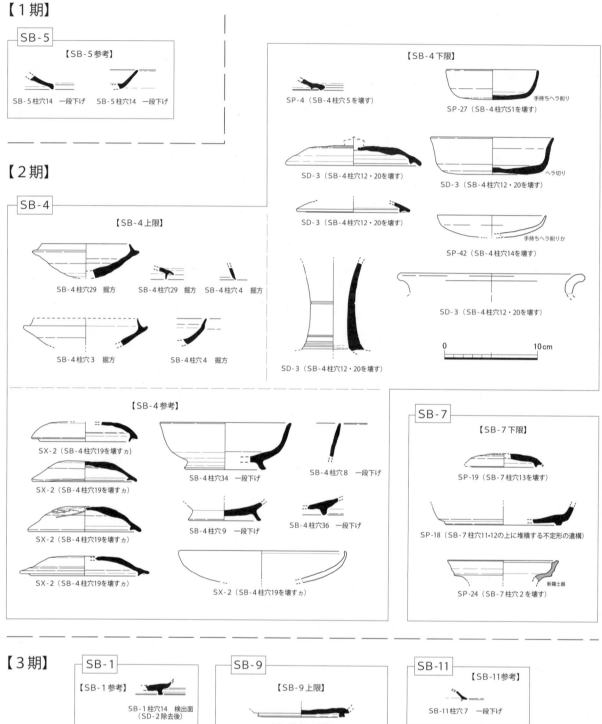

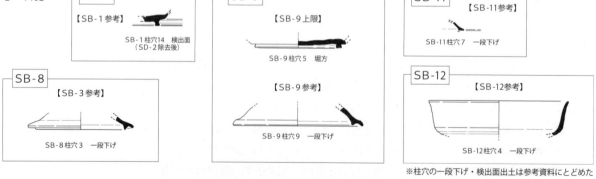

図10　阿恵遺跡政庁出土遺物実測図　1：4

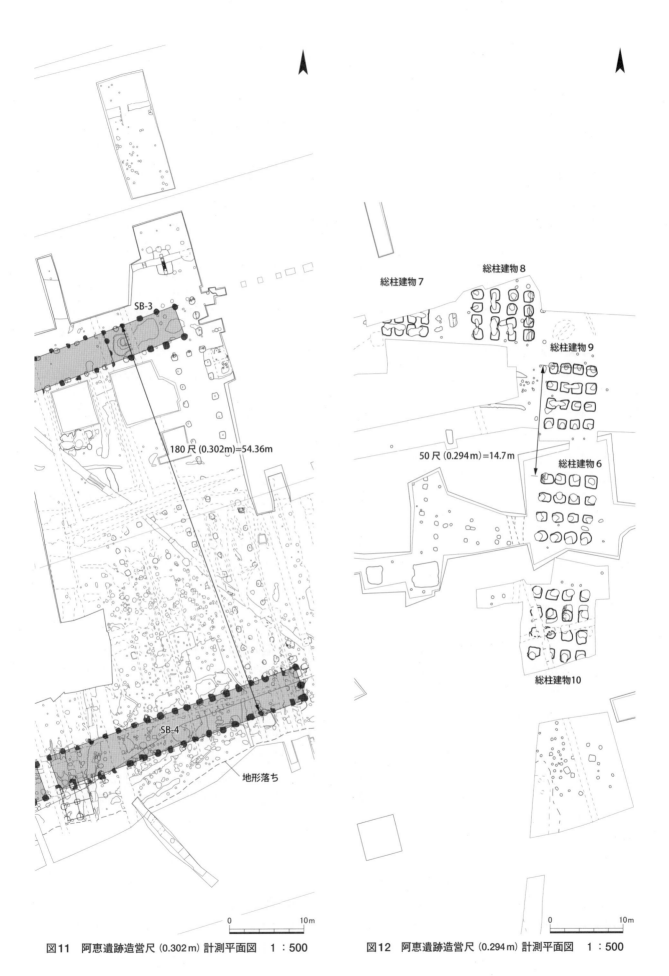

図11　阿恵遺跡造営尺（0.302m）計測平面図　1：500　　　図12　阿恵遺跡造営尺（0.294m）計測平面図　1：500

こで、4期以降に対応するとみられる正倉建物のうち、断面観察で柱痕跡が確認できる総柱建物6の北側梁行と総柱建物9の北側梁行の距離を用いて求めた（図12）。柱穴間の南北距離は約14.7mであり、この数値をもとに完数となる近似値1尺＝0.294mを算出した（50尺×0.294m＝14.7m）。この造営尺が4期の建物群に合致することを確認している。

このように、急激な柱穴の大型化・規格化、造営尺の変更がおこなわれた理由として、郡衙の経済的基盤が飛躍的に拡充したとか、郡衙の造営体制が自己発展的に技術力を向上させたとか、そのような郡衙単独の要因とは考えにくい。外部技術の影響を想定すべきであり、それは大宰府の蓋然性が高いと考える。

708年に大宰師に着任した粟田朝臣真人は、平城京造営の契機となった702年遣唐使の経歴をもつ。大宰府への赴任も、平城京を模した大宰府Ⅱ期政庁の造営計画を進める意図があったと考えられる。また、後任の多治比真人池守は造平城京司の経歴をもち、在任中の霊亀～養老年間にⅡ期政庁の成立が考えられている（文献39）。発掘調査の検討においても、Ⅱ期政庁の成立は霊亀～養老年間の710年代後半が想定されている（文献32）。大宰府政庁の造営事業には郡衙周辺をはじめ、多くの労働力が徴集された。706年には庸を廃止して「筑紫之役十九日」を課している（『類聚三代格』）。この造営事業において、大宰府と郡、あるいは中央と郡の間で技術接触・交流がおこなわれたことが考えられる。阿恵遺跡の造営尺が、唐尺に近い0.294mに変わるのも、大宰府Ⅱ期政庁の造営を経たうえでの現象と推測する。

3期以前の政庁に比べて、建物規模は規格化や大型化が進むが、建物配置をみると、4期の建物群は政庁の条件を満たすものではなく、曹司・館等の官衙域と考える。谷を挟んだ北側の微高地には、L字型配置の建物をもつ阿恵原口遺跡があり、これらの建物も0.294m尺とみられ、4期に該当する可能性がある。阿恵原口遺跡が位置する微高地、あるいは、東方約1kmの丘陵上に長者屋敷伝説が残る1町四方の区画を政庁移転先の候補地に想定したい。

ここで、政庁と正倉の関係に触れておく。政庁と同じ微高地の東側約80mの場所に、L字形に並ぶ15棟の正倉群を検出している。このうち、政庁と同じ方位を向く正倉群が1～4期に対応する。4期の建物群が廃絶したあとの8世紀中頃になると、正方位に近い方位（4°東偏）の正倉が増築される。

小　結　阿恵遺跡の政庁の変遷に関わる空間構成をまとめておくと、以下の通りとなる。

1期（7世紀後半）は、長舎1棟と付属建物1棟で構成され、閉鎖された前庭空間の創出には至らないものの、設計配置や長舎が2期へ継承されることから、官衙的機能の萌芽が認められる。

2期（7世紀末か）は、複数棟の建物を直列に配置して54m四方の政庁を形成し、長舎囲いによって遮蔽効果を生み出すと同時に、間仕切も併用しつつ建物の機能分化がおこなわれる。内部空間に建物はなく、1期から継承した北辺殿が正殿を兼ねる。門は存在せず、東が開口する変則的なコの字型配置（①案）か、ロの字型配置（②案）になる。

3期（8世紀第1四半期か）は、2期の東に政庁が移設され、1辺1棟の長舎で囲う政庁となる。2期の複数棟の建物が1棟の長舎に統合される。ただし、北辺殿と東辺殿の構造・正殿と門の有無は不明である。政庁北側の空閑地に石敷遺構が配置され、儀礼空間の拡大が認められる。

4期（8世紀第2四半期か）は、柱穴規模の拡大・規格化、柱間の等間隔化、造営尺の変化などから、大宰府の造営技術の影響を想定する。建物群は政庁と異なる官衙域を構成し、政庁は他所へ移転する。4期以降も正倉は移転することなく存続し、8世紀中頃には正方位の一群が増築される。

Ⅲ　各地の郡庁の空間構成について

各地の郡庁について、建物・設備等の変遷に留意しながら、空間構成について検討する。

（1）有田遺跡【福岡県福岡市】（図13～15）

早良平野を貫流する室見川下流の低丘陵上に立地する。所属する早良郡は7郷（下郡）で、遺跡は田部郷に位置し、ミヤケに関わる地名と遺構が存在している。古墳時代後期から古代にかけて、A～D群の遺構変遷が検討されている（文献81）。

A群（6世紀中頃～）は、一本柱柵で区画した内部に総柱建物を配置する。複数の区画が併設されていた可能性が考えられている。

B群（6世紀後半～7世紀前半）は、区画施設が一本柱柵から三本柱柵に変わる。比恵遺跡にも見られる特

徴的な柵状遺構である。ただし、比恵遺跡では区画が散在的で、有田遺跡のように併設されることはない。区画規模や内部構造などの類似性や、位置を同じくしていることから、A群からの連続性が指摘されている。

C群（7世紀末〜8世紀前半）は、B群廃絶後に空白期が存在するとみられる。郡庁の北側には、東西方向に官道（西海道）が通過しており、政庁と官道の間に官衙域が展開する。硬化面等の道路状遺構は検出されていないが、両脇に幅6mの溝が二条並行し、隣接する原遺跡でも延長した溝が確認されている。溝間が25mと広いのは、官衙の前面部分だけに限ったものとも考えられる。官衙と官道の関係は阿恵遺跡と同様の立地環境にあるといえよう。

官道の側溝に直交する溝が南北方向に270mほど確認されている。この溝の西1町の場所にも並行する溝が存在することから、官衙ブロックを形成していたことがわかる。官衙ブロックの一つに郡衙の正倉群が配置され、その東側には側柱建物が広がり、南側に郡庁が位置する。

郡庁は、長舎が四方を囲って遮蔽する配置で、正殿となる8×4間の四面廂建物の前面に空閑地が作られる。全体像がわかる東辺殿は、21×2間（42.6m×4.2m）で、阿恵遺跡の17×2間（42.28m×4.228m）と近似する。郡庁の西半分は未調査であるが、正殿の中心軸から推測すると、東西40.2m、南北約55mになる。

確認されている政庁は1時期の短期間のみで、阿恵遺跡1期のような政庁成立前段階の過渡的な建物構成はみられない。ただし、A群・B群のミヤケ関連施設以降、C群の郡庁成立までの空白期間については、未調査地区に遺構が存在する可能性が考えられている。また、前述のように、阿恵遺跡の造営尺（0.302m）とほぼ同じ造営尺を使用していることから、郡司層の地縁的政治的背景をもとにした郡衙造営に

図13　有田遺跡郡庁遺構配置図　1：500

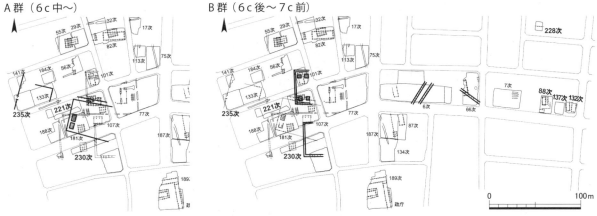

図14　有田遺跡A群・B群変遷図　1：4000

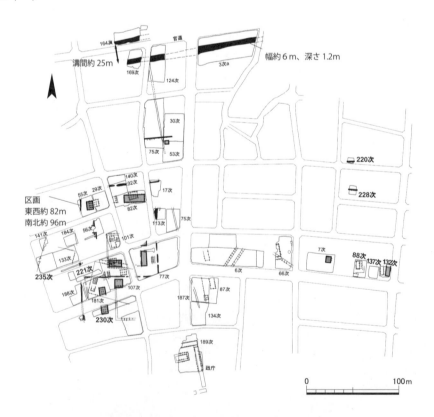

図15　有田遺跡C群・D群変遷図　1：4000

関わる技術的ネットワークの存在を想定することもできるかもしれない。有田遺跡と阿恵遺跡は、相互補完的に比較検討できる事例といえるだろう。

D群（8世紀中頃～）では、官衙ブロックが正方位となる。新たな区画溝（東西約82m、南北約96m）の内部には側柱建物が配置され、正倉も引き続き存続したとみられている。C群の郡庁は廃絶するが、未調査部分に該期の郡庁が移転して存在する可能性が想定されている。

官道の側溝は10世紀前半に埋没する。なお、有田遺跡の東側で分岐した官道が南西方向に延びていることが想定されている。平野南部の日向峠に向かい、怡土郡へ繋がるルートである。

（2）都地遺跡【福岡県福岡市】(図16)

有田遺跡から分岐して日向峠に向かう古代道路の途上に位置し、有田遺跡と同じ早良郡に属する。8世紀代とみられる長舎をL字形に配置しており、郡庁の構造と類似する。西辺殿の可能性がある建物も確認できるが、方位がややずれているため、コの字形の配置になるかは不明である。有田遺跡から移転した早良郡衙とする指摘もあるが、その場合、時期的に有田遺跡と併存していることが問題となる。周囲に正倉も確認されておらず、有田遺跡の正倉を残したまま早良平野の奥部に移転するとも考えにくい。

都地遺跡付近は古墳時代から鉄生産がおこなわれていた地域であり、製鉄関連遺跡が多く存在する。そのなかでも近接する金武青木遺跡では、怡土城長官に宛てた木簡が出土しており、怡土城と大宰府に深く関わることから、都地遺跡を含めた製鉄・官衙関連施設は、「今津湾を見渡す主船司や大宰府防衛の前線基地である怡土城などが設置されている糸島平野側に、人や物資を供給する後方中継の拠点基地」（文献84）としての位置付けが考えられている。

長舎の構造や配置だけをみると郡庁に類似するが、官衙の周辺環境を総合的に判断すると、郡衙には認定し難い事例である。

（3）城原・里遺跡【大分県大分市】

豊後国海部郡（4郷：下郡）に属する。城原地区と里地区に分かれ、里地区2～3期の評衙から、約400m離れた城原地区4期の郡衙へ移転すると考えられている。

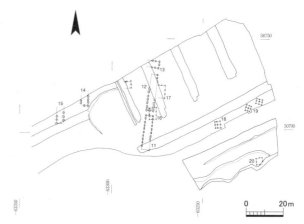

図16　都地遺跡遺構配置図　1：2000

里地区1期（7世紀後半）は、L字形に建物を配置するのみである。このうち北側の東西棟2棟は、次の2期（7世紀第4四半期）になると同じ場所で長舎に建て替えがおこなわれており、基準になっていると思われる。

里地区2期は、長舎を含む複数の建物を連結することで、南北約45m、東西70m以上の方形区画を形成する（西辺は未調査地のため構造不明）。内部には正殿とみられる南北棟の中心的な建物があり、その前面（西側）は空閑地となる。門施設はあきらかではないが、南正面にはならない可能性がある。建物内部には間仕切があり、機能分化がうかがわれる（文献60）。

里地区3期（7世紀第4四半期ヵ）は、方形区画を構成している建物の並びがやや崩れるが、北辺の建物は1期から引き続き同じ場所で建て替えられていて、建物の性格や機能を引き継いでいると思われる。内部空間には正殿とそれに付属する建物があり、いずれも廂が付加される。正殿の位置が内部空間の中央寄りに移動していることも、2期に比べて正殿の役割が重視されていることを示すだろう。このような正殿の配置は、城原地区4期に政庁が移転しても継承されている。

里地区4期（8世紀前半）になると、政庁は移転し、跡地には倉が造営されて正倉域に変わる可能性も考えられている。

城原地区4期（8世紀前半）に、里地区から城原地区へ政庁が移転する。柵を併用しながら複数の建物を連結して、東西55m、南北55m以上の区画を構成し、南側に四脚門が設置される。内部空間の中央付近に四面廂とみられる正殿が位置する。このような政庁構造は、里地区2期・3期の方形区画を構成す

る建物群や、内部空間の中央に位置する正殿を踏襲したものといえる。評段階との違いは、四脚門の設置と、建物の規格性が統一されて整然とした建物配列が設計されている点を指摘できる。

城原・里遺跡の政庁変遷は、建物による方形区画を形成することで内部空間を作り出し、中心となる正殿が次第に隔絶していく状況を、評から郡にかけて段階的に確認することができる。基本的な構造は維持したまま、儀礼・執務機能の変化に対応しながら発展を遂げたと考えてよいだろう。

（4）上岩田遺跡【福岡県小郡市】(図17)

筑後国御原郡（4郷：下郡）に属し、7世紀後半の評衙と仏堂が一体となった構造と評価されている。南端に瓦葺の基壇建物を配し、二条の柵が取り付いて南北約90m・東西80m以上の区画を形成し、その内部に建物群が造営される。区画と建物群は正方位である。門は東柵門が想定されている。基壇には、678年の筑紫国地震による地割れがあり、これを画期にⅠa期とⅠb期に時期区分され、詳細な遺構変遷が示されている（文献20）。

Ⅰa期は、南の基壇建物と北の3×2間の建物（B84）の中心軸が施設全体の基準線として設計されていて、きわめて計画性が高い。中心には9×3間の二面廂建物（B80）と、5×4間の四面廂建物（B81）が位置し、その周囲には梁行3間の大型の長舎（B82）もある。主となる四面廂建物と、それにともなう長舎を並列に配置する構成である。遮蔽施設により境界が意識され、中心建物の南北両側に空閑地が確保される。重視されたのは基壇建物との間の空閑地であろう。規模は異なるが、長舎などを並列配置する構造は、阿恵遺跡1期や城原・里遺跡の里地区1期の建物配置と共通する点が指摘できるだろう。

筑紫地震後のⅠb期になると、倒壊した基壇建物は再建されず、複数の建物を直列・並列配置することで建物群内部に空閑地を作り出す。このとき正殿と目される建物は、建物群西に位置する南北棟の7×3間の四面廂建物（B152）であり、東正面となる。ただし、東門を塞ぐ中央の建物（B80・B81）は、正殿（B152）の新造により意義が低下して廃止される。それにともなってB151を新造して、正殿がB152から移設され、東門を正面に据える配置となり、正殿前面の空閑地も2倍に広がる。また、東門前面にも空閑地が存在しており、南北に直列する倉を正倉として、正倉群と空閑地を共有する構造と評価されている。

複数の建物で遮蔽して内部に空閑地を作出する配置は、阿恵遺跡2期・3期や城原・里遺跡の里地区2期・3期と同じ形態とみることができる。また、Ⅰa期の南正面からⅠb期の東正面に変わることを踏まえると、必ずしも南正面が最優先事項ではないという推測が許されるだろう。

ただ、7世紀後半段階において、大規模な区画や建物群を高度な設計技術で造営し、九州最古の仏堂も擁している状況は、阿恵遺跡や城原・里遺跡で検討したような評衙の様相と比べると大きな隔たりがある。上岩田遺跡の造営の背景には、畿内の造瓦技術の影響下で成立した瓦の存在などから、筑紫大宰であった蘇我赤兄の関与が指摘され、経済的基盤や軍事力強化を図るために蘇我氏がおこなった地方進出形態の一つと評価されている（文献20）。

なお、Ⅰb期の後半には、西方2.1kmに位置する小郡遺跡において官衙の整備がおこなわれる。上岩田遺跡の評衙としての機能は、小郡遺跡に移転し、仏堂としての性格も井上廃寺へ移ることが想定されている。

（5）小郡遺跡【福岡県小郡市】(図18・19)

上岩田遺跡と同じ筑後国御原郡に属し、前述のように上岩田遺跡から官衙機能が移転されて成立する。また、8世紀中頃にはさらに官衙が下高橋遺跡に移転すると考えられている。

遺構変遷は、7世紀後半～8世紀にかけて、Ⅰ期（7世紀後半）、Ⅱ期（7世紀末～8世紀中頃）、Ⅲ期（8世紀中頃～8世紀後半）に区分される。Ⅰ期は数棟の倉のみで、官衙関連の建物は確認されていない。

Ⅱ期に上岩田遺跡から官衙が移転する。方2町の区画（柵と溝）の内部に、正倉群、ロ（コ）の字型配置の郡庁、その他の官衙群が形成され、郡衙の典型例として学史上著名な遺跡である。南西側は削平の影響で不明な部分が多い。郡庁の構造は、連結した長舎で囲って、内部に正殿と前庭空間をもつ。門は、正倉が位置する北東側と、正門の可能性がある南東側にある。

このように、1辺に複数の長舎を連結する郡庁で小郡遺跡に類似するものは、常陸国府の初期国庁（前身

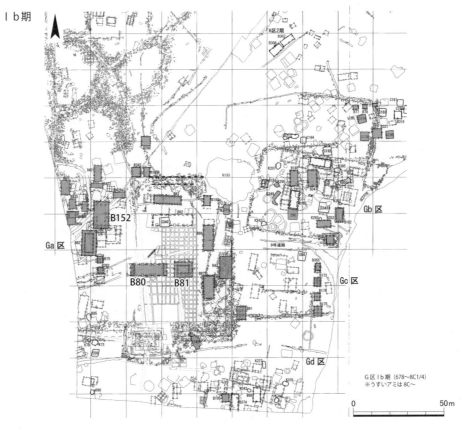

図17　上岩田遺跡遺構配置図　1：2000

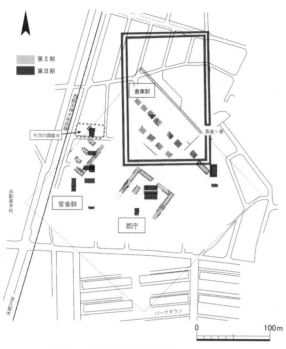

図18 小郡遺跡遺構変遷図 1:5000

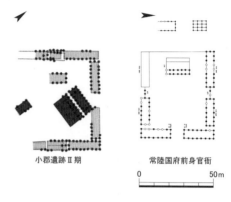

図19 政庁比較図 1:2500

官衙)がある。初期国庁の基準線や建物配置を定型化国庁が継承していることが指摘されていて(文献10)、正殿の両側面の4棟は脇殿としての機能をもつことが推測できる。同様に、小郡遺跡の北東辺の建物についても脇殿の機能が考えられるだろう。

郡庁の構成を考えると、遮蔽施設を兼ねる長舎が朝堂の変形・省略と捉えられることや、四辺に門をもつ可能性があることなどから、藤原宮の大極殿院・朝堂院をモデルに想定する(5)。

Ⅲ期になると、設計軸が正方位に変わり、直列・並列配置の建物群に建て替えられる。郡庁が存在した場所には、二面廂建物と四面廂と目される建物の他に、西脇殿のような配置をとる建物も存在する。これらの建物群を区画する施設は存在しない。このⅢ期に、南東3.4kmの下高橋官衙遺跡へ郡庁が移転する。また、建物群の北側に、二条の溝と築地で囲繞する南北180m・東西125mの区画が出現する。区画の溝から総数約300点の鉄鏃が出土し、鉄鏃組成から、7世紀後半に製造され、長期間に渡って運用・管理された可能性が指摘されている(文献38)。この長方形区画の内部に建物は未発見であり、区画の性格については諸説あって結論は出ていない。

御原評衙・郡衙の成立については、古墳の動向などから、突出した在地勢力が存在せず、文献上も評造らしき人物を確認できない地域であり、空白地ともいえる場所に一線を画するような評衙と、整然とした建物配置の郡庁が造営される特異な状況にある。この背景として、「評衙の設定自体から筑紫大宰が強く関与して、あえてこの空白地域を選んだ」(文献20)可能性や、筑紫平野北部の中心を占める立地は軍事的重要性が高いことから、「国家的な要請から生まれた郡」の存在を想定し、「中央政府、大宰府の意向を強く受けた律令体制下の官人による統治がおこなわれた」(文献29)可能性が指摘されている。詳細は後述するが、上岩田遺跡と小郡遺跡は在地の造営技術を凌駕していると思われ、これらの指摘を補強すると考える。また、郡庁の各建物の規格性や建物相互の整然とした配置に加え、方2町に区画された内部の構造をみても、曹司・館などの官衙や正倉を、郡庁を中心とした周囲四面に区分けするようにコンパクトに集約している。このような空間構成は、造営当初の区画整備の段階から、郡衙・郡庁として必要となる機能が明確に想定されていたことを示すのではないだろうか。一円的な領域支配の確立を前提として、要求される儀礼的・職務的機能を体現する形で造営された郡衙という印象を受ける。

(6) 下高橋官衙遺跡【福岡県大刀洗町】

8世紀中頃に小郡遺跡から御原郡衙が移転して成立する。二重の区画溝で囲繞された正倉院と郡庁・曹司院が東西に並んで造営される。郡庁・曹司院の大きさは約170m四方で、内部には区画に沿うように建物群が配置されている。これらは曹司の建物とみられ、その多くは同じ場所で1〜3回の建て替えがおこなわれており、執務機能の継続性が認められる。郡庁の建物は確認されておらず、未調査部分に存在するとみられる。

(7) 井出野遺跡【福岡県朝倉市】

　筑前国上座郡（7郷：下郡）に属する。郡庁の変遷はⅠ～Ⅲ期に区分されて、8世紀後半を下限とするが、上限は不明なところがあり、8世紀前半に遡る可能性も考えられる。

　Ⅰ期は、両脇殿が長舎で、正殿が桁行5間程度の建物を配置し、南北約42m、東西約54mの大きさになる。区画施設は存在しないようである。

　Ⅱ期は、Ⅰ期郡庁の東約90mに移設され、東西幅59mの長舎囲いの郡庁が造営される。北側および郡庁の内部は不明だが、確認できる建物はすべて梁行が3間という特徴がある。

　Ⅲ期は、郡庁の西に隣接して、溝で囲われた南北約75m、東西約78mの区画が出現する。内部に数棟の倉はあるが、正倉とするには区画内に位置する数が少なすぎる。区画の性格が不明であるため、下高橋官衙遺跡のような正倉院を想定すべきか、小郡遺跡Ⅲ期のような区画（こちらも性格不明であるが）を想定すべきか判断は難しい。未調査範囲の北側があきらかになると状況が判明するだろう。

　郡庁の空間構成としては、Ⅰ期の区画を持たない配置から、Ⅱ期には長舎囲いの郡庁に変わり、門と遮蔽施設が付加される。Ⅲ期には郡庁の横に新たな区画が造営され、郡衙の機能や隔絶性が段階的に拡大されている状況を読み取れる。

(8) 大ノ瀬官衙遺跡【福岡県上毛町】

　瀬戸内海に面する豊前国上毛郡（4郷：下郡）に属する。8世紀第2四半期から9世紀初頭までの存続時期が想定されている。柵と溝で囲われた150m四方の区画の中に、柵で囲われた東西53.4m・南北58.5mの郡庁があり、南に四脚門が設置される。正殿は四面廂建物であるが、その左右に翼廊状の側柱建物が取り付く。東側のほうが梁行が長く、床束とみられるピットもあり、建物の性格が左右で異なるようである。正殿は建て替えがおこなわれており、建て替え後は規模が大きくなると同時に、翼廊状の建物がなくなる。翼廊状建物の必要性が薄れたか、大型化した正殿に機能が吸収されたことを想定しておく。脇殿は西側を欠いて東脇殿1棟のみである。郡庁の方位は正方位とならず、隣接する官道に沿った方位を向く。

　柵による囲繞、四面廂の正殿、翼廊状の建物、脇殿、南門という配置から、大宰府Ⅱ期政庁の影響が考えられるのではないだろうか[6]。大宰府を祖型とするのは、「郡司層が国家権力と結びつき、その権力を後ろだてとして在地支配を遂行しようと意図した現れの一つ」（文献91）とみることができる。西脇殿を欠くのは、郡の実情にあわせて必要な施設のみ造営をおこなったためであろうが、建て替えによる正殿の大型化を考慮すると、儀礼機能の低下よりも執務機能の縮小や政庁外への機能分化が考えられると同時に、下郡という郡の等級も表れているのではないだろうか。

(9) まとめ

　取り上げた郡庁の空間構成について、大略で整理しておく。

　郡庁が出現する以前の萌芽期ともいえる7世紀後半は、阿恵遺跡1期、上岩田遺跡Ⅰa期、城原・里遺跡の里地区1期がこれにあたる。中心となる長舎と付属する数棟の建物で構成される。囲繞施設は認められず（上岩田遺跡は例外的とする）、前庭は開放的な空間となる。

　7世紀末には郡庁としての形が整ってくる。阿恵遺跡2期、上岩田遺跡Ⅰb期、城原・里遺跡の里地区2期・3期が該当する。複数の建物を配置することで方形の区画を形成し、内部に閉塞された空閑地を作り出す。このとき前段階の建物を郡庁の位置の基準にしている状況がみられ、建物の機能や性格が継承されている可能性がある。なお、内部空間に独立した正殿を置くものと、辺殿が正殿を兼ねる場合がある。また、建物の多さや間仕切の設置は、職務機能や儀礼行為の多様化を示すものだろう。

　8世紀に入ると、7世紀代の構造を概ね継承しているものは、前段階の空間構成を引き継ぎつつ、段階的に安定した発展を遂げている様相が認められる（阿恵遺跡3期、城原・里遺跡の城原地区4期）。有田遺跡の郡庁は1時期分しか確認されていないものの、官衙域の変遷を考慮すると、未調査地区に前後期の郡庁が存在する可能性が考えられるだろう。その一方で、小郡遺跡のように全く異なる形態として出現するものもあるが、これは郡の成立背景に左右されると考える。

　8世紀中頃になると、それまでの郡庁は姿を消し、新たな場所に設置される傾向がある（下高橋遺跡、井出

野遺跡、大ノ瀬官衙遺跡)。7世紀代あるいは8世紀初頭から引き続き同じ場所に造営される例はなく、この時期に画期が想定できる。郡庁が移転した後も、跡地には官衙建物が一時期残り、官衙としての機能がある程度残される(阿恵遺跡4期、小郡遺跡Ⅲ期)。新造された郡庁の空間構成をみると、大ノ瀬官衙遺跡は建て替えによって正殿が拡大し、下高橋官衙遺跡は郡庁が不明であるものの、周囲の曹司建物の継続的な建て替えから、安定した郡衙経営がうかがわれる。井出野遺跡では、郡庁を構成する建物の大型化と区画施設の増設から、郡庁の隔絶化が進むことが考えられる。この傾向は8世紀後半まで続き、郡衙の盛期と位置付けられる。

Ⅳ　建物柱穴にみる造営体制の地域的変化

阿恵遺跡にみられた柱穴形状・規模等の変化から、その背景にある造営技術の変化を読み取ることができた。柱穴形状の違いは、土木作業方式や労働力徴発形態の違いと関わる可能性が指摘されており(文献93)、その他の遺跡においても同様の視点から地域的な傾向が把握できないか試みた(表1～4)。対象とした遺跡は、郡衙の他に、大宰府・筑後国府等の上位施設、その他の官衙関連遺跡とされるものである。なお、各建物の時期区分は大まかなものでしかないので、前後するものもあると思われる。

(1) 分析方法について

柱穴の形状分類　柱穴の形状分類は、一般的に方形・隅丸方形・円形といった区分が意識されているが、実際の発掘現場では"形の崩れた方形"や"丸みの強い方形"ともいうべき分類に苦慮する形状も多い。統計の誤差を極力抑えるため、以下の分類基準を設定して、建物に占める柱穴形状の割合を求めた(図20)。

【方　形】向かいあう辺の長さが等しく、隅は直角に近いもの。隅丸かどうかは問わない。長方形も含める。

【略方形】向かいあう辺二組のうちどちらか一組は長さが異なるもの、辺の曲線傾向が強いものなど、「方形を意識している」が実際には方形にならないものをこれに含める。方形と比べて、造営時の監督統制が劣ると考える。

【円　形】円形のもの。楕円形もこれに含める。

【不整形】上記以外のもの。

廂付建物については、廂柱穴が身舎と比べて小規模なものや同規模なものなど変動が大きいため、身舎の柱穴のみを対象とした。

柱穴規模　柱穴規模は、柱掘方の長軸の長さを分析対象とし、発掘調査報告書に数値が記載されているものはそれを用い、記載されていない場合は報告書掲載図から計測した。1棟の建物でも個々の柱穴によって長軸の長さが異なる例がほとんどであり、"最小値―最大値"を表中に記載している。柱痕跡の直径表記も同様である。

柱穴規模の大小を認識しやすくするため、建物のすべての柱穴長軸が1mを超えるものは表中の黒地白ヌキ数字で示した。また、建物のすべての柱穴長軸が1m未満のものは数値を斜字で記している。

先学によると(文献93)、高床倉庫・門を除く郡衙の官舎・屋舎の柱穴掘方規模を0.05m単位で区分して、各柱穴掘方規模の棟数を統計したところ、0.40～1.14mまでのあいだの各階層(0.05m単位)にそれぞれ5～8％前後で分散することが指摘されている。かなりばらつきがみられるが、次節の分析結果で検討するように、柱掘方規模の大小には時期的特徴が認められることから、この分散傾向は時期的偏差を含んでいることが要因と考えられる。一方、居宅および集落の柱穴掘方規模については、1mを超えるもの

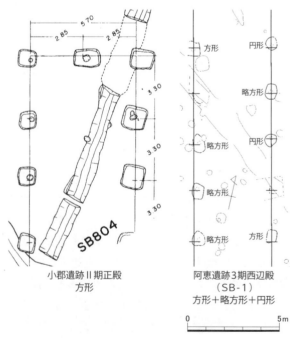

図20　柱穴分類例　1:200

はきわめて稀な統計データが示されている（文献93）。郡衙の柱掘方規模を相互に比較しても大小の基準を設定し難いため、居宅や集落ではみられない規模である1mを指標として、表中で色分けすることにした。ただし、これは便宜上の区分であり、0.9m（3尺）、1.2m（4尺）などの尺単位を基準とした方がより明確化するかもしれない。

建物面積 建物面積は、発掘調査報告書の記載数値に従い、建物面積が明記されていないものは桁行と梁行の記載数値から求めた。いずれの数値も記載されていない場合は、報告書掲載図から計測した桁行と梁行をもとに算出した。計測精度は1/100縮尺によるものである。

表では、75m²以上を黒地白ヌキ数字で、50m²以下を斜字で記した。高床倉庫・門・仮設建物を除く地方官衙の建物面積のうち、75m²以上が上位の約25％を占めて50m²以下が約半数にのぼるというデータがあり（文献61-150頁）、建物面積の大小を比較する基準に使用した。

造営技術 今回、掘立柱建物の分析を試みたのは、阿恵遺跡の政庁変遷のなかで、3期から4期に造営技術の差異が認められたことがきっかけである。3期までの建物群は、奈良時代以前の在地的造営技術の範疇で理解できるが、4期になるとそれとは異なる造営技術を想定せざるを得なくなる。このような造営技術の変化が掘立柱建物の諸属性に表れていないかという視点で分析をおこないたい。

分析をおこなう前に、あらかじめ造営技術について整理しておく。ここで言う在地的造営技術とは、表に示した分析項目でみると、柱穴形状が非方形、柱穴規模は1m未満が大半を占める、柱痕跡の直径が0.15m～0.2mと細い、建物面積は75m²以上が少ない（長舎囲いの建物は除く）、梁行3間が少ない、正方位の採用は8世紀中葉以降、などがあげられる。今回は分析対象としなかったが、柱筋の通りが悪い、柱間の不等間、対向側柱筋の揃い具合が悪いことなども特徴である。

これと反対に、柱穴形状の方形率が高い、柱穴規模は1m以上が多い、柱痕跡の直径が0.3m以上、建物面積は75m²以上が多い（長舎囲いの建物は除く）、梁間3間が多い、7世紀代から正方位が採用される、柱筋の通りが良い、柱行が等間、対向側柱筋の揃い具合が良い、などの特徴は、前述の在地的造営技術とは異なるものと考えられる。では、これが国家的造営技術を指すかというと、そう単純ではない。奈良時代に中央の造営技術が地方に波及するのは、段階的・重層的に浸透していくことが考えられるからである（文献8）。詳細は後述の分析結果を参考にされたいが、在地的造営技術と異なる特徴をもつ建物であっても、その年代が7世紀後半と8世紀後半では評価が異なるし、中央の造営技術が郡衙に伝播したとしても、郡衙の末端施設では依然として在地的造営技術しかみられないこともある。また、郡衙が盛期を迎える8世紀後半では、上位施設との差が拮抗してくる状況にあり、前述の分析項目を十分に満たす郡衙建物も珍しくない。条件を満たすからといっても、これは国家的造営技術そのものではなく、中央の技術が伝播したあとに発展・進歩させた郡衙の造営技術とすべきであろう。つまり、国家的造営技術は、官衙の成立背景やその地域の歴史的背景なども含めて総合的に判断すべきものと考える。

これらの分析項目は、規格化された設計や役夫の統制等を示すと考えられ、造営主体が保持していた造営技術の程度を時期ごとに比較することで地域的特性を検討する。

（2）分析結果にみる傾向

7世紀前半 那津官家関連施設と考えられる比恵遺跡13次、大規模な区画をもつ那珂遺跡群など上位施設であっても、方形率は低く、円形・不整形が主体となる。ただし、那珂遺跡114次の柱穴は1.2mの規模をすでに有しており、施設規模の大きさをうかがわせる。上位施設においては、この時期から正方位のものが存在する。

7世紀後半 鴻臚館I期と筑後国府先行官衙は、方形率100％で、すべての柱穴が1mを超える建物が多く、面積も200m²を超えるものがある。これはきわめて突出した数値であり、国家的造営体制の存在を示すと考える。ただし、筑後国府先行官衙の建替建物は、略方形が主体となり、柱穴規模も小さくなる。

大宰府I期の建物は方形が主体であるものの、略方形とのバラつきが多い。唯一、方形率100％、柱穴規模1m以上となるSB121は、次期のII期政庁中軸線・正殿付近に位置する南北棟の四面廂建物である。正殿のSB120とあわせて、面積が200m²を超える。

朝倉橘広庭宮関連とされる（文献16・17）、大迫遺

表1 官衙関連遺跡掘立柱建物柱穴計測値(1)

	遺跡名	遺構期	建物の性格	遺構番号	柱穴方形率(%)	柱穴略方形率(%)	柱穴円形率(%)	柱穴不整形率(%)	柱穴規模(長軸)(m)	柱痕(m)	面積(㎡)	平面形式	梁行間数	長舎	正方位	間仕切
7世紀前半 上位施設	比恵13次		南辺殿	SB101	0	0	100	0	0.9-1.4	0.2-0.3	90.44	無廂	2	○	○	
			遮蔽	SA103	-	非方形			0.7-0.9	-	突出				上位施設正方位化	
				SA102					0.5-0.7	0.2-0.3						
	那珂遺跡群		北辺殿ヵ	114次SB2070	0	25	25	50	1.2			無廂	不明			
			西辺殿ヵ	56次1号掘立柱建物跡	30	10	40	20	0.5-1.0	0.2-0.3	91.8以上	無廂	1カ2	○		
7世紀後半 上位施設	那珂遺跡群	IV期末~VI期	北辺殿ヵ	117次SB01	86	14	0	0	0.9-1.5	0.3	62.4以上	無廂	2カ		○	
	鴻臚館	第I期	北館その他	SB14601	100	0	0	0	0.9-1.2	0.25-0.3	53.04	無廂			○	
			南館正殿ヵ	SB324	100	0	突出	0	1.0-1.3			無廂			○	
			南館東第一辺殿	SB322	100	0	0	0	1.1-1.3		56.7以上	無廂	2		○	
			南館東第二辺殿	SB323	100	0	0	0	1.0	突出	45.7以上	無廂	正殿	2		○
	筑後国府	先行官衙古段階		210SB1	100	0	0	0	1.0-1.3	0.2-0.3	63.13	無廂	3		○	
			正殿ヵ	210SB2	100	0	0	0	1.0-1.5	0.3-0.6	232.2	四面廂	5		○	
				SB3388	100	0	0	0	1.1-1.5	0.3-0.4	107.52	無廂	3		○	
		建替		SB3063B	38	62	建替・劣る 0	0	0.6-1.0	0.2-0.25	53.34	無廂	3			
		建替		SB3064B	25	63	0	13	0.7-1.2	0.2-0.3	54	無廂	3			
		建替		SB3065B	31	46	23	0	0.7-1.1	0.25	55.08	無廂	3			
	大宰府	Ia期I期古段階	その他	SB360	56	31	0	13	0.6-1.1	0.15-0.2	109.2	無廂	3			
				SB122	70	30	0	0	0.6-1.0	0.2	49.128	無廂				
		Ia期	遮蔽	SA111	75	25	0	0	0.9-1.2	0.2-0.3						
		Ib期I期新段階	その他	SB121	100	0	0	0	1.0-1.2	0.25-0.3	201.072	四面廂	5		○	
			正殿ヵ	SB120	57	29	14	0	0.6-1.0	0.2	276.2以上	片廂	4		○	
		I新段階	その他 中門地区	SB043	22	22	56	0	0.6-1.0	0.2		正殿				
				SB040	88	12	類似	類似 0	0.7-1.2	0.3	114.5	四面廂ヵ	4			
	大迫		8号建物跡		60	40	0	0	0.8-1.2	0.2	36.223	無廂	2			
	杷木宮原		1号建物跡		93	7	0	0	0.7-1.1	0.15-0.2	59.8	無廂	2			
			3号建物跡		70	30	0	0	66.36以上			無廂	2			
	志波桑ノ本		脇殿ヵ	2号建物跡	22	39	28	11	0.6-1.1	0.2-025	66.96以上	無廂	2	○		上位施設と同じ
			脇殿ヵ	1号建物跡	58	33	9	0	0.6-0.9		46.4以上	無廂	2			
	志波岡本		1号建物跡		88	12	0	0	1.0-1.4	0.2-0.25	57.5	無廂	2			
			2号建物跡		63	38	0	0	0.7-1.1	0.2-0.3	-	無廂	-			
			3号建物跡		33	33	33	0	0.6-1.2	-	35.7以上	無廂	2			
	上岩田	Ia期	後殿ヵ	82号建物	-	-	-	-	1.0-1.5	0.2-0.3	140.4	無廂	3	○		
		Ia・b期	その他	81号建物	100	0	突出	0	1.0-1.4	0.2-0.3	80	四面廂	4			
				80号建物	15	71	7	7	1.2-1.7	0.2-0.3	127.89	二面廂	3			
		Ib期前半	その他	86号建物	86	14	0	0	1.0-1.5	0.2-0.3	79.9475	無廂	3			
				87号建物	94	6	0	0	1.0-1.3	0.2-0.3	76.5325	無廂	中心建物			
				83号建物	82	18	0	0	0.9-1.3	02-0.25	71.3	無廂				
評衙	城原・里	2期	東第二辺殿	SB034	20	20	非方形 10	50	0.7-1.2	-	突出 24.48	無廂	2			
			東第三辺殿	SB037	8	23	15	54	0.6-1.4	-	31.82	無廂	2			
			西第一辺殿	SB004	13	47	33	7	0.5-1.1	0.15-0.2	50.5	無廂	2			
			西第二辺殿	SB006	0	10	75	15	0.6-1.0	0.2	51.06	無廂	2			
			北第一辺殿	SB002	25	38	37	0	0.6-0.9	0.15-0.2	32.0以上	無廂	2			
			その他	SB011	0	0	75	25	0.2-0.7	0.15-0.2	63.24	無廂	3			
	阿恵	1期	その他	SB-5	33	33	17	17	0.6-0.7		52.4538	無廂	3			
			北辺殿	SB-2	18	27	55	0	0.6-0.8		60.0以上	無廂	2カ			間仕切増加
		2期	北辺殿	SB-3	22	33	33	12	0.5-0.9	0.15-0.2	98.3以上	無廂	2			
			西辺殿	SB-10	0	33	67	0	0.5-0.7		30.8以上	無廂	2			
			南辺殿	SB-4	18	58	18	6	0.7-1.3	0.15-0.2	160.0449	無廂	2			
				SB-7	11	56	小規模 33	0	0.7-0.9	0.15-0.2	42.4008	無廂	2カ			
8世紀前葉 上位施設	福原長者原	I期	東脇殿ヵ	SB012	91	9	0	0	0.9-1.4	0.3	70.56以上	無廂	2		○	
		IIa期	正殿	SB010A	100	0	突出	0	1.2-1.4	0.4-0.45	177.2544	三面廂	3		○	
		IIb期	正殿建替	SB010B	50	50	0	0	1.1-1.4	0.4-0.45	177.2544	三面廂	3		○	
		II期	東脇殿ヵ	SB015	82	18	0	0	2.0-2.2	0.3-0.4	59.895	無廂	3		○	
			東脇殿ヵ	SB014	100	0	0	0	1.0-1.2		59.52 突出	無廂	正殿		○	
	筑後国府	I-A期	正殿	SB3389	60	40	0	0	0.9-1.2	0.3	118.57	無廂	3		○	
		I-B期	正殿建替	SB3390	0	42	建替 37	21	0.5-1.3	0.2-0.3	153.12	無廂	3		○	
		I-C~D期	正殿建替	SB3391	6	18	70	6	0.4-1.1	0.2-0.3	99.84	無廂	3		○	
		I-C~D期	正殿建替	SB3397	0	36	64	0	0.5-1.0		84	無廂	3		○	
		I-A期	東第1脇殿	SB4063	0	20	80	0	0.5-1.1	0.15-0.2	28.6875	無廂	3		○	
		I-B期	東第1脇殿建替	SB4064	0	45	55	0	0.4-1.0	0.2	54.945	無廂	3		○	
		I-C期	東第1脇殿建替	SB4060	0	18	76	6	0.5-1.0	0.2	67.32	無廂	3		○	○
		I-D期	東第1脇殿建替	SB4062	0	53	47	0	0.6-1.0	0.2	101.7	無廂	3		○	
		I-D期	東第1脇殿建替	SB4086	13	25	62	0	0.5-1.1	0.2	95.4	無廂	3		○	
		I-C期	東第2脇殿	SB4061	0	16	84	0	0.6-0.8	0.15-0.2	77.28	無廂	3		○	
		I期	南東隅東西棟	SB4812	69	建替 31	0	0	0.6-1.4	建替 0.2		無廂	3		○	
			南東隅東西棟建替	SB4811	25	63	6	6	0.7-1.2	0.2	-	無廂	3		○	
			南東隅東西棟建替	SB4813	16	61	23	0	0.5-0.7	0.2		無廂	3		○	

■…柱穴1m以上、面積75㎡以上
斜字…柱穴1m未満、面積50㎡以下

表2 官衙関連遺跡掘立柱建物柱穴計測値（2）

	遺跡名	遺構期	建物の性格	遺構番号	柱穴方形率(%)	柱穴略方形率(%)	柱穴円形率(%)	柱穴不整形率(%)	柱穴規模（長軸）(m)	柱痕(m)	面積(㎡)	平面形式	梁行間数	長舎	正方位	間仕切
上位施設	大宰府政庁全面広場		朝集殿カ	SB2300	45	30	0	25	0.8-1.3	0.25-0.35	222.11	四面廂	4	○	○	
	大宰府不丁官衙	Ⅰb期	その他	SB2540	100	0	0	0	0.6-1.1	0.2 突出	-	無廂	1以上	梁行3間	○	
		Ⅰb期	その他	SB4030	44	44	0	12	0.7-1.1	0.2	-	無廂	2		○	
		Ⅱa期	その他	SB2400	43	43	0	14	1.0-1.5	0.3	-	片廂	2		○	
				SB2435	67	33	0	0	0.9-1.4	0.2-0.3	108.8	無廂	3		○	
	大宰府	Ⅱa期	その他	SB500a	33	30	28	7	0.7-1.6	0.3	235.656	四面廂	5	○	○	○
	大宰府条坊		客館北棟	267SB700	40	40	15	5	0.8-1.5	0.25-0.3	259.6	片廂(2間)	5		○	
			客館南棟	257SB300	14	48	14	24	0.9-1.4		202.96	片廂(2間)	5		○	
駅家	内橋坪見		駅家	第2号掘立柱建物	86	7	7	0	0.6-1.6	0.2	129.78	無廂	3		○	
				第1号掘立柱建物	67	27	0	6	0.7-1.4	0.2-0.25	78.2971	無廂	3		○	
8世紀前葉	八並		南北棟	SB1	93	7	0	0	1.6-2.1	-	156.33	無廂	3		○	
	小郡官衙	Ⅱ期	その他	SB828	43	29	21	7	0.8-1.3	0.2-0.3	76.5	片廂	3		○	
				SB832	83	17	0	0	0.7-1.0		43.2	無廂	2			
				SB833	86	14	0	0	1.2-1.5		46.08	無廂	2			
			正殿カ	SB804	100	0	0	0	0.9-1.2		56.4以上	無廂	2			
			西第一辺殿	SB808	100	0	0	0	0.8-1.5		117	無廂	2	長舎囲い		
			西第二辺殿	SB807	89	11	0	0	0.9-1.5	0.2	52.0以上	無廂	2			
			西第二辺殿の建替カ	SB806	89	11	0	0	0.9-1.5	0.2-0.3	64.8以上	無廂	2			
			北第一辺殿	SB816	56	25	19	0	0.7-1.4	0.2	106.08	無廂	2			
	上岩田		居宅域	28号建物	21	7	36	36	0.9-1.3	-	126	四面廂	4		○	
	有田	C1群	正殿	189次SB04	64	36	0	0	0.9-1.2	0.3	140.2	四面廂カ	4		○	
			東辺殿	239次SB001	57	31	3	9	0.9-1.3	0.2	175.48	無廂 正殿	2			
			北辺殿	189次SB01	47	53	0	0	0.9-1.5		75.0以上	無廂	2	長舎囲い		
			南辺第二殿	239次SB002	100	0	0	0	1.0-1.1	0.2	32.4	無廂	2カ			
		C群	その他	250次SB1007	60	40	0	0	0.8-1.2	0.2-0.25	41.28	無廂	2			
				88次SB01	67	22	11	0	0.8	0.2	26.52	片廂	2			
				88次SB02	60	40	0	0	0.6-0.8	0.2	54	二面廂カ	3			
				101次2号掘立柱建物	57	36	0	7	0.7-1.2	0.15-0.25	62.22	無廂	2			
			屋カ	107次SB02	53	27	20	0	0.6-1.1	0.15	47.52	無廂	3			
			その他	132次SB01	27	63	10	0	0.7-1.2	0.15	31.2以上	無廂	2			
				87次1号掘立柱建物	44	56	0	0	0.9-1.2	0.2-0.25	78.3216	無廂	3		○	
郡衙	城原・里	3期	正殿カ	SB024	25	50	25	0	0.7-1.1	-	113.05	二面廂	5		○	
			西第一辺殿	SB003	0	30	10	60	0.5-1.0	0.15-0.2	62.64	無廂 正殿	3			
			西第三辺殿	SB009	0	0	54	46	0.5-0.9	0.2	46.8	無廂	2			
			北辺	SB017	0	0	100	0	0.2-0.6		48.51	無廂	2			
		5期	その他	SB031	58	8	17	17	0.6-1.0	0.2	41.4	無廂	3		○	
	阿恵	3期	その他	SB-8	50	50	0	0	0.7-0.9	0.15-0.2	15.30536	無廂	2			
				SB-21	50	50	0	0	0.6-0.9	-	46.0以上	無廂	2			
			南北棟長舎	SB-1	23	48	19	10	0.6-0.9	0.15-0.2	178.75984	無廂	2	長舎囲い		
			南辺殿	SB-11	16	58	10	20	0.5-1.3	0.15-0.2	191.5284	無廂	2カ			
		4期	その他	SB-24	40	60	0	0	0.6-0.8	0.15	30.6以上	無廂	2カ			
				SB-19	100	0	0	0	1.0-1.2		-	無廂	2カ			
				SB-12	100	0	0	0	1	突出	19.361664	無廂				
				SB-15	100	0	0	0	1.2-1.3	0.2-0.25	88.24704	無廂		郡衙梁行3間少ない		
				SB-16	100	0	0	0	1.1-1.2	0.2-0.25	58.084992	無廂				
				SB-25	100	0	0	0	1.0		-	無廂				
				SB-26	100	0	0	0	0.9		-	無廂				
				SB-18	60	40	0	0	1.0-1.3	0.25	45.638208	無廂	2カ			
				SB-23	63	24	13	0	0.8-1.1		30.3以上	無廂	2カ			
				SB-13	42	33	25	0	0.7-0.9	0.15-0.2	33.882912	無廂	2			
				SB-14	50	25	25	0	0.6-0.8	0.15-0.2	-	無廂	-			
				SB-17	0	67	17	17	0.4-0.6		14.26194	無廂	2			
				SB-20	0	50	50	0	0.4	0.1	9.50706	無廂	2カ			
	阿恵原口遺跡第1地点	4期	その他	第1号掘立柱建物	30	30	30	10	0.4-0.9	0.2	26.6以上	無廂	2カ			
	阿恵原口遺跡第2地点	4期	その他	第1号掘立柱建物	0	25	63	12	0.4-0.8	0.15	26.8以上	無廂	2以上			
8世紀中葉〜後葉 上位施設	鴻臚館	第Ⅲ期	着到殿	SB17701	88	12	0	0	1.1-1.3	0.3	44.6以上	無廂	2		○	
	大宰府不丁官衙	Ⅱb期	その他	SB4560	91	0	0	9	0.7-1.1	0.2	-	無廂	2		○	
				SB2530	88	12	0	0	0.8-1.2	0.3	-	無廂	3		○	
				SB2535A	50	50	0	0	0.8-1.3		-	無廂	1以上		○	
				SB2535A	25	67	8	0			-	無廂			○	
				SB2405	45	36	9	10	0.7-1.0	0.2	50.73	無廂			○	
		Ⅲa期	その他	SB2420	100	0	0	0	0.7-1.1	0.3	147.84	四面廂	4		○	
				SB2525	26	37	11	26	0.8-1.2	0.3	-	無廂	3 中心建物		○	
				SB2535B	17	33	33	17	0.7-1.1	0.2-0.3	-	無廂	1以上	梁行3間多い	○	
				SB2380A	0	14	36	50	0.9-1.8	0.3	64.8	無廂	2		○	
	筑後国府	Ⅱ期	西脇殿南棟	SB4688a	66	34	0	0	0.8-1.0		72	無廂	3		○	
			西脇殿南建替	SB4688b	66	34	建替	0	0.8-1.2		72	無廂	3		○	
			西脇殿南棟建替	SB4688c	0	27	0	73	0.7-1.2	-	72	無廂	3		○	

表3　官衙関連遺跡掘立柱建物柱穴計測値（3）

	遺跡名	遺構期	建物の性格	遺構番号	柱穴方形率(%)	柱穴略方形率(%)	柱穴円形率(%)	柱穴不整形率(%)	柱穴規模(長軸)(m)	柱痕(m)	面積(㎡)	平面形式	梁行間数	長舎	正方位	間仕切
8世紀中葉〜後葉	上位施設	二本木		西脇殿南棟	SB4690	66	34	0	0	1.0-1.3	-	90	無廂	3		○	
			I	遮蔽1	2号柱列I	70	15	0	15	1.2-1.7	-					○	
			II	遮蔽1建替	2号柱列II	0	0	73	27	0.4-1.2						○	
				その他	6号建物（東）	93	7	0	0	1.0-1.4	0.3-0.4	178.6	四面廂	4		○	
					6号建物（西）	100	0	0	0	1.0-1.4	0.3-0.4	180.5	四面廂	4		○	
					2号建物	67	33	0	0	0.8-1.0	0.2	80	無廂	3		○	
				西脇殿カ	3号建物II	17	33	33	17	0.8-1.3	突出	46.8以上	無廂	2以上		○	
	郡衙	小郡官衙	III期	正殿	SB801	86	14	0	0	0.8-1.2	0.2-0.3	204.12	四面廂カ	4カ		○	
				後殿	SB802	75	25	0	0	0.7-1.3	0.2-0.3	98.28	二面廂 正殿	2		○	
				西脇殿	SB803	86	0	0	14	0.6-1.2	0.2	35.1以上	無廂		郡衙梁行3間増加	○	
				その他	SB813	79	21	0	0	0.8-1.2	0.25	65.025	無廂	2		○	
					SB814	100	0	0	0	0.7-1.2	0.2-0.3	82.08	片廂	2		○	
					SB836	100	0	0	0	0.9-1.4	-	39.7以上	三面廂	2以上		○	
					SB837	50	50	0	0	1.2-1.6	-	43.875	無廂	2		○	
		下高橋官衙		その他建替	馬屋元SB1A(新)	69	31	0	0	0.8-1.6	-	126.38	無廂	3		○	
				その他	馬屋元SB2B(古)	45	55	0	0	0.6-1.2	-	102.92	無廂	3	方形率上位施設に近づく	○	
				その他建替	馬屋元SB2A(新)	44	56	0	0	0.5-1.2	-	104	無廂	3	大型化進む	○	
				その他	馬屋元SB3C(古)	62	38	0	0	0.7-1.2	-	127.44	無廂	3カ		○	
				その他建替	馬屋元SB3A(新)	50	50	0	0	0.8-1.0	-	-	無廂		郡衙建物大型化	○	
				その他	馬屋元SB5	94	6	0	0	0.8-1.1	-	153.36	無廂	3		○	
					馬屋元SB6	80	0	0	20	0.7-0.9	-	-	無廂			○	
			II期カ	その他	馬屋元SB24	75	25	0	0	0.6-1.2	0.25-0.3	91.5	無廂	3		○	
			II期	その他	馬屋元SB35	66	34	0	0	1.0-1.4	0.2-0.3	67.2以上	無廂	2以上		○	
		井出野	I期	正殿カ	12号掘立柱建物	70	30	0	0	1.2-1.8	-	61.985	無廂	2		○	
				西脇殿	7号掘立柱建物	80	1	0	0	1.0-1.4	-	129.0816	無廂	3		○	
			II期〜III期	東脇殿	2号掘立柱建物	0	45	20	35	0.6-1.3	0.2	85.9以上	無廂	3		○	
				西脇殿	6号掘立柱建物	10	79	8	3	0.8-1.7	-	156.2以上	無廂	3		○	
				南辺東殿	1号掘立柱建物	53	48	0	0	0.9-1.6	0.2-0.3	99.82	無廂	3	長舎囲い	○	
				南辺西殿	3号掘立柱建物	33	58	9	0	0.7-1.4	-	80.08	無廂	3		郡衙正方位化	
			II期	その他	4号掘立柱建物	70	30	0	0	0.9-1.5	-	81.62	無廂	3		○	
			III期	その他	5号掘立柱建物	57	36	0	7	0.7-1.5	-	94.55	無廂	3		○	
		大ノ瀬下大坪	IV期	東脇殿	SB106	32	41	11	16	1.3-2.2	0.25	120.96	無廂	2		○	
			IVa期	正殿	SB104	43	50	0	7	1.0-1.9	0.2-0.4	171.36	四面廂	4		○	
			IVb期	正殿建替	SB105	64	15	21	0	1.2-1.5	0.2-0.4	225.72	四面廂	4		○	
		下伊田		西脇殿カ	掘立状遺構	96	0	4	0	1.1-1.6	突出	129.5	無廂 正殿			○	
		有田	D群	その他	82次1号掘立柱建物	58	42	0	0	1	0.2-0.25	159.87	無廂	3		○	
					132次SB05	25	75	0	0	0.8-1.2	15	46.1以上	無廂	2		○	
					77次SB01	38	46	0	16	0.8-1.0	0.2-0.25	90	無廂	3		○	
					107次SB01	43	57	0	0	0.9-1.4	0.2-0.3	86.01	無廂	3		○	
					107次SB07	0	8	92	0	0.6-0.9	0.2	61.845	二面廂カ	3		○	
		阿恵		その他	SB-22	0	17	66	17	0.4-0.5	-	13.5以上	無廂	2以上		○	
		神水	I期	西脇殿北棟カ	1号掘立柱建物	5	15	70	10	0.9-1.6	-	119.07	無廂	3		○	
			II期	西脇殿北棟カ建替	5号掘立柱建物	0	10	80	10	0.5-1.2	0.2-0.3	119.07	無廂	3		○	
			III期	西脇殿北棟カ建替	6号掘立柱建物	0	0	100	0	0.5-0.7	0.2-0.3	90	無廂	3		○	
			I期	西脇殿南棟カ	2号掘立柱建物	0	33	50	17	1.0-1.4	0.2-03	63以上	無廂			○	
			III期	西脇殿南棟カ建替	8号掘立柱建物	0	0	100	0	0.6-0.8	-	74.4以上	無廂			○	
	その他	江辻第6地点			8号掘立柱建物	0	15	85	0	0.5-0.7	0.15	61.504	無廂	2			○
					20号掘立柱建物	6	19	44	31	0.7-1.0	0.15-0.2	44.352	無廂	2	末端官衙		
					25号掘立柱建物	14	29	57	0	0.4-0.9	0.15-0.2	40.2752	無廂	2			
		都地		東辺殿北棟	掘立柱建物12	50	50	0	0	0.9-1.4	0.2	74	無廂	2		○	
				東辺殿南棟	掘立柱建物11	84	16	0	0	0.7-1.0	0.2	72	無廂	2	郡衙不丁官衙と同等	○	
				北辺殿	掘立柱建物13	33	33	33	0	0.9-1.1	0.2	14.4以上	無廂	2		○	
				西辺殿カ	掘立柱建物14	50	50	0	0	0.9-1.1	0.2	20.0以上	無廂	2		○	
				西辺殿カ	掘立柱建物15	100	0	0	0	0.9-1.1	0.2	24.0以上	無廂	2		○	
				その他	1号建物	67	33	0	0	1.0-1.1	-	22.1以上	無廂	1カ		○	
9世紀〜10世紀	上位施設	大宰府不丁官衙	IIIb期	その他	SB2355	70	30	0	0	0.9-1.2	0.25-0.3	95.4856	二面廂	3		○	
					SB2410	62	38	0	0	0.7-1.3	0.2-0.3	50.73	無廂	3		○	
					SB2380B	0	29	57	14	0.7-1.0	0.25	66.204	無廂	3		○	
		日向国府	IIIa期	正殿	SB003a	17	55	28	0	1.0-1.5	0.25	222.53	二面廂	4		○	
				東第二脇殿	SB006a	0	0	100	0	0.9-1.5	-	80.64	無廂 正殿	2		○	
			IIIb期	西第二脇殿	SB008b	0	8	75	17	1.0-2.0	大型	80.64	廂か否かなど不明			○	
		筑後国府	III期	正殿	180SB1a	100	0	0	0	1.5	-	109.81	片廂	3	梁行3間多い	○	
				正殿建替	180SB1b	100	0	0	0	1.5	-	109.81	片廂	3		○	
				正殿建替	180SB1c	75	25	0	0	1.0-1.3	0.4	109.81	片廂	4		○	
				正殿建替	180SB2	0	19	81	0	0.7-0.9	-	73.44	無廂	2		○	
				東第一脇殿	SB4201	54	46	0	0	1.3-1.8	0.3	129.6以上	無廂 正殿	3		○	
				東第一脇殿カ	SB4202	67	33	0	0	1.0-1.6	0.3	98.6以上	無廂	3		○	
				東第二脇殿建替	179SB20b	36	64	0	0	1.2-1.6	-	204.48	無廂	3		○	○

表4　官衙関連遺跡掘立柱建物柱穴計測値（4）

	遺跡名	遺構期	建物の性格	遺構番号	柱穴方形率(%)	柱穴略方形率(%)	柱穴円形率(%)	柱穴不整形率(%)	柱穴規模（長軸）(m)	柱痕(m)	面積(㎡)	平面形式	梁行間数	長舎	正方位	間仕切
9世紀～10世紀 上位施設	筑後国府	III期	東第二脇殿建替	179SB20c	38	62	0	0	0.9-1.5	0.3	204.48	無廂	3		○	○
			西第二脇殿	181SB1a	64	36	0	0	1.0-1.3	-	204.48	無廂	3		○	○
			西第二脇殿建替	181SB1b	29	65	6	0	0.9-1.1	-	204.48	無廂	3		○	○
			西第二脇殿建替	181SB1c	10	45	45	0	0.6-1.2	0.2-0.3	204.48	無廂	3		○	○
			西第二脇殿	181SB10	28	39	11	0	0.8-1.1	0.2-0.25	90	無廂	3		○	○
			西第二脇殿建替	181SB20	9	91	0	0	0.7-1.1	0.2	67.5	無廂	3		○	○
			西第二脇殿建替	181SB30	0	33	67	0	*0.3-0.7*	0.15-0.2	62.5	無廂	2		○	○

跡・杷木宮原遺跡・志波桑ノ本遺跡・志波岡本遺跡は、柱穴形状の構成割合と柱穴規模が大宰府I期に近似する。上位施設の中で正方位をとらない例外的な存在であるが、行宮とするならば、急造を強いられる性格や、行宮の周辺建物ということが要因として考えられるだろうか。

　以上の上位施設は、7世紀前半に比べて方形率が高くなり、柱穴規模も大型化する。特に国家的技術が導入された遺跡はそれが顕著であり、中心建物の面積に突出したものがみられる。また、正方位が定着している。

　評衙関連施設をみてみると、上岩田遺跡の方形率と柱穴規模、建物面積が際立っている。これは同時期の大宰府を凌ぐといえるほどで、前節で触れた成立背景を補強する結果と考える。梁行3間が多いのも上位施設と同じ傾向である。

　城原・里遺跡、阿恵遺跡は、方形率が低く、方形以外の形状が主体となる。柱穴規模も1mを超えるものが少なく、柱痕跡も小さい。長舎囲いの建物以外は建物面積が小さく、上位施設と比べて格段の差がある。これらは、7世紀の在地的造営技術を示す典型例といえる。

8世紀前葉　上位施設では、福原長者原遺跡の方形率、柱穴と柱痕跡の規模、建物面積が群を抜く。施設規模では引けを取らない筑後国府I期であるが、方形率・柱穴規模には違いがあらわれる。また、建て替えを繰り返すにつれ、方形から円形に変わり、柱穴規模も小さくなっていく。これは前段階の先行官衙でも同様であり、筑後国府が移転を繰り返すたびに見られる現象である[7]。大宰府のＳＢ500aは柱穴形状にバラつきがあるが、II期造営段階の仮設的建物の可能性があり、その特徴があらわれている。内橋坪見遺跡は夷守駅と考えていて、西海道の駅家には大宰府が深く関与している（文献64）。同時期の阿恵遺跡でみられるような在地的造営技術とは一線を画していて、上位施設相当の数値とみてよい。大宰府I期新段階や大宰府不丁官衙地区の造営技術が反映されていると想定する。

　郡衙では、有田遺跡は方形傾向であるが、略方形とのバラつきも見られる。城原・里遺跡は7世紀後半と大きな変化はない。阿恵遺跡も方形率がやや高くなるが、総体的には7世紀後半と変わらない。また、この時期まで、郡衙の建物に梁行3間のものは少ない。これらの遺跡は7世紀の在地的造営技術を引き継いでいるとみてよいだろう。「奈良時代に中央の第一級建築や律令的な大量生産などの高級技術は飛躍的に発展したが、在地を中心とする普遍的な建築技術は前時代を継承しており、その進歩は緩やかであった」（文献8）という状況を明確に示している。郡庁の空間構成においても、7世紀後半から継承されていることと関係しているだろう。一方で、小郡遺跡II期の方形率と柱穴規模の大きさが注目される。大宰府I期新段階と比べても計測値は優位を示し、内橋坪見遺跡と同様の傾向がうかがわれる。おそらく大宰府の造営技術が何らかの関与をしているのではないだろうか。上岩田遺跡と同様に、小郡遺跡の特異な成立背景に関わるものと考える。また、阿恵遺跡4期において、一転して方形率100%、柱穴1m以上になる。この変化の背景は、大宰府II期の造営技術の影響であることは既に述べた。

8世紀中葉～後葉　前段階までみられた阿恵遺跡1～3期や城原・里遺跡の在地的造営技術（非方形、1m未満）と同様のものは、末端官衙とみられる江辻遺跡第6地点（福岡県粕屋町）や、有田遺跡の官衙周辺建物など、郡衙の中枢施設よりもランクが下がる建物に表れている。その点からみても、都地遺跡の方形率や柱穴規模は大宰府不丁官衙や郡衙中心部と近似しており、早良郡衙の出先施設とするよりは、大宰府関連施設と考えるほうが蓋然性が高いだろう。

　郡衙においては、方形率の向上と柱穴の大型化が

進み、前段階までのような郡衙間の格差は抽出し難い。造営技術の均質化あるいは底上げという状況がうかがわれるのではないだろうか。また、長舎囲いの郡庁が減少すると同時に、梁行3間の建物が増加する傾向も指摘できる。これは、長舎囲いを採用しなくなることによって生じる郡庁建物の面積不足に対処するため、梁行側を拡張して建物面積の確保を意図したものと解釈できる。正殿の格式を維持するため、脇殿に廂を付して面積を増やせないことも、梁行の拡張へと働いた要因であろう。長舎囲いのない上位施設においてすでに採用されていた建物面積を確保する手段と同じと考える。

このような変化の背景に、大宰府周辺官衙の整備、駅路の整備、国分寺造営、怡土城建築など造営事業が多く、各所の造営現場において「高い加工精度・施工精度を有した「国司系技術」の指導のもとで、「在地系技術」の技術者が加工・施工を行った」(文献8)ことが考えられ、技術伝播の機会に恵まれていたことが推測できる。また、大宰府出土木簡 (文献33)に、天平9年(737)「木工秦人部山孔館仕五日」・「木工秦人部遠雲館仕七日」があり、技術者の差配を大宰府がおこなっていたこともわかる(8)。

以上のような技術交流によって、律令的な建築技術が広く普及・浸透していく時期と考え、郡庁の空間構成においても、大ノ瀬官衙遺跡のように大宰府政庁の影響が見られるものが出現する。

なお、8世紀中頃に新しく造営された郡衙は正方位が採用されていく。表には示していないが、阿恵遺跡の正倉群も同じ頃に正方位に変わる。また、阿恵遺跡に近接する内橋坪見遺跡 (夷守駅)もこの時期に大規模な改変がおこなわれ、駅家の施設全体が条里に沿う方位から正方位に変化すると同時に、掘立柱建物から瓦葺礎石建物に建て替わる。これらの変化は、広域的な官衙の動態を示していると考えられる。

V 古代道路にみる阿恵遺跡の成立背景

阿恵遺跡の東側で新たに確認した古代道路は、阿恵遺跡の成立背景に深く関わるので概略を述べる。

(1) 阿恵遺跡の古代道路の推定線について

阿恵遺跡で検出した古代道路は駅路と交差し、その交差点に阿恵遺跡が立地する。古代道路を周囲の条里に沿いながら南東方向に延長すると、『日本書紀』の神功皇后伝承に関わるいわれをもち、古い歴史を残す宇美八幡宮の前面を通過する。筑前国風土記逸文「糟屋郡。禰夫能泉。在郡東南。」(文献4)にある「禰夫能泉」は宇美八幡宮のことを指している。そして「在郡東南」は、糟屋郡衙の東南に宇美八幡宮が位置するという意味である。この文献史料は、阿恵遺跡で検出した遺構が糟屋郡衙とそこから延びる古代道路であるという遺跡の理解と整合する。

宇美八幡宮を通過すると古代山城である大野城の麓に到達し、この付近で三方に分岐することを想定している (図21)。①四王寺丘陵を越えて福岡平野側に出て水城東門へ向かう道 (近世地誌に「夷守峠」と記述され、大宰府から夷守駅に向かうルートを傍証する。夷守駅は阿恵遺跡に近接する内橋坪見遺跡が有力)、②大野城を回り込んで大宰府の東側へ向かう道 (現在の峠道「只越」：元来は「直越」として大宰府へ直接通ずる意味か)、③ショウケ越を越えて穂波郡へ向かう道、である。①・②は、大宰府や大野城へ連絡するルートであり、③は伝路としての役割を果たしていたことが想定される。

ここで重視したいのが、③の伝路である。これは峠を超えて穂波郡に至る道だけにはとどまらず、途中で豊前路に合流して、豊前国の瀬戸内海へ繋がっている。このルート上には、7世紀末から8世紀初頭にかけて大宰府に匹敵する大規模な国家的官衙施設が造営された福原長者原遺跡が存在する。その特異性から、「海路を介して半島・大陸を望んだ大宰府政庁や南方の要衝として置かれた筑後国府Ⅰ期古宮国府のように、瀬戸内の海路と繋がる陸路の要衝に置かれた初期律令国家の重要な官衙であった」と評価されている (文献52)。西海道の統治を進めようとする中央政権は、瀬戸内の海路を介して九州の玄関口に置かれた福原長者原遺跡を一つの拠点とし、大宰府に至る豊前路を重要な幹線道路として位置付けていたことが考えられる。阿恵遺跡はそのルートの博多湾側に位置しているのである。

(2) ミヤケと新羅系瓦出土寺院と妙心寺梵鐘

ここで、③の経路の歴史的背景を考えると、九州の新羅系瓦を用いる古代寺院が③の経路上に集中している点が重要となる。瀬戸内側の上毛郡垂水廃寺 (福岡県上毛町)・下毛郡塔ノ熊廃寺 (大分県中津市)・宇佐郡虚空蔵寺跡 (大分県宇佐市)・京都郡椿市廃寺 (福岡県行橋市)、内陸部の田河郡天台寺跡 (福岡県田川市)・

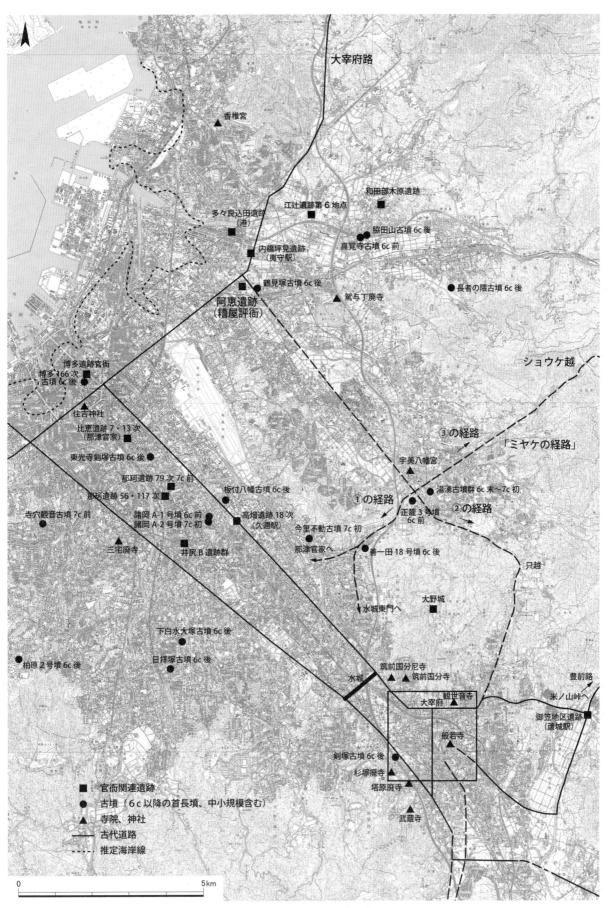

図21　阿恵遺跡周辺古代道路と関連遺跡分布図　1：100000

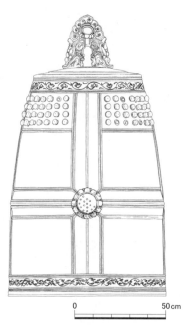
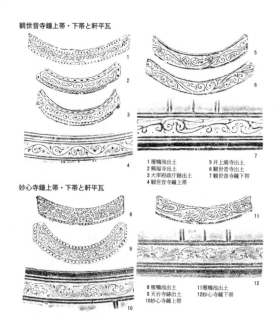

図22　妙心寺梵鐘と新羅系瓦文様

穂波郡大分廃寺（福岡県飯塚市）が挙げられる。そして、糟屋評造春米連廣國が製作した妙心寺梵鐘についても、撞座の蓮弁文や上・下帯の唐草文は、天台寺跡・大分廃寺出土新羅系瓦の文様と共通性が指摘されている（文献18）。妙心寺梵鐘の兄弟鐘とされる大宰府観世音寺の梵鐘も同様の文様で飾られ、そのうえ「上三毛」の線刻があることから豊前との関係が深いものでもある。

この地域の新羅文化の受容は、採銅で知られる香春岳の香春神社が新羅神を祀り、正倉院文書の大宝2年（702）豊前国戸籍帳に「秦部」が大勢を占めることなどからもうかがわれるが、その契機となったのは、『日本書紀』安閑2年（535）にみえる筑紫・肥・豊の屯倉設置にともなって渡来系技術者集団が入植したことにより、半島文化の素地がこの地域に醸成されていたことが大きな要因としてあげられる（文献19）。安閑2年の記述によると、博多湾岸の那津官家と瀬戸内海を結ぶルート上に7つの屯倉が設置されている。また、宣化元年（536）の那津官家修造記事では、西日本の屯倉から那津官家に穀が運ばれたこと、筑紫・肥・豊の屯倉を那津官家が統轄したことがわかり、ミヤケは交通を強く意識した場所に配置されているといえよう。

このように、ミヤケや新羅文化との関連性をみると、ショウケ越を通じて瀬戸内海側に繋がるルートはミヤケの時代から継承されてきた可能性が高いと考える。次で具体的なルートについて検討する。

（3）ミヤケの経路と首長墳の動向

瀬戸内海側からショウケ越を通って那津官家へ向かう経路は、③だけではなく①の経路とも重なっている。ミヤケの時代の首長墳の動向をみると、これらの経路との関連が注目される。

①・②・③の経路が分岐する宇美川流域の首長墳は、6世紀になると、古墳時代前期・中期を通して築造されていた丘陵から場所を移し、①の経路上の四王寺丘陵東側が分布の中心になる。6世紀前半の前方後円墳である正籠3号墳、装飾大刀が出土した6世紀末～7世紀初頭の湯湧古墳群などがある。

一方、①の経路上の四王寺丘陵西側、つまり福岡平野側には、6世紀後半に直径約25mの大型円墳である善一田18号墳が築造される。さらに、7世紀初頭前後には、福岡平野最大級となる全長11mの横穴式石室をもち、福岡平野全体に影響力を及ぼした首長の墓とみられる今里不動古墳が存在する。前代の福岡平野の首長墳といえば、那津官家の管掌者の墓とされる東光寺剣塚古墳がある。今里不動古墳は、これに連なる政治的背景が想定されよう。

①の経路は、阿恵遺跡が官衙として機能していたころは、四王寺丘陵を越えて福岡平野へ入った後に水城東門へ向かうことを推定している。ただし、元をたどってミヤケの時代に遡ると、四王寺丘陵を越

えて那津官家へと向かうルートだったのではないか
と考える。

　つまり、那津官家から四王寺丘陵とショウケ越を
越えて、北部九州の屯倉を経由しながら瀬戸内海ま
で至るという、いわば「ミヤケのルート」とも呼べる
ものがすでに成立していた可能性を想定したい。四
王寺丘陵の西側に、福岡平野全体の首長の墓とされ
る今里不動古墳が築かれたのも、「ミヤケのルート」
の福岡平野側出入り口を抑えているということがわか
る。善一田古墳、正籠古墳、湯湧古墳などの中小首
長にとっても、「ミヤケのルート」と関わることが重要
な政治的関心事であったのだろう。

　ここまで述べてきた①・③の経路の元になった「ミ
ヤケのルート」上には、おそらく糟屋屯倉は存在しな
い。筑紫君磐井の乱後、息子の葛子が贖罪のために
差し出した糟屋屯倉は、①・②・③の経路の分岐点
がある山間の狭い平野部ではなく、その分岐点から
博多湾側へ向かった地域を候補とすべきである。そ
して、分岐点から糟屋屯倉へ至るルートとは、まさし
く阿恵遺跡で発見された古代道路と重なってくる[9]。

　このとき、阿恵遺跡の古代道路の横に、那津官家の
管掌者とされる東光寺剣塚古墳と同時期・同規模[10]
の大型前方後円墳である鶴見塚古墳が存在すること
は、きわめて重要な意味をもつ。糟屋屯倉の所在地
は判明していないが、阿恵遺跡周辺を候補地として
想定することも可能であろう。そのときは、ミヤケか
ら評への移行に関しても阿恵遺跡は鍵となるであろう
し、また、立地環境が類似する有田遺跡ではミヤケ
関連遺構と早良郡衙が近接して検出されており、重
要な比較検討事例である。

(4) 古代山城の経路

　8世紀の新羅系瓦出土寺院の分布の背景には、6
世紀の「ミヤケのルート」があり、その一端に阿恵遺
跡が関連していることを述べた。ここでは古代山城と
の関係を検討したい。

　白村江の敗戦以降、博多湾側の中心地は筑紫大宰
に移る。その場所は後の大宰府付近とみられている。
このとき、筑紫大宰から瀬戸内海方面へ向かうルート
は、ショウケ越ではなく米ノ山峠を通るルートに変わ
り、その後は駅路（豊前路）として引き継がれていく。
ルートが一部変更されはしたものの、大部分は前代

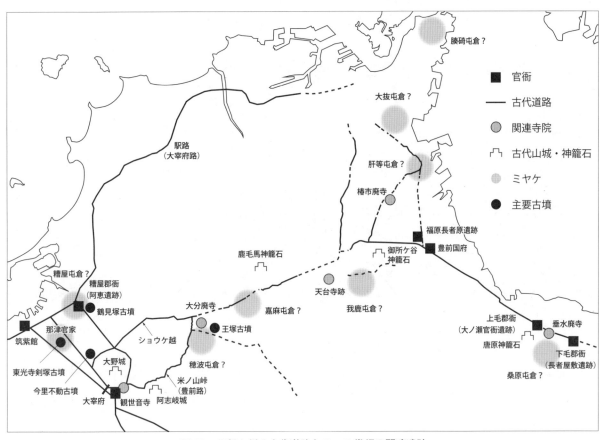

図23　北部九州の古代道路と6〜8世紀の関連遺跡

の「ミヤケのルート」を継承したものとみてよいだろう。そして、古代山城の分布の一部もまた、「ミヤケのルート」上に位置している。大宰府の周囲には大野城、阿志岐城があり、米ノ山峠を越えて内陸部を進むと、遠賀川流域に鹿毛馬神籠石があり、瀬戸内側には御所ケ谷神籠石、唐原神籠石が存在する(図23)。このような古代山城の分布は、博多湾から外敵の侵攻を許したとき、瀬戸内海へ退避するための抑えとして、この経路上に古代山城の整備が進められた結果と推測する。古代山城への物資供給や情報伝達をおこなうためには、古代山城間相互の連絡経路が必要になると思われ、そのような観点からみても、博多湾と瀬戸内海を結ぶ「ミヤケのルート」が継承されていたのではなかろうか。7世紀末に福原長者原遺跡の置かれた場所が、この経路の瀬戸内海側であることもそれを傍証していよう。なお、ショウケ越のルートについては、大野城北側の麓に直結していることから、大野城への物資輸送経路の役割を担って、依然として機能していたことが想定できる。

(5) 阿恵遺跡にみる博多湾周辺の官衙と古代交通

以上のように、阿恵遺跡の古代道路をもとに検討したところ、ミヤケの時代まで遡って、博多湾と瀬戸内海を結ぶ陸路と深く関わり、ミヤケの設置から立評に至る歴史的背景についても、阿恵遺跡は重要な鍵を握っていることを導いた。ここでは、博多湾周辺の官衙と官道の関係について、阿恵遺跡の状況を踏まえながら考えてみたい(図24)。

阿恵遺跡が立地する官道の交差点の近くには、夷守駅と考える内橋坪見遺跡がある。7世紀末～9世紀初頭にかけて営まれ、阿恵遺跡と同時並存していた。夷守駅は、大宰府官人たちにとって饗宴の場となる特別な駅家であった。その要因として、夷守駅より先は山越えの地勢が続くことと、近くに港(多々良込田遺跡)があり、都へ上るときの陸路と海路の分岐点に該当することから、境界に位置する駅家と認知されていたことが考えられる(文献64)。ここで重視したいのが港の存在である。多々良込田遺跡は多々良川河口に立地し、多量の輸入陶磁器や建物群とともに、大宰府関連施設に分布が限られる大宰府式鬼瓦が出土している。単なる郡の港ではなく、大宰府が関与する港と考えられ、博多湾東岸における主要な港湾施設と評価できる。

この地域の港湾機能は、ミヤケの時代からの背景を意識しておくことが必要と考える。磐井の乱の贖罪たり得た糟屋屯倉は、博多湾沿岸という立地環境や、

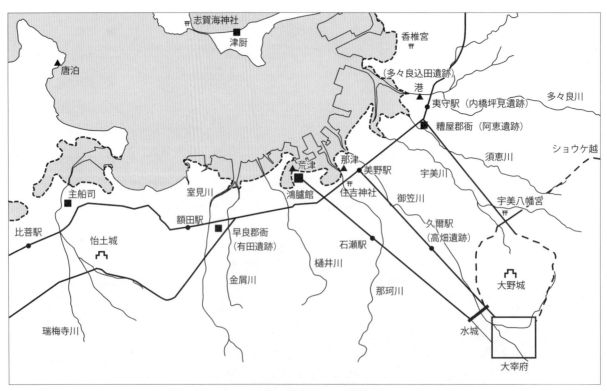

図24 博多湾沿岸の官衙関連遺跡

乱の要因が半島交流に関わることなどから、港湾施設としての機能も屯倉の構成要素の１つに含まれていた可能性が想定できるだろう。また、前項までに述べたように、阿恵遺跡の周辺は「ミヤケのルート」の一端に位置することをあわせて考えると、この地域はミヤケの時代から陸上交通と水上交通の要衝であったといえよう。そのような歴史的背景を備えた地域に、官衙と官道と港湾施設が集中して整備されているのである。

阿恵遺跡の周辺にみられるこのような特徴は、実は博多湾沿岸の各平野の官衙周辺にも共通してみられるものである。

比恵遺跡が比定地とされる那津官家、那珂遺跡群の未調査地に想定される那珂郡衙をはじめ、大宰府・鴻臚館が位置する福岡平野には、御笠川・那珂川が流れ、湾岸には那津・荒津を擁し、官道と駅家が多く存在する。詳しく述べるまでもなく、博多湾沿岸部の中心地である。

福岡平野西部の早良郡衙（有田遺跡）は、近くに金屑川・室見川があり、官道と古代道路の交差点に位置して、額田駅も近傍に所在するなど、特に阿恵遺跡と同様の立地環境にある。そして、郡衙成立前にミヤケ関連遺構が存在していることは、比恵・那珂遺跡とも共通する。

糸島平野では、所在地は不詳ながら怡土郡衙が想定される瑞梅寺川流域では、官道が２本併行する可能性が考えられている。この地域は、602年に来目皇子が新羅出兵のため渡航の準備をおこなっていた場所であり、大宰府成立後は主船司が設置されたように、港湾施設の存在も十分に想定できる。

このように、博多湾を取り囲んで各平野・水系ごとに官衙施設を設置しているのは、国防の最前線である博多湾沿岸を一体的に統治することを重要視したものと考えられるだろう。阿恵遺跡を中心とした博多湾東岸もその一翼を担うエリアであり、ミヤケの時代からの歴史的背景も含め、一般的な郡衙とは成立環境が異なる特殊な官衙遺跡と評価したい。

Ⅵ　まとめ

九州の郡庁の空間構成について、政庁の変遷や造営体制の比較を通して検討をおこなった。

７世紀後半は、遮蔽施設や閉塞した空閑地がみられず、族制的支配体制と未分化な状況がうかがわれる。それとは対照的に、中央政権や筑紫大宰との関わりで成立したものは、大規模な区画施設や高度な造営技術が導入される。

７世紀末になると、長舎囲いの政庁が出現し、内部に明確な儀礼空間が設けられるなど、前段階と比べて空間構造が大きく異なる。その背景には、新たな支配領域区分にともなう人民編成を進めるために、饗宴をおこなう場として儀礼的性格の強い前庭空間が採り入れられたことがあると考える。ただ、前段階の建物を政庁の位置基準にする例がみられ、全く断絶した関係とはいえない。

８世紀前半は、評衙の段階から継承されるものと新たな郡衙として成立するものが認められる。前段階から継続しているものは、政庁の基本的な建物構成も継承し、造営技術も緩やかな向上にとどまる。新たに成立する郡庁には、小郡遺跡でみられるように、在地勢力の造営技術と一線を画し、上位機関の介入を想定できるものもある。また、阿恵遺跡４期における柱穴の検討であきらかになったように、大宰府政庁Ⅱ期成立以降は、大宰府の造営技術の影響が波及する時期でもある。

８世紀中頃には、前段階から同一場所で継承されている郡庁はなく、新たに設置される特徴がある。この時期は、国家的造営事業の増加にともなう技術接触・交流を経て、律令的建築技術の浸透が進み、郡衙間の格差が目立たなくなる傾向にある。また、郡庁建物の大型化や、併設する区画施設の増設などから、郡庁の隔絶化が進み、郡衙の盛期を迎えるといえる。

大ノ瀬官衙遺跡では、大宰府政庁Ⅱ期の空間構成を導入した可能性があるなど、大宰府と郡衙との関係は依然として重要である。このような傾向は、大宰府の前面官衙地区において、８世紀中頃に「各地区一斉に掘立柱建物を中心に遺構形成が活発化し、第３～４四半期にもっとも整った様相」（文献94）となることとも無縁ではないだろう。とくに、調庸関係の木簡が集中して出土し、大宰府管内諸国と密接に関わる主要官衙と位置付けられる不丁地区において、８世紀後半に盛期を迎え、９世紀代に衰退する変容は、西海道の国衙・郡衙の動態と深く関連するものと考える。

本報告では、阿恵遺跡の政庁変遷と空間構成を中心にしながら、それとの比較による類似・相違を主な視点として郡庁の空間構成について検討を試みた。

偏った見方に終始して、総合的な視座が十分でないまま論じたおそれがあり、先学諸氏の御教示をお願いする次第である。

　なお、本稿の作成にあたって、事務局をはじめ、海野聡氏、神保公久氏、杉原敏之氏、菅波正人氏、矢野和昭氏、山崎頼人氏より多くのご教示をいただいた。記して感謝いたします。

註
（1）各期の年代観や建物構成については、まだなお検討の余地があると考える。今回の発表にあたっては、現時点における調査担当者の見解として提示したに過ぎない。正式な報告としては、近年刊行予定の発掘調査報告書の記述内容を正とし、また、今後の調査によって訂正が必要となれば、その都度検討をおこないたい。
（2）報告書掲載図による計測精度であり、厳密な計測ではないが、有田遺跡（福岡市・早良郡衙）においても、これに近い値の造営尺が使用されていた可能性がある。
（3）国立扶餘文化財研究所李恩碩氏にご教示いただいた。
（4）ＳＢ－１が２期に属する場合は、石敷遺構も２期に遡る可能性がある。
（5）長舎囲いの政庁は、「長舎を側柱で塀と連結する区画方法が地方官衙と共通することから、石神遺跡と初期の地方官衙との関係は密接であった」とし、国家的饗宴施設である石神遺跡との関係から、「律令制度下で整備された儀式や文書行政が確立する以前の在地支配が未熟な段階では、天皇のミコトモチノツカサである中央官人と在地豪族との間でおこなわれる饗宴が重視されていた可能性」が指摘されている（文献21）。また、「創建当初から国庁と郡庁は左右対称で庭をもつという共通性があり、儀礼空間としての役割が大きかった」ことから、ロの字形、コの字形、品字形の違いは変形・省略によるもので祖型は同じとし、「大極殿院・朝堂などの都城中枢部の施設がモデルとなって成立」したとされる（文献10）。
（6）大宰府政庁が国庁の建物配置へ影響を及ぼすのは、肥前国庁との類似性から指摘されていることではあるが（文献3）、郡衙との関係も検討する必要があるのではないかと考え、問題提起として示した。今後の検討課題としたい。
（7）筑後国府では、同一場所で建物が建て替えられることが多い。そのような場合、建て替え前の柱位置がそのまま設計基準として利用できるため、いわゆる縄張りによる柱穴位置の設定が不要になることが考えられる。役夫は、必ずしも縄張りに沿った方形規格の柱穴を掘削する必要がなく、そのために柱穴の規格性が乏しい可能性がある。このように、柱穴形状や規模などが単純に造営体制の優劣を示すとは限らないので、データの抽出・利用の際には注意が必要である。
（8）「館」がどこの建物を指すか不明であり、郡衙に技術者を派遣していたことを示すものではないが、参考資料として提示した。
（9）ミヤケの時代のルートが阿恵遺跡で検出した古代道路そのものという意味ではない。阿恵遺跡の古代道路は、7世紀後半に直線的な道路として整備されたものと考える。ただし、その主な経路は、地域で伝統的に踏襲されてきた主要な道路を元に成立したものだろう。一般的に、伝路の成立にはそのような背景が想定されていて、阿恵遺跡の古代道路もまた伝路の役割を担ったものでもある。それゆえに、阿恵遺跡の古代道路と重なる同じようなルートは、少なくともミヤケの時代まで遡ることを想定し得るのである。
（10）鶴見塚古墳の後円部はほとんど現存していないが、江戸時代に編纂された地誌『筑前国続風土記拾遺』には、当時の墳丘規模や石室内の状況が記録されていて、その記述から推測が可能である。主体部は横穴式石室で、その内部には東光寺剣塚古墳と同じ石屋形が設置されていたことも知られる。

参考文献
1　青柳種信『筑前国続風土記拾遺』下巻、福岡古文書を読む会、株式会社文献出版、1993。
2　朝倉市教育委員会『八並遺跡　井出野遺跡』朝倉市文化財調査報告書第5集、2009。
3　阿部義平「国庁の類型について」『国立歴史民俗博物館研究報告』第10集、国立歴史民俗博物館、1986。
4　植垣節也編『新編日本古典文学全集5　風土記』小学館、1997。
5　宇美町教育委員会『湯湧古墳群』宇美町文化財調査報告書第4集、1984。
6　宇美町教育委員会『正籠古墳群』宇美町文化財調査報告書第8集、1990。
7　海野聡「古代地方官衙政庁域の空間構成」『日本建築学会計画系論文集』第74巻第645号、2009。
8　海野聡『奈良時代建築の造営体制と維持管理』吉川弘文館、2015。
9　大橋泰夫「地方官衙と方位」『技術と交流の考古学』同成社、2013。
10　大橋泰夫「長舎と官衙研究の現状と課題」『長舎と官衙の建物配置』報告編、第17回古代官衙・集落研究

会報告書、奈良文化財研究所、2014。
11 小郡市教育委員会『小郡遺跡　発掘調査と環境整備報告』小郡市文化財調査報告書第6集、1980。
12 小郡市教育委員会『国指定史跡小郡官衙遺跡現地説明会資料』2014。
13 小郡市教育委員会『上岩田遺跡Ⅴ』分析・考察／論考編、小郡市文化財調査報告書277集、2014。
14 小郡市教育委員会『上岩田遺跡Ⅵ』古代総集編、小郡市文化財調査報告書第286集、2014。
15 小澤太郎「西海道における四面廂建物の様相」『四面廂建物を考える』報告編、第15回古代官衙・集落研究会報告書奈良文化財研究所、2012。
16 小田和利「朝倉橘広庭宮の再検討－杷木町志波地区の大規模建物跡群とその歴史的位置づけ－」『九州歴史資料館研究論集』第18集、九州歴史資料館、1993。
17 小田和利「朝倉橘広庭宮と観世音寺－宮の所在地についての再検討」『九州歴史資料館研究論集』第35集、九州歴史資料館、2010。
18 小田富士雄「豊前における新羅系古瓦とその意義」『九州考古学研究』歴史時代篇、学生社、1993。
19 小田富士雄「豊前古代瓦の諸問題」『行橋市史』資料編　原始・古代、2006。
20 小田富士雄「筑後・上岩田遺跡の再検討－とくに初期官衙と仏堂の形成をめぐって－」『上岩田遺跡Ⅴ』小郡市文化財調査報告書第227集、小郡市教育委員会、2014。
21 小田裕樹「饗宴施設の構造と長舎」『長舎と官衙の建物配置』報告編、第17回古代官衙・集落研究会報告書奈良文化財研究所、2014。
22 粕屋町教育委員会『戸原御堂の原遺跡』粕屋町文化財調査報告書第16集、2000。
23 粕屋町教育委員会『江辻遺跡第6地点』粕屋町文化財調査報告書第18集、2002。
24 粕屋町教育委員会『阿恵原口遺跡』粕屋町文化財調査報告書第21集、2004。
25 粕屋町教育委員会『阿恵原口遺跡第2地点』粕屋町文化財調査報告書第31集、2010。
26 粕屋町教育委員会『内橋坪見遺跡概要報告書』粕屋町文化財調査報告書第35集、2013。
27 粕屋町教育委員会『内橋坪見遺跡3次』粕屋町文化財調査報告書第38集、2015。
28 粕屋町教育委員会『戸原寺田遺跡』粕屋町文化財調査報告書第41集、2017。
29 片岡宏二「続・古代の点と線－筑紫平野の国・郡境を決める法則－」『古文化談叢』第45集、九州古文化研究会、2000。
30 金田章裕・木下良・立石友男・井村博宣『地図でみる西日本の古代』律令制下の陸海交通・条里・史跡、日本大学文理学部叢書、2009。
31 鎌田元一『律令公民制の研究』塙書房、2001。
32 九州歴史資料館『大宰府政庁跡』2002。
33 九州歴史資料館『大宰府政庁周辺官衙跡Ⅴ』不丁地区遺物編2、2014。
34 九州歴史資料館『東九州自動車道関係埋蔵文化財調査報告（13）』福原長者原遺跡第3次調査・福原寄原遺跡第2・3次調査、2014。
35 久住猛雄・宮元香織「筑前地方における首長墓系列の再検討」『九州における首長墓系譜の再検討』第13回九州前方後円墳研究会鹿児島大会、九州前方後円墳研究会、2010。
36 熊本市教育委員会『神水遺跡発掘調査報告書』1986。
37 熊本市教育委員会『二本木遺跡群Ⅱ』二本木遺跡群第13次調査区発掘調査報告書、2007。
38 小嶋篤「小郡官衙遺跡出土鉄鏃の研究」『九州歴史資料館研究論集』第39集、九州歴史資料館、2014。
39 狭川真一「太宰府の造営」『古文化談叢』第31集、九州古文化研究会、1993。
40 西都市教育委員会『日向国府跡』平成23年度発掘調査概要報告書　西都市埋蔵文化財発掘調査報告書第62集、2012。
41 西都市教育委員会『日向国府跡』平成24年度発掘調査概要報告書　西都市埋蔵文化財発掘調査報告書第64集、2013。
42 西都市教育委員会『日向国府跡』平成25年度発掘調査概要報告書　西都市埋蔵文化財発掘調査報告書第66集、2014。
43 西都市教育委員会『日向国府跡』平成26年度発掘調査概要報告書　西都市埋蔵文化財発掘調査報告書第68集、2015。
44 西都市教育委員会『日向国府跡』平成27年度発掘調査概要報告書　西都市埋蔵文化財発掘調査報告書第69集、2016。
45 新吉富村教育委員会『大ノ瀬下大坪遺跡Ⅱ』新吉富村文化財調査報告書　第11集、1998。
46 菅波正人「博多湾岸のミヤケ関連遺跡」『一般社団法人日本考古学協会2012年度福岡大会研究発表資料集』日本考古学協会2012年度福岡大会実行委員会、2012。
47 菅波正人「鴻臚館への道」『海路』第12号、海鳥社、2015。
48 杉原敏之「大宰府政庁のⅠ期について」『九州歴史資料館研究論集』第32集、九州歴史資料館、2007。
49 杉原敏之「大宰府と西海道国府成立の諸問題」『古文化談叢』第65集、九州古文化研究会、2011。
50 杉原敏之「大宰府の考古学的成果と課題」『海路』第

51 杉原敏之「天台寺跡とその周辺」『九州歴史資料館研究論集』40、九州歴史資料館、2015。

52 杉原敏之「第Ⅶ章（5）福原長者原遺跡の歴史的特質」『福原長者原遺跡』福岡県行橋市南泉所在古代官衙遺跡の調査、行橋市文化財調査報告書第58集、行橋市教育委員会、2016。

53 田川市教育委員会『下伊田遺跡群』田川市文化財調査報告書第4集、1988。

54 太宰府市教育委員会『大宰府条坊跡44』推定客館跡の調査概要報告書、太宰府市の文化財第122集、2014。

55 大刀洗町教育委員会『下高橋（上野・馬屋元）遺跡Ⅳ』大刀洗町文化財調査報告書第16集、1999。

56 大刀洗町教育委員会『下高橋遺跡Ⅴ』大刀洗町文化財調査報告書第30集、2005。

57 大刀洗町教育委員会『下高橋遺跡Ⅵ』大刀洗町文化財調査報告書第41集、2007。

58 大刀洗町教育委員会『下高橋遺跡Ⅶ』大刀洗町文化財調査報告書第42集、2007。

59 大刀洗町教育委員会『下高橋遺跡Ⅷ』大刀洗町文化財調査報告書第48集、2010。

60 長直信「九州における長舎の出現と展開－7世紀代を中心に－」『長舎と官衙の建物配置』報告編　第17回古代官衙・集落研究会報告書、奈良文化財研究所、2014。

61 奈良文化財研究所『古代の官衙遺跡Ⅰ遺構編』2003。

62 奈良文化財研究所『古代の官衙遺跡Ⅱ遺物・遺跡編』2004。

63 奈良文化財研究所『郡衙周辺寺院の研究－因幡国気多郡衙と周辺寺院の分析を中心に－』2006。

64 西垣彰博「福岡県糟屋郡粕屋町内橋坪見遺跡について」『国士舘考古学』第6号、国士舘大学考古学会、2014。

65 西垣彰博「官道にみる夷守駅と糟屋郡家」『海路』第12号、海鳥社、2015。

66 福岡県教育委員会『九州横断自動車道関係埋蔵文化財調査報告（21）』杷木宮原遺跡・中町裏遺跡の調査、1991。

67 福岡県教育委員会『九州横断自動車道関係埋蔵文化財調査報告（24）』大迫遺跡の調査、1992。

68 福岡県教育委員会『九州横断自動車道関係埋蔵文化財調査報告（45）』上巻　志波桑ノ本遺跡、1997。

69 福岡県教育委員会『九州横断自動車道関係埋蔵文化財調査報告（45）』下巻　志波岡本遺跡・江栗遺跡、1997。

70 福岡市教育委員会『都地南遺跡』～大野・二丈線改良工事にともなう調査Ⅱ～福岡市埋蔵文化財調査報告書第74集、1981。

71 福岡市教育委員会『那珂遺跡4』－那珂遺跡群第23次調査の報告その2－福岡市埋蔵文化財調査報告書第290集、1992。

72 福岡市教育委員会『那珂17』－那珂遺跡群第55次、第56次調査報告－福岡市埋蔵文化財調査報告書第500集、1997。

73 福岡市教育委員会『比恵遺跡群28』－比恵遺跡群第13次・第15次・21次調査－福岡市埋蔵文化財調査報告書第596集、1999。

74 福岡市教育委員会『有田・小田部33』－有田遺跡群第189次の調査－福岡市埋蔵文化財調査報告書第649集、2000。

75 福岡市教育委員会『比恵29』－比恵遺跡群第72次調査概要－福岡市埋蔵文化財調査報告書第663集、2001。

76 福岡市教育委員会『鴻臚館跡15』福岡市埋蔵文化財調査報告書第838集、2005。

77 福岡市教育委員会『金武5』城田遺跡2次調査4・都地遺跡第6次調査・乙石遺跡第3次調査　福岡市埋蔵文化財調査報告書第1016集、2008。

78 福岡市教育委員会『史跡鴻臚館跡　鴻臚館跡18』－谷（堀）部分の調査－福岡市埋蔵文化財調査報告書第1022集、2009。

79 福岡市教育委員会『那珂53』－那珂遺跡群第117次調査報告－福岡市埋蔵文化財調査報告書第1034集、2009。

80 福岡市教育委員会『有田・小田部47』－第132、137、221、223、228、229、232次調査の報告－福岡市埋蔵文化財調査報告書第1067集、2010。

81 福岡市教育委員会『有田・小田部48』－有田遺跡群第230次調査の報告－福岡市埋蔵文化財調査報告書第1068集、2010。

82 福岡市教育委員会『那珂56』－那珂遺跡群第114次調査報告－福岡市埋蔵文化財調査報告書第1082集、2010。

83 福岡市教育委員会『有田・小田部50』－第236・237・239次調査の報告－福岡市埋蔵文化財調査報告書第1135集、2012。

84 福岡市教育委員会『金武青木』－金武西地区基盤整備促進事業関係調査報告－福岡市埋蔵文化財調査報告書第1146集、2012。

85 福岡市教育委員会『史跡鴻臚館跡　鴻臚館跡19』－南館部分の調査－福岡市埋蔵文化財調査報告書第1175集、2012。

86 福岡市教育委員会『史跡鴻臚館跡　鴻臚館跡20』－南館部分の調査（2）－福岡市埋蔵文化財調査報告書第1213集、2013。

87 福岡市教育委員会『史跡鴻臚館跡　鴻臚館跡21』－南館部分の調査（3）－福岡市埋蔵文化財調査報告書第1248集、2014。

88 福岡市教育委員会『有田・小田部56』－有田遺跡群第250次調査の報告－福岡市埋蔵文化財調査報告書第1250集、2015。

89 宮田浩之「西海道の門」『官衙と門』報告編　第13回古代官衙・集落研究会報告書、奈良文化財研究所、2010。

90 桃﨑祐輔「九州の屯倉研究入門」『還暦、還暦？、還暦！』武末純一先生還暦記念献呈文集・研究集、2010。

91 山中敏史『古代地方官衙遺跡の研究』塙書房、1994。

92 山中敏史「評制の成立過程と領域区分－評衙の構造と評支配域に関する試論－」『考古学の学際的研究』濱田青陵賞受賞者記念論文集Ⅰ、岸和田市・岸和田市教育委員会、2001。

93 山中敏史「地方豪族居宅の建物構造と空間的構成」『古代豪族居宅の構造と機能』奈良文化財研究所、2007。

94 山村信榮「大宰府における八・九世紀の変容」『国立歴史民俗博物館研究報告』第134集、国立歴史民俗博物館、2007。

95 行橋市教育委員会『福原長者原遺跡』－福岡県行橋市南泉所在古代官衙遺跡の調査－行橋市文化財調査報告書第58集、2016。

96 横田賢次郎・石丸洋「国宝観世音寺鐘と妙心寺鐘」『九州歴史資料館研究論集』第20集、九州歴史資料館、1995。

図表出典

図1・23・24：文献30に加筆し著者作成。
図2～12：著者作成。
図13：文献74、83より作成。
図14・15：文献81を参考に文献80を一部改変。
図16：文献77。
図17：文献13を一部改変。
図18：文献12。
図19：文献12、奈良文化財研究所『第17回古代官衙・集落研究会報告書　長舎と官衙の建物配置』資料編、2014より作成。
図20：左：文献11、右：著者作成。
図21：文献35を参考に文献30に加筆し著者作成。
図22：文献96。
表1～4：著者作成。

編集補註

辺殿の語は本書海野論文(11頁)と同一の語義と編集側で判断し、そのままとした。

郡庁域の空間構成
―西日本の様相―

雨森智美（栗東市教育委員会）

I　はじめに

　本稿では、西日本における郡庁域の空間構成をテーマとする。検討の前提として、郡庁を抽出する条件についての私見を提示したのち、近江における状況を詳述し、さらに近畿・山陰・山陽・四国の状況について示すこととする。郡庁の変遷に関連した国庁の動向についても適宜取り上げることとする。

　郡庁の抽出には郡衙遺跡そのものの抽出が先立つ。郡衙は「正倉」・「郡庁」・「館」・「厨」などから構成されることから、遺構抽出の条件として、遺跡が一定程度の広がりをもち、その中で性格が異なる建物群があり、各建物群の性格分けが顕著であることがあげられる。また建物群は、それぞれ区画溝や柵、地形的な隔たりによって区域分けがなされる。このうち、卓越した規模を持つ一群が「郡庁」に、規模が大きく整然と並ぶ倉庫群が「正倉」に比定できるが、「館」・「厨」についてはある程度の生活感も想定でき、仮にその部分のみが検出された場合、郡衙遺跡に比定することは難しい。さらにこのような建物の性格から、広域で計画性があることも郡衙抽出の条件としてあげられる。以上をふまえた上で、地方におけるほかの公的施設のなかで郡衙を抽出していくには、遺跡の広がりや区画の規模を考えていく必要がある。

　また、郡衙抽出のための補完条件としては出土遺物を考慮する必要がある。その中には文書行政に関するもの（硯、墨書土器、水注、木簡、印、刀子、物差など）、律令祭祀に関するもの（土馬、斎串、絵馬、形代など）、官人の衣服に関するもの（腰帯具や木笏、檜扇など）、施設に関わるもの（海老錠や大型の柱根、瓦、小鍛冶などの生産遺構など）のほか、集落と異なる土器組成を持つことなどがあげられよう。ただし、これらの遺物についてすべて出土することが前提になるわけではなく、それぞれの施設における差異や、その施設の廃絶の状況による差異により出土の傾向が異なることが想定できる。前者について、郡庁域ではむしろ遺物が少ないことがあげられ、逆に遺跡周縁部の廃棄場では多量の食器類や木簡などが発見される場合がある。後者については、施設廃絶後の土地利用状況にも左右されるであろう。さらに郡衙遺跡の抽出を補完する条件として、郡に関する地名や、郡領氏族の存在（神社・古墳・文献など）、交通路などもあげられる。

　郡衙は地域支配の拠点であり、儀式や饗宴、民衆の把握と徴税や文書の作成などの行政実務、交通施設としての機能などがあげられ、郡庁はそういった機能を凝縮する施設であるといえる。このため郡庁は、山中敏史氏の指摘（文献62）のように、郡衙遺構の中では大型で格式ある建物が配置されるとともに、正殿前に広場があり、建物や塀で囲まれた一定の区画をもつことを基準として抽出することができよう。特に郡庁の機能を考えると、郡庁域に内包される空間と建物との関係が重要と考える。

II　典型例としての近江国栗太郡

　近江南部に位置する栗太郡は、野洲川旧流路から瀬田川までの範囲で、古代東山道と中山道が分岐する交通の要衝に位置する。栗太郡では昭和38年(1963)に近江国庁が、昭和61年(1986)には栗太郡中央部で栗太郡衙と想定される岡遺跡が発見された。さらには律令期における地方官衙関連の遺跡が点在しており、律令期の地方官衙の全体像とその消長を考える上で重要な地域であり、国庁・郡庁の全体像も追えることから、官衙関連遺跡の動向を含め栗太郡の事例を詳細に見ていきたい。

(1) 近江国庁 (図1・2・6)

　近江国庁は瀬田丘陵から派生する三大寺山に所在する。栗太郡の西端にあたり、東海道・東山道が勢多橋を越え東進したのち北へと向きを変えることか

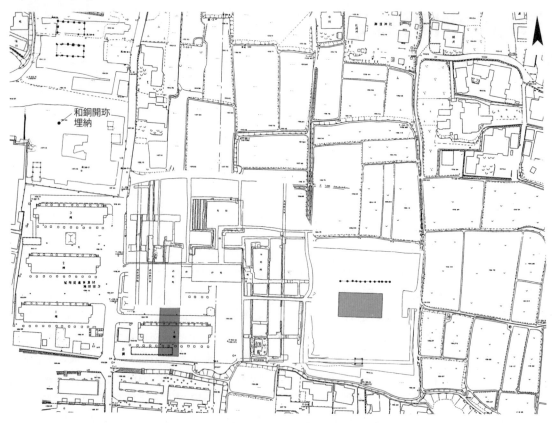

第1段階（8世紀中頃～9世紀初頭）

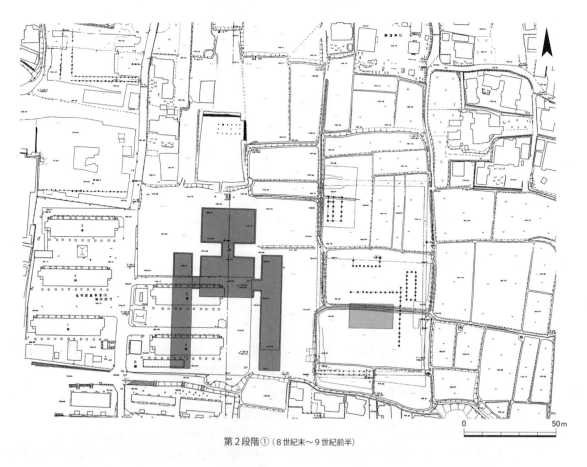

第2段階①（8世紀末～9世紀前半）

図1　近江国庁（1）　1：2000

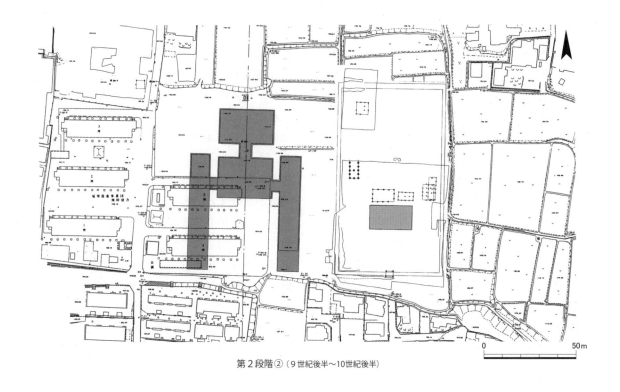

第2段階②（9世紀後半～10世紀後半）

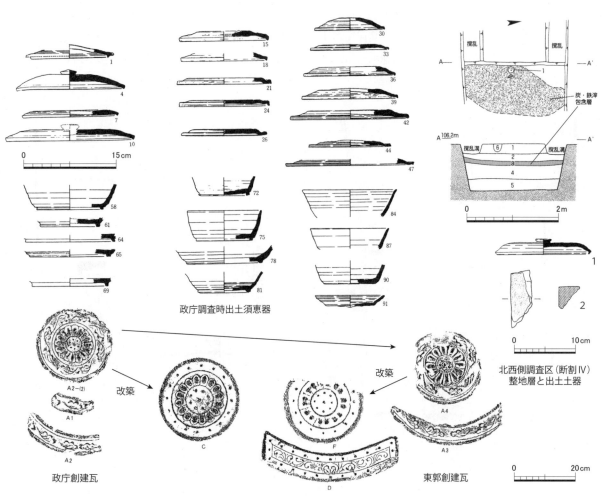

政庁調査時出土須恵器

北西側調査区（断割Ⅳ）整地層と出土土器

政庁創建瓦　　　東郭創建瓦

図2　近江国庁（2）　遺構配置図1：2000　北西側調査区（断割Ⅳ）遺構図1：80　土器1：6　瓦1：12

ら、東国への玄関口に位置するといえる。また、宇治から奈良へ抜ける田原道との分岐にもあたる。さらに、瀬田丘陵では7世紀以降、豊富な森林資源と寺院や都城の建設などの需要を背景に、製陶・鉄生産などが展開する。この付近で古墳時代の集落や墓などはあきらかではないが、国庁に近接する菅池遺跡では7世紀中ごろの木簡が出土している(文献10)。また、国庁の調査でも7世紀末〜8世紀初頭の須恵器の出土から初期国庁の存在が推定されている(文献46)。

国庁は築地に囲まれた東西72m、南北約100mの区画に、東西27.91m(約92尺)、南北19.3m(約64尺)の正殿、その北側に東西幅が同じ後殿を、正殿北側柱筋から南に東西脇殿が配置される。東脇殿の南には玉石敷の部分があった。正殿と後殿、および正殿と脇殿は軒廊によって連結する。脇殿は正殿より一段低くなっており、正殿前の広場も正殿よりやや低いものとなっていたとみられる(文献59)。いずれの建物も瓦積基壇を有する。国庁検出時に出土した土器は平城Ⅳ以降のものが多数を占めることから、750〜760年代に成立した可能性が考察されている(文献58)。また、政庁北西隣接地の鉄滓などを共伴する土坑から平城Ⅲの土器が出土している(文献34)ことや、北西側の大型建物が切り込む整地層(断割Ⅳ)から8世紀中頃の土器が出土している(文献35)ことからも、8世紀中頃の成立であるとされる(文献54)。

8世紀末〜9世紀初めには大規模な修理がおこなわれ、瓦積基壇の改修のほか、脇殿南側の玉石部分に建物が建てられるなど、整備がおこなわれている(文献33)。政庁東側には東西59m、南北約100mの東郭があり、8世紀中頃〜9世紀初頭には区画内に外装が木造の基壇建物が完成し、南・西・東辺では築地塀が完成する。さらに9世紀前半には東郭が最盛期を迎え、北半部基壇区画の北側でも7×2間の東西棟および南北棟の長舎が配置される。その後、東郭は10世紀にかけ建物が機能する。また、政庁の西側でも築地の痕跡が検出され、西郭の存在が推定されている。これらのことから、国庁中心部が政庁を中心にシンメトリカルな配置をしていたと考えられる。

近江同様の配置をするものに、伊勢国庁(長者屋敷遺跡)があげられる(図3)。瓦葺礎石建物からなる正殿・後殿・脇殿やそれらを結ぶ軒廊の構造、西郭の存在などが酷似し、造営年代も8世紀中頃と共通する。ただし、伊勢国庁では基壇化粧が完了していないことや曹司などの存在が確認できないことから、一時期のみで移転した可能性が考えられている(文献52)。ほかに東海地方では、三河(上国)、伊賀(下国)、

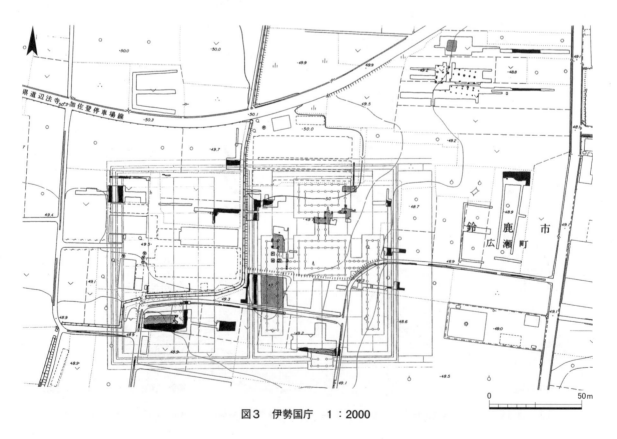

図3　伊勢国庁　1:2000

美濃（上国）で国庁跡が発見されている。いずれも、正殿およびその前方に脇殿を配置する構造であるが、伊勢、近江のような瓦葺基壇建物ではない。近江と伊勢にみられる国府における建物の荘厳化には、大国であることが要因のひとつであるほか、近江国では藤原仲麻呂が国司を務めたこと、また伊勢国では斎宮が置かれたことなど、中央との繋がりが深い国であったことがあげられる。

（2）岡遺跡（栗太郡衙）（図4～6）

岡遺跡は丘陵裾部に位置し、古墳時代中期から地山古墳・下戸山古墳などの首長墓が築造された地域である。近接する小槻大社は郡領氏族である小槻氏の祖先を祀る。古代官道推定ルートは岡遺跡の西700mの地点である。

岡遺跡中心部の官衙的遺物は、転用硯6点や円面硯の破片が出土しているものの、墨書土器は平安時代に下るものが2点のみ、ほかに石帯2点、銅銙帯1点と多くはなく、特に遺構最盛期の8世紀代には顕著なものが少ない。このことについては、中心部の調査が平面検出のみのため遺物量が少ないことがあげられる（文献64）。これに加え、長期間継続して使用された施設であるから、当初の段階における遺物の出土が少ないものと考えられる。

成立期であるⅡ期には、建物群とともに井戸がある。7世紀中頃～後半の須恵器が出土していることから、当初は集落があったことが考えられる。Ⅱ期後半にはやや西寄りの棟の方位を持つ建物群と、棟の方位が北に近くなる建物群の、2パターンの建物群がある（文献3）。後者にはL字形に配置される長舎が含まれる（SB06AおよびSB14）。L字形の区画内部は空閑地となり、完璧に閉鎖された空間ではないが、内部に空間を持つということで、その中で儀式などができた可能性が想定できる。その西側には総柱建物を含む建物群がみられる。L字形を成立期郡（評）庁とみるなら、郡庁と西側倉庫群との位置関係は、8世紀であるⅢ期の郡庁および正倉の配置のベースになっていたことが考えられる。また、Ⅱ期の長舎がⅢ期の建物方位を規制していることからも、7世紀末から時間をかけつつ郡庁域が完成していったことが想定できる。

Ⅲ期は岡遺跡の最盛期であり、郡衙域は溝などで計画性を持って形成された区画に、性格の異なる大規模な建物群が配置される。Ⅲ期は、郡庁北側および南側で8世紀前半～中頃の土器が比較的多く分布すること、Ⅳ期の建物群を限る区画溝（SD13・14）から8世紀後半～9世紀末の土器が多く出土することから、8世紀前半～中頃に位置付けられている。また、Ⅲ期の郡庁・正倉の北側にあたるE区（試T29土坑）でも平城Ⅱに相当する土器がまとまって出土している（文献64）。

Ⅲ期の郡庁域は、長舎および門を方形に配し、内部に正殿をもつロの字形の区画である。その規模は東西方向が南で51m、北で54mのほぼ半町、南北方向では約50mとなる。西辺のSB06は18×2間で、Ⅱ期後半の建物を踏襲する。東辺のSB05は19×2間、北辺のSB07は16×2間である。SB05、SB06の北妻面はSB07の北側柱列と柱筋が揃う。南辺のSB03、SB04は東西方向に直列し、2棟の間には八脚門が設置される。SB03、SB04はⅢ期後半に柵に建て替えられていることから、単なる遮蔽施設で事足りるようになっていたのであろう。ロの字形区画の中央やや北寄りには8×4間の四面廂付東西棟（SB01）がある。柱間は桁行2.1m（7尺）、梁行2.7m（9尺）である。身舎および南側は廂列の柱掘方が1～1.6m、北および東西廂列は0.5～1mである。同じ構造で建て替えをおこなっており、Ⅲ期を通じて存在した正殿であったと考えられる。

正殿の北東側には3×3間の総柱建物があるが、埋土の色が異なるため、正殿および長舎の時期とは区別されている。正殿の前面には1,144m²の空閑地がある。Ⅲ期の倉庫群（B区）と郡庁を分ける区画溝には土橋状の切れ目があり、郡庁内部の空閑地の方向に向かって通り抜けることができた可能性が考えられる。正殿南側柱筋から北側は、広場に面していないという点で、郡庁の広場を用いた儀式などにおいて役目を果たさない部分と考えられる。しかし正殿の北側にも東西棟の長舎があり、Ⅲ期の最後まで存続することから、北側の長舎には、正殿南側の長舎と異なり儀式以外の役割があると考えられる。ここでは、実務的なエリアであることを想定しておきたい。

郡庁の南西（D区）は、唯一塀によって区画されている。自由に立ち入れないような空間、もしくは見た目に違う空間であることを意識付けるようになっていること、郡衙中心部分への入口近くに位置することから、館の可能性が考えられる。

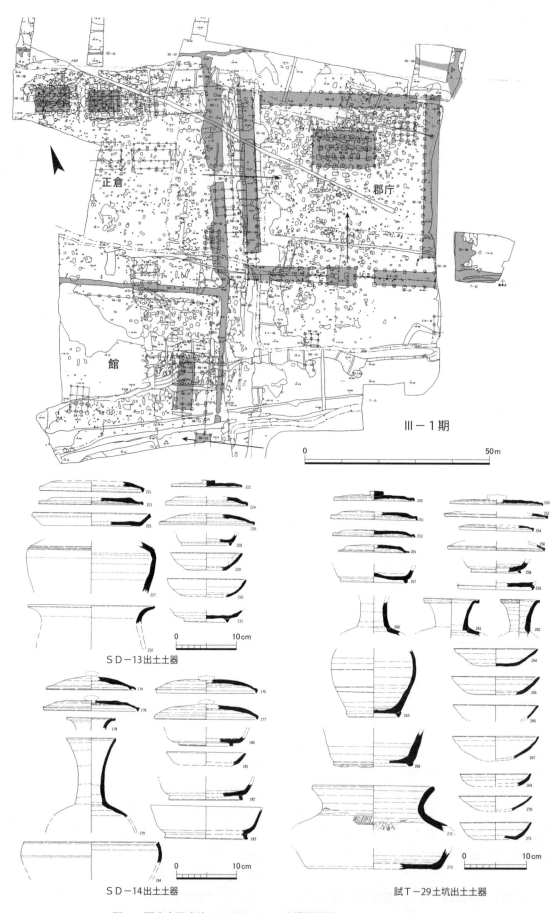

図4 栗東市岡遺跡（近江国栗太郡） 遺構配置図1：1000 土器1：6

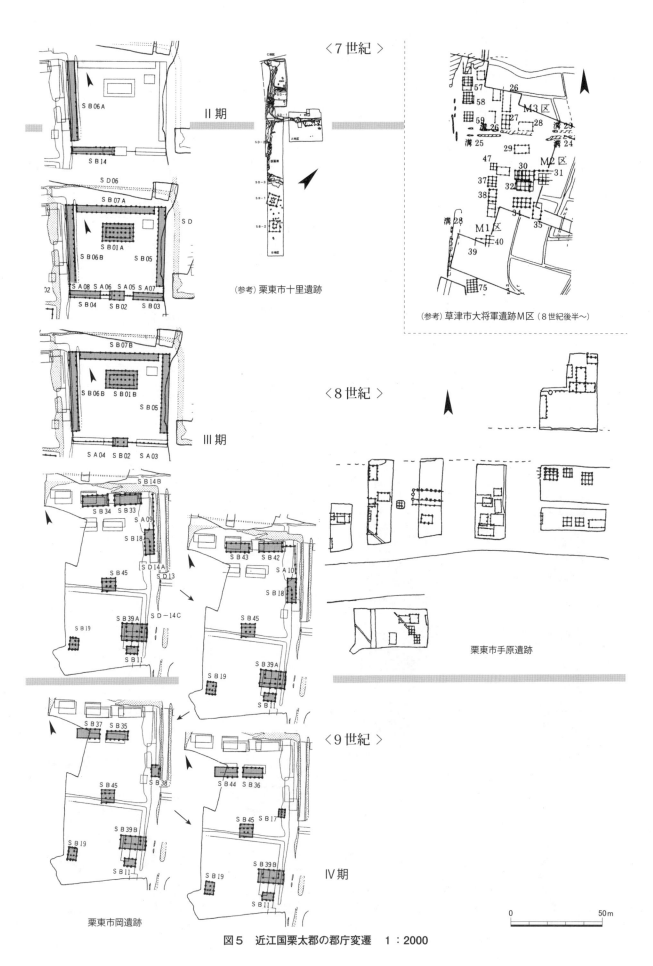

図5　近江国栗太郡の郡庁変遷　1：2000

図6　近江国栗太郡概略図

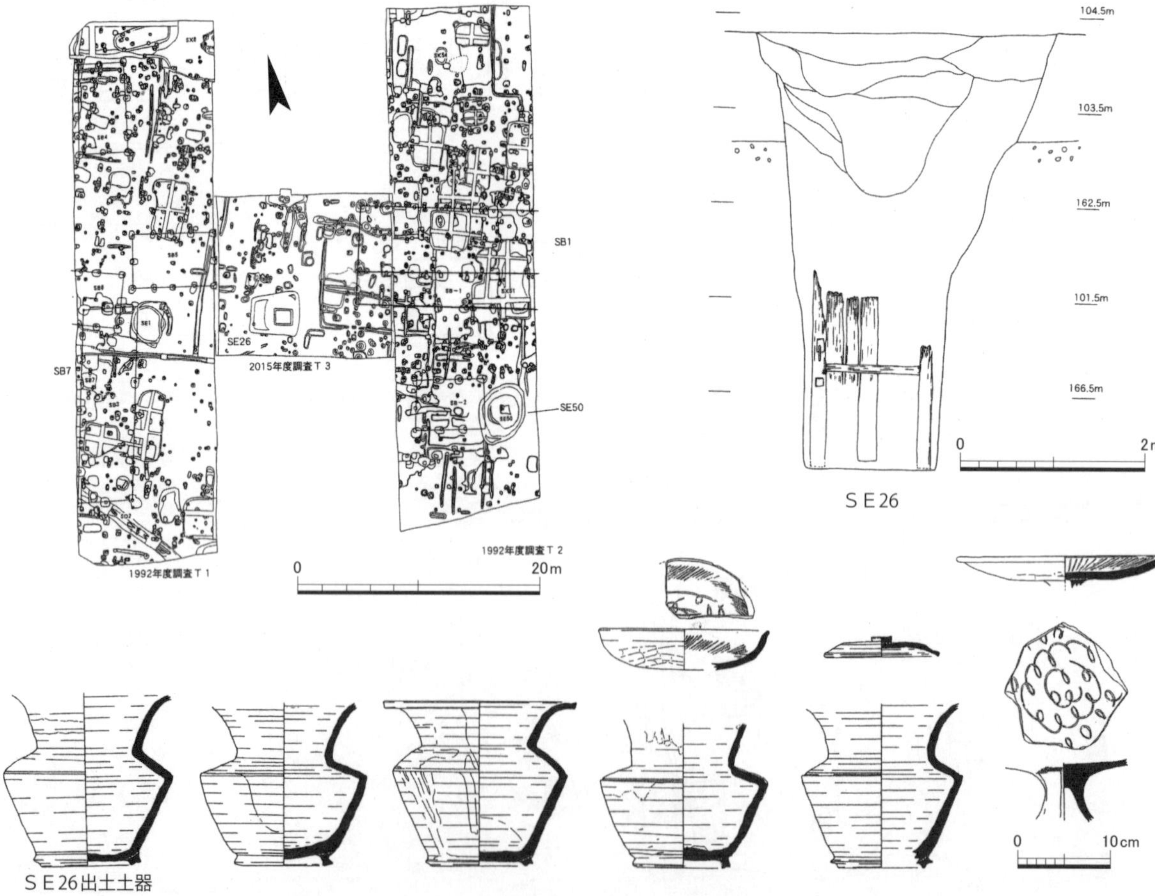

図7　栗東市手原遺跡　遺構配置図1：600　井戸断面図1：80　土器1：8

Ⅳ期（8世紀後半～9世紀）にはロの字形の区画が消滅し、中心建物は西側に移る。北半部は5×2間の東西棟が直列し、その前面は空閑地になり、空閑地の東側には南北棟が存在する。西側は未調査のため、コの字型配置かL字型配置かはあきらかではない。Ⅳ期後半になると、南北方向に約30mあった前面の空閑地が建て替えにより約20mに狭められ、区画の西側を限っていた柵がなくなる。さらに東側の南北棟も小規模となることから、機能が大幅に縮小していったものと考えられる。Ⅳ期にも空閑地があるということで、儀式などがおこなえる空閑地は確保されている一方、その空間は徐々に縮小していく傾向が見てとれる。さらに南半部には総柱建物が1棟（SB45）、三面廂建物（SB39）などが存在し、三面廂建物には前殿のような小さな建物が付属している。この区域はⅢ期に館と推定した部分になるので、館としての機能が依然として継続していた可能性もある。Ⅳ期は9世紀まで存続し、以降は官衙的な配置をとる建物が終焉する。

（3）手原遺跡（第二次栗太郡衙か郡衙出先）（図5～7）

　岡遺跡の4km北東に位置する遺跡である。手原遺跡の北西に隣接する下鈎遺跡・蜂屋遺跡・野尻遺跡では7世紀代から集落が展開し、渡来系氏族の存在も指摘される。手原遺跡西半部および隣接する下鈎東遺跡では白鳳寺院が建立される。遺跡内には長岡京期以降、東海道が通るようになると考えられ、寺院とともに区画整理の軸となったとみられる。正方位に整備された1町四方の区画は、東西6以上×南北3町以上に広がる。遺跡全体では墨書土器が118点以上（「山」・「桙」・「乙」・「連」・「越」ほか）、木簡が約200点（題籤軸、削りくずを含む）、転用硯、円面硯、水注、石帯2点、土馬などが発見されている。

　正方位区画のうち、西半部は白鳳期を中心に瓦が多量に出土しており寺院関連の施設の可能性が高い（文献2）。東半部は大型掘立柱建物や倉庫群が建物群ごとに計画性を持って配置され、8世紀中葉以降の墨書土器や木簡が多量に出土するなど、官衙的色彩が濃い地区である。特に遺跡中央部の竹ノ花地区では、大型の東西棟およびその前殿、さらには西側に長舎が配されており、空閑地も確保されている。東西棟は桁行7間になると考えられ、岡遺跡郡庁正殿の北廂部分を除いた部分とほぼ同じ規模となり、官衙遺構の中心的建物とみられてきた。しかし、東西棟の西側と、長舎北端とのほぼ中間で奈良時代中頃の井戸が検出され（文献29）、郡庁域で同時期の井戸が配置されることは考えにくいため、郡庁とするには疑問が出てきた。ただし遺跡東端部で文字資料を中心に出土遺物が多いこと、ほかの大型建物が存在する地点も多いことから官衙的な機能を持っていたことは疑えない。手原遺跡での官衙的遺物の増加ならびに大型建物の出現する時期が、岡遺跡ではロの字形区画消滅の時期にあたることから、郡衙機能の移転や分散が考えられる。

（4）大将軍遺跡（官衙関連、郡衙出先など）（図5・6）

　岡遺跡の南西約2kmに位置する遺跡である。遺跡内を大溝が東西方向に掘削されるが、これは大将軍遺跡の西側に位置する草津市矢倉口遺跡から続くもので、運河か道路状遺構とされる。大溝の性格はなお検討すべきものであるが、長岡京期以降の東海道が、矢倉口遺跡付近で東山道と分岐し、大将軍遺跡を通過する可能性は高い。

　大将軍遺跡では一辺約1町の区画が東西3×南北2町に広がり、8世紀後半～10世紀後半の建物群が検出されている（文献1・19）。特に遺構は南半部分に集中し、西側の区画には南北棟の側柱建物群、中央の区画には総柱建物群が柱筋を揃えて並び、東側の区画には6×2間など、いずれも規模が大きい柱穴を持つ建物が配置される。さらに東側の区画では、溝により敷地が4区画に分けられ、区画内の建物には倉庫や井戸が含まれるなど、計画的に配置された居宅の様相を呈する。出土遺物には木簡や、墨書土器「高野郷長」・「税」・「栗太」・「稲万呂」などがある。特に西側の区画では、郷長など役職名の墨書土器が多く、東側では個人名の記載された墨書土器が多いなど、遺物面でも区画内の特徴が表れている。

　全体として計画性をもった区画内に、機能が異なる建物群を配する点では手原遺跡や岡遺跡に類似するうえ、出土遺物の面からも官衙関連の遺跡としてみてよいが、儀式などをおこなうための空間が確保されておらず、政庁として抽出できる遺構はない。その性格は区画によって異なり、西、中央区画は実務や収納に関わるものであった可能性が高い。

　このほか、大将軍遺跡の西約2kmに位置する草津市黒土遺跡で、平成28年に発掘調査が実施され15

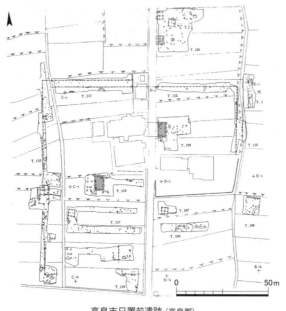

高島市日置前遺跡（高島郡）　　　　　　　　　野洲市小篠原遺跡（野洲郡）

図8　近江国の郡庁（関連遺跡）　1：2000

×2間の長舎が1棟検出されている（文献20）。岡遺跡Ⅲ期の長舎より桁行の間数は少ないが、柱間が約3mで、桁行の長さとしては岡遺跡郡庁を構成する東側、西側の長舎並み、近江国庁の脇殿に匹敵する規模である。この建物と対になるような建物は現在のところ発見されておらず、政庁にとって重要な構成要素である空間地を指摘することができない。その性格については建物に近接して古代東山道の可能性がある遺構が発見されていること、鉄などを生産した遺跡が近いことなど、生産遺跡や交通路との関連を含め、今後の整理・報告を待って検討していく必要がある。

以上のように、栗太郡では8世紀前半〜中頃に郡領氏族の本拠地にあたる岡遺跡が郡衙として最盛期となり、郡庁はロの字形の方形区画内に廂付きの正殿が置かれるもっとも整備された構造となる。これに続く8世紀後半になると、岡遺跡では長舎囲いの郡庁がなくなり、移転して比較的開放的な中心施設が設けられた。その時期を前後して栗太郡南端部で国庁が整備され、官衙関連遺跡が手原遺跡をはじめ郡内各地で形成される。郡庁構造に変化をもたらしたものはこうした在地における変化であった可能性が高い。

Ⅲ　近畿・中国・四国の事例

郡衙の抽出条件、近江国栗太郡の事例をふまえ、近畿から中国・四国において郡衙遺構の変遷などが追える地域を抽出し、郡庁構造の変化とほかの官衙遺跡の動向が及ぼす影響についてみていきたい。

（1）近江国高島郡（図8）

高島郡は比良山系と琵琶湖に囲まれ、安曇川流域を中心に平野が広がる。北陸へ抜けるルートにあたる交通の要衝である。官衙および関連遺跡としては高島市日置前遺跡・鴨遺跡・弘川遺跡・美園遺跡などがある。美園遺跡は7世紀中頃〜8世紀中葉に建設され、物資の集散などに関わった公的施設と考えられている（文献32）。中心施設には、2×1間で四周に柵をめぐらす大型の建物や四面廂付建物が棟の方位を揃えて建てられ、さらに柵をめぐらすなど、律令期の郡庁とは異なる様相である。

日置前遺跡は、『続日本紀』に「前少領角家足」などとみられる角山君の本拠地でもある。発掘調査で検出された溝などの区画施設から方8町に及ぶ1町単位の規模の区画が想定されている（文献5・6）。実際に律令期の建物群が集中するのは東西7町、南北5町の範囲で、区画内には8世紀中頃を中心とする建物群が配置されるが、大型建物の区画や小規模ながら倉庫が密集する区画など性格の異なる建物が配される点から、官衙的な遺構群であるといえる。検出された遺構は、倉庫群の規模が小さいことなどから郡衙と断定はできないものの、西端に位置する伊井C地区では区画の中央部に品字型配置をとるとみられる

建物があり、奈良時代中頃の高島郡における中心的な施設と考えられる。日置前遺跡は郡領氏族の本拠地であったこと、北陸に抜ける交通路に近接すること、遺跡の北方に鉄鉱石の産出地や製鉄遺跡が分布することなどが、官衙施設設置の契機になったのであろう。平安時代になると、郡南半部の鴨遺跡に郡衙が移動したと考えられるが、墨書土器や木簡が多く出土するものの郡庁遺構などはあきらかではない。

(2) 近江国野洲郡 (図8)

野洲郡では、官衙関連遺跡が東山道添いの小篠原遺跡周辺と、琵琶湖寄りの西河原遺跡群に分かれる。このうち西河原遺跡群では、7世紀後半～8世紀前半の出挙に関わる木簡や荷札木簡のほか郡符木簡も大量に出土し、郡(評)に関連する施設があったことが想定されている。溝で区画されて方位を揃えた建物や大型の倉庫などが発見されているが、郡(評)庁に比定できるような中心的建物はあきらかでない。

一方、小篠原遺跡周辺は方4町規模の区画が形成され、柱筋を揃えた倉庫群などが発見されている。土馬や墨書土器、人面墨書土器など官衙的要素のある遺物が出土すること、さらに東山道推定ルートに近接する立地から、郡衙の可能性が高い遺跡であるが、郡庁に比定できる建物は発見されていない。注目されるのは方4町区画外の南に隣接する地点で、8程度×2間の南北棟2棟に東西棟が組み合わさる配置の建物群が発見されており、近接する土坑や井戸の出土遺物から7世紀代末～8世紀初頭の遺構と考えられている(文献61)。ほかに棟の方位が異なる10×2間の長舎も検出され、「篠原」墨書土器から篠原駅家を想定する説(文献60)もある。井戸の存在や方位の異なる建物がある点でなお検討すべきものであるが、郡衙成立期の中心的な建物であった可能性が考えられる。

(3) 山城国久世郡 (図9)

山城国久世郡では、宇治丘陵から派生する支丘の端部にあたる城陽市正道遺跡で、3期にわたる官衙遺構が検出されている。遺跡東側の丘陵には正道廃寺が造営される。官衙遺構Ⅰ期は7世紀第3四半期～第4四半期にあたり、郡衙成立以前ではあるが計画性をもって配置された倉庫群と、この倉庫群に囲まれるように大型の南北棟が発見されており、さらにこれらの建物は柵で囲まれると考えられている。報告書では「栗隈大溝」に関わるミヤケの管理施設と考えられている(文献45)。Ⅱ期は7世紀第4四半期～8世紀初頭で、郡(評)衙の第1段階とみられ、Ⅰ期の中心部に重複して郡(評)庁とみられる施設が検出された。17×2間などの長舎を逆コの字形に組み合わせ、その内側東半部には二面廂を付ける南北棟が配置される。建物構造からは廂付建物が中心建物と考えられるが、建物方位の点からみると、郡庁の配置としては変則的なものとなる。Ⅲ期になると遺構の中心は遺跡東半に移り、8×4間で四面廂付きの東西棟を中心に長舎の前殿と後殿、および廂付きの東脇殿で構成される品字型配置をとる。さらに外郭は築地塀である。倉庫は築地の外側に小規模な総柱建物2棟が発見されているのみである。8世紀初頭からの建物群で、9世紀には廃絶したものとされる(文献45)。

このほか、正道遺跡から南に1.5km離れた芝山遺跡でも官衙関連遺構が検出されている。7×2間などの長舎を含む側柱建物によりロの字形に囲み、区画の外側に4×3間などの倉庫を配置する。8世紀～9世紀前半で正道遺跡Ⅲ期にあたる。全体的に規模が小さいうえ、区画内部の空間は200㎡程度で、この時期の郡庁前面空間としては狭い。高橋美久二氏は、近接して奈良時代東山道が復元できることから芝山遺跡を「駅家」とする(文献48)。また伊賀高弘氏は、芝山遺跡のロの字形遺構が久世郡条里の中で規制された配置をしていることから芝山遺跡を郡衙に、正道遺跡Ⅲ期を郡領クラスの豪族居館の可能性を指摘している(文献4)。遺跡の性格についてはなお検討が必要であるが、郡衙推定地の正道遺跡で明確な倉庫群が出ていないので、郡衙の機能は分散していたと考えられ、互いに補完しあった施設であるということはできよう。

(4) 河内国丹比郡 (図10)

河内国丹比郡では、飛鳥時代になると狭山池の築造を契機として池溝や道路の建設など開発が進む。大津道・丹比道・難波大道などが縦横に通る交通の要衝である。

丹比郡衙の可能性が指摘されている平尾遺跡は、丹上遺跡の真南約2kmの地点に位置する。遺跡は7世紀半ば～8世紀第1四半期のもので、溝により区画され、東中央区画では東西140mの範囲に廂付建

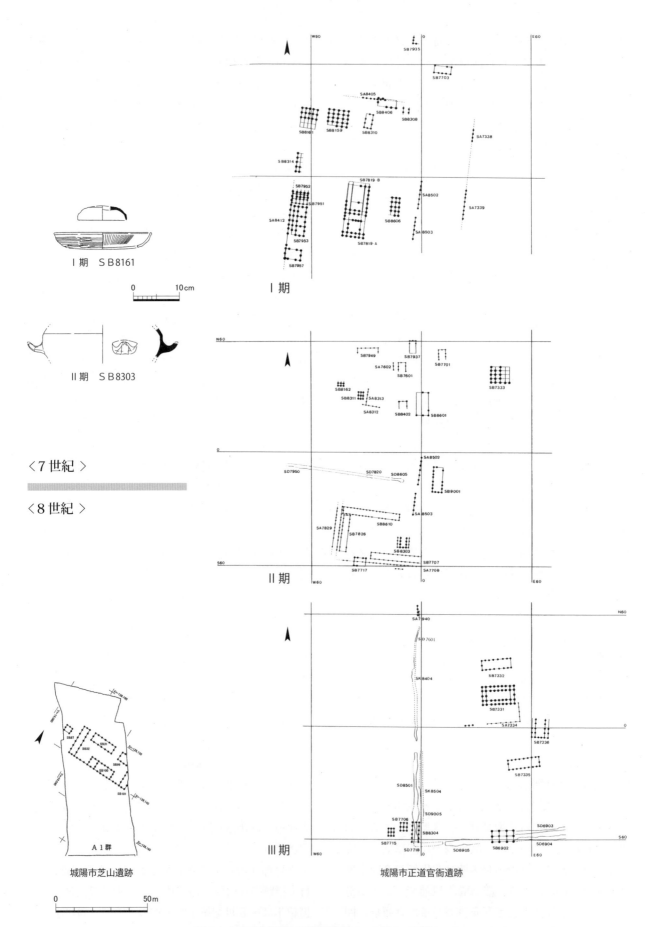

図9 山城国久世郡 遺構配置図 1:2000 土器 1:8

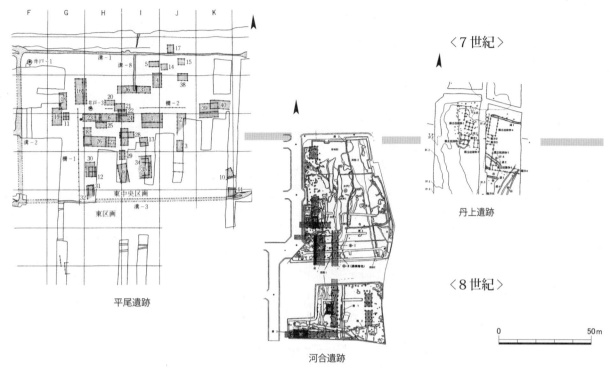

図10　河内国丹比郡　1：2000

物を含む44棟が密集する。南面廂を持つ東西棟の東に南北棟が、さらに西側に側柱建物をコの字形に配する状況が想定されている(文献9・28)。西側の区画では3棟からなる倉庫群などが検出されているが、東区画よりも散在している。このような状況から、計画的な建物配置を見せるものの、郡衙としては政庁に特徴的な空間が確保されておらず、倉庫群も正倉とするには散漫である。遺跡周辺は主要道が通ることから、交通路に関連し計画的に建設された施設ということはできよう。

堺市美原区丹上遺跡は、7世紀末〜8世紀(飛鳥V〜平城I)を上限とする。中心建物は6×2間の長舎を縦に配置し、その間に柱穴2基の門状遺構を配する。南側建物は6以上×1間で、北側は柵で区画する(文献8)。長舎と柵で囲まれた空間は400㎡以上となる。門の西には小規模な倉庫が2棟配置される。遺物には墨書土器、石帯巡方がある。長舎と柵で方形の区画を作り、区画外に倉庫域を設けるなど、官衙的であるといえるが、方形区画の南北に顕著な遺構がなく、方形の区画、倉庫とも郡衙とするには小規模である。

松原市河合遺跡では12以上×2間といった長舎により、1辺60m程度の範囲をロの字形に囲む建物配置が想定されている。建物群の時期は概ね8世紀と

され(文献40)、円面硯や「郡」の地名がある墨書土器が出土し、郡衙の可能性が高い。長舎による区画は1時期のみ存在しており、短期間のものである可能性が高い。区画の東には総柱建物が近接して南北に2棟直列している。次の時期には小規模な側柱建物のみとなるので郡衙としても短期間のものであると考えられる。

(5) 因幡国気多郡 (図11)

因幡国気多郡では、河内川水系(山東地域)と日置川・勝部川水系(山西地域)でそれぞれ郡衙および関連遺跡が発見されている(文献21〜23・62・63)。山西地域では上原遺跡群で官衙関連の遺構群が検出されている。このうち山宮阿弥陀森遺跡の中心部は、長舎によってコの字形に囲む遺構が検出されており、北側の調査区で「郡家一」などの墨書土器が発見されていること、長舎を配置し内部に空間をもつ形態から8世紀前半以前の郡庁である可能性が高い。正殿にあたる建物は最終時期には礎石に建て替えられる。この時期に南側の上原遺跡では変則的な逆コの字形に囲む建物群が検出されているが、建物の柱穴の規模等のばらつきなどから郡庁ではなく実務的曹司か収納施設の可能性が考えられている(文献63)。9世紀になると、上原遺跡では廂付東西棟(正殿)およびその

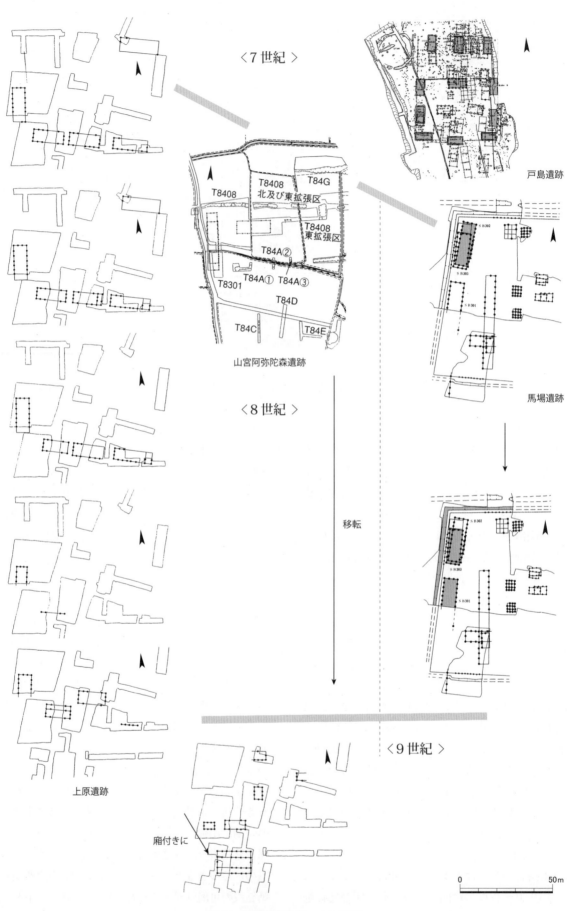

図11 因幡国気多郡 1:2000

北側の側柱建物（後殿）からなり、郡庁が移ったものと考えられる。

一方、上原遺跡群から山地を隔て約3.5kmに位置する山東地域の戸島遺跡では、7世紀後半に5×3～2間の側柱建物と柵でロの字形の配置を構成する一画が出現する。これは上原遺跡地区とほぼ同時期ながら規模は小さく、郡（評）衙出先とされる（文献63）。ただし、前面の空間は816m²と一定度は確保されており、儀式空間としての機能は果たしていた。戸島遺跡の100m東に位置する馬場遺跡では戸島遺跡・上原遺跡成立とほぼ同時期に長舎が設けられる。さらに8世紀中頃には長舎と倉庫群で構成され、溝で区画された建物群が形成される。建物群の規模は大きく宅地とも考えられないが、儀式空間が確保されていないことから実務的なものであると考えられる。なお、この時期には上原遺跡の遺構が規模を縮小するが、9世紀には廂付建物が建てられ郡衙中心施設になる。

（6）因幡国八上郡（図12）

鳥取県八頭町万代寺遺跡が八上郡衙に推定されている。遺跡の700m北西には白鳳寺院の土師百井廃寺が存在する。万代寺遺跡は北遺構、中央遺構、西遺構に分かれ、このうち北遺構では長舎2棟が直角に配置され、コの字型もしくはロの字型配置になるとみられる。また、多量の平瓦が発見され瓦葺の可能性が考えられている。北遺構では、8世紀初頭の造営後に建て替えはなく、中央官衙に移ったとされる。中央官衙遺構は連続土坑からなる溝によって区画され、中央の廂付東西棟、2棟の脇殿からなる（文献26）。正殿前の空間は3,000m²を超え、郡衙政庁としては規模が大きい。これについては、八上郡が12郷からなる大郡であることが要因である可能性が示唆されている（文献53）。遺跡全体の時期としては8世紀初頭～9世紀初頭と長いことから、北官衙から場所を変えての変遷の可能性は十分あるが、北官衙から中央官衙遺構にかけて計画的な配置ともみてとれることから、性格の異なる建物群が同時に配置された可能性も残される。

（7）伯耆国府

伯耆国庁は倉吉市国府で発見されている。東西273m、南北227mの区画があり、区画の東側には張り出す部分がある。8世紀後半に成立し、掘立柱建物の正殿と前殿に長舎の脇殿と後殿が取り囲む、郡庁に類似した配置である。脇殿の南には総柱建物（楼閣か）を配置し、後殿と脇殿の間、および南門である八脚門の両脇は塀で囲まれる。9世紀初めのⅡ期には脇殿の北にも総柱建物（楼閣か）が配置される。Ⅲ期（9世紀中頃）は国庁の区画施設が築地塀に、門以外の建物が礎石建物となり荘厳化する。また前殿がなくなり、門と正殿の間が礫敷となる。Ⅳ期もほぼ同様で、10世紀まで存続する。「国」・「厨」などの墨書土器、円面硯、帯金具などが出土する（文献24・30・31）。

（8）伯耆国久米郡（図13）

伯耆国久米郡は国府所在郡である。国庁の北東1.7kmに位置する不入岡遺跡は、大溝で区画された内郭と倉庫群などを大規模に配置する外郭に分かれる。Ⅰ期は8世紀前半で、四面廂付東西棟の北・東・西にコの字形に長舎が配置される。北側の長舎は東西脇殿の各東西側柱筋まで延びる。外郭は柵で囲まれ、2～3棟の側柱建物を3～4ブロックで構成する。伯耆国庁が成立する8世紀後半のⅡ期になると、内郭には5×4間、7×3間の総柱建物などが配置され、外郭には長大な東西棟が南北に10棟並列する特異な配置で、一時的な収納施設と考えられている（文献31）。Ⅰ期については内郭規模の大きさなどから国衙関連の遺跡と想定される（文献31）が、区画内の長舎を組み合わせた中心施設の規模は郡庁にもみられる規模であり、その性格には検討の余地があろう。いずれにせよ、国庁の動向と深く関わっていることは確かである。

（9）出雲国府

7世紀末～8世紀第3四半期（出雲国府Ⅱ期）に、正方位の国府関連建物が整備される（文献43）。そのなかでも南側の六所脇地区が政庁と推定される。北側の大舎原地区では「郡」墨書土器が出土しており、意宇郡衙関連遺跡の可能性も考えられている（文献42）。国府内では玉作りがおこなわれており、出雲国の独自性とされる。8世紀第3四半期～9世紀前葉のⅢ期が最盛期で、政庁を中軸に据えた配置となる。北側の大舎原地区では礎石建物化し、国司館に推定されている。この時期の文字資料や硯が多く出土するが、出雲国の独自性とされた国衙内の玉作りは終了する。

図12 八頭町万代寺遺跡（因幡国八上郡） 1：2000

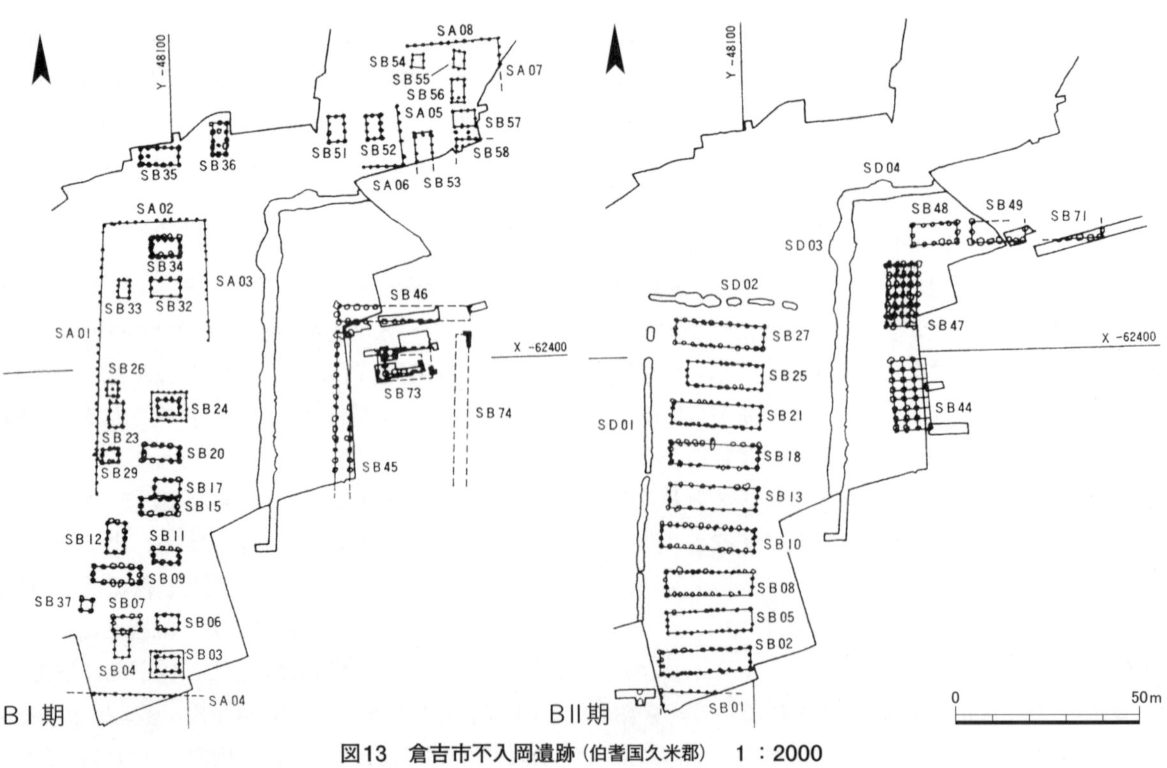

図13 倉吉市不入岡遺跡（伯耆国久米郡） 1：2000

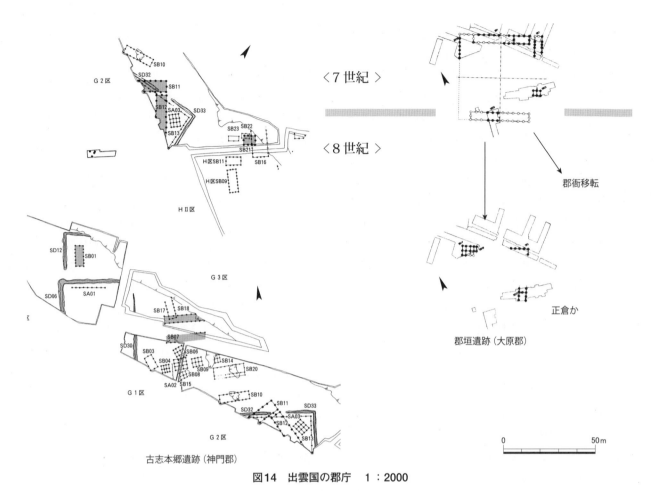

図14　出雲国の郡庁　1：2000

9世紀中頃以降のⅣ期にはⅢ期までの区画がなくなり、衰退期となるが礎石建物は継続する。10世紀後半には遺構が激減する。

(10) 出雲国大原郡 (図14)

　雲南市大東町の幡屋川と赤川が合流する付近の微高地上にある郡垣遺跡では、官衙遺構が検出されている (文献7)。『出雲国風土記』の記載から、斐伊郷に郡衙が置かれる以前の大原郡家推定地とされてきた地域である。Ⅰ期は北東・南東・南西に長舎を方形に配し、北西が柵となる。区画内に正殿がないとすると、内部には1,480㎡の空間を有することになる。遺構群から顕著な出土遺物がないため時期の推定は難しいが、長舎などにより構成される形態や建物方位が真北でないことなどから、7世紀末〜8世紀初頭と推定されている。Ⅱ期はⅠ期の建物を踏襲して建てられるが、長舎は総柱建物に建て替えられ、さらにその後、礎石立ちの総柱建物に建て替えられる。建物群に囲まれた空間はあきらかではないが、倉庫を組み合わせる配置からは、郡庁よりむしろ正倉にあたると考えられている。『出雲国風土記』に見られるように郡衙が移転したことによる改変であろう。

(11) 出雲国神門郡 (図14)

　出雲市古志本郷遺跡は、出雲平野南西部、神戸川左岸の自然堤防上および後背湿地に位置し、官衙と想定される建物群が検出されている。『出雲国風土記』では、神門郡家は古志郷にあったとされ、遺跡周辺で郡衙が所在した蓋然性がある。古志本郷遺跡では2期の遺構があり (文献27)、このうちⅠ期は長舎を方形に組み合わせる遺構で、部分的な検出ではあるが郡庁の可能性が高い。北東側に小規模な建物の一群があり、外郭施設は区画溝である。7世紀末〜8世紀中頃まで続くとされ、硯や墨書土器も多く発見される。Ⅱ期には方位が正方位となり、長舎と倉庫群が区画溝によって企画的に配置されるが、儀礼空間を内包するような大型の建物はなく、郡庁と推定される区画があきらかではないため、Ⅱ期以降の性格は保留である。

(12) 美作国府

　津山盆地のほぼ中央部にあたる台地上に位置する。遺構の時期はⅠ期（7世紀後半～8世紀前葉）、Ⅱ期（8世紀中）、Ⅲ期（8世紀後半～9世紀前）に分かれる。美作国は和銅6年（713）に備後国を分国して設置されたもので、Ⅰ期については国庁設置に先行するものである。遺構の主軸方位は東に傾き、梁行1間でL字形に延びる建物もしくは回廊状の遺構である。西側に区画溝がみられる。空間を取り囲む建物配置から、苫田郡（評）衙の政庁の可能性がある。Ⅱ期以降が国庁に関連するとみられ、7×2間で南面廂の付く東西棟（SB101）、その南側の北面廂が付く東西棟で構成される。SB101は2回目の建て替えで礎石建物になり瓦葺になる。このほか西側にも二面廂の東西棟がみられ、区画外には南北棟の長舎がある。Ⅲ期以降は規模が縮小するが区画は残る（文献15）。

(13) 美作国久米郡（図15）

　津山市宮尾遺跡は段丘上に位置し、出雲と播磨を結ぶ交通の要衝に位置する。郡衙関連の地名は発見されていない。調査では郡庁とみられる長舎を主体とする建物群が発見されている（文献11～14）。7世紀末～8世紀初頭のⅠ期は、長舎をコの字形に組み合わせて溝で囲み、区画の東側には限られた範囲ながら総柱建物1棟が検出されている。8世紀前半～中頃のⅡ期は、郡庁建物に変化はないが、区画は広がる。拡大された区画溝には柵がともない、北側からの入口として門が設けられる。8世紀中頃～後半のⅢ・Ⅳ期は東西棟の長舎と南北棟の長舎で構成される。8世紀代を通じて長舎で構成される建物であり、廂付建物は出現しない。

(14) 美作国勝田郡衙（図15）

　勝央町勝間田・平遺跡は、出雲と播磨を結ぶ交通路沿いの丘陵地帯に位置する遺跡で、谷を隔て両遺跡が所在する。平遺跡では「郡」字の刻印された須恵器が発見されている。勝間田遺跡では7世紀後半～8世紀とされる長舎4棟が検出された。東西棟およびやや離れた地点に南北棟建物が配され、その間に空間が確保される構成が2時期にわたる。東西棟建物の中心から南北棟までは70m以上あり、2棟の位置から折り返してコの字型配置とするのは難しい。なお、掘立柱建物群廃絶後は礎石建物に変わった可能性が指摘されている（文献11・13・49）。

(15) 備後国三次郡（図15）

　江の川中流域の丘陵端部に位置する三次市下本谷遺跡は、塀や長舎で囲まれた区画の存在や、硯や鉄滓の出土から三次郡衙とされるもので、Ⅰ～Ⅳ期の変遷がある。Ⅰ期は中心部が東西棟の長舎ほか数棟で構成されるが、この段階では官衙的であるということはできない。Ⅱ期になると郡庁が整備され、正殿である東西棟の四面廂付建物とその東西に長舎2棟を直列させた脇殿が配置される。郡庁の区画は脇殿から延びる柵によって囲まれるが、この遺跡で特徴的なのは、その背後の北側に、柵により南北棟の側柱建物1棟をそれぞれ囲む区画が設けられることである。また南側の区画では倉庫群が造営される。Ⅲ期には正殿が二面廂になり、さらにⅣ期には、側柱建物となり官衙としての終わりを迎える。細かな時期については不明な点も多いが、概ね7世紀～9世紀で推移するものと考えられている（文献56）。

(16) 讃岐国多度郡

　善通寺市稲木北遺跡は丸亀平野西部に位置し、8世紀初頭～前葉の建物群が検出されている。条里の坪界線上に5×3間の東西棟が位置し、その東西に脇殿風の南北棟が2棟ずつ並ぶことが推定され、復元するとH字形の配置になり、それらを一辺約55m程度の柵で囲む配置が想定されている（文献17）。さらに、中心区画の東および西側に3×3間の総柱建物が並ぶ企画的な配置で、官衙的な性格が考えられる。この遺跡では、墨書土器や硯などの官衙的な遺物は出土していない。H字形の建物配置については、中部から東日本でみられるものである。

　また、稲木北遺跡の南約3kmの生野原本町遺跡でも条里地割との計画性が考えられる。東西55mの溝による7世紀後葉～8世紀前葉の方形区画があり、内部に大型の掘立柱建物の存在が推定されている。両遺跡は同様の時期の遺跡であり、条里地割に規制された区画の共通性から、この地域における官衙とその政庁の独自性の一端といえるかもしれない。

(17) 伊予国久米郡

　松山市久米遺跡群は松山平野の北東部、石手川左岸で、小野川が蛇行する地点の微高地上に立地する。

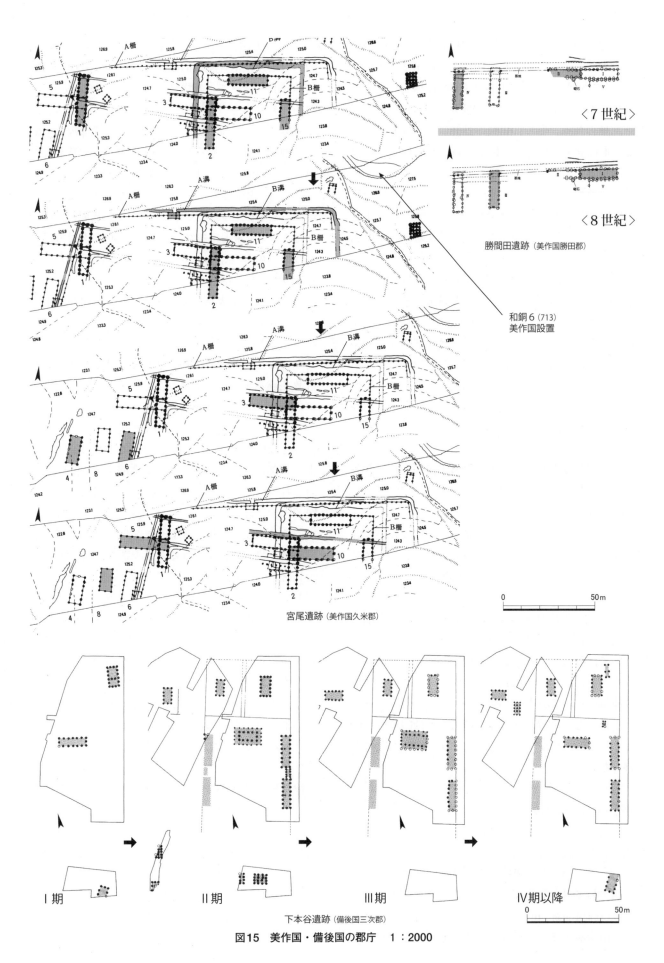

図15 美作国・備後国の郡庁 1：2000

微高地の南辺には来住廃寺と隣接する回廊状の遺構が立地する。久米遺跡群Ⅰ期は7世紀第2四半期に位置付けられる。遺跡群北端部の政庁域では、東西棟の正殿と前殿、前殿の北側柱列と北妻面を揃える南北棟の脇殿、さらに脇殿の外側には外郭施設である1本柱列と一体化した構造を持つ南北棟の東辺付属舎などが検出されている。正殿と脇殿のセットが重複したかのように見える配置である。Ⅱ期は一辺109.4mの区画が形成される時期で7世紀中葉。Ⅰ期政庁の南西に正倉院ができ、政庁は正倉院の東区画に想定されている。政庁のさらに東には、主に東西棟の側柱建物を中心に建物が集中する区画がある。遺跡の南東部には回廊状遺構が形成される。Ⅲ期には回廊状遺構の部分が寺院となる（来住廃寺）が、政庁はあきらかではない（文献57）。政庁が判明しているⅠ期は評が成立していない時期であり、郡衙につながるということはできず、Ⅱ・Ⅲ期も政庁が判明していないので俎上には上げられない。ただし郡庁の初源を考える上で参考にすべき遺跡である。

Ⅳ 地域の中で郡衙政庁の変化をどうみるか〜共通性とバリエーション

(1) 共通性

郡（評）衙施設が7世紀末〜8世紀初頭において各地で成立することは従来から述べられている（文献62）。これは近畿から中国地方でも共通していえることである。

成立期の郡庁はその多くが長舎を採用し、内部に一定の空間をもつことが特徴である。長舎の代わりとしては部分的に柵を並べる場合があり、一定の空間を囲むことに意味があったと思われる。政庁域内に倉庫群やそのほか建物を混在させることはほとんどない。郡庁という特別な空間への入口には門が取り付けられる場合があるが、その構造は郡の状況により多様となる。

(2) バリエーション

長舎や柵で区画された空間内には、廂などで荘厳化された正殿を持つ場合（岡遺跡Ⅲ期・下本谷遺跡Ⅱ、Ⅲ期など）と、廂のない建物を持つ場合（下本谷遺跡Ⅳ期）、長舎や柵で区画し内部は広場のみであった場合（宮尾遺跡・勝間田遺跡・山宮阿弥陀森遺跡・河合遺跡など）がある。山中敏史氏は、郡庁が中央政府の規制をうけつつ「具体的な郡庁構造の決定に際しては郡領と中央政府との政治的・歴史的諸関係や郡内の歴史的経済的諸条件によって」多様性が生じたとする（文献62）。なかでも長舎を多用する配置について、小田裕樹氏は饗宴に適した配置とし、コの字型配置は政務・儀式に適した配置とする（文献16）。長舎やその代わりの柵で空間を囲むことは、成立期郡庁の共通点であり、その空間の中に設置された正殿の存在は、長舎の一部から広場を遮るものでもあり、郡庁の機能と多様性を考える上で重要であると考える。郡内における卓越した氏族の存在、もしくは国司など上位の役人の存在がうかがわれる。

特に近江国栗太郡では、8世紀前半に四面廂を付ける格式ある建物を置いたが、同郡内で瓦葺の国庁が成立しさらに整備・拡充するころに消滅する。その時期になると手原遺跡で多量の木簡が出土するなど行政実務をおこなっていることや、廂付建物の出現がみられ、郡衙機能の移転も考えられる。近江国では、天平14年（742）に紫香楽宮の建設が始まり、2年後には藤原仲麻呂が近江国司となる。その頃に栗太郡南端部において瓦葺きで瓦積基壇を持つ国庁が建設されはじめ、その後青江遺跡・惣山遺跡・堂山遺跡で国庁と同様の飛雲文系瓦を葺く建物が整備されていく。さらに9世紀には政庁東側の基壇建物が整備され、脇殿も拡張される。栗太郡衙では、国庁での状況とは反対に8世紀後半になると区画の状況が変わり、四面廂付きの郡庁正殿が失われるのである。

山中敏史氏は、岡遺跡のような「正殿隔絶型」の郡庁は「儀式や饗宴の場としての国庁の役割も兼ねることが期待されていた」と推察する（文献62）。栗太郡衙の荘厳化が近江国庁の完成に先立つものであることについて、納得ができるものである。格式ある正殿を持つ郡庁は、郡内の政務のみならず、国司が巡行し儀式をおこなうにふさわしい建物配置であったと考えられる。

律令期の栗太郡で特筆されるべきことは、郡の南東半部を占める瀬田丘陵において7世紀後半には源内峠遺跡・観音堂遺跡・野路小野山遺跡、8世紀代前半に木瓜原遺跡、8世紀中頃には野路小野山遺跡で製鉄遺跡が大規模に展開することである。また、これにともなう木炭の生産や、森林資源を利用した須恵器生産など、一大生産地となっていた。その中で、郡中央部の丘陵裾部に拠点を持つ郡領氏族小槻

氏は「山君」を称する氏族で、山林資源の生産管理にかかわっていたことが指摘されている（文献51）。栗太郡衙において、8世紀前半に四面廂付の荘厳化された正殿が建設され、八脚門をもつなど格式がある中心施設が整備され、国庁を代行するような役割を持つことができたとすれば、こうした生産遺跡および資源の管理が背景にあるのではないだろうか。

近江国の状況とは逆に美作国の郡庁では、宮尾遺跡のように廂付建物による正殿の出現がみられず長舎のみで空間をつくりだす。勝間田遺跡も同様である。また正道遺跡や上原遺跡群などは、成立期には長舎によって区画する郡庁であるが、のちに廂付建物を中心に構成する配置になる。さらに8世紀後半の岡遺跡では長舎による区画や廂付きの正殿が消滅する。こうした変化については、それまで持っていた機能の消滅（もしくは移転や分散）ということになり、郡内における交通路や国庁整備、郡領氏族の勢力の変化など在地の状況が影響するのであろう。

最後に、郡庁入口の問題について付け加えておきたい。長舎や塀で囲った郡庁については、正面に向かって入口が設けられる場合と、向かって横方向にある場合、背後に設けられる場合がある。これは周辺の建物（正倉や曹司など）との関連によると予想される。郡衙域全体の中で郡庁の構造を考えていく必要があろう。

参考文献

1 雨森智美「地方官衙関連遺跡の一様相－近江国栗太郡での検討から－」『考古学論究－小笠原好彦先生退任記念論集』小笠原好彦先生退任記念論集刊行会、2007。
2 雨森智美「白鳳寺院の成立と展開～栗太郡の事例から～」『栗東歴史民俗博物館紀要』第19号、栗東歴史民俗博物館、2013。
3 雨森智美「郡衙成立の前後－栗東市岡遺跡成立期の様相－」『淡海文化財論叢』第7輯、淡海文化財論叢刊行会、2015。
4 伊賀高弘「芝山遺跡の歴史地理的景観」『明日をつなぐ道－高橋美久仁先生追悼文集－』京都考古刊行会、2007。
5 今津町教育委員会『今津町文化財調査報告書』第3集、1984。
6 今津町教育委員会『今津町文化財調査報告書』第5集、1986。
7 雲南市教育委員会『郡垣遺跡Ⅲ』旧大原郡家等範囲確認調査報告書、2014。
8 大阪府教育委員会・㈶大阪府文化財調査研究センター『丹上遺跡』1998。
9 大阪府教育委員会『平尾遺跡－府立美原高等学校下水道放流切り替え工事に伴う調査－』2012。
10 大津市教育委員会『近江国府跡・管池遺跡発掘調査報告書』2013。
11 岡山県『岡山県史』第18巻　考古資料、1986。
12 岡山県教育委員会『中国縦貫自動車道建設に伴う発掘調査2』1973。
13 岡山県教育委員会『岡山県埋蔵文化財報告4』1974。
14 岡山県教育委員会『岡山県埋蔵文化財報告5』1975。
15 岡山県古代吉備文化財センター『美作国府跡・小田中遺跡・山北遺跡』2011。
16 小田裕樹「饗宴施設の構造と長舎」『長舎と官衙の建物配置　報告編』奈良文化財研究所、2014。
17 香川県教育委員会・国土交通省四国地方整備局『稲木北遺跡　永井北遺跡　小塚遺跡』2008。
18 京都府埋蔵文化財調査研究センター『京都府遺跡調査概報』第110冊、2004。
19 草津市教育委員会『平成8年度草津市文化財年報』1998。
20 草津市・草津市教育委員会・公益財団法人滋賀県文化財保護協会『榊差遺跡ほか2遺跡発掘調査現地説明会資料』2016。
21 気高町教育委員会『逢坂地域遺跡群発掘調査報告書　山宮阿弥陀森遺跡・山宮茶山畑遺跡・山宮笹尾遺跡』1987。
22 気高町教育委員会『上光遺跡群発掘調査報告書－因幡国気多郡推定坂本郷所在の官衙遺跡－』1988。
23 気高町教育委員会・奈良文化財研究所『上原遺跡群発掘調査報告書－古代因幡国気多郡衙推定地－』2003。
24 倉吉市教育委員会『伯耆国庁跡発掘調査概要（第5、6次）』1979。
25 倉吉市教育委員会『倉吉市文化財調査報告書　第85集　不入岡遺跡群発掘調査報告書　不入岡遺跡・沢ベリ遺跡2次調査』1996。
26 郡家町教育委員会『万代寺遺跡発掘調査報告書』1983。
27 国土交通省中国地方整備局出雲工事事務所・島根県教育委員会『古志本郷遺跡Ⅴ　出雲国神門郡関連遺跡の調査』2003。
28 古代を考える会『古代を考える2 平尾遺跡の検討－推定河内国丹比郡衙遺構－』1976。
29 佐伯英樹「④手原遺跡」『栗東市埋蔵文化財発掘調査2015（平成27）年度年報』栗東市教育委員会・公益財団法人栗東市体育協会、2017。
30 眞田廣幸「伯耆国府跡の再検討－最近の調査成果か

ら―」『出雲国の形成と国府成立の研究―古代山陰地域の土器様相と領域性―』島根県古代文化センター、2010。
31 眞田廣幸「伯耆国府の成立」『古代文化　特輯古代国府の成立をめぐる諸問題（下）』財団法人古代學協会、2012。
32 滋賀県教育委員会・財団法人滋賀県文化財保護協会『美園遺跡発掘調査報告』1975。
33 滋賀県教育委員会『滋賀県文化財調査報告書』第6冊、1977。
34 滋賀県教育委員会・財団法人滋賀県文化財保護協会『史跡近江国衙跡調査概要』1978。
35 滋賀県教育委員会『史跡近江国庁跡　附惣山遺跡・青江遺跡　調査整備事業報告書Ⅰ』2002。
36 滋賀県教育委員会『史跡近江国庁跡　附惣山遺跡・青江遺跡　調査整備事業報告書Ⅱ』2004。
37 滋賀県教育委員会『史跡近江国庁跡　附惣山遺跡・青江遺跡　調査整備事業報告書Ⅲ』2007。
38 滋賀県立安土城考古博物館・公益財団法人滋賀県文化財保護協会『古代地方木簡の世紀』2015。
39 滋賀県立安土城考古博物館・公益財団法人滋賀県文化財保護協会『大国近江の壮麗な国府』2015。
40 芝田和也「河合遺跡―地方官衙の発見―」『ヒストリア』第225号、大阪歴史学会、2011。
41 島根県古代文化センター『出雲国の形成と国府成立の研究』2010。
42 島根県教育委員会『史跡出雲国府―1―』2003。
43 島根県教育委員会『史跡出雲国府―9総括編―』2013。
44 下本谷遺跡発掘調査団『下本谷遺跡―推定備後国三次郡衙跡の発掘調査報告―』1975。
45 城陽市教育委員会『正道官衙遺跡（城陽市埋蔵文化財調査報告書第24集）』1993。
46 須崎雪博「近江国庁成立時期に関する一試案」『近江文化財論叢第四輯』淡海文化財論叢刊行会、2012。
47 鈴鹿市教育委員会『伊勢国府跡3』2001。
48 高橋美久仁「山背国の奈良時代東山道と芝山遺跡」『京都府埋蔵文化財論集　第5集』財団法人京都府埋蔵文化財調査研究センター、2006。
49 團正雄「勝間田・平遺跡」『日本古代の郡衙遺跡』雄山閣、2009。
50 津山市教育委員会『美作国府跡』1994。
51 西田弘「小槻山君小考」『滋賀考古学論叢　第4集』1987。
52 新田剛「伊勢国府の成立」『古代文化　特輯古代国府の成立をめぐる諸問題（上）』財団法人古代學協会、2011。
53 東方仁史「鳥取県万代寺遺跡」『日本古代の郡衙遺跡』条里制古代都市研究会、2009。
54 平井美典「近江国府創建期の瓦について」『近江文化財論叢』第一輯、淡海文化財論叢刊行会、2006。
55 平井美典「飛雲文瓦からみた近江国府の創建」『大国近江の壮麗な国府』滋賀県立安土城考古博物館・財団法人滋賀県文化財保護協会、2015。
56 広島県立埋蔵文化財センター『下本谷遺跡第6次発掘調査概報』1985。
57 松山市教育委員会・財団法人松山市生涯学習振興財団埋蔵文化財センター『史跡久米官衙遺跡群調査報告書』2、2006。
58 丸山竜平「第5節　三大寺遺跡の成立時期」『滋賀県文化財調査報告第6冊　史跡近江国衙跡発掘調査報告』滋賀県教育委員会、1977。
59 水野正好「第5章　近江国衙総論」『滋賀県文化財調査報告第6冊　史跡近江国衙跡発掘調査報告』滋賀県教育委員会、1977。
60 森隆「郡衙遺跡に関する一考察」『文化財学論集』文化財学論集刊行会、1994。
61 野洲市教育委員会『平成27年度野洲市内発掘調査年報』2016。
62 山中敏史『古代地方官衙遺跡の研究』塙書房、1994。
63 山中敏史「上原遺跡群の性格」『上原遺跡群発掘調査報告書』鳥取県気多町教育委員会・奈良文化財研究所、2003。
64 栗東町教育委員会・財団法人栗東市文化体育振興事業団『岡遺跡発掘調査報告書1次・2次・3次調査』1990。

挿図出典

図1・2：文献33～37を一部改変して作成。
図3：　文献47。
図4：　文献64を一部改変。
図5：　文献2、19、64より作成。
図6：　文献1を一部改変。
図7：　文献29。
図8：　文献5、61。
図9：　文献18、45より作成。
図10：文献8、9、40より作成。
図11：文献21～23、62より作成。
図12：文献26を一部改変。
図13：文献25。
図14：文献7、27を一部改変して作成。
図15：文献11、44を一部改変して作成。

弥勒寺東遺跡（史跡弥勒寺官衙遺跡群）の郡庁院
―変遷の把握とその意味―

田中弘志（関市教育委員会）

I 弥勒寺東遺跡の郡庁院（図1）

　武義郡衙の中枢施設である郡庁は、国府の政庁にみられるような均整のとれた品字形の配置をとり、幾度かの建て替えを経ても、その配置を頑なに踏襲していることがわかった。

　郡庁を構成する建物群のうち、掘立柱塀によって囲繞された範囲を特に「郡庁院」と呼び、その中心に位置する東西棟を「正殿」、その前方両脇に正殿と棟方向を直行させて配された南北棟を「脇殿（南棟）」、およびそれらの北側で、正殿のやや後方に位置する南北棟を「脇殿北棟」と呼ぶ。

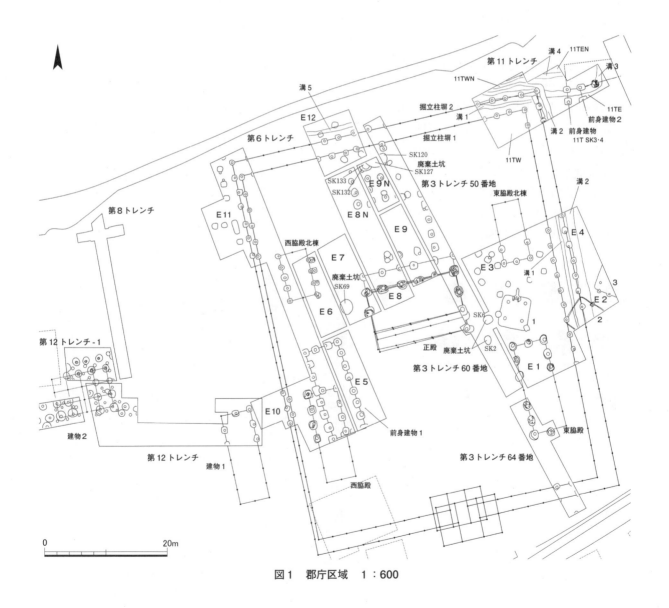

図1　郡庁区域　1：600

II 変遷の把握

(1) 正殿 (図2)

規　模　廂を入れると桁行約14.8m×梁行約11.8mを測り、弥勒寺東遺跡の建物群の中で最大の建物である。柱穴の形状は隅丸長方形ないし楕円形を呈し、身舎についていえば、東西方向の側柱は桁行方向に、妻側の柱穴は梁行方向に長径がくる傾向がある。全体の形がわかるもので計測すると、長径の最大が1.7m、短径で測っても1mを下るものはなく、柱穴についても遺跡中でもっとも大きい。

構　成　桁行5間×梁行2間の身舎の南北両面に廂の付いた建物と考えられ、身舎で2度の建て替え (3時期の変遷) を確認した (以下、正殿Ⅰ～Ⅲ期という)。廂については、南面が2時期、北面の建て替えはみられない。

柱間は、およそ桁行が10尺等間、梁行は11尺等間、廂の出は南面で10尺、北面で8尺を測るが、後述するとおり最初の建物 (正殿Ⅰ期) の梁行の南側は3尺長い14尺となる可能性が高く、また時期によって棟方向に若干の振れがある。

柱穴の位置は、身舎西北角の柱を正殿01として、想定される未確認の柱位置も含めて反時計回りに正殿14まで、次に想定される南廂西端の柱を正殿15として北廂へ向かって反時計回りに正殿26までの番号で示し、正殿Ⅰ期の柱穴を「掘立柱(1)」、正殿Ⅱ期の柱穴を「掘立柱(2)」、正殿Ⅲ期の身舎は礎石の「根石掘方」、また南面の廂は「廂(1)」、「廂(2)」という。

遺構番号は、年次ごと (あるいはトレンチごと) に与えたため、ＭＥ (弥勒寺東遺跡の略号) と年次を冠して、例えば「ＭＥ４(＊Ｔ)ＳＸ41」などと記すが、これは「弥勒寺東遺跡の第4次調査(第＊トレンチ)において、ＳＸ41という呼称を与えられた遺構」であることを意味する。

検　出 (図3)　掘立柱による建て替えの様子は、最初と2度目の建物の柱穴の重なりを、その大きさや位置の相違 (ズレ) を平面的に把握することによって確認した (正殿08については断面で確認)。ほとんどの場合、後世の遺構が重なるため、柱穴がほぼ同じ位置で2時期重複することに気づくまでに一定の期間を要し、この現象を把握してからも、その観点での精査に気を配った。

3時期目の礎石建物への建て替えについては、礎石がすべて失われているため、幸運にも根石掘方が認識できる場合 (正殿02・09) のほかは、根石の円礫が中心に向かって傾斜し、花弁が開いたような状態で残存していることなどから判断した。

このことは、検出や精査はできる限り高い位置でおこなわなければ、建て替えの状況、特に礎石への建て替えを示す情報を「掘り飛ばす」おそれがあり、また、通常の柱穴の検出で用いられる、いわゆる「段掘り」をにわかにおこなうと、浅い根石の掘方 (建て替えのために、柱をできるだけ下方で切断するために掘られた作業穴でもある) を見失い、遺物の出土位置 (層位) を見

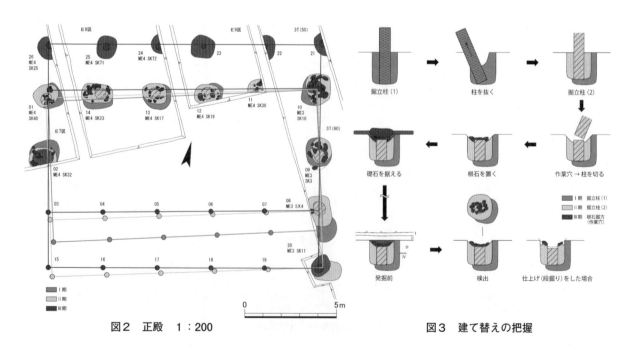

図2　正殿　1:200　　　　　図3　建て替えの把握

誤りかねないことを意味している。これを認識してからは慎重にならざるを得ず、調査の進捗に少なからぬ影響を与えた。そうした事態を回避するために工夫した精査の方法として、目的の精査範囲の中央部を徐々に周縁部から深くしていく方法で、地中に向かってレンズの凸部が徐々に膨らんでいくような精査（「中華鍋掘り」と名付けた）を柱穴に関しては徹底した。この方法により、複数の柱穴の精査を同時に進める過程で徐々に総体的な認識を深め、また、その認識を個々の柱穴に反映させる作業を繰り返し、柱穴ひとつひとつについて、その構造を把握するまでには、相当の時間をかける結果となった。

基壇の有無については、根石より上方の情報が失われているため、残念ながら不明と言わざるを得ない。

(2) 脇殿（図4）

東脇殿（南棟）　桁行6間×梁行2間の側柱建物で、桁行約14.2m×梁行約5.3mを測る。柱間は、およそ桁行8尺等間×梁行9尺等間で建てられていると考えられる。正殿と同様に2度の建て替え（3時期の変遷）を確認した（以下、脇殿Ⅰ～Ⅲ期という）。

柱穴の位置は、正殿と同様に西北角の柱を東脇殿01として、想定される未確認の柱も含めて反時計回りに東脇殿16までの番号で示し、脇殿Ⅰ期の柱穴を「掘立柱(1)」、脇殿Ⅱ期の柱穴を「掘立柱(2)」、脇殿Ⅲ期の柱穴を「礎石」ないし「根石掘方（作業穴）」という。

西脇殿（南棟）　桁行4間以上×梁行2間の側柱建物で、梁行約4.7m（東脇殿より2尺短い）を測る。桁行は東脇殿（南棟）と同じ6間（約14.2m）を想定した。柱間は桁行・梁行共に、およそ8尺等間[1]で建てられていると考えられる。なお、前身建物1と重複している。西北角の柱を西脇殿01として、想定される柱穴も含めて、反時計回りに西脇殿16までの番号で示す。

西脇殿北棟　第3・4次調査の第6トレンチと第4次調査のE6区にまたがって検出した、桁行4間×梁行2間の側柱建物である。第3次調査においては柱穴とは認識できず、第4次調査で東側柱が検出されたことによって、西脇殿北棟に相当する建物であることが判明した。西北角の柱を01として、想定される柱穴も含めて、反時計回りに12までの番号で示す。

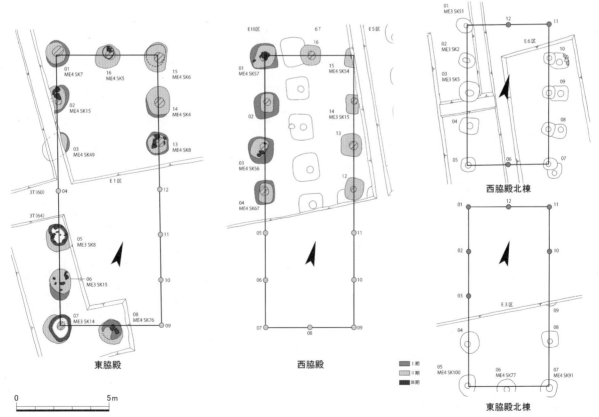

図4　脇殿　1：200

桁行約7.4m×梁行約4.5mを測る。桁行は25尺、梁行は15尺で設計されたものと考えられ、等間であれば、桁行6.25尺[(2)](1.85m)、梁行7.5尺(2.25m)となるが、実際には西側柱の01〜05の間の柱間は、1.85m(01-02)・1.75m(02-03)・1.75m(03-04)・2.05m(04-05)となっており、東側柱の07〜10では、1.85m(=6.25尺)等間となっている。

なお、東側柱の07〜10には、東側に同規模の柱穴が重なり、これらと重複している。同じ現象が西側柱の01〜05にみられないことや、重複しているこれらの柱のうち、07に重なる柱穴だけ、これらを貫く線から少し位置がずれていることなどから、建て替えによる柱穴の新旧とは見なし難い。あるいは郡庁院の前身に関わるものである可能性もあるため、これらについては、範囲を広げて周囲の情報を集めた上で再検討する必要がある。

東脇殿北棟　第4次調査のE3区において検出した、桁行2間以上×梁行2間の側柱建物と推定される。西北角の柱を01として、想定される柱穴も含めて、反時計回りに12までの番号で示す。

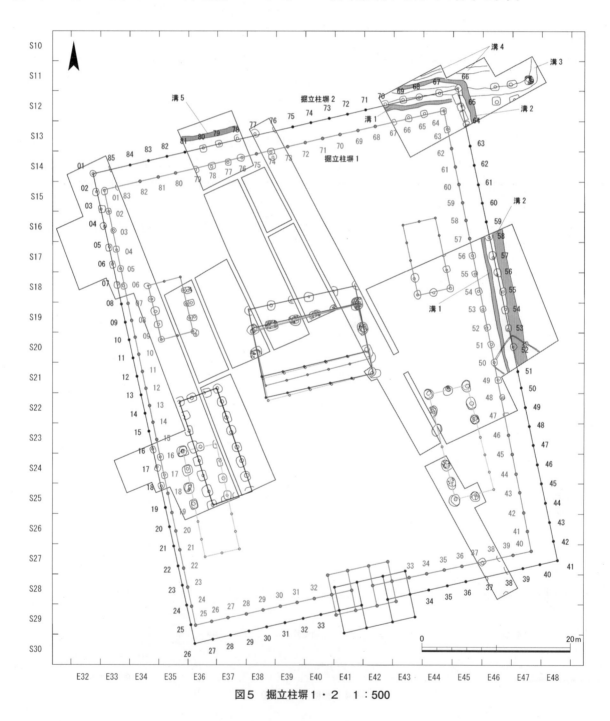

図5　掘立柱塀1・2　1：500

梁行は約4.5mを測り、柱間はおよそ7.5尺[3]等間である。桁行は、検出した柱穴04と05および、07と08の柱痕跡の間隔がおよそ8尺[4]と測れることから、西脇殿北棟と同じ4間で復元すると、9.5mとなり、西脇殿北棟と北妻の柱筋が一致する。

(3) 遮蔽施設－掘立柱塀1・2－(図5)

正殿、脇殿を囲繞する柱穴列を2列検出した。郡庁院を区画する、掘立柱による塀と考えられる。二重に巡るこの列の内側を掘立柱塀1、外側を掘立柱塀2とした。

当初は、それぞれのトレンチで発見された柱穴列について、それらの関連がトレンチの範囲を超えて広範囲におよぶことに気づくことができなかった。省察するに、第3次調査の第6トレンチにおいて、その片鱗が既に見つかっていたものの、その時点では柱穴であるとの認識すらなかった。郡庁院の区画施設になる可能性を考え始めたのは、翌第4次調査の中盤以降のことである。第3トレンチの南端(64番地)や北端(50番地)および、E4区で検出された柱穴列を手掛かりに精査を進めるにつれ、全体としての把握が徐々に進んでいった。

柱穴は一辺90cm前後で、建物のそれに比べると少し小振りな方形の掘方が特徴であり、柱間は掘立柱塀1で概ね8尺、掘立柱塀2は概ね8.5尺である。掘立柱塀1が正殿の中軸線で左右対称になり、さらに正殿身舎の南側柱で前後対称となることから、本来の設計は掘立柱塀1であり、掘立柱塀2は、ある段階で拡張が図られたものと考えられる。

また、塀の東辺と東北角で、掘立柱塀1と2の間に幅約60cmの溝1、掘立柱塀2の外側に幅約1～1.2mの浅い溝2がある。それぞれの塀の外側か、あるいは塀2の段階に内側と外側を巡る溝が設けられていた可能性が考えられる。

建物と同様に西北角を01として、想定される柱穴も含めて反時計回りに番号を付与した。

掘立柱塀1 掘立柱塀1に属する柱穴は、全部で31基が検出できた。辺ごとの内訳は、北辺が11基(角を重複して数える。以下同様)、東辺が12基、西辺が8基、南辺が2基(角は含まれず)である。東西47.4m(160尺)、南北59.2m(200尺)を測る。

北辺については、東西の角とその間が部分的に検出できていることから、発掘区に挟まれた未検出部分に柱穴を配していくと20間、南北辺については、南辺の柱穴が検出できていることから、正確な矩形であったことを前提とすれば、24間あったと想定できる。南辺は、中央に八脚門(桁行方向で28尺、中央の柱間が10尺、左右が9尺)を想定すると、門の東西に取り付く塀は8間分となる。この復元案では、門を除き、全部で83基の柱穴から構成されることになる。

「東西辺47.4m＝160尺」から導き出される1尺の長さは、0.2963m。柱間が8尺等間ならば、想定どおりの20間分の長さとなり、「南北辺59.2m＝200尺」から導き出される1尺の長さは0.2960m。柱間が8尺であれば、前述の想定とは異なり25間分の長さとなるが、実際の柱間には長短のばらつきがある。

掘立柱塀2 掘立柱塀2に属する柱穴は、全部で32基が検出できた。辺ごとの内訳は、北辺が12基(角を重複して数える。以下同様)、東辺が10基、西辺が10基、南辺は2基(角は含まれず)である。東西約50.8m×南北64.0mを測る。

掘立柱塀1と同様に未検出部分に柱穴を配していくと、東西方向で20間、南北方向が25間と想定できる。南辺は、中央に八脚門(桁行方向で33尺、中央の柱間が12尺、左右が10.5尺)を想定すると門の東西に取り付く塀は8間分となる。この復元案では、門を除き全部で85基の柱穴から構成されることになる。掘立柱塀1で求めた尺度を当てはめると、東西辺50.8m＝171.5尺、南北辺64.0m＝216尺となる。

(4) 廃棄土坑

土器が多量に廃棄された土坑を、正殿の前方(東脇殿寄り)に2基(ME3 SK2・6)、正殿の西方(西脇殿北棟寄り)に1基(ME4 SK69)、正殿の背後(掘立柱塀1寄り)に3基(ME4 SK127・132・133)検出した。

ME3 SK2・6(表12) SK2からは602点、SK6からは761点の土器片が出土した。主に土師器の碗や皿類などの供膳具が占め、特にSK2は土師器のみを意図的に廃棄したかのような様相を呈しており、また、灰釉陶器の墨書土器「萬富」が出土した(図17-118)。

正殿の間近であることや碗・皿に偏りがあることなどを考慮すると、単なる廃棄ではなく、正殿の前庭でおこなわれた儀式(饗宴)で使用し、それらを一括投棄する行為自体に儀式に関連する何らかの意味があったのではないかと思わせる。

ME4 SK69（表12）　出土した総数408点の土器片のうち、半数以上（約58％）を灰釉陶器が占め、官衙の実務に関わる転用硯（朱墨を含む）が多い。また、土師器の碗・皿類については高台付きのものが占める割合が、SK6では1割程度であるのに対し、SK69では半数近く（約46％）を占めている。高台の有無は、時期的な差異をあらわす可能性も含めて検討を要するが、この土坑の性格が正殿の前方にある廃棄土坑（SK2・6）とはあきらかに異なることを示している。

ME4 SK127・132・133（表12）　第3次調査の第3トレンチ（50番地）と第4次調査のE9N区北端で検出した土坑群で、SK132→SK133→SK127（SK127は、ME3・4 3T SK120・126と番号が重複する）の順で重複する。圧倒的に須恵器の比率が高く（約80％）、残りのほとんどは土師器の碗・皿類、そして灰釉陶器がない。須恵器は脚部の破片が多いことから、高杯か盤（脚付きの皿）類が多いとみられ、甕類がない。もっぱら供膳用の須恵器が廃棄されているとみられる。また、SK133からは、多量の板状や棒状の炭が出土し、SK127からは、須恵器の墨書土器「厨」（図19－216）や円面硯、転用硯が出土したことが注目される。

（5）後殿（推定）（図6）

正殿背後のE8N・9N区〜第3トレンチ（50番地）には、柱穴と思われる遺構が存在するが、今のところ建物として完結した状態で把握できていない。図中の破線は、ME4 SK109を西南角の柱と仮定して、この点を郡庁院の中軸線で折り返した対称点と結んで南側の限りとし、さらにME4 SK119を北辺の側柱の一つとした場合の、およそ12m×8mを推定範囲として示したものである。しかし、ME4 SK119は、掘立柱塀1の柱穴74に重複することや、この範囲に須恵器の廃棄土坑ME4 SK127・132・133があることなどから、ここに後殿を想定する場合、その規模や構造、存在した時期などに関わる条件はきわめて限定される。この問題の解決は、既設調査区の再精査を含め、範囲を広くとった調査による判断を待たなければならない。

Ⅲ　郡庁院の変遷

郡庁院を構成する建物群および掘立柱塀には、建て替えが認められた。正殿には3時期（正殿Ⅰ〜Ⅲ期）、脇殿については、東脇殿に3時期（東脇殿Ⅰ〜Ⅲ期）、西脇殿には、課題は残るものの、東脇殿と同じ変遷を想定した。北棟は、東西それぞれ建て替えはみられ

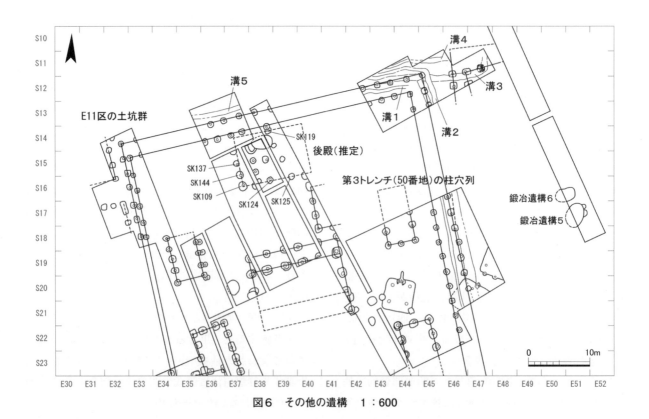

図6　その他の遺構　1：600

なかった。一方、それらを取り囲む掘立柱塀の柱穴は、重複することなく二重に検出され、2時期（掘立柱塀1・2）あることは明白である。

なお、後殿については課題が多く、後進の調査に解明を委ねたい。

(1) 正殿の段階的な発展過程 (図7)

正殿は、廂を入れて全部で26基の柱が想定されるが、これまでの調査では、建物の北辺（桁行）と東辺（梁行）の身舎および廂の16基について精査することができた。しかし、西南側10基分が不明であることが、全体の理解を妨げていることも否めない。最終的な結論は、すべての柱位置について調査する機会を待たなければならないが、これまでに得られた見通しをまとめておく。

身舎は、掘立柱(1)→掘立柱(2)→礎石、南廂は、掘立柱廂(1)→掘立柱廂(2)と建て替えられているのに対し、北廂には建て替えは認められない。つまり身舎は3時期、南廂は2時期、北廂は1時期であり、建物構造の変遷を考えるとき、その組み合わせは幾通りか考えられる。礎石と掘立柱の違いを重視する場合、廂付建物は正殿Ⅰ・Ⅱ期、Ⅲ期は礎石の側柱建物とする案も排除できないが、北面だけに廂が付くことや、一度設けた廂をなくして側柱建物に戻すことは想定し難いことから、当初（正殿Ⅰ期）は側柱建物で成立し、最初の建て替え（正殿Ⅱ期）で南面に廂を設け、2度目の建て替え（正殿Ⅲ期）で礎石の身舎に両廂を備えたとする、段階的に格式を高めていった変遷過程を想定しておく。

遺構に即して見ていくと、正殿Ⅰ期として認識した掘立柱(1)の柱間構成は、桁行5間で10尺等間（これはⅢ期まで変わらない）、梁行は2間のうち、北側が11尺、南側が3尺長い14尺を測り、南側に長く伸びた屋根が復元できる。この推定が正しければ、正殿Ⅰ期の建物は、既に南面の荘厳化を指向した建物であったということができる。

正殿Ⅱ期として認識した掘立柱(2)の柱間構成は、桁行はⅠ期と同じ10尺等間、梁行は11尺等間を測り、南廂の出は10尺となる。ただし、南廂の手がかりは1基（柱穴20）のみであるため、廂の柱間は未詳である。

正殿Ⅲ期は、Ⅱ期の柱位置を踏襲し、身舎を礎石建ちとしている。すなわち、桁行はⅠ・Ⅱ期と同じ10

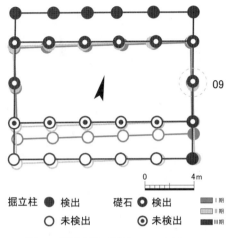

掘立柱 ● 検出　　礎石 ◉ 検出
　　　 ○ 未検出　　　 ◎ 未検出

図7　正殿の建て替え　1：300

尺等間、梁行は11尺等間、南廂の出は10尺、そして北廂の出が8尺となる。ただし、北廂の柱間は、中央の2基（柱穴23と24の間）が8尺、その左右（柱穴22と23、24と25の間）が11尺、両端（柱穴22と21、25と26の間）が10尺となっており、身舎の梁方向と揃わない。

この想定で、Ⅰ期からⅢ期の建物の復元線を描いてみると、建て替えを経るごとに、柱穴09を中心に、少しずつ西へ振れている。建て替えの基準は棟柱、特に東側を基準としておこなわれたのではないか。

これに類する現象は、脇殿の南北の関係にもみられた。東脇殿（南棟）の梁行は18尺、同北棟が15尺と建物の幅は異なるものの、東側柱の柱筋が通っている。西脇殿もまた、南棟の梁行が16尺、同北棟は15尺だが、東側柱を揃えている。

建物を配置する際に、棟の東側を基準としたことがわかる。

(2) 脇殿

東脇殿の柱穴は、掘立柱(1)と(2)の大きさが、ほぼ同じか(2)のほうが大きく、その峻別が平面では困難な柱穴があった（表3）。また、礎石への建て替えに関わる直接的な情報は、ことごとく失われていたが、柱を取り除く作業に関わる痕跡がとらえられたことにより、柱を切る場合と抜く場合があることがわかり、その作業の痕跡から礎石への転換を推測することができる。東脇殿は、Ⅰ期の掘立柱建物をほぼ踏襲して、Ⅱ期も掘立柱建物、Ⅲ期に礎石建物へと変遷したと考えられる。

これに対し、西脇殿は、礎石への建て替えについては全くつかめなかった。根石かと思われる礫は認

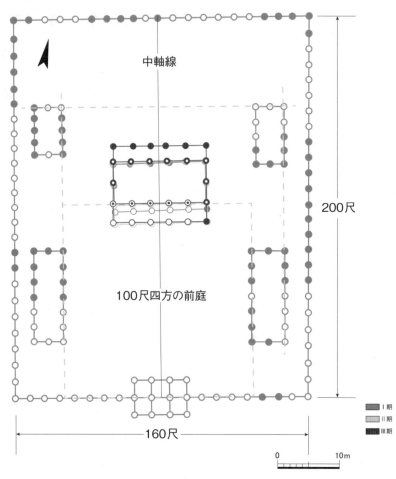

図8　郡庁院建物配置　1：600

められたが、東脇殿のように、礎石への変更に関わる現象と関連して見つかっていない。このため、礎石への建て替えがあったとするには躊躇される。また、掘立柱(1)から(2)への建て替えについても、見つかっている9基の柱穴のうち、5基に掘方の重複がない(表4)。あるいは掘立柱(1)の柱穴が(2)の柱穴に完全に隠れている可能性もあるが、この点についても未だ確かめていない。あとの4基については、二重の掘方と柱痕跡を検出したが、掘立柱(1)が大きく、掘立柱(2)の掘方は、それらの中に完全に収まっている。このように、西脇殿のⅡ・Ⅲ期は疑問が多く、未検出の柱穴も含めて、再検討が必要である。

脇殿北棟は、東西それぞれの南棟の東側柱と柱筋を揃えている。また、東脇殿北棟の桁行の規模を確定している西脇殿北棟と同じ4間で復元すると、北棟同士は北妻の柱筋が揃う。

(3) 掘立柱塀

正殿の中軸線で左右対称になる掘立柱塀1が当初の設計であり、掘立柱塀2は、ある段階で拡張が図られたものと考えられる。

掘立柱塀1は、東西160尺、南北200尺で設計されたとみられ、南北辺(東西方向)は、47.2mを測り、ここから導き出される1尺の長さは、0.295m(47.2m/160尺)となる。東西辺(南北方向)は、59.2mを測り、1尺の長さは、0.296m(59.2m/200尺)となる。

掘立柱塀2は、南北辺が50.8m、東西辺が64.0mを測り、掘立柱塀1から導き出された1尺の長さを当てはめると、東西171.5尺、南北216尺となり、完数が得られない。掘立柱塀2は、任意の拡張であったことがうかがえる。

(4) 建物配置 (図8)

正殿の正面(身舎南側)が、郡庁院の中心にくるように配置されていたことがわかる。掘立柱塀1の南辺から正殿の身舎までが100尺、そこから背後の塀までが同じく100尺。また、向かい合う東西両脇殿の棟間距離もまた100尺であり、正殿と脇殿が囲い込むこと

表1　郡庁区域建物一覧

建物	基礎構造	平面形式(間)	桁行×梁行(m)	面積(㎡)	柱間桁×梁(尺)	備考
正殿Ⅰ期	堀立柱	5×2	14.8×7.4	109.5	10×11と14	側柱建物
正殿Ⅱ期	→堀立柱	5×2+廂	14.8×9.5	140.6	10×11+10	南廂付き
正殿Ⅲ期	→礎石	廂+5×2+廂	14.8×11.8	174.6	8+10×11+10	両廂付き
東脇殿(南棟)	堀立柱→堀立柱→礎石	6×2	14.2×5.3	75.3	8×9	
西脇殿(南棟)	堀立柱→?	(6)×2	(14.2)×4.7	(66.7)	8×8	
東脇殿北棟	堀立柱	(4)×2	(9.5)×4.5	(42.8)	8×7.5	
西脇殿北棟	堀立柱	4×2	7.4×4.5	33.3	等間ではない。	桁行25尺×梁行15尺
掘立柱塀1	堀立柱	東西47.2m×南北59.2m		2,806.1	等間ではない。	東西20間×南北24間を想定
掘立柱塀2	堀立柱	東西50.8m×南北64.0m		3,251.2	等間ではない。	東西20間×南北25間を想定
建物1	堀立柱→?	(6)×2	(14.2)×4.7	(66.7)	等間ではない。	
建物2	堀立柱	4×3	(8.6)×(6.2)	53.3	7と7.5×7	総柱建物か
前身建物1	堀立柱	7×3	14.5×5.6	81.2	7×等間ではない。	南北棟
前身建物2	堀立柱	(4)×(3)	(8.6)×(6.2)	(53.3)	8×7	

( )は推定

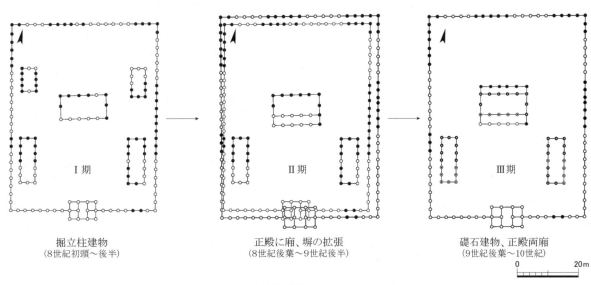

Ⅰ期　掘立柱建物（8世紀初頭〜後半）
Ⅱ期　正殿に廂、塀の拡張（8世紀後葉〜9世紀後半）
Ⅲ期　礎石建物、正殿両廂（9世紀後葉〜10世紀）

図9　郡庁院変遷図（案1）　1：1200

によって形成される前庭は、100尺四方になる。このように、きわめて高度な配置計画にしたがった様子が看取できる。

いわゆる「まつりごと」の空間として確保された100尺四方の広さは、そこで執りおこなわれたさまざまな儀式の形態や参集する人数を反映しているはずである。武義郡衙は、成立から廃絶を迎えるまでこの形を維持、踏襲している。

(5) 郡庁院内の廃棄土坑

郡庁院内に土器が多量に廃棄された土坑を、正殿の前方(東脇殿寄り)に2基(ME3　SK2・6)、正殿の西方(西脇殿北棟との間)に1基(ME4　SK69)、正殿の背後(掘立柱塀1寄り)に3基(ME4　SK127・132・133)検出した。正殿前は土師器の供膳具、正殿西方は灰釉陶器の転用硯、正殿背後は須恵器の供膳具が多いという特徴がみられた。

日常的な郡庁院内の塵芥の処理ではなく、そこに廃棄することに意味があったと思われる。

(6) 郡庁院の変遷案（案1）（図9）

郡庁院を構成する建物のそれぞれに、2時期ないし3時期の変遷があることがわかったが、必ずしも一斉に建て替えがおこなわれたと考える必要のないことは自明である。しかし、便宜上その組み合わせを推定するために、敢えて変遷案を示す。

この案では、Ⅰ期には、既に脇殿に北棟がともない、H字形の郡庁院として成立したと考えた。東西の脇殿北棟の柱穴から出土した遺物に、奈良時代以降の須恵器や土師器の混入が認められない点を重視したものである。Ⅱ期は、弥勒寺西遺跡であきらかになった、もっとも盛んに祭祀がおこなわれた時期にも

あたる（文献3）。また、「大寺」と墨書された土器が、今のところ8世紀中頃までさかのぼることがわかっていることから、「弥勒寺」が武義の「大寺」と呼ばれ始めた時期もⅡ期に重なる。Ⅲ期には、正殿の身舎や、東脇殿が礎石建物となる。ただし、Ⅲ期における囲繞施設（掘立柱塀2）の存在を積極的に裏付ける証拠はない。Ⅲ期への建て替えの時期は、根石掘方から出土した灰釉陶器による。正殿の柱穴13からは、「蓮」と墨書のある灰釉陶器が出土した（図15-55）。

なお、発掘調査から得られなかった情報を厳密に反映させるならば、Ⅲ期には西脇殿を欠いていた可能性も排除できない。また、後殿については、後殿（推定）範囲の須恵器の廃棄土坑の存在から、きわめて限定的に、Ⅱ期以降に推定すべきであると考えている。

（7）郡庁院の変遷（案2）（図10）

建物1の柱穴からは、時期を特定する出土遺物がないが、建物1も建物2と同様に、郡庁院Ⅲ期への変遷に連動していた場合、郡庁区域の変遷について、少し異なる推定もできる。

建物1は、郡庁院の区画の外側で検出された掘立柱建物で、西脇殿と北側の柱筋が一致する南北棟（西脇殿と同規模と推定）とみられる。建物2は、さらに西方で検出された桁行4間×梁行3間の総柱建物[5]で、柱穴から出土した灰釉陶器により、正殿Ⅲ期と同時期の建物とみられる。また、正殿南廂の柱筋に南面を揃えている。建物1の柱穴からは、時期を特定する出土遺物がないが、建物2と同様に郡庁院Ⅲ期への変遷に連動していた場合、あきらかに建物1・2と郡庁院の建物群との間には配置に関連がある。

これらの建物を「郡庁院の範囲を超えた関連する曹司群」とする考えは、郡庁院が掘立柱塀に囲繞されていることが前提となっている。この前提が崩れた場合、郡庁院Ⅲ期には、囲繞施設を取り払い、西脇殿に変わるものとして、さらに西に建物1を建てたのではないかとする仮説も成り立つ。掘立柱塀に2時期しかないことや、西脇殿に「建て替え」の情報が乏しいことはこれまでに述べてきたとおりである。

この案にしたがえば、Ⅲ期への転換は、郡庁院に限定せず、広い敷地全体が一体として機能することが期待された一方で、郡庁院の象徴化が薄れた結果とする解釈にもつながり、律令の支配原理の変容と関連する現象として、遺跡群全体の変遷をとらえ直さなければならなくなるだろう。

正倉院区画溝も含め、囲繞施設の喪失があったのかどうかは、今後も追求すべき問題である。

Ⅳ 郡庁院内の給食活動―土師器の碗・皿―

郡庁区域から、おびただしい数の粗製の碗・皿が出土する（図14～19）。特に正殿前の2つの廃棄土坑においては、破片数では1,000点を超え、底部の破片で個体数を想定しても300個体は下らない（SK6で200以上、SK2で100弱）。その他に、正殿を中心に設定したE地区の包含層から出土したものを合わせると、その数は膨大となる。発掘調査中は、見栄えのする須恵器や灰釉陶器に目が奪われがちであったが、

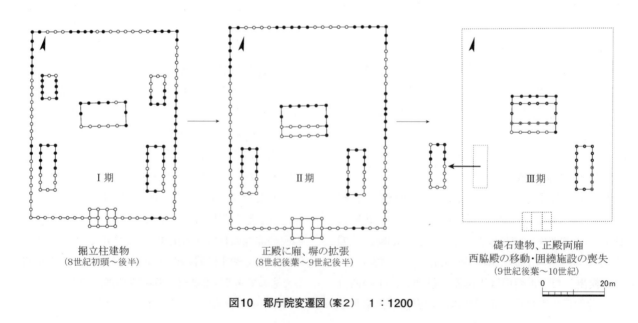

図10　郡庁院変遷図（案2）　1：1200

整理を進める過程で、この種の土師器の数の多さや、特定の土坑から出土する特徴があきらかになり、これらと郡庁院内でおこなわれた行事との深い関わりに思い至る。

底部が厚く、作りは粗雑で焼成温度も低いが、手際よい作業によって、次々と大量に作られたものと考えられる。ロクロから切り離した段階までは同じ形で、そこから高台を付ける物と付けない物に分かれる。糸切りの後に高台を取り付ける工程や、またその形も灰釉陶器のそれと似ており、その作業に熟練した者の仕事とみられる。

これらは平安土師器と呼んでいる (図11)(回転台土師器、ロクロ土師器などと呼ばれることもある)。時期を特定する手がかりとして、対岸の重竹遺跡で見つかった灰釉陶器と共伴するB地点852号土坑 (文献1) 出土遺物がメルクマールとされ、比較的新しい時期 (10世紀後半以降) が考えられてきたが (文献4)、廃棄土坑の一括性を積極的に評価すれば、灰釉陶器が消費され始める頃には、それと共に既にあったと考えられる。すなわち、郡庁院II期の後半である。

この土器を用いて盛んにおこなわれた行為とは何か、儀式か宴会か、あるいは労働力徴発に関わるものか、その形態や目的をあきらかにすることは難しい課題であるが、少なくとも給食活動がともなう何らかの催しがあったことの物証といえる。大勢がこれを用いて飲食を共にし (この土器の用途に限っていえば酒か)、最終的には前庭に用意された穴に廃棄された。この一連の行為に何らかの意味があり、また、土器の性質上、破損し易かったことを考慮しても、1点として完全な形で出土するものがないことから、「意図的に割る」行為がともなっていた可能性もある。

前庭や郡庁院周辺の空閑地の調査が進めば、これに類する廃棄土坑が今後も見つかる可能性がある。

V 美濃国府・伊勢国河曲郡衙と武義郡衙

(1) 美濃国府と武義郡衙 (図12)

美濃国府跡は、平成3年 (1991) から垂井町教育委

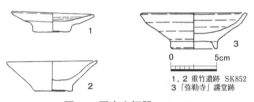

図11 平安土師器 1:4

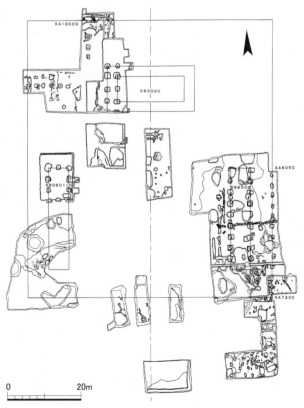

図12 美濃国府政庁 1:1000

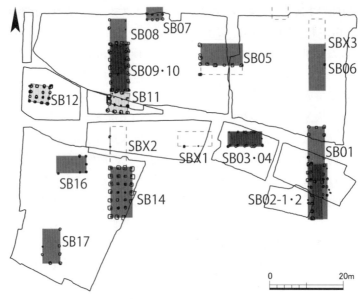

図13　河曲郡衙政庁　1：1000

員会による発掘調査が進められている。平成15年(2003)までの13次にわたる発掘調査によって、東西67.2m、南北72.6〜73.5mの掘立柱塀によって囲繞された範囲に、四面廂の正殿と東西両脇殿が整然と配置された国府政庁の姿があきらかにされた(文献7)。規模こそ若干異なるものの、武義郡衙のそれと類似していることは一目瞭然である。

建物配置もさることながら、注目すべき点は建て替えの状況である。美濃国府政庁を構成する建物群は、第一次掘立柱建物→第二次掘立柱建物→礎石建物と、ほぼ同じ位置で変遷している。このような政庁の建て替えにみられる踏襲性は、国府政庁には一般的にみられる特徴とされているが(文献9)、その下に連なる武義郡衙政庁の変遷が見事に一致する。

武義郡衙が廃絶(10世紀の前半)を迎えるまで、その形式を維持し得た背景には、政庁の形を決定的に変化させるような、社会的必然性がなかったと考えざるを得ない。そこに、ムゲツ氏の保守的な性格を読み取ることもできるが、このようなあり方は、その支配がおよんだ地域の安定した状態をも推測させる。少なくとも郡領たる同氏がそうした状態を頑なに志向し続けたことの反映であろう。

美濃国府と武義郡衙が密接な関係にあったことはいうまでもないが、政庁の建物群に共通するこのような特徴は、美濃の古代における為政者達の姿勢を反映する注目すべき現象である。

(2) 河曲郡衙(狐塚遺跡)と武義郡衙 (図13)

伊勢国河曲郡衙跡は、平成6年(1994)に鈴鹿市考古博物館建設にともなう発掘調査で正倉の一部が発見された。翌平成7〜8年(1995〜96)には、整然と配置された正倉群が姿を現し、また遺跡東部の博物館関連施設の用地確保のためにさらに調査が進められ、大型掘立柱建物群が検出された(文献8)。この一群が郡庁院と目されるが、遮蔽施設は確認できていない。

正殿SB05と前殿SB03・04とSBX1が東西方向に2棟配されていた可能性があり、脇殿は南北に2棟ずつ配される、いわゆるH字型(弥勒寺東遺跡1期の郡庁院に類似)をとる。西北側の7×2間の南北棟である脇殿SB08(1期)は、SB07(楼閣か)の南側柱に北妻を揃えて建てられているが、SB09(2期)は、南に3間下げて正殿の北側柱と揃え、6×3間に変更している。SB10(3期)は、ほぼ同じ位置に建て替えられている。東南側の脇殿も7×2間の南北棟で、SB01→5間南に下げたSB02-1・2とほぼ同様の変遷過程がたどれる。

2期以降に西南側の脇殿にあたる位置に6×3間の総柱建物SB14(2・3期に併行)が建てられる。その西側には棟方向をこれに揃えたSB16・17があることから、郡庁院外に空間の広がりが看取できる。この時期に武義郡衙政庁(Ⅲ期)と同様に、遮蔽施設の有無は別として、それまでの院内の空間の意味(役割)に変化があったと考えられる。

Ⅵ　おわりに

「中部」では調査事例に乏しく、あきらかに郡庁と認定できる遺構を持つ遺跡は、管見の限り弥勒寺東遺跡と狐塚遺跡の２例であり、研究の遅れは否めない。そのため、本稿では弥勒寺東遺跡の郡庁の建物の時期を定めた根拠と変遷をあきらかにするための調査法の工夫について、やや冗長な解説に終始した。その中で、弥勒寺東遺跡の郡庁院Ⅰ・Ⅱ期とⅢ期の間に空間の意味の変化を読み取ることができる可能性を示した。これは正倉院のⅠ～Ⅲ期の変遷にも同様な変化[6]がみられた。郡庁の個々の建物の荘厳化と区画(遮蔽施設)の喪失が表裏の関係にあり、そこでおこなわれた儀式の変化、在地社会との距離感・結びつきの変化として評価できないかという予察の提示である。今後も、この地域の官衙関連遺跡について、郡庁の判定に必要な情報の集積、収集に心がけたい。

註

（１）文献２では、梁行を8.5尺としていたが、文献５でこれを8尺に改めた。
（２）（１）と同じく、6尺等間としていたが、6.25尺に改めた。
（３）（１）と同じく、梁行の柱間を7尺としていたが、7.5尺に改めた。
（４）（１）と同じく、桁行の柱間を7尺としていたが、8尺に改めた。
（５）郡庁区域に存在することから、正倉とは異なる機能が考えられ、「文書庫」とする案や、「楼閣」ではないかとする説がある。
（６）正倉Ⅰ期、掘立柱凡倉の並列→正倉Ⅱ期、維持・補修→正倉Ⅲ期、礎石建大型倉庫(法倉)の成立。

参考文献

1　関市教育委員会『重竹遺跡 －その３－』1984。
2　関市教育委員会『美濃国武義郡衙 弥勒寺東遺跡 －第１～５次発掘調査概要－』1999。
3　関市教育委員会『弥勒寺遺跡群 弥勒寺西遺跡 －関市円空館建設に伴う発掘調査－』2007。
4　関市教育委員会『国指定史跡 弥勒寺官衙遺跡群 弥勒寺跡 講堂跡発掘調査 平成９・10年度』2009。
5　関市教育委員会『国指定史跡 弥勒寺官衙遺跡群 弥勒寺東遺跡Ⅰ－郡庁区域－』2012。
6　関市教育委員会『国指定史跡 弥勒寺官衙遺跡群 弥勒寺東遺跡Ⅱ－正倉区域－』2014。
7　垂井町教育委員会『美濃国府跡発掘調査報告Ⅲ』2005。
8　藤原秀樹「河曲郡衙と伊勢国分寺」『平成27年度あいちの考古学2015 資料集』(公財)愛知県埋蔵文化財センター、2015。
9　山中敏史「国府の構造と機能」『古代地方官衙遺跡の研究』塙書房、1994。

図表出典

図１～11・14～20：文献５(図６～８・11－３については一部改変)。
図12：文献７。
図13：文献13を一部改変。
表１～14：文献５(表１は一部改変)。

表 2　遺構一覧（1）

※空欄は、今後の調査によって充当できる。――は、その可能性の無いもの。

正殿

遺構	年次	調査区	遺構番号	柱穴・根石掘方	柱痕跡等	柱穴 (cm) 長径	柱穴 (cm) 短径	柱痕跡 (cm) 長径	柱痕跡 (cm) 短径
正殿01	ME4	E7	SK40	掘立柱(1)	黒褐色粘土 黄・橙色土のブロックが入る。	(119)	(114)		
				掘立柱(2)	暗褐色土 全体に黄色粒が混じり、炭粒、円礫を少し含む。	135	111	63	57
				根石掘方	暗褐色粉やや砂質土 きめが細かい。				
正殿02	ME4	E7	SK32	掘立柱(1)	暗茶褐色やや砂質土 黄・橙色の岩石粒を多く含む。	165	(120)		
				掘立柱(2)	茶褐色やや粘質土 (1)に比べ、黒みが強い。	146	(92)	32	31
				根石掘方	暗褐色やや砂質土 黄・橙色の岩石粒の混入は少ない。	112	(80)		
正殿08	ME4	3T	SK124	掘立柱(1)	調査区の外か。	(142)	(106)		
	ME3・4	3T	SK4・P52	掘立柱(2)	※図18に注記。p.45	162	(110)	75	64
	ME4			根石掘方	調査区の外か。		(138)		
正殿09	ME3	3T	SK3	掘立柱(1)	黄色土と茶褐色土の混ざり。	150	110	60	59
	ME3			根石掘方	一部を検出した。	152~70 116~(25)			
正殿10	ME3	3T	SK10	掘立柱(1)	黄・橙色の岩石粒を含む。	160	150		
	ME3			掘立柱(2)	暗褐色	165	130		
	ME4			根石掘方	黄・橙色の岩石粒を少し含む。	85	60		
正殿11	ME4	E9	SK30	掘立柱(2)	検出されず。				
	ME4			根石掘方	調査区の外か。	(82)	(66)	50	(17)
正殿12	ME4	E9	SK19	掘立柱(1)	暗褐色やや砂質土 きめが細かい。	(90)	(70)		
				根石掘方	暗褐色	143	(100)	62	60
正殿13	ME4	E8	SK17	掘立柱(1)	黄・橙色の岩石粒を含む。	154	136	64	57
				掘立柱(2)	暗褐色やや砂質土 黄・橙色の岩石粒を含む。	137	106		
正殿14	ME4	E8	SK23	掘立柱(1)	黄・橙色の岩石粒を含む。	160	(44)		
				掘立柱(2)	検出されず。	170	105	57	55
正殿20	ME3	3T	SK11	間(1)		148	104	—	42
	ME4			間(2)	根石が残存する。	115	91	51	
正殿21	ME4	3T	—	間(1)	茶褐色やや砂質土 所々に暗褐色土のブロックが入る。	(122)	(50)	40	(20)
正殿22	ME4	3T	—	間(1)	明茶褐色土と暗褐色土のブロックが混ざり、黄・橙色土のブロックが入る。	(120)	(48)	(32)	(8)
正殿23	ME4	E9	—	間(1)		130	118	24	25
正殿24	ME4	E8	SK72	間(1)	暗褐色粘質土 均質。	104	(50)	36	(26)
正殿25	ME4	E8	SK71	間(1)	暗褐色粘質土 茶褐色土のブロックが少し入る。きめが細かい。	123	106	38	37
正殿26	ME4	E7	SK25	間(1)	黒褐色粘質土 全体に茶褐色粒を少し含む。きめが細かい。	125	(66)	38	(19)

表 3　遺構一覧（2）

東脇殿（南棟）

遺構	年次	調査区	遺構番号	柱穴・根石掘方	柱痕跡等	柱穴 (cm) 長径	柱穴 (cm) 短径	柱痕跡 (cm) 長径	柱痕跡 (cm) 短径
東脇殿01	ME4	E1	SK7	掘立柱(1)	黒褐色粘土 締まり強。	140	125		
				掘立柱(2)	黒褐色粘質土 黄色粒と炭を少し含む。	112	102	62	45
				根石掘方	暗茶褐色やや砂質土 きめが細かい。	—	—		
東脇殿02	ME4	E1	SK15	掘立柱(1)	暗茶褐色やや砂質土 黄・橙色の岩石粒を多く含む。	(140)	(65)		
				掘立柱(2)	茶褐色やや砂質土 きめが細かい。全体に黄色粒を含む。	130	(78)	32	31
				根石掘方	検出されず。				
東脇殿03	ME4	E1	SK49	掘立柱(1)	茶褐色砂質土 暗褐色砂質土、きめが強い、橙色粒が少しと黄・橙・橙色の岩石粒を含む。	164	(100)		
				掘立柱(2)	黄・橙色の岩石粒	160	(96)		
				根石掘方	調査区の外か。				
東脇殿05	ME3	3T	SK8	掘立柱(1)	※図29に注記。p.52	130	(114)	(72)	(15)
	ME4			根石掘方	検出されず。	115	95		
東脇殿06	ME3	3T	SK15	掘立柱(1)	※図30に注記。p.53	(100)	100		
	ME4			掘立柱(2)	検出されず。	135	110		
東脇殿07	ME3	3T	SK14	掘立柱(2)	※図32に注記。p.54	150	125	48	41
	ME4			根石掘方	作業内で切断か。	130	120		
東脇殿08	ME4	3T	SK76	掘立柱(1)	暗褐色粘土 小円礫を含む。	103	100		
				根石掘方	検出されず。	135	120		
東脇殿13	ME4	E1	SK8	掘立柱(2)	黒褐色粘土 きめが細かい、黄色粒の混入。	120	116		
				根石掘方	掘立柱	102	100	50	45
東脇殿14	ME4	E1	SK4	掘立柱(1)	茶褐色 黄色粒を多く含む。	(155)	125		
				根石掘方	根石の残存は認められず。	150	120	54	54
東脇殿15	ME4	E1	SK6	掘立柱(1)	黒褐色粘質土 ※図36に注記。p.57	(48)	100	(32)	48
				掘立柱(2)	検出されず。	158	116	55	50
東脇殿16	ME4	E1	SK5	掘立柱(2)	黒褐色粘質土 黒褐色粘質土のブロックが全体に黄色砂質土の粒が全体に混入する。	130	125	52	52
				根石掘方	柱穴に似るが、岩石黄色粒が全体に混入する。	66	59		

表4 遺構一覧(3)

西脇殿（南棟）

遺構	年次	調査区	遺構番号	柱穴・根石掘方	柱痕跡等	柱穴(cm) 長径	柱穴(cm) 短径	柱痕跡(cm) 長径	柱痕跡(cm) 短径
西脇殿01	ME 4	E10	SK57	掘立柱(1)	茶褐色土	141	134		
				掘立柱(2)	部分的に黄色ブロックが入る。	110	100	38	35
			SX64	根石掘方	根石が残存する。				
西脇殿02	ME 4	E10		掘立柱(1)	暗茶褐色粘質土	135	134		
				掘立柱(2)	01と同様に、黄色粒を含む。	96	69	36	35
				根石掘方	検出されず。				
西脇殿03	ME 4	E10	SK56	掘立柱(1)	暗褐色粘質土	140	136		
				掘立柱(2)	茶褐色やや粘質土、黄色粒を含む。	108	82	42	41
				根石掘方	検出されず。				
西脇殿04	ME 4	E10	SK67・P35	掘立柱(1)	暗褐色粘質土	123	110		
				掘立柱(2)	小円礫を含む。	104	78	49	45
				根石掘方	検出されず。				
西脇殿12	ME 3	6T		掘立柱(1)	茶褐色やや粘質土 全体に粗い黄色砂質土のブロックが入り、10～20cmの円礫を多く含む。	118	100	31	30
				掘立柱(2)	検出されず。				
				根石掘方	検出されず。				
西脇殿13	ME 3	6T		掘立柱(1)	暗褐色やや粘質土 粗い黄色砂質土のブロックが入る。黄色粒、小円礫・円礫を多く含む。	122	110	45	44
				掘立柱(2)	検出されず。				
				根石掘方	検出されず。				
西脇殿14	ME 3	6T	SK15	掘立柱(1)	茶褐色粘質土 粗い黄色砂質土のブロックが多く入る。小円礫は含まず。	100	(70)	35	33
				掘立柱(2)	柱穴に似るが、黒みが強い。				
				根石掘方	検出されず。				
西脇殿15	ME 4	6T	SK54	掘立柱(1)	検出されず。				
				掘立柱(2)	米図39に注記、p.60	(100)	(55)		
				根石掘方	根石の残存も認められず。				
西脇殿16	ME 4	6T		掘立柱(1)	暗褐色粘質土 黄色粒をなし含む。				
				掘立柱(2)	暗褐色粘質土 黄・橙色ブロックが入る。	106	104	47	41
				根石掘方	根石の残存も認められず。				

表5 遺構一覧(4)

西脇殿北棟

遺構	年次	調査区	遺構番号	柱穴	柱痕跡等	柱穴(cm) 長径	柱穴(cm) 短径	柱痕跡(cm) 長径	柱痕跡(cm) 短径
西脇殿北棟01	ME 4	6T	SK51	暗褐色粘質土	中心部が黄茶色土で、黄色の岩石粒を含み、その周囲は暗褐色土に炭粉が混じる。	94	75	25	23
西脇殿北棟02	ME 3	6T	SK 2		01に似た暗褐色粘質土	87	74	43	22
西脇殿北棟03	ME 3	6T	SK 5	暗褐色粘質土	01・02に同様に、黄茶褐色土で、黄・橙色岩石粒を多く含む。	114	104	44	32
西脇殿北棟04	ME 4	6T		黒褐色粘質土 全体に黄・橙・白色の岩石粒を含む。	01・02・03に同様に、暗褐色粘質土で、黄・橙・橙色土のブロックが入る。	104	85	32	32
西脇殿北棟05	ME 4	6T		暗褐色粘質土	暗褐色のブロックが入る。黄・橙色土のブロックが01～04に比べ、少ない。	80	76	30	30
西脇殿北棟07	ME 4	E 6		茶褐色粘質土 小円礫を含む。	中心部に黄色粒を多く含む。	74	60	28	26
西脇殿北棟08	ME 4	E 6		暗褐色粘質土	全体に黄色粒を含む。	68	68	26	26
西脇殿北棟09	ME 4	E 6		暗褐色粘質土 全体に黄色粒を含む。	中心部が黄色粘質土で、明茶褐色土に黄・橙色の岩石粒を含む。	66	64	30	28
西脇殿北棟10	ME 4	E 6		暗褐色粘質土	中心部に黄色土の混じりが多い、黒色土のところがある。	62	60	26	26
西脇殿北棟07下	ME 4	E 6		暗褐色粘質土	柱穴に似ない。	84	78	28	28
西脇殿北棟08下	ME 4	E 6		暗褐色粘質土 きめが細かい。	暗褐色土のブロックが入る。	(74)	74	30	30
西脇殿北棟09下	ME 4	E 6		暗褐色粘質土 全体に黄色粒を含む。	柱穴に似るが、やや黒み が強い。	(90)	78	36	36
西脇殿北棟10下	ME 4	E 6		黒褐色粘質土 きめが細かい、小円礫を含む。	柱穴に似ない。	100	84	30	30

東脇殿北棟

遺構	年次	調査区	遺構番号	柱穴	柱痕跡等	柱穴(cm) 長径	柱穴(cm) 短径	柱痕跡(cm) 長径	柱痕跡(cm) 短径
東脇殿北棟04	ME 4	E 3		暗褐色粘土と黒褐色土の混ざり。黄色粒・小ブロックが入る。	暗褐色粘質土 黄色粒を含む。	114	106	32	32
東脇殿北棟05	ME 4	E 3	SK100	暗褐色粘土と黒褐色の混ざり。黄茶色粒、小ブロックが入る。	暗褐色粘質土 黄茶色粒が明るく、黄色粒を多く含む。	114	91	28	28
東脇殿北棟06	ME 4	E 3	SK77	暗褐色土 05に似るが、粘質で、締まり強い。	黒褐色土 柱穴に比べ、黄色粒を含む。	102	100	30	30
東脇殿北棟07	ME 4	E 3	SK91	暗褐色土 全体に黄色粒を多く含む、炭粒も含む。	茶褐色粘質土 黄褐色粒を多く含む。	91	87	38	36
東脇殿北棟08	ME 4	E 3		暗褐色粘質土 黄褐色粒・炭粒を所々に含む。	暗褐色土 全体に黄褐色の小ブロックが入る。黄色粒は含まない。	90	88	26	26
東脇殿北棟09	ME 4	E 3		暗褐色粘質土 全体に黄茶色粒土の小ブロックが入る。所々に岩石粒を含む。	柱痕跡は調査区の外。	(60)	(12)		

表6 遺構一覧(5)

掘立柱塀1(1)

遺構	年次	調査区	遺構番号	柱痕跡等	柱穴(cm) 長径	短径	柱痕跡(cm) 長径	短径
塀1-01	ME3	6T		暗褐色土と茶褐色土混じりの砂質土、全体に白色粒を含む。	98	81	32	30
塀1-02	ME3	6T		柱穴に似るが、黒褐色のブロックは混じらない。下部は砂質土、暗褐色細粒を少し含む。	76	68	30	30
塀1-03	ME3	6T	SK6	茶褐色やや粘質土均質。	70	67	32	30
塀1-04	ME4	E11		暗褐色粘質土白色細粒を含む。	76	76	30	29
塀1-05	ME4	E11		全体に茶褐色土の小ブロックが入る、黄色粒を含む。	78	74	30	30
塀1-06	ME4	E11	SK146	暗褐色やや砂質土、黄色細粒を含む。	82	78	36	34
塀1-16	ME4	E10		暗褐色やや粘質土均質。	83	77	30	27
塀1-17	ME4	E10	SK115	塀1-16に比べ、暗褐色やや粘質土の割合が多く、茶褐色粘質土は小ブロックで全体に混じる。小円礫を含み、黄色粒は少し含む。	84	82	32	30
塀1-37	ME4	3T	SK106	流褐色砂質土。	90	84	40	40
塀1-38	ME4	3T	SK104	暗褐色土が混じる、炭粒を少し含む。	82	(20)		
塀1-47	ME4	E1	P33	黄色砂質土と暗褐色土の混ざり、全体に砂・小円礫を含む。	(74)	(30)		
塀1-48	ME4	E1		暗茶褐色粘質土のブロックが入る。2~3cmの円礫を含む。	68	64	30	30
塀1-49	ME4	E1	SK111	柱穴に比べ、黒みの強い粘質土、所に4~5cmの茶褐色粘質のブロックは入らない。	84	80	32	30
塀1-50	ME4	E1		暗褐色やや粘質土、所に茶褐色のブロックが入る、小円礫、2~3cmの円礫を多く含む。	82	80	30	30
塀1-51	ME4	E2		暗褐色土に茶褐色土が混じるやや粘質土で全体に黒褐色土は小ブロックで茶褐色土の小ブロックが入る。	84	76	33	32
塀1-52	ME4	E4	SK82	柱穴に比べ、黒みが強い、所に黄色土のブロックが入る。	84	77	34	30
塀1-53	ME4	E4		暗褐色やや粘質土、黄色土の小ブロックが入る。	72	70	30	30
塀1-54	ME4	E4	SK81	暗褐色やや粘質土、きめが細かい、少し粘みを帯びる。	86	86	30	30
塀1-55	ME4	E4		柱穴に比べ、やや黒みが強い。	75	72	30	28
塀1-56	ME4	E4		柱穴に比べて黒みが強い、やや粘性を帯びる。	83	83	34	34
塀1-63	ME4	E4	SK105	暗茶褐色粘質土、きめが細かい、明るい、円礫を含む。	82	74	36	33
塀1-64	ME4	11T		柱穴に似るが、やや粘質土、円礫を含む。	88	76	34	30
塀1-65	ME4	11T		暗褐色粘質土、黄色土のブロックが入る、小円礫を含む。	86	(66)	36	30
塀1-66	ME4	11T		黒褐色粘質土、黄色粒は含まない。	88	88	32	30
塀01-64に似る。								

表7 遺構一覧(6)

掘立柱塀1(2)

遺構	年次	調査区	遺構番号	柱穴	柱痕跡等	柱穴(cm) 長径	短径	柱痕跡(cm) 長径	短径
塀1-67	ME4	11T	SK138	黒褐色粘質土	柱穴に似るが、少し明るい。	72	(43)	(20)	(9)
塀1-74	ME4	3T		黒褐色粘質土。		94	80	30	30
塀1-76	ME4	E12		暗褐色粘質土。	柱穴に似るが、粘性が弱い。	96	90	32	32
塀1-77	ME4	E12		暗褐色粘質土、全体に茶褐色細粒を含む。塀01-74と似る。		82	74	30	28
塀1-78	ME4	E12		暗褐色粘質土。		96	85	34	34
塀1-79	ME4	E12		全体に茶褐色土の小ブロックが入る、黄色粒を含まない。	柱穴に似る。	88	(53)	32	(14)
塀1-83	ME3	6T		※図45に注記。p.67	調査区の外	(75)	(18)		

掘立柱塀2(1)

遺構	年次	調査区	遺構番号	柱穴	柱痕跡等	柱穴(cm) 長径	短径	柱痕跡(cm) 長径	短径
塀2-01	ME3	6T		暗褐色粘質土、全体に茶褐色小ブロック入り、炭粒を少し含む。	柱穴に似るが、細まりがやや強。	84	82	35	30
塀2-02	ME3	6T		暗褐色やや粘質土、小円礫を多く含む、全体に黄・桃・白色粒を含む。	茶褐色やや粘質土、全体に黄色粒を含む。	96	87	28	27
塀2-03	ME4	E11		暗茶褐色やや粘質土、全体に黄色粒多く入る。	柱穴に比べ、明るく、やや粘性を帯びる、黄色粒・小ブロックが混じる。	90	86	31	30
塀2-04	ME4	E11		茶褐色やや粘質土、全体に黄・白色粒を含む。	茶褐色粘質土の小ブロックが混じる、やや粘性を帯びる、部分的に黄色土のブロックの混じりが多い。	88	80	30	30
塀2-5	ME4	E11	SK102		茶褐色土と暗褐色土の混ざり、黄色粒を多く含む、やや黒みが強い。	89	80	30	30
塀2-06	ME4	E11	SK101	塀02-5に似る。p.68	堀込の外。	92	74	33	32
塀2-07	ME4	E11	SK145	暗褐色やや粘質土。	茶褐色粘質土、全体に黄色粒を含む。	86	76	30	30
塀2-16	ME4	E10		塀02-17,18に似るが、黒みが強い、黄色粒が細かい。	柱穴に比べ、黄色粒が細かい。	86	72	32	30
塀2-17	ME4	E10		暗褐色やや粘質土、黄色粒のブロックが多く含む、小円礫は含まない。	柱穴に比べ、黄色粒の混じりが少ない。	85	76	33	31
塀2-18	ME4	E10		暗褐色やや粘質土、所々黄色粒が含む、黄色粒を多く含む。		82	82	32	32
塀2-37	ME4	3T		※図49に注記。p.68	調査区の外。	80	(30)		
塀2-38	ME4	3T		暗褐色粘質土、やや黒みが強い。		108	(10)		
塀2-52	ME4	E2		暗褐色粘質土、一部に暗褐色粘質土の小円礫を含む。	暗褐色やや粘質土、小円礫を含む。	88	86	28	28
塀2-53	ME4	E2		暗褐色粘質土。	柱穴に比べ、黄色粒が細かい。	85	72	28	26
塀2-54	ME4	E4	SK131	暗褐色粘質土と暗褐色やや砂質土の混ざり、小円礫を含む。	黄色砂質土と暗褐色土の混ざり、砂質で細まりが弱い、4~5cmの円礫を多く含む。	100	88	34	34
塀2-55	ME4	E4	SK130	暗褐色やや粘質土、小円礫を黄色粒を多く含む。	柱穴に比べ、ブロックの方が多く入る、黄色土の小円礫を含む。	94	82	32	32

表8 遺構一覧（7）

掘立柱塀2（2）

遺構	年次	調査区	遺構番号	柱穴	柱痕跡等	柱穴(cm) 長径	柱穴(cm) 短径	柱痕跡(cm) 長径	柱痕跡(cm) 短径
塀2-56	ME4	E4	―	塀02-57に似る。	柱穴に比べ、黄色粒を多く含む、小円礫を含む。	100	96	30	30
塀2-57	ME4	E4	―	暗褐色やや粘質土きめが細かい。	柱穴に比べ、黄みが強い。	104	92	28	28
塀2-58	ME4	E4	SK129	暗褐色土の小ブロックが入る全体に茶褐色土の小ブロックが入る。	柱穴に似る。	96	58	32	32
塀2-64	ME4	11T	SK128	暗黒褐色やや砂質土黄色粒はまず、きめが細かい、小円礫を少し含む。	※図53に注記。p.72	84	(58)	(28)	(8)
塀2-65	ME4	11T	SK136	暗茶褐色やや粘質土部分的に黄色土の小ブロックが多くなる。15～20cmの円礫を含む		92	(90)	30	28
塀2-66	ME4	11T	SK135	暗茶褐色粘質土全体に黄色粒・炭粒・円礫を含む。	暗褐色粘質土燈褐色粒を含む、小円礫を含む。	86	84	30	30
塀2-67	ME4	11T	SK123	黒褐色粘質土全体に黄色粒を含む、小円礫を含む、8～9cmの礫を含む。	黄色粒を多く含む、小円礫は含まない。	90	86	34	34
塀2-68	ME4	11T	SK89	暗褐色やや粘質土黄色粒・炭粒を含む、円礫を含む。		81	77	34	34
塀2-69	ME4	11TWN	SK84	暗褐色やや粘質土全体に黄色粒・炭粒を含む、小円礫・円礫を含む。	柱穴に似る、やや粘質。	88	86	38	36
塀2-70	ME4	11TWN	SK90	黒褐色粘質土締まり強、きめが細かい、小円礫はまじない。	柱穴に似る、炭粒を含む。	94	(68)	36	34
塀2-76	ME4	11T	SK94	※図55に注記。p.73		(94)	(12)		
塀2-77	ME4	3T	―	黒褐色粘質土茶褐色土の小ブロックが入る。	柱穴に似るが、全体に黄色粒を含む、小円礫を少し含む。	108	(78)	32	32
塀2-78	ME4	3T	SK116	暗褐色粘質土全体に黄色土の小ブロックが入る。	柱穴に比べ、黄色粒の混じりが少なく、粘性を帯びる。	90	(68)	35	32
塀2-79	ME4	E12	SK132	暗褐色土やや粘質土全体に黄色粒を少し含む、炭粒を少し含む。	柱穴に似るが、砂質。	86	80	30	29
塀2-80	ME4	E12	SK133	暗茶褐色やや粘質土黄色土の小ブロックが多くなる、黄色粒を多く含む。	柱穴に比べ、粘性弱く、やや砂質。	94	92	35	32
塀2-85	ME3	6T	―	※図45に注記。p.67	調査区のみ。	(90)	(10)		

廃棄土坑

遺構	年次	調査区	遺構番号	覆土	長径(cm)	短径(cm)
廃棄土坑	ME3	3T	SK2	淡黒褐色土 暗褐色土がやや混じる。炭化米・炭粒を多く含む。	120	90
廃棄土坑	ME3	3T	SK6	暗茶褐色粘質土きめが細かい、炭粒を多く含む。	140	130
廃棄土坑	ME4	E7	SK69	暗褐色土	105	(90)
廃棄土坑	ME4	E9N	SK132	茶褐色土に多量の炭粒・所々に炭片を含む。	150	(90)
廃棄土坑	ME4	E9N	SK133	炭粒を多く含む、板状や棒状の炭を多量に含む。	120	(75)
廃棄土坑		3T	SK120	E9N SK127と同一の土坑。上半部は、暗茶褐色土やや粘質土多量の炭化米を少し含む、炭片を多く含む。下半部は、明茶褐色粘質土炭粒を多く含む。	160	(80)
廃棄土坑	ME4	E9N	SK127	3T SK120と同一の土坑。茶褐色土 多量の炭粒と所々に炭片を含む、黄・橙色粒を多く含む。	(150)	(135)

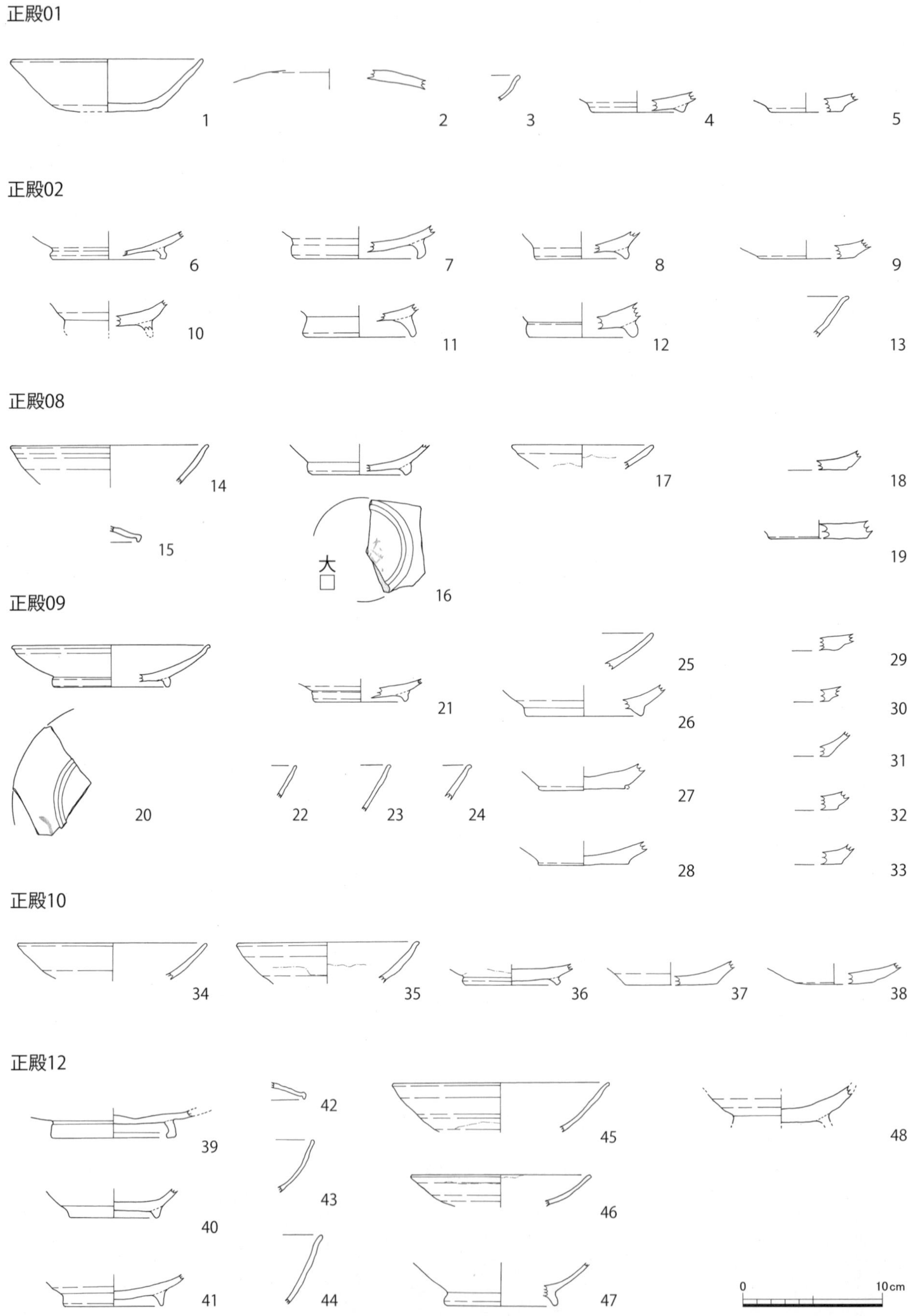

正殿01

正殿02

正殿08

正殿09

正殿10

正殿12

図14　遺構出土遺物（1）　1：4

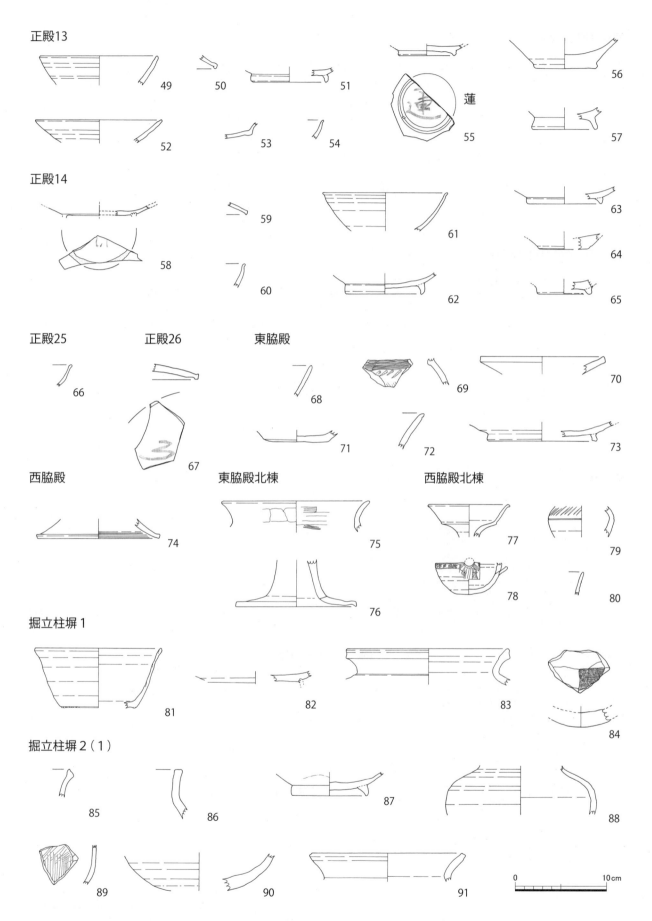

図15 遺構出土遺物（2） 1：4

掘立柱塀2（2）

建物2

郡庁院門前の遺構（包含層）

第8次調査（包含層含む）

堅穴建物

後殿（推定）

前身建物1　11T SK4　鍛治遺構5

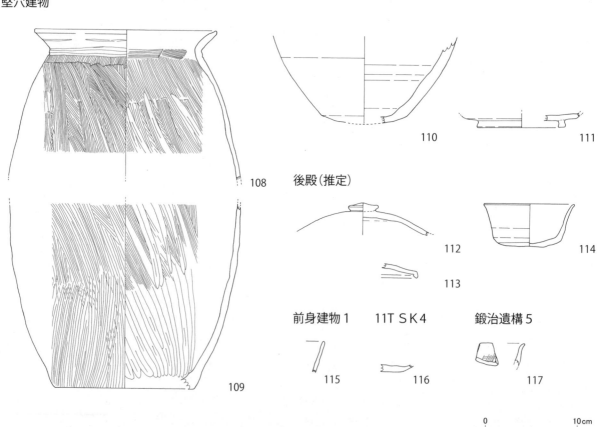

図16　遺構出土遺物（3）　1：4

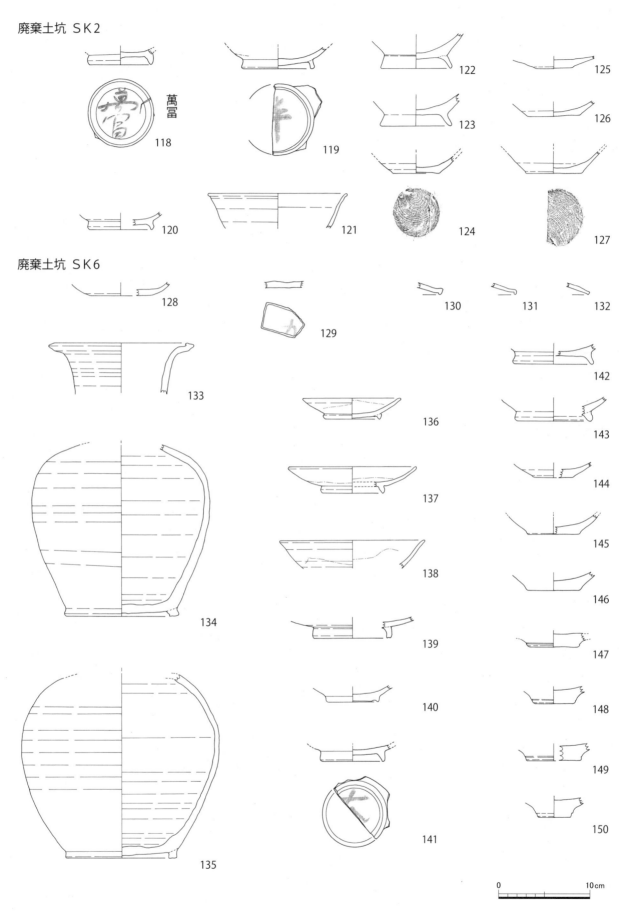

図17　遺構出土遺物（4）　1：4

廃棄土坑 SK133

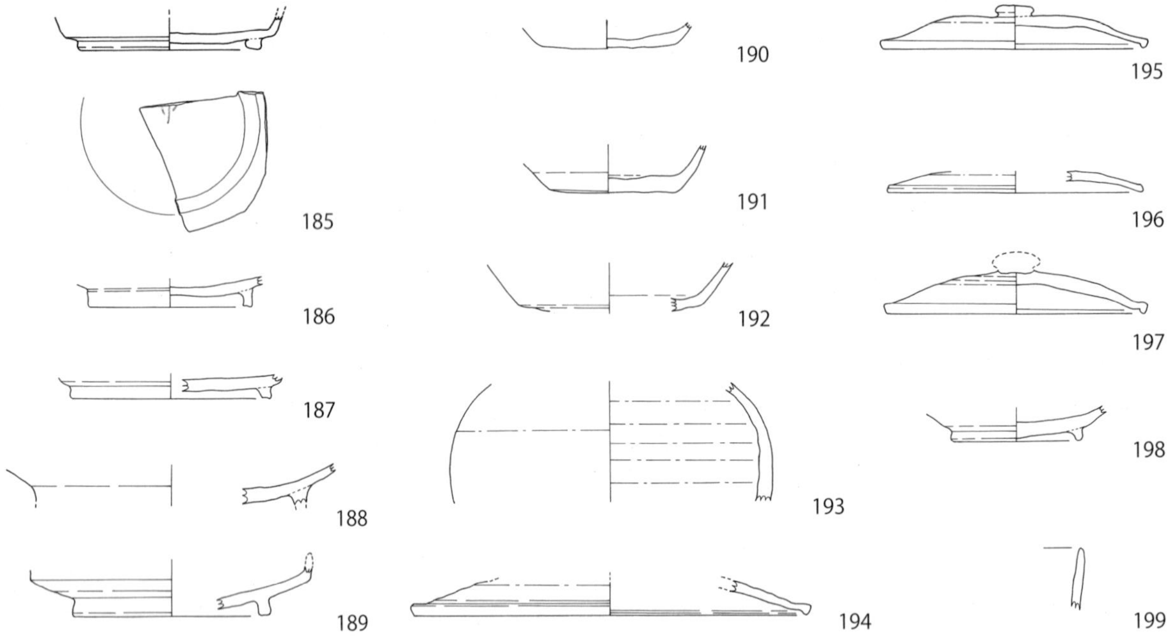

廃棄土坑 SK127

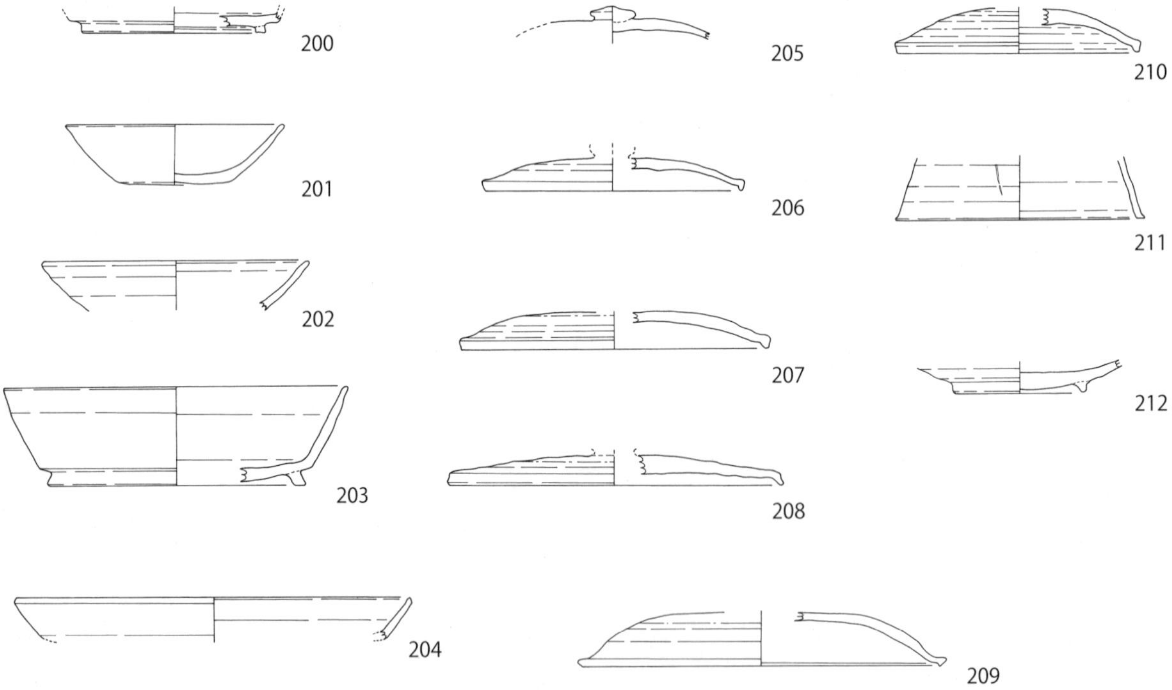

廃棄土坑 SK137

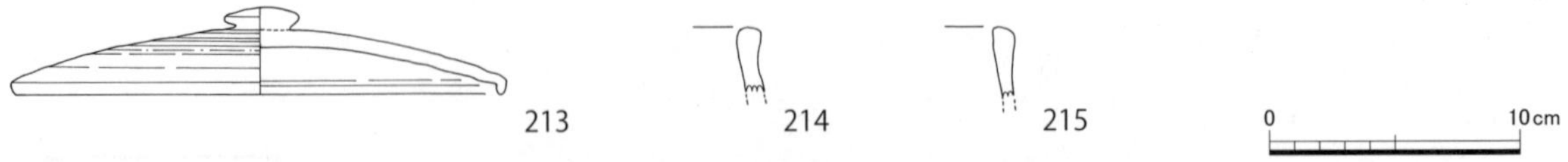

図18 遺構出土遺物（5） 1：4

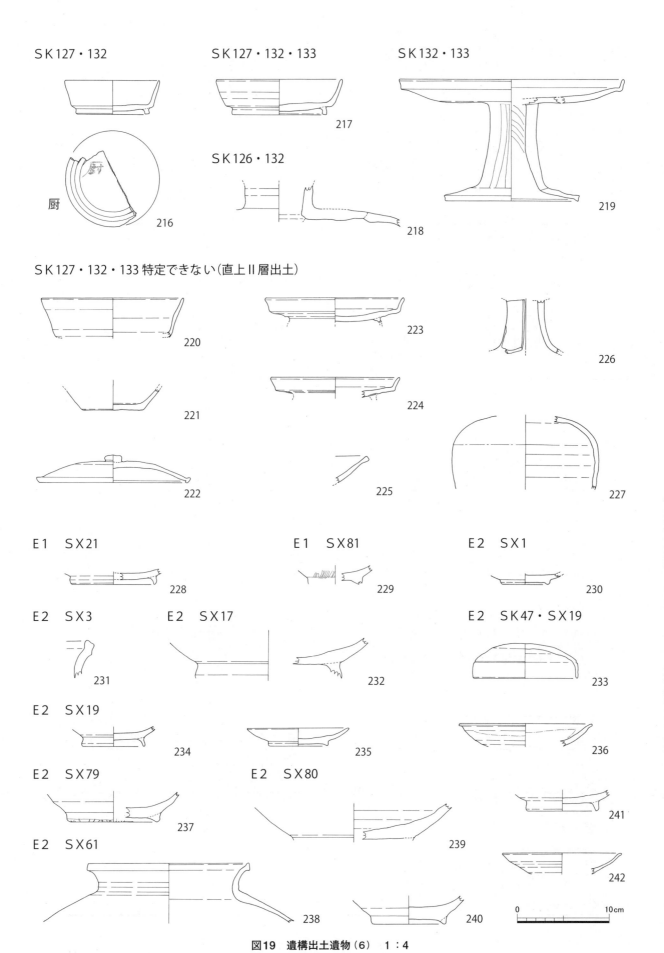

図19　遺構出土遺物（6）　1：4

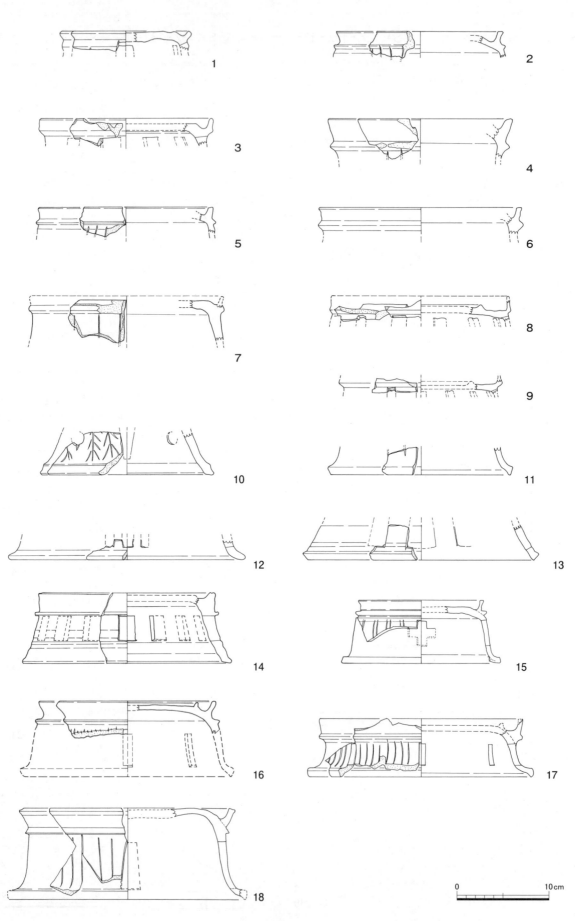

図20　円面硯　1：4

表9 遺構出土遺物集計 (1)

※ゴチックは一括取上 須…須恵器、土…土師器、山…山茶碗、灰…灰釉陶器、他…その他 /遺物番号、円面硯の番号

正殿

柱穴No.	年次	地区名	遺構	取上番号	須	土	灰	山	他	備考
正殿01	ME4	E7	SK40	468, 556	6	14	14	0	0	
正殿02	ME4	E7	SK32	477, 508, 559, 566, 798, C2590～C2600 C2758～C2761 C2815～C2819	1	190	26	0	1	切り合うP37…転用硯(未墨・灰釉陶器 椀)1, 切り合うP20…円面硯(須恵器 椀)1 /6 477…縄文1, 566…炭出土
	ME3	3T	P52(柱痕跡)	549	0	6	0	0	0	
正殿08	ME3	3T	SK4	359, 562	6	142	13	0	6	359…墨書(灰釉陶器 椀)1 /16
	ME4	3T	SK4	523, 572, 573, 812, 1059	1	15	7	0	0	
	ME4	3T	SK124	1060	0	0	1	0	1	
正殿09	ME3	3T	SK3	284, 355, 563, C222	1	151	31	0	3	C222…墨書・転用硯(灰釉陶器 皿)1 /20
	ME4	3T	SK16 (柱痕跡)	522, 808, 1063	0	42	5	0	0	掘立柱(2)の柱痕跡と礎石根石掘方検出中の取上遺物
正殿10	ME3	3T	SK10	541, 556, C596～C600 C668～C670	9	25	27	0	0	切り合うSX12…転用硯(未墨・灰釉陶器 椀か皿)1 /36
	ME4	3T	SK10 (ME3)	409, 417, 423, 425, 521, 1083	3	18	8	0	1	鉄製品が含まれる。
正殿12	ME4	3T	SK19	93, 531	6	24	19	0	0	93…転用硯(須恵器 高台付杯か盤)1 /39
正殿13	ME3	E9	SK17	96, 430, 830	10	36	24	0	1	96…転用硯(須恵器 盤)1 /53
正殿14	ME4	E8	SK23	510, 831	6	25	3	0	3	墨書「蓮」(灰釉陶器 椀か皿)1 /55・墨書(須恵器 盤)1 /58 510…縄文1 831…縄文1
正殿20	ME4	E8	SK11	C638, C639	1	1	0	0	1	切り合うSK13…墨書2
	ME4	3T	SK11 (ME3)	571	0	0	3	0	0	571…弥生2
正殿24	ME4	E8	SK72	472	0	1	2	0	2	
正殿25	ME4	E8	SK71	564	1	2	1	0	0	
正殿26	ME4	E7	SK25	794, 795	5	1	0	0	1	795…墨書(須恵器 蓋)1 /67
	ME4	E7	SK107	797	0	0	0	0	7	縄文1, 遺構名SK25と重複 未検出…03～07, 15～19 遺物なし…11, 21～23
計					56	695	183	0	7	

東脇殿 (1)

柱穴No.	年次	地区名	遺構	取上番号	須	土	灰	山	他	備考
東脇殿01	ME4	E1	SK7	330, 533	2	6	0	0	3	330…弥生1, 533…弥生1
東脇殿03	ME4	E1	SK49	529	0	0	0	0	1	弥生1
東脇殿05	ME3	3T	SK8	417	0	2	0	0	0	
東脇殿05	ME4	3T	SK8 (ME3)	703, 1056	0	1	0	0	1	1056…弥生1
東脇殿07	ME3	3T	SK14	545	0	0	0	0	1	縄文1
東脇殿08	ME4	3T	SK14 (ME3)	704, 1081	1	1	0	0	5	704…弥生1, 1081…縄文4
東脇殿13	ME4	3T	SK76	484, 705	0	1	1	0	12	484…石器2,5, 縄文3, 705…弥生3
東脇殿14	ME4	E1	SK8	534, 1019	0	3	0	0	1	534…弥生1
	ME4	E1	SK4	327, 684, 685	0	6	1	0	2	684…弥生1, 685…弥生1

表10 遺構出土遺物集計 (2)

東脇殿 (2)

柱穴No.	年次	地区名	遺構	取上番号	須	土	灰	山	他	備考
東脇殿15	ME4	E1	SK6	329, 1085	5	3	1	0	2	切り合うSK9…転用硯(未墨 須恵器 高台付杯)/73 1085…登窯1, 縄文1
東脇殿16	ME4	E1	SK5	328, 491, 1018	0	0	0	0	3	328…縄文1, 491…弥生1, 1018…弥生1 未検出…04, 09～12 遺物なし…02, 06
計					8	18	2	0	31	

西脇殿

柱穴No.	年次	地区名	遺構	取上番号	須	土	灰	山	他	備考
西脇殿01	ME4	E10	SK57	586	0	0	0	0	1	縄文1
西脇殿03	ME4	E10	SK56	858	0	4	0	0	3	縄文2, 石器1
西脇殿04	ME4	E10	P35 (柱痕跡)	520	0	2	1	0	1	弥生1
西脇殿14	ME3	6T	SK15	533	0	1	0	0	0	
西脇殿15	ME4	6T	SK54	419, N176	1	0	0	0	1	419…縄文1
計					1	7	1	0	6	未検出…05～11 遺物なし…02, 12, 13, 16

東脇殿北棟

柱穴No.	年次	地区名	遺構	取上番号	須	土	灰	山	他	備考
東脇殿北棟05	ME4	E3	SK100	689	0	1	0	0	0	
東脇殿北棟06	ME4	E3	SK77	544, 691	2	3	0	0	0	
東脇殿北棟07	ME4	E3	SK91	690	0	1	0	0	0	
計					2	5	0	0	0	未検出…01～03, 10～12 遺物なし…04, 08, 09

西脇殿北棟

柱穴No.	年次	地区名	遺構	取上番号	須	土	灰	山	他	備考
西脇殿北棟01	ME4	6T	SK51	525	2	0	0	0	0	
西脇殿北棟02	ME3	6T	SK2	489	2	0	0	1	0	
西脇殿北棟03	ME3	6T	SK5	488	0	1	0	0	0	
計					4	1	0	1	0	未検出…06, 11, 12 遺物なし…04, 05, 07～10

掘立柱塀 1 (1)

柱穴No.	年次	地区名	遺構	取上番号	須	土	灰	山	他	備考
掘立柱塀1-03	ME3	6T	SK6	474	0	0	0	3	0	
掘立柱塀1-06	ME4	E11	SK146	1065	1	0	0	0	0	
掘立柱塀1-17	ME4	E10	SK115	875	0	0	0	0	1	縄文1
掘立柱塀1-37	ME4	3T	SK106	810	1	1	0	0	0	
掘立柱塀1-38	ME4	3T	SK104	706	0	0	1	0	0	
掘立柱塀1-38	ME3	3T	P33	N165	0	0	1	0	0	
掘立柱塀1-47	ME4	E1	SK111	536	0	0	0	0	1	登窯1
掘立柱塀1-49	ME4	E1		766	2	0	0	0	0	

掘立柱塀1 (2)

表11 遺構出土遺物集計 (3)

柱穴No.	年次	地区名	遺構	取上番号	須	土	灰	山	他	備考
掘立柱塀1-52	ME4	E4	SK82	501, 853	0	2	0	0	2	853…弥生2
掘立柱塀1-54	ME4	E4	SK81	547	0	2	0	0	0	
掘立柱塀1-63	ME4	11T	SK135	730	0	0	0	0	1	瓦1
掘立柱塀1-67	ME4	11T	SK138	1029	0	0	0	0	1	縄文1
計					4	5	3	3	6	

掘立柱塀2

柱穴No.	年次	地区名	遺構	取上番号	須	土	灰	山	他	備考
掘立柱塀2-05	ME4	E11	SK102	709	0	0	0	1	0	
掘立柱塀2-06	ME4	E11	SK101	708	1	1	0	0	0	
掘立柱塀2-07	ME4	E11	SK145	1064	0	0	1	0	0	
掘立柱塀2-37	ME4	3T	セクションⅣ中	1139	0	0	0	1	0	
掘立柱塀2-38	ME4	3T	セクションⅣ中	1133	0	1	0	0	0	
掘立柱塀2-54	ME4	E4	SK131	1093	3	1	1	0	0	
掘立柱塀2-55	ME4	E4	SK130	1015	1	0	0	0	0	
掘立柱塀2-57	ME4	E4	SK129	1092	1	1	0	1	0	
掘立柱塀2-58	ME4	11T	SK128	1014	0	0	0	0	0	
掘立柱塀2-64	ME4	11T	SK136	1095, 1097	1	2	0	0	0	
掘立柱塀2-65	ME4	11T	SK117	1032, 1034	2	2	0	0	1	鉄滓1
掘立柱塀2-66	ME4	11T	SK123	807, 1033, 1037, 1098	1	1	0	0	0	遺構名SK135と重複
掘立柱塀2-67	ME4	11T	SK89	721	7	14	1	0	0	807…明文(土師器 杯)1 /89
掘立柱塀2-68	ME4	11T	SK84	C3149, C3186	1	1	1	0	0	C3149…明文(土師器 杯)1
掘立柱塀2-69	ME4	11T	SK90	714, C3148	1	1	0	0	0	
掘立柱塀2-70	ME4	11T	SK94	723, 803	2	1	0	0	0	
掘立柱塀2-78	ME4	E12	SK116	1103	1	0	0	0	1	未検出…08～15, 19～36, 39～51, 59～63, 71～75, 81～84 遺物なし…01～04, 16～18, 52, 53, 56, 76, 77, 79, 80, 85
計					25	24	3	2	1	

溝

柱穴No.	年次	地区名	遺構	取上番号	須	土	灰	山	他	備考
溝1	ME4	11T	SD12	728, 804, 806	10	15	0	1	0	C3175～C3177
溝2	ME4	11T	SD10	726, 727, 801, 805	14	7	0	3	0	C3166～C3168, C3172, C3174
溝3	ME4	11T	SD1	710, 1028, 1036	12	12	2	0	0	C2855, C2867～C2884, C3152, C3161, C3206
溝4	ME4	11T	SD11	715, 729	16	4	2	3	0	C3143～C3146, C3154, C3158, C3163
溝5	ME4	E12			0	0	0	0	0	
計					52	38	2	7	0	

表12 遺構出土遺物集計 (4)

後殿 (推定)

柱穴No.	年次	地区名	遺構	取上番号	須	土	灰	山	他	備考
後殿	ME4	E8	SK109	829	8	0	0	0	0	
後殿	ME4	E9N	SK124	1052	2	1	0	0	0	転用硯(須恵器 蓋)1 /112
後殿	ME4	3T	SK125	1079	0	0	0	0	1	登窯1
後殿	ME4	3T	SK119	1080	2	2	0	0	1	登窯1
計					12	3	0	0	2	

廃棄土坑

柱穴No.	年次	地区名	遺構	取上番号	須	土	灰	山	他	備考
廃棄土坑SK2	ME3	3T	SK2	293, 301, 344, 551, C775	0	565	29	0	0	C234…墨書「萬高」(灰釉陶器 碗か皿)1 /118 293…墨書(灰釉陶器 碗か皿) /119
	ME4	3T	SK2	481	0	7	1	0	0	
計				C230～C236	0	572	30	0	0	
廃棄土坑SK6	ME3	3T	SK6	542, 674, C247, C308, C309, C601～C636, C671～C682, C758, C760, C762, C764, C765, C768	48	98	17	2	2	674…弥生1, C606…縄文1, C608・C248…転用硯(灰釉陶器 皿)1 /137 C758…墨書(須恵器 皿)1 /129
廃棄土坑SK6	ME4	3T	SK6 (ME3)	92, 101	5	301	23	0	1	92…墨書「左」か(灰釉陶器 碗か皿)1 /141 101…弥生1
	ME3	3T	1層	370	8	215	41	0	0	SK6のものと思われる。
計					61	614	81	2	3	321…転用硯(灰釉陶器 碗か皿)1 /155 406…縄文6, 407…転用硯(未墨・灰釉陶器 皿)1 /166 407…転用硯(未墨・灰釉陶器 皿)1 /165 408…転用硯(未墨・転用陶器 皿)1 412, 557, 1094…転用陶器 碗か皿)1 /156
廃棄土坑SK69	ME4	E7	SK69	321, 406～408, 412, 427, 557, 1094	33	133	235	0	7	
廃棄土坑SK127 (SK120,126)	ME4	3T	SK126	811, 1125	21	6	0	2	0	SK127と遺構番号が重複 811…転用硯(須恵器 高台付杯)1 /200
	ME4	E9	SK127	850	37	1	0	0	0	墨書「厨」(須恵器 高台付杯)1 /216
計					58	7	0	2	0	
廃棄土坑SK132	ME4	E9	SK132	1050, 1051, 1101	54	38	0	0	1	1101…縄文1 1051…炭多数, 円面硯(須恵器)1 /18
廃棄土坑SK133	ME4	E9	SK133	851	69	1	0	0	0	墨書(須恵器 高台付杯)1 /185 円面硯(須恵器 蓋)2 /188,189 転用硯(須恵器 蓋)2 /196,197
廃棄土坑SK137	ME4	E9	SK137	1102	2	28	0	0	0	転用硯(須恵器 高台付杯)2 /186,187, 炭多数

表13 円面硯(1)

番号	年次	取上番号 番号	取上番号 一括	出土地点 地区	出土地点 遺構	残存部位	備考
1	ME4	667		9T5		海と陸	陸に墨付着。平滑。6方透かしと思われる。脚部外面と、陸の裏面に自然釉がかかる。灰が被らぬように、逆位で焼成したと考えられる。
2	ME4	387		E4	SX59	海と脚部	脚部に幅1〜1.4cmの刻みあり。突帯から刻み込まれている。
3	ME5	697		E8N	SD3	海	陸、平滑。脚部に間隔2.5cmの透かしあり。12方の透かしと思われる。
4	ME5	64		G2	II・III	海と陸と脚	陸、平滑。脚部に幅1.5cmの刻みあり。厚さ1.2cm。重量感がある。
5	ME3	1017		E1	SX81	海と脚	陸、平滑。脚部に幅1.5cmの刻みあり。厚さ1.2cm。重量感がある。
6	ME3	623		D	II	海と脚	脚部に間隔1cmの刻みあり。厚さ1.3cm。
7	ME4	509		E7	P20	海	P20は、正殿の柱で(F)02を壊す。
8	ME4	542		E3	SX7	海と陸と脚	脚部に間隔2.9〜2.5cmの3刻みあり。厚さ1.3cm。重量感がある。
9	ME2	439		S2E34	SD	海と陸	陸に墨付着。海小さい。透かし孔の幅1.4cm。間隔は2.6〜2.9cm。
	ME1	257		S12E31	I	海と脚	堤多く。透かし孔上面を抉るように調整。脚外面、陸裏面に自然釉。
	ME4	1105			表採	海と脚	透かし孔の幅1cm。間隔は1.8〜2.2cm。透かし上面を抉るように調整。(8)と似た堤のあるタイプと思われる。
10	ME3		A1022	AN3E9		脚端部	暗灰色。脚部に2cm間隔で綾杉状の刻文様と長方形の透かし孔がある。急症性が垢い。8方透かしと思われる。内面に自然釉。(1)(8)と同じ現象。
	ME4	229		F		脚部	間隔1.8cmの刻みあり。
	ME6	50		F	表採	脚端部	透かし孔の幅0.9cm。
11	ME4		C1248	E1	II	脚部	暗青灰色。透かし孔あり。他の製品より上面と脚上面が明らかに異なる。
12	ME3	271		3T	SK1	脚部	[弥勒寺]南門近くの溝より出土。正方形に近い透かし。透かし孔の幅2(F)〜1.7(上)cm。高さ2.4cm。間隔1.8と1.9cm。
13	ME5	327		G5	I・II	海と脚	脚部外面と内面に自然釉。
14	H9MT			MT	SD1	海と脚部	16方透かしか出土。(1)(8)(10)と同じ現象。
15	ME4	851		E9N	SK133	海と陸と脚	陸海土坑からの出土。陸、非常に平滑。幅1cmの「十」字透かし。間隔0.4cmで2筋セットの刻みが、幅1.2〜1.8cmの間隔で入る。
	ME4	1051		E9N	SK132	脚端部	
16	ME1	581		S12E31	I・II	海と陸	陸、非常に平滑。刻みの間隔は不均等で1.0〜0.4cm。
	ME4	818		E9N	I	脚	透かし孔の間隔は6.8cm。8方透かしと思われる。
17	ME1	269		S10E32	I〜III	海と脚	間隔0.7〜0.9cmの刻み。9筋ごとに幅0.7cmの透かし孔が入る。
	ME1	129		S10-11E28 .29		脚端部	8方透かしと思われる。
	ME4		C2609	E7	SX40	脚端部	
18	ME1	403		S7E35	I	海と陸と脚	陸は、やや平滑。
	ME1	270		3T(50)	I	陸	間隔1.3〜1.7cmの鋭く深い刻みあり。
	ME3	273		3T	I	陸	透かし孔の間隔は推定、幅は刻みの間隔で復元。
	ME3	279		3T(50)		脚	廃棄土坑からの出土。
	ME4		C3113	3T(50)	III	海と脚	
	ME4	1051		E9N	SK132	脚	
19	ME1	522		S1-2E39 S2E40		陸	正倉東2(法倉)基壇北側からの出土。6×5cmの細片。陸に墨付着。やや平滑。(18)のような堤のないタイプと思われる。
20	ME1	583		S9E29	II	陸	陸、非常に滑らか。厚さ1.1cm。重量感がある。7×6cmの細片。
21	ME3	270		3T(50)	I	脚	間隔1.9cmの刻み(2筋)あり。5×2cmの細片。
22	ME3	470		6T	I	脚	透かし孔あり。間隔1cmの刻み(2筋)あり。2.5×3.5cmの細片。
23	ME3	299		AN9〜6E8		脚	間隔0.8〜1cmの刻み(7筋)あり。6.5×3cmの細片。
	ME4	1100		E8N	I	陸	
24	ME4		C3064	3T(50)	II	陸	陸、非常に平滑。
25	ME4	819-1		E9N	I・II	脚	間隔1.6cmの刻み(2筋)あり。厚さ0.4cmの小型品。2×1.5cmの細片。
26	ME4	819-2		E9N	I・II	脚	間隔1.4cmの刻み(2筋)あり。(25)と同一の可能性あり。2.5×2cmの細片。
27	ME5	3		12T-S25E33	II	陸	陸、平滑。厚さ0.9cm。堤があるタイプと思われる。6×4cmの細片。

表14 円面硯(2)

単位: cm

番号	分類 法量	分類 形態	推定直径 A	推定直径 B	推定直径 C	推定直径 D	厚さ E	推定直径 F	推定直径 G	推定直径 H	推定直径 I	厚さ J	推定直径 K	推定直径 L	推定直径 M	高さ N
1	III	B b	14.4	13.5	13.8						10.8	1.0	12.6			
2	II	A b	18.0	17.2	18.6	18.2	0.6					0.75				
3	II	B b	19.0								16.2	0.8	17.8	19.0	17.8	
4	II	A —	20.0	18.6	19.4	18.2							17.4			
5	II	A b	19.0	18.8	19.6	19.1							17.3			
6	I	A —	22.0	21.4	22.2	21.0							19.8			
7	I	A b		21.0	21.4	20.6	1.2				18.0	0.8	20.0			
8	II	B a							13.0	14.0		0.7	18.6	19.6	19.0	
9	II	B a												17.6	16.6	
10	II	—					1.0	19.0								
11	II	—					0.75	20.0								
12	I	—					1.0	26.0								
13	I	—					0.8	25.6								
14	I	A a	19.2	19.2	20	19.2	1.2	23.0					17.0			7.5
15	III	A b	13.6	13.0	14.2	13.6	0.6	17.6			10.2	0.7	11.8			6.6
16	II	A a	19.4	18.4	20.2	19.8	0.8		15.6			0.6	17.0			
17	I	A a	22.0	21.5	22.0	20.5	0.8	24.2	17.6	18.4	18.6	0.8	20.2			6.1
18	I	A b	23.6	21.6	22.4	21.5	0.8	26.2								9.5
19		b										0.6				
20												1.1				
21							0.75									
22							0.75									
23							0.7									
24												0.7				
25												0.4				
26												0.5				
27		a										0.9				

※ I 20cm超、II 20cm以下、III 15cm未満
A 突帯有、B 突帯無／a 堤有、b 堤無

関東地方における郡庁域の空間構成

栗田一生 (川崎市教育委員会事務局文化財課)

I　はじめに

　関東地方は、現在の行政区分では茨城県・栃木県・群馬県・千葉県・埼玉県・東京都・神奈川県の1都6県にあたり、古代においては律令国家体制下で設置された地方行政組織である常陸・下野・上野・武蔵・安房・上総・下総・相模という8つの国にあたる。これらの国々は、それぞれ東山道と東海道に属していたが、人や物資の移動は概ねそのルートに沿っておこなわれていたことから、同じ道に属している国々の関係性は強かったと考えられている。

　この関東地方は、昭和54～56年(1979～1981)に実施された長者原遺跡(神奈川県横浜市青葉区荏田西)の発掘調査によって武蔵国都筑郡衙と想定される遺構群が発見されたこと等もあり、全国的にも早くから郡衙遺跡の調査・研究が進められてきた地域であり、現在では、各都県で郡衙やその関連遺跡が確認されている。しかし、郡衙の中心となる郡庁が確認されている遺跡は非常に少なく、関東地方で確認された郡庁同士を比較や検討できる状況ではない。そのため、現在も郡衙を含む地方官衙遺跡が次々と発見されている中で、郡衙または郡庁であると比定するために必要な要素をしっかりと把握しておく必要があると思われる。

　そこで本稿では、これまでに関東地方で発見されている郡庁を取り上げ、郡庁に必要な要素を抽出するとともに、その空間構成等の変遷等をとらえることで、何が考えられるか検討を試みたい。

II　関東地方における郡庁の研究と課題

　関東地方を含め、全国で発見された郡庁の類型化をおこなったのは山中敏史氏である。山中氏はこれまでに検出された郡庁の建物配置等から8つの類型(I類～VIII類)に分類し、各類型の諸要素を提示した(文献50・52)。また近年では、大橋泰夫氏が長舎と官衙研究について検討する中で、地方官衙政庁の類型や祖型等について論じているとともに(文献9)、村田晃一氏が東北地方や関東地方で発見されている郡庁の構成をもとに、山中氏の類型の細分化をおこなった報告を出している(文献49)。

(1) 山中敏史氏の分類 (図1)

　山中氏は、7世紀後半～8世紀初頭にかけての初期の郡庁には、ロの字形またはコの字形に長舎を配置した類型が多く見られ、しかも地域による特徴等が認められないことから、当時の都である藤原宮の宮殿や曹司の構造等に影響を受けている可能性が高いとしている。また、品字形の建物配置は、平城宮の曹司の構造等との類似性が見られることから、その影響を受けている可能性が高いとし、地方に設置された郡庁の構造は、それぞれの時期における宮城施設の構造の影響を受けて成立した類型であった可能性を指摘している。

　その上で、全国で発見されている郡庁に一般的に認められる共通性として、以下の8点をあげている。

①官舎群の中で大型の部類に属す建物数棟で構成される。
②中核的殿舎である正殿とその左右ないし前面左右に配した脇殿とを主たる構成要素とする、ただし、脇殿は省略される場合もある。
③正門または主たる入口からみると、正殿は基本的に正面の奥まった位置に存在する。
④正殿または前殿の前面に前庭を設ける。
⑤他の官舎群とは区別される方形を基本とした郡庁域を形成している。ただし、必ずしも周囲を塀や溝で囲繞した明瞭な一院を形成しているとは限らず、長舎等の外壁が遮蔽施設を兼ねているような例もある。
⑥郡庁域の規模は方54mほどが平均的規模であ

り、ある程度の規則があったとみられる。この規模は国庁の一般的な規模より一回り小さく、国衙と郡衙との官衙の等級序列を反映している。
⑦交通路や地形による制約を受けた場合を除くと南面することを基本とする。
⑧ほとんどが非瓦葺の掘立柱建物で構成される。

そして、こうした郡庁の特徴は、国庁などと類似した使われ方がされていた郡庁の一面を反映したものであるとし、国庁においておこなわれていた政務・儀式・饗宴と同様の行為が、その形を変えながらも郡庁でも実施されていたことを物語るものとした（文献50・51）。

【Ⅰ類―ロの字型】
　ⅠA類　ロの字長舎連結型
　ⅠB類　ロの字短舎連結型
　ⅠC類　ロの字回廊型
【Ⅱ類―コの字型】
　ⅡA類　コの字正殿隔絶型
　ⅡB類　コの字正殿非隔絶型
【Ⅲ類】　品字型
【Ⅳ類】　ロの字省略変形型
【Ⅴ類】　コの字省略変形型
【Ⅵ類】　品字省略変形型
【Ⅶ類】　両脇殿省略型
【Ⅷ類】　その他

(2) 村田晃一氏の分類（図2）

村田氏は、国史跡三十三間堂官衙遺跡の総括報告書中で、日理郡庁の検討をおこなう中で、山中氏の分類をもとにしつつ、正殿と脇殿の位置関係を重視し、一部山中氏分類と異なる大別6類に分類した。相違点は、山中氏分類のⅠC類を2タイプに細分するとともに（ⅠC1類・ⅠC2類）、コの字型のⅡ類のうち、長舎の脇殿もしくは複数の建物で構成された脇殿列が正殿後方まで延びるものを「H型配置」と呼んでⅡC類とした点等である（文献49）。

【Ⅰ類―ロの字型】
　ⅠA類　ロの字長舎連結型
　ⅠB類　ロの字短舎連結型
　ⅠC1類　ロの字回廊型
　ⅠC2類　ロの字回廊品字型
【Ⅱ類―コの字型】
　ⅡA類　コの字正殿独立型
　ⅡB類　コの字正殿非独立型
　ⅡC類　コの字H型
【Ⅲ類】　品字型
【Ⅳ類】　ロの字変形型
【Ⅴ類】　コの字変形型
【Ⅵ類】　品字変形型

こうした山中氏・村田氏がおこなった郡庁の類型化により、遺跡から発見された官衙的遺構群の中から郡庁である可能性が高い遺構群を抽出することが可能になったといえる。

しかし、郡衙の調査が全国的に進展する中で、極めて多様な構造・構成をもっている郡庁の類型が、時期や地域の特徴等を表わすのか、また何かしらの意味を有するのか、現状では明確な回答は導き出されていない。

Ⅲ　関東地方で検出されている郡庁（図3）

次に、関東地方において、これまでに郡庁が確認されている遺跡について、その概略を見ておこうと思う。

(1) 常陸国

神野向遺跡（鹿島郡衙）（図5）　茨城県鹿嶋市宮中字神野向・荒原の標高32～34ｍを測る鹿島台地神野向支丘に立地しており、JR鹿島神宮駅から南東に約1.7kmの場所に位置している。昭和55年（1980）に個人住宅建設にともなう発掘調査によって炭化米や瓦をともなった大溝が検出されたことを端緒に、翌昭和56年（1981）には大溝区画域内で礎石建物や掘立柱建物が発見され、東西約150ｍ、南北約180ｍの正倉院であることが確認された。また、昭和59年（1984）には正殿、前殿を配し、周囲に一辺約53ｍの回廊を廻らせた全国でも類のない構造をもつ郡庁が確認された。確認された郡庁は、3回の建て替えがおこなわれたと考えられ、第1期は正殿を中心にほぼ左右対称に南北に長大な脇殿を配置し、それらを塀によって連結させた区画を有し、第2期は概ね第1期を踏襲するが規模や構造に若干の変更が見られ、また正殿南側に前殿が設置され、第3期は第2期を踏襲するが正殿南北に廂が取り付くと想定される。『常陸国風土記』の中の「其の社の南」に郡家があるという記述を裏付けるように、鹿島神宮の南側にあたる地域で、常陸国鹿島郡の郡衙が発見され、常陸国風土

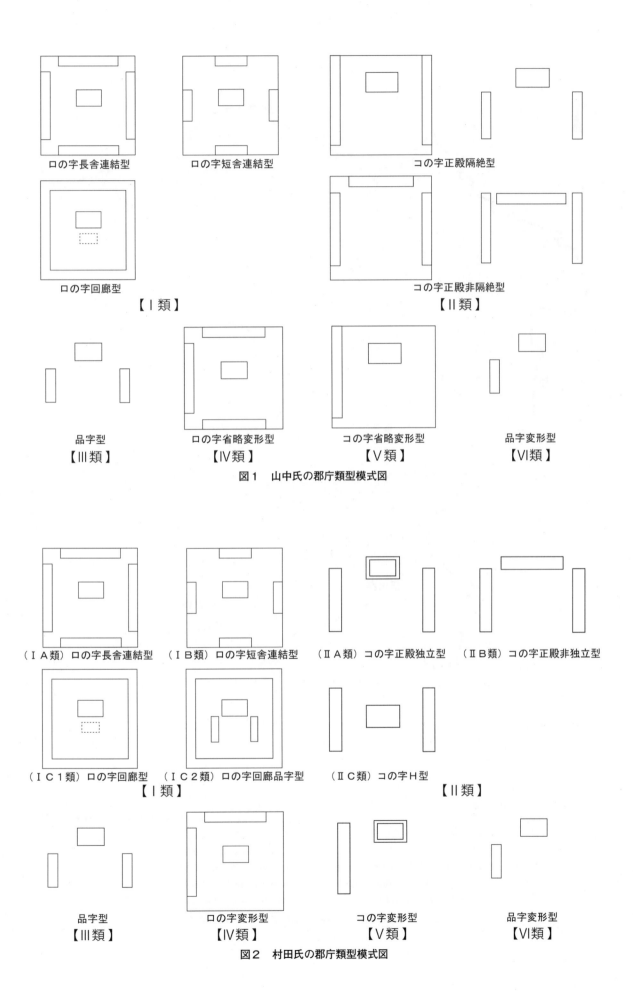

図1　山中氏の郡庁類型模式図

図2　村田氏の郡庁類型模式図

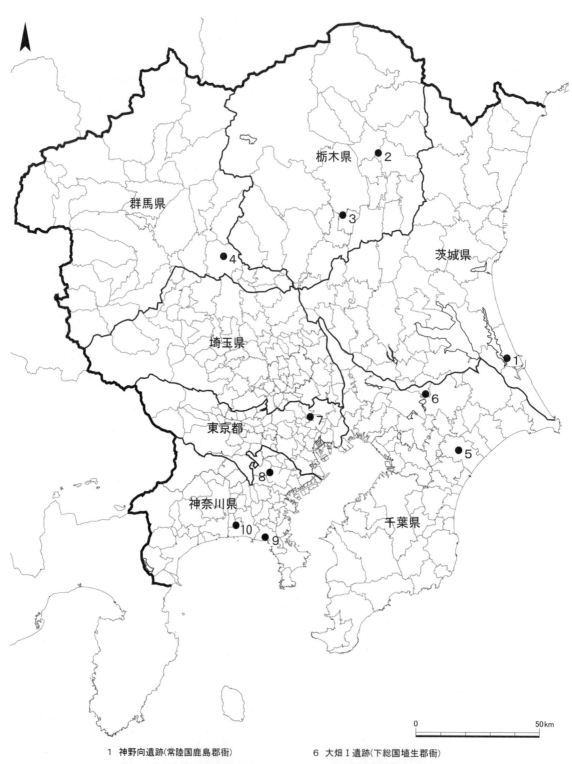

1 神野向遺跡(常陸国鹿島郡衙)
2 長者ヶ平官衙遺跡(下野国芳賀郡衙)
3 上神主・茂原官衙遺跡(下野国河内郡衙)
4 上野国新田郡家跡(上野国新田郡衙)
5 嶋戸東遺跡(上総国武射郡衙)
6 大畑Ⅰ遺跡(下総国埴生郡衙)
7 御殿前遺跡(武蔵国豊島郡衙)
8 長者原遺跡(武蔵国都築郡衙)
9 今小路西遺跡(相模国鎌倉郡衙)
10 下寺尾官衙遺跡群・西方遺跡(相模国高座郡衙)

図3　関東地方における郡庁検出遺跡　1：1500000

記の記事との整合性が確かめられた貴重な事例といえる(文献4・12・47)。

(2) 下野国

長者ヶ平官衙遺跡(芳賀郡衙)(図6) 栃木県那須烏山市鴻野山字長者家平の喜連川丘陵上に立地しており、JR鴻野山駅から北北西に約2.5kmの場所に位置している。平成13～17年(2001～2005)に実施された発掘調査により、郡庁や正倉等の大規模な建物群が発見され、奈良時代～平安時代に営まれた下野国芳賀郡衙と推定された。郡庁は、掘立柱建物の正殿と東西脇殿をコの字形に配し、正殿の南に前殿、八脚門が並ぶことが確認されている。また、その西側には総柱の掘立柱建物や礎石建物の倉庫群が並列して配置される正倉域が、さらに郡庁東側にも総柱の掘立柱建物で構成される倉庫群が確認されている。西側の正倉域外側にはコの字形で幅5m程の大型区画溝が囲んでおり、郡衙の範囲は南北約220m、東西350m以上であると推定される。確認された郡庁は、主要建物(正殿・脇殿・前殿・南門)の重複関係等から1～4期に時期区分されており、1・2期はコの字形の配置をとり、正殿を中心に、東西に長大な南北棟の脇殿を配置している。3・4期は、西脇殿が建てられず、正殿と東脇殿をL字形に配置し、正殿南側に前殿と南門を設置している(文献2)。

上神主・茂原官衙遺跡(河内郡衙)(図7) 栃木県河内郡上三川町上神主および宇都宮市茂原町の標高82～83mを測る独立丘陵上に立地しており、JR石橋駅から北東に約3kmの場所に位置している。平成7～12年(1995～2002)に実施された確認調査により、東西約250m、南北約390mの規模で、郡衙全体が溝や塀で囲まれていたことが判明し、区画内部からは、掘立柱建物を中心に竪穴建物・礎石瓦葺建物など、合わせて90棟を超える多数の建物群が発見された。そのうち区画ほぼ中心付近で、南面する正殿と、東西に両脇殿という3棟の大型掘立柱建物からなる郡庁が発見されている。郡庁は、遺構の重複関係から2期の変遷が想定されており、Ⅰ期は正殿と南北に長大な西脇殿がL字形に配置され、Ⅱ期は正殿をはさんで東西に長大な南北棟の脇殿を配したコの字形の配置をしている。また、郡庁の南正面には円墳が確認されており、郡衙諸施設の検出状況から、この古墳を意識して施設の配置がおこなわれた可能性が高

いと推測される(文献16・46)。

(3) 上野国

上野国新田郡家跡(新田郡衙)(図8) 群馬県太田市天良町・寺井町・新田小金井町の標高62～64mを測る大間々扇状地先端部に立地しており、東武桐生線治良門橋駅から西南西に約1kmの場所に位置している。この地域では、礎石が見られることから、古くより調査がおこなわれ、郡衙の一部が確認されていたが、部分的な調査が多かったため郡衙の全体像はつかめていなかった。しかし、平成19年度(2007)の調査で、郡庁の全容が確認されたことから、翌平成20年度(2008)に国史跡に指定された。それを受け、平成20～23年度(2008～2011)に確認調査が実施され、東西約400m、南北約300mの台形の区画溝に囲まれた中に、郡庁と正倉が配置された状況があきらかにされた。上野国内の郡衙について具体的な施設名を記した『上野国交替実録帳』の中で、新田郡衙の郡庁は東西南北に「長屋」を配置していたことが記されているが、これまでの調査でその記述に合致する長大な掘立柱建物が確認されており、『実録帳』の記載がかなり正確であることもあきらかになった。確認された郡庁は、規模としては全国的に例のない一辺約90m四方(通常の大きさは50～60m四方)を有し、遺構の重複関係等から概ね5段階の変遷をたどると想定されている。1・2段階では、東西南北に長さ約50mの長屋建物が囲む口の字形の配置をとるが、3・4段階では南側の長屋建物が建てられず、コの字形の配置となる。正殿は総地業の礎石建物となり、その南側に前殿が建てられる。5段階は、正殿周囲の長屋建物は建てられず、溝によって区画される。正殿は前段階と同じ場所を踏襲するが、壺地業の礎石建物となる。新田郡庁の存続時期は、出土遺物等により7世紀後半～9世紀前半にかけてと推定されている(文献29・31)。

(4) 上総国

嶋戸東遺跡(武射郡衙)(図9) 千葉県山武市嶋戸の標高約45mほどの丘陵上に立地しており、JR成東駅から北に約1.8kmの場所に位置している。平成9～18年度(1997～2006)まで発掘調査が実施され、この場所に存在するいくつかの古墳を避けるように区画の溝が巡り、東西約800m、南北約400mという広大な

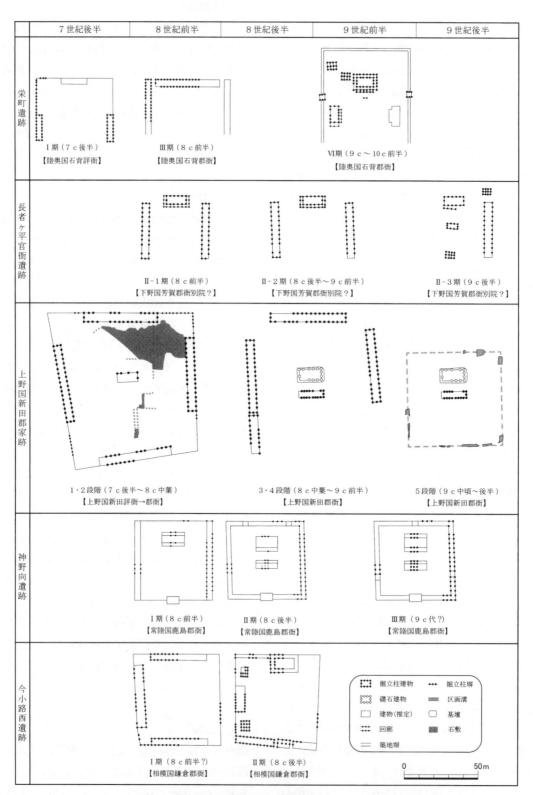

図4　関東地方で確認された郡庁変遷図　1：2500

範囲に、掘立柱建物が展開することが判明し、本遺跡が上総国武射郡衙跡であると推定された。建物群が斜方位に配置された地区と正方位に配置された地区が確認されており、両者の時期差・変遷等については、まだあきらかになっていない(文献5)。

(5) 下総国

大畑Ⅰ遺跡・大畑Ⅰ-2遺跡 (埴生郡衙) (図10)　千葉県印旛郡栄町竜角寺字大畑の標高28～30mほどの丘陵上に立地しており、JR安食駅から東南東に約2.3kmの場所に位置している。昭和57年(1982)に道路改良事業等にともない実施された大畑Ⅰ遺跡の発掘調査では、多数の掘立柱建物が検出されたが、そのうち調査区西側で発見された掘立柱建物群については長舎等を規則的に配置した様相を呈している。調査報告書では郡衙の可能性を示していないが、全国の事例等から郡衙である可能性もあることから、現在ではここが下総国埴生郡衙であると想定されている。郡庁である可能性が高い建物群は、長大な長舎で構成されているが、大部分が調査区外に及んでいることから、その構成等は現状では不明である(文献38・40)。

(6) 武蔵国

御殿前遺跡 (豊島郡衙) (図11)　東京都北区西ヶ原2丁目・上中里1丁目の標高約20mを測る武蔵野台地北東端に立地しており、JR上中里駅から南に約0.1kmの場所に位置している。昭和57年(1982)に実施された発掘調査(第1次調査)で郡衙が発見されて以降50次をこえる調査が実施されており、隣接する七社神社前遺跡の成果と合わせ、豊島郡衙の全容があきらかになりつつある。郡庁は、7世紀第4四半期頃の評段階のものとは別に8～9世紀頃までの4期の変遷が確認されている。Ⅰ・Ⅱ期は東西約51m、南北約64mと推定される掘立柱塀で区画され、正殿を中心として東西に両脇殿を置くコの字形の配置をしている。Ⅲ・Ⅳ期は東西約50m、南北約62mと推定される回廊が方形に巡り、その中に正殿のみが配置される構造があきらかになっている(文献41・44・45)。

長者原遺跡 (都筑郡衙) (図12)　神奈川県横浜市青葉区荏田西1・2丁目の宅地造成前標高35～45mの丘陵上に立地しており、東急田園都市線江田駅から南西に約0.4kmの場所に位置している。昭和54～56年(1979～1981)に大規模土地区画整理事業にともない発掘調査が実施され、東名高速道路をはさんだ東西の台地にまたがって約200m四方の広範囲で掘立柱建物群が検出された。東側の丘陵中央部には、西側と南側に長大な建物をL字形に配置した7世紀後葉の郡庁と北側の正殿と東西の脇殿を品字形に配置した8世紀代と想定される郡庁が発見されている。郡庁南東側には館または厨と推定される建物群が展開し、西側の台地上には税として徴収した稲穀等を収納した正倉等が確認されている(文献48)。

(7) 相模国

今小路西遺跡 (鎌倉郡衙) (図13)　神奈川県鎌倉市御成町に所在する鎌倉市立御成小学校内の標高約8.5mに立地しており、JR鎌倉駅から西に約0.3kmの場所に位置している。昭和59年(1984)から御成小学校の改築工事にともなう発掘調査が開始され、中世鎌倉の都市遺構が発見されたが、昭和60年(1985)に入り、それら中世遺構最下層の調査中、版築をともなう古代の基壇遺構が検出されるとともに、その基壇建物に切られる掘立柱建物群が存在することが判明したため、確認調査を実施したところ、コの字形の配置をとる建物群等が確認された。さらに、設計変更した校舎予定地での発掘調査においても、中世遺構の下に多数の古代遺構が検出され、この地が鎌倉郡衙の郡庁であると想定された(文献15・28)。

下寺尾官衙遺跡群・西方遺跡 (高座郡衙) (図10)　神奈川県茅ヶ崎市下寺尾字西方の標高10～11mを測る高座丘陵南西端に立地しており、JR香川駅から北北西に約0.8kmの場所に位置している。神奈川県立茅ヶ崎北陵高校の建て替えにともない平成14年(2002)に発掘調査が実施され、高校グラウンド下から高座郡衙の郡庁、正倉、館等、郡衙の主要施設と推定される建物群が検出された。郡庁は東西約70mの規模で、7世紀末～8世紀前半に成立し、四面廂付の掘立柱建物である正殿と、その北側に後殿、東側に脇殿が配置されていたが、8世紀中頃に、正殿の周囲を掘立柱塀で囲んだ配置に改変され、9世紀前半に廃絶している状況が判明している(文献10・13・37)。

Ⅳ　郡庁の構造・構成からの検討

(1) 郡庁の構造・構成

前章で関東地方で検出されている郡庁について紹

介したが、これらの郡庁については、その構造・構成に共通する部分(共通性)と共通しない部分(非共通性)が見られる。

まず、共通性としてとらえられるものは、以下のものである。
①建物の配置(山中分類・村田分類)
②建物の規模(大規模建物[長舎・廂付等]の存在)
③郡庁の規模(平均一辺50～60m)
④掘立柱建物の比率が高い
⑤郡庁の変遷(図4)
⑥前庭空間(広場)を有する

一方、非共通性としてとらえられるものは、以下のものである。
①建物の配置
②建物の規模
③郡庁の規模
④建物の構造
⑤郡庁の変遷

つまり、①～⑤については、共通性と非共通性の両方の性質を有しているといえる。①は、ロの字またはコの字といった建物配置にある一定程度の共通性は認められるが、関東地方、1つの国、さらにはある一定の地域、という中で見た場合、さまざまな建物配置の類型が見られ、そこには律令的な中央からの影響はほとんど見られず、各地域ごとの相違が明確に見られる。②～⑤についても同様に、地域ごとに建物規模・構造・変遷はさまざまであり、郡庁規模も平均的な規模以上のものもある。

ただし、⑥については、関東地方のみならず、全国の郡庁で共通して見られる特徴である。このことは、①～⑤と異なり、郡庁にとって前庭空間(広場)は必要不可欠な要素であったといえる。この前庭空間(広場)については、海野聡氏が、全国の地方官衙(国府・郡衙等)では必ず前庭空間が存在し、そこは「天皇と臣下」という空間構成を表した宮の朝廷空間と同様に、地方官衙においても天皇の代理である「クニノミコトモチ(国司)と郡司」という関係性を示す空間として再現し、律令制支配の強化につなげたと論じており(文献6)、郡庁においてもっとも重要視されていたと考えられる。

このように、強い共通性を有する反面、非共通性も多く見られ、一見矛盾を感じるが、実際には中央から国司を各国に派遣するとともに、それまで各地を治めていた豪族(国造等)を郡司に任命して律令体制に組み込み、伝統的な支配体制を活かして徴税・民政等を担わせた、古代律令国家の地方支配体制のあり方そのものといえる。おそらく、中央は地方に対して、天皇を中心とした律令体制の強化のため、その権威を知らしめる儀式空間として前庭空間(広場)の設置については徹底したが、それ以外の要素については、円滑な地方支配体制の構築のため、ある程度地域ごとの独自性を認めたのではないかと考えられる。

(2) 郡庁の比定

郡庁の比定については、前項のように、郡庁の構造・構成に共通性が見られることから、その特徴から比定することが可能になってきている。特に、建物群で囲まれた前庭空間(広場)の存在は、郡庁の比定に決定的な要素といえる。しかし、都市部等、広範囲を対象とした発掘調査の実施が困難な地域では、ごく一部分の遺構しか判明しない場合が多い。その場合、検出した遺構のみでは郡庁であると比定することは難しいことから、周辺で実施された発掘調査等により、総柱建物(倉庫)や区画溝といった地方官衙で多く見られる遺構の検出事例を確認するとともに、それら遺構の配置を面的に捉えることで、郡庁が存在する可能性を検討することは可能である。また、土地の履歴(地名・伝承等)と合わせ、郡庁の存在を検討する方法もある。

(3) 郡庁の構造・構成から見た特徴の抽出

これまで述べてきたように、郡庁の構造・構成には共通性と非共通性が見られる。第1項で触れたが、海野氏が論じているように、地方官衙では、中央の宮・宮城でおこなわれる「天皇と臣下」を示す数々の儀礼を、地方でも再現するために、国庁・郡庁に前庭空間(広場)を設けており、これは、全国に展開する地方官衙に共通する特徴といえる。しかし、共通性・非共通性の検討を通じて、関東地方における郡庁に見られる特徴を抽出しようと試みたが、現在発見されている郡庁から、前庭空間(広場)の存在以外に、そうした特徴を見出すことはできなかった。さらに、関東地方だけでなく、全国の各地方においても、同様に明確な地域的特徴を見出せないことから、前庭空間(広場)を含む儀式空間の設置という大原則以外は、各郡ごとの独自性が認められていたといえよう。

このことは、前述したように、地方支配を円滑に進めるために、地方豪族等の協力を仰ぐ必要があった律令国家が、地方豪族を郡司として律令体制に組み込みつつ、各地の伝統的な支配構造を温存したことが大きな要因といえる。

　古代地方豪族は、古代以前から中央の有力氏族等と関係性を有していたことが知られている。律令国家体制が地方に展開する7世紀後半～8世紀初頭において、郡庁・寺院等、大規模な施設を造営するためには、ある造営技術を有した技術者集団が必要であったと推測される。中央では、中央の宮城・寺院等の造営のための技術者集団だけでなく、各有力氏族にもそれぞれ技術者集団がいた。前代から続く中央氏族と地方豪族との関係性を考慮すれば、地方からの要請により、中央から技術者集団の派遣があったことも考えられる。そうすると、派遣された技術者集団は、自らが手掛けた宮城・官衙施設または寺院等の構造・構成を参考にして、地方官衙の造営にあたった可能性が高い。現状では検討する資料もなく、空論に過ぎないが、仮に中央の宮城・官衙施設と郡庁の構造・構成に共通性・類似性を見出すことができた場合、そこに中央と地方との関係性や技術者集団の派遣等を推測でき、当時の社会・政治的背景をあきらかにすることができるかもしれない。

V　おわりに

　本報告は、関東地方で発見されている郡庁の特徴や変遷等をとらえることで、古代の地域社会をあきらかにする一助にできないかどうかの検討を試みた。しかし、現状では郡庁のもつ多くの情報を抽出することさえ困難な状況といえる。関東地方の郡庁事例がまだ少数であることも言えるが、関東地方で確認された郡庁は全国的な共通性を有するものの、関東地方または各国単位での共通性あるいは地域性といった特徴が見られないことも大きな要因である。逆に、全国的な共通性が見られることは、古代律令体制において、郡庁を造営する際に何らかの規制があったことも推測できる。

　こうした郡庁の共通性と非共通性が、古代における地方の歴史をどのように表しているのかについては、今後の調査の進展を待つしかない。しかし、郡庁の変遷が、郡庁とともに郡衙の主要施設である正倉の変遷と合わせ、郡庁が消滅しても正倉は維持される場合、郡庁・正倉とも同時に消滅する場合等、さまざまな事例が確認されていることから、こうした変遷の違いに、当時の国と郡との関係性や郡内部の情勢等が反映されている可能性も考慮しつつ、今後も検討を続けていきたいと考えている。また、郡庁の構造・構成をさらに詳細に検討することで、当時の中央と地方との律令体制とは異なる、前代からの関係性をあきらかにすることもできる可能性があり、より複合的な古代史の復元につながるものと期待したい。

参考文献

1　伊勢崎市教育委員会『三軒屋遺跡－総括編－上野国佐位郡衙正倉院発掘調査報告書』2013。

2　板橋正幸「栃木県長者ヶ平遺跡」『日本古代の郡衙遺跡』条里制・古代都市研究会編、2009。

3　伊東秀吉・竹石健二ほか『川崎市高津区野川影向寺文化財総合調査報告書』川崎市教育委員会、1981。

4　茨城県潮来土木事務所・財団法人鹿嶋市文化スポーツ振興事業団『神野向遺跡　都市計画道路3・3・9須賀佐田線（鹿嶋市宮中地内）街路改良事業地内埋蔵文化財調査報告書』2005。

5　今泉潔ほか『武射郡衙跡－山武市嶋戸東遺跡総括報告書－』千葉県教育委員会、2009。

6　海野聡「古代地方官衙政庁域の空間構成」『日本建築学会計画系論文集』第74巻第645号、2009。

7　江口桂『考古学ハンドブック11　古代官衙』ニューサイエンス社、2014。

8　大橋泰夫『古代日本における法倉の研究　平成21年度～平成23年度科学研究費補助金（基盤研究（C））研究成果報告書』2012。

9　大橋泰夫「長舎と官衙研究の現状と課題」『第17回古代官衙・集落研究会報告書 長舎と官衙の建物配置報告編』独立行政法人奈良文化財研究所、2014。

10　大村浩司・新倉香ほか『神奈川県茅ヶ崎市下寺尾七堂伽藍跡確認調査概報－遺跡整備に伴う第2次～第7次確認調査の概要』茅ヶ崎市教育委員会、2004。

11　岡部町教育委員会文化財保護室『古代の役所－武蔵国榛沢郡家の発掘調査から－』岡部町教育委員会、2002。

12　鹿島町教育委員会『神野向遺跡Ⅰ－鹿島郡衙推定遺跡－』1981。

13　かながわ考古学財団『下寺尾西方A遺跡　茅ヶ崎方面単位制普通科高校（県立茅ヶ崎北陵高校）校舎等新築工事に伴う発掘調査』かながわ考古学財団調査報告157、2003。

14　神奈川県考古学会『平成18年度考古学講座　古代遺跡再発見』2006。

15 鎌倉市教育委員会『今小路西遺跡（御成小学校内）発掘調査報告書』1990。

16 上三川町教育委員会・栃木市教育委員会『上神主・茂原官衙遺跡』2003。

17 河合英夫「川崎市橘樹郡衙関連遺跡の調査」『第21回神奈川県遺跡調査・研究発表会発表要旨』神奈川県考古学会、1997。

18 河合英夫「古代の役所を掘る－武蔵国橘樹郡衙推定地の発掘調査－」『古代を考えるⅠ　郡の役所と寺院』川崎市市民ミュージアム、2003。

19 河合英夫「（調査報告）ここまでわかった橘樹郡衙－調査成果と課題－」『シンポジウム古代の川崎市役所を発掘する－橘樹郡衙推定地の調査成果と歴史的意義－発表要旨』川崎市教育委員会、2006。

20 河合英夫ほか『川崎市千年伊勢山台北遺跡調査報告書』千年伊勢山台北遺跡調査団、2000。

21 河合英夫ほか『蓮乗院北遺跡発掘調査報告書』蓮乗院北遺跡発掘調査団、2011。

22 川口武彦ほか『台渡里廃寺跡』水戸市教育委員会、2005。

23 川口武彦ほか『台渡里1』水戸市教育委員会、2009。

24 川崎市教育委員会『武蔵国橘樹郡衙推定地　千年伊勢山台遺跡－第1～8次発掘調査報告－』2005。

25 川崎市教育委員会『シンポジウム古代の川崎市役所を発掘する－橘樹郡衙推定地の調査成果と歴史的意義－記録集』2007。

26 川崎市教育委員会『武蔵国橘樹郡衙推定地　千年伊勢山台遺跡第9・10・11次－川崎市高津区千年におけるガス管敷設工事及び緑地整備に伴う確認調査報告書－』2008。

27 川崎市教育委員会『橘樹官衙遺跡群の調査〔古代編〕』川崎市埋蔵文化財発掘調査報告書第8集、2014。

28 河野眞知郎「神奈川県今小路西遺跡」『日本古代の郡衙遺跡』条里制・古代都市研究会編、2009。

29 群馬県太田市教育委員会『天良七堂遺跡3－平成21～23年度新田郡衙の確認調査報告書－』2012。

30 国士舘大学考古学会編『古代社会と地域間交流Ⅱ－寺院・官衙・瓦からみた関東と東北－』2012。

31 小宮俊久「上野国新田郡家」『古代東国の考古学1　東国の古代官衙』高志書院、2013。

32 佐藤信『古代の地方官衙と社会』山川出版社、2005。

33 鈴木靖民「第5章　古代の政治と文化」『川崎市史通史編1』川崎市、1993。

34 関市教育委員会『弥勒寺東遺跡－郡庁区域－』2012。

35 田中広明「郡家研究の視点」『古代東国の考古学1　東国の古代官衙』高志書院、2013。

36 田中弘志『律令国家を支えた地方官衙－弥勒寺遺跡群－』新泉社、2008。

37 茅ヶ崎市教育委員会『下寺尾官衙遺跡群の調査』茅ヶ崎市埋蔵文化財調査報告40、2013。

38 千葉県土木部・財団法人千葉県文化財センター『主要地方道成田安食線道路改良工事（住宅宅地関連事業）地内埋蔵文化財発掘調査報告書』1985。

39 千葉県教育振興財団『房総における郡衙遺跡の諸問題－下総国を中心として－』研究紀要25号、2006。

40 独立行政法人奈良文化財研究所編『地方官衙と寺院－郡衙周辺寺院を中心として－』2005。

41 大成エンジニアリング株式会社『東京都北区御殿前遺跡』2012。

42 鳥羽政之『中宿遺跡－推定・榛沢郡正倉跡の調査－』岡部町遺跡調査会、1995。

43 鳥羽政之『中宿遺跡Ⅱ－推定・榛沢郡正倉跡の調査－』岡部町遺跡調査会、1997。

44 中島広顕「武蔵国豊島郡衙の正倉－御殿前遺跡－」『郡衙正倉の成立と変遷』奈良国立文化財研究所、2000。

45 中島広顕「東京都御殿前遺跡」『日本古代の郡衙遺跡』条里制・古代都市研究会編、2009。

46 深谷昇「栃木県上神主・茂原官衙遺跡」『日本古代の郡衙遺跡』条里制・古代都市研究会編、2009。

47 本田勉「常陸国鹿島郡家」『古代東国の考古学1　東国の古代官衙』高志書院、2013。

48 水野順敏「神奈川県長者原遺跡」『日本古代の郡衙遺跡』条里制・古代都市研究会編、2009。

49 村田晃一「第Ⅴ章　考察」『国史跡三十三間堂官衙遺跡－平安時代の陸奥国日理郡衙跡発掘調査報告書－』亘理町文化財調査報告書第19集、宮城県亘理町教育委員会、2016。

50 山中敏史『古代地方官衙遺跡の研究』塙書房、1994。

51 山中敏史ほか『古代の官衙遺跡Ⅰ遺構編』独立行政法人奈良文化財研究所、2003。

52 山中敏史ほか『古代の官衙遺跡Ⅱ遺物・遺跡編』独立行政法人奈良文化財研究所、2004。

53 山中敏史「地方官衙と周辺寺院をめぐる諸問題－氏寺論の再検討－」『地方官衙と寺院－郡衙周辺寺院を中心として－』独立行政法人奈良文化財研究所、2005。

挿図出典

図1～3：著者作成。
図4：　文献49を一部改変。
図5：　文献4、12、47より作成。
図6：　文献2を一部改変。
図7：　文献16、46より作成。
図8：　文献29、31より作成。
図9：　文献5。

図10：文献38。
図11：文献41、44、45より作成。
図12：文献48。
図13：文献15、28より作成。
図14：文献10、37より作成。

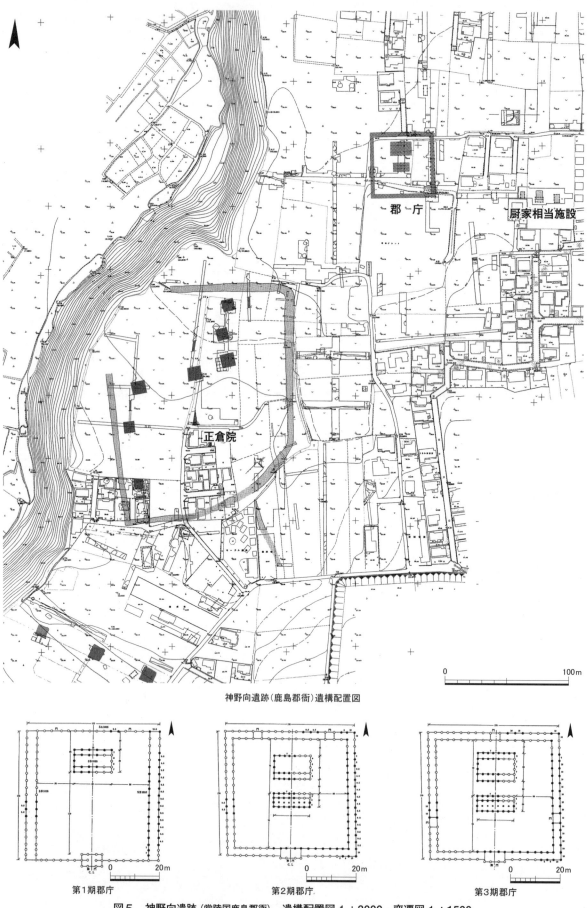

神野向遺跡(鹿島郡衙)遺構配置図

第1期郡庁　　第2期郡庁　　第3期郡庁

図5　神野向遺跡(常陸国鹿島郡衙)　遺構配置図1：3000　変遷図1：1500

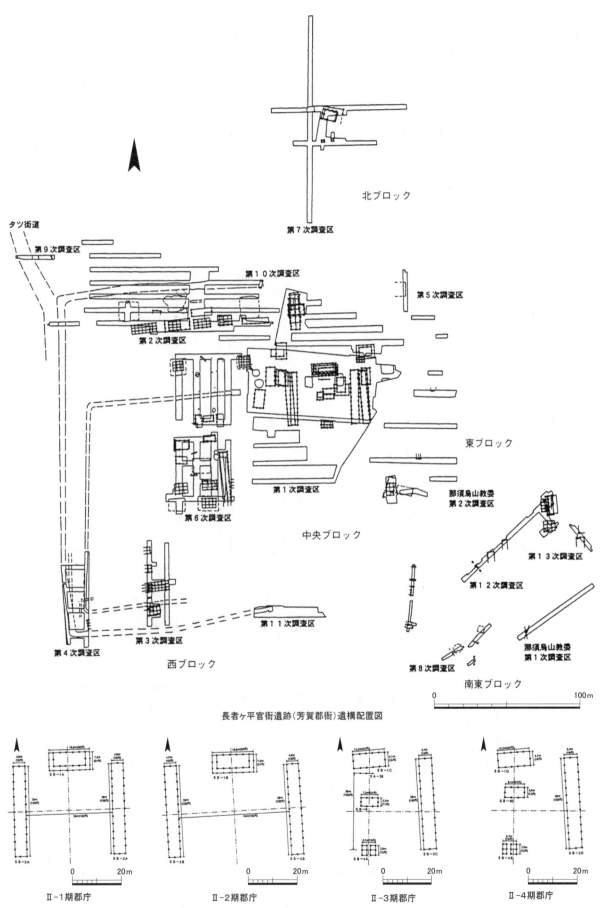

図6 長者ヶ平官衙遺跡(下野国芳賀郡衙) 遺構配置図1:2500 変遷図1:1500

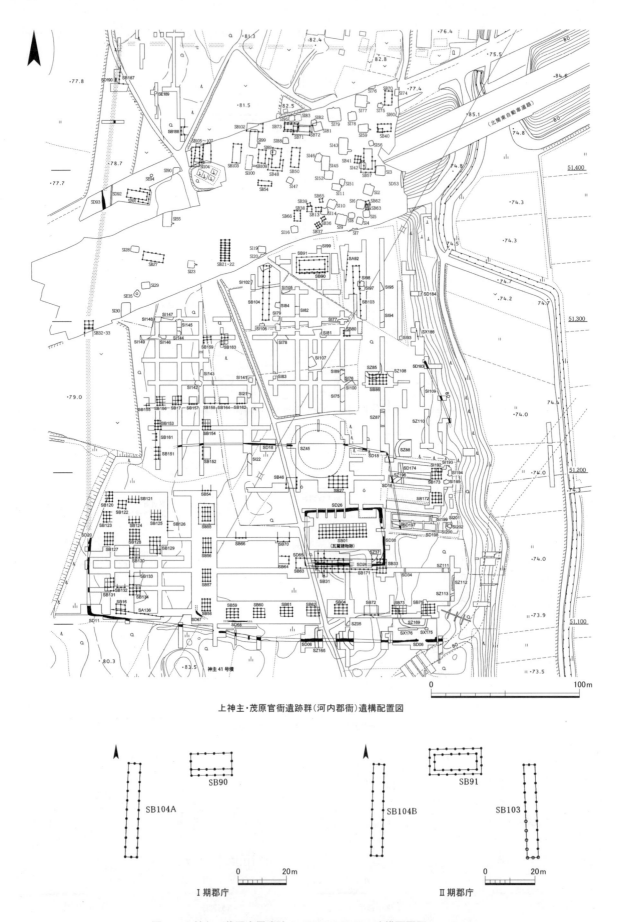

上神主・茂原官衙遺跡群（河内郡衙）遺構配置図

Ⅰ期郡庁　　　　　　　　　　　Ⅱ期郡庁

図7　上神主・茂原官衙遺跡（下野国河内郡衙）　遺構配置図1：2500

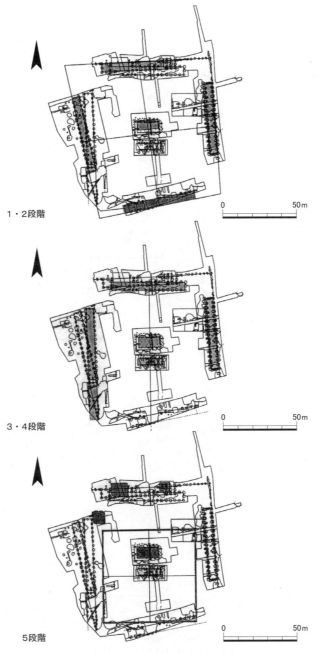

1・2段階

3・4段階

5段階

図8　上野国新田郡家跡（上野国新田郡衙）変遷図　1：2500

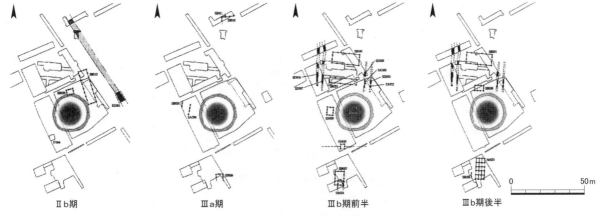

Ⅱb期　　　　　　Ⅲa期　　　　　　Ⅲb期前半　　　　　Ⅲb期後半

図9　嶋戸東遺跡（上総国武射郡衙）変遷図　1：2500

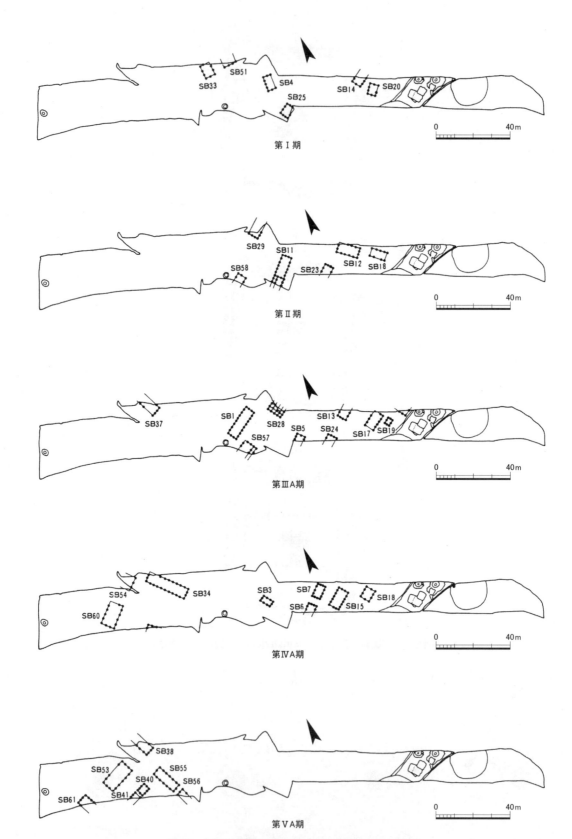

図10　大畑Ⅰ遺跡（下総国埴生郡衙）変遷図　1：2000

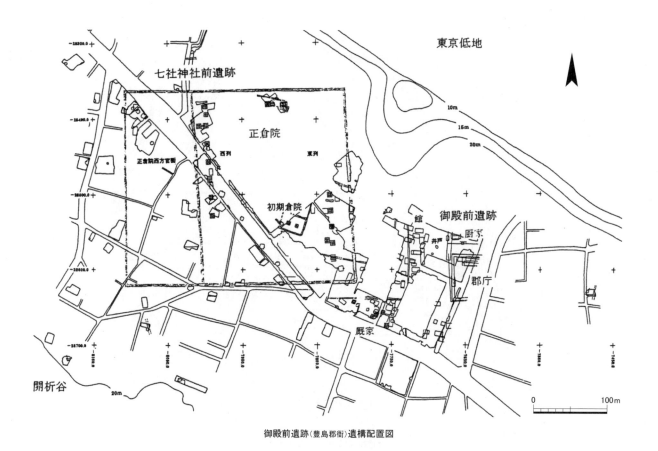

図11 御殿前遺跡（武蔵国豊島郡衙） 遺構配置図 1：5000 変遷図 1：1500

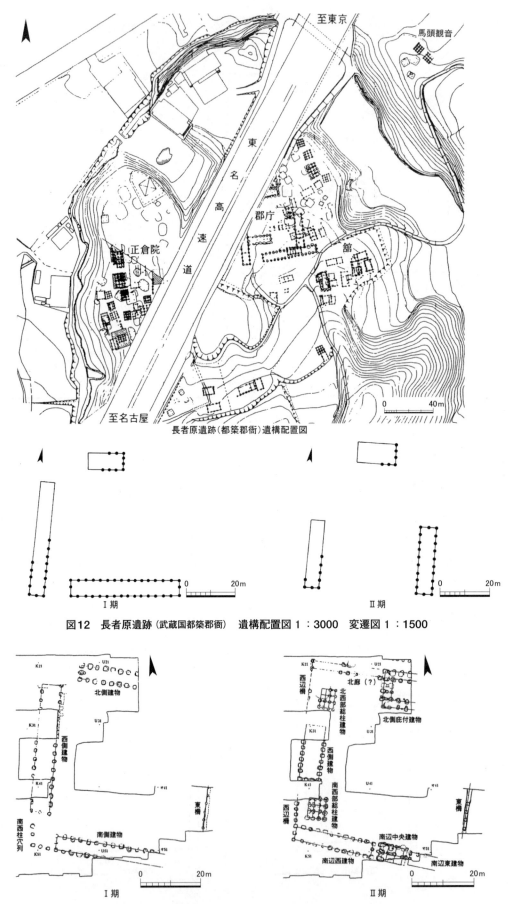

図12 長者原遺跡（武蔵国都築郡衙）遺構配置図 1：3000 変遷図 1：1500

図13 今小路西遺跡（相模国鎌倉郡衙）変遷図 1：1200

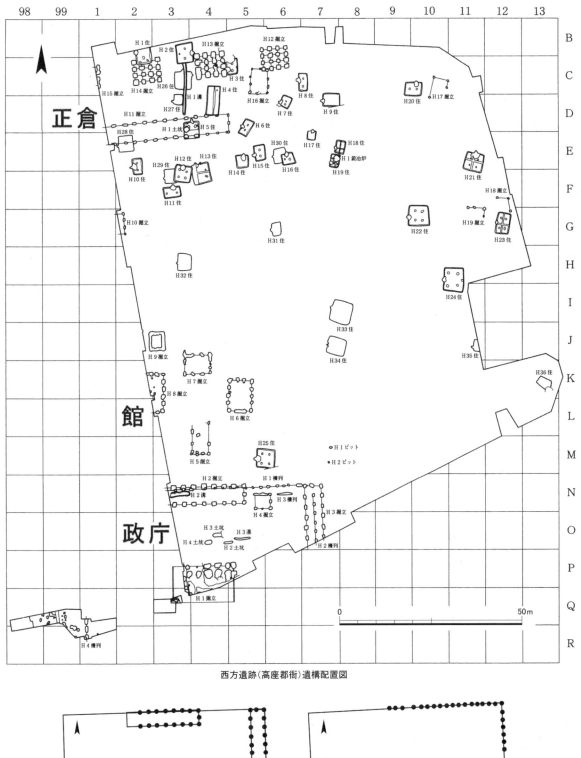

西方遺跡(高座郡衙)遺構配置図

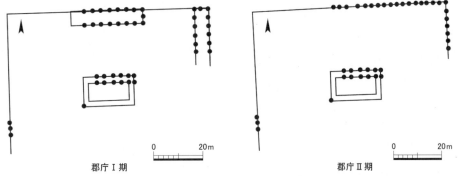

郡庁Ⅰ期　　　　　　郡庁Ⅱ期

図14　下寺尾官衙遺跡群・西方遺跡(相模国高座郡衙)　遺構配置図1：1000　変遷図1：1500

東北の郡庁の空間構成

藤木　海（南相馬市教育委員会）

はじめに

『古代の官衙遺跡』Ⅱ　遺物・遺跡編で、山中敏史氏は郡庁に一般的にみられる共通点として、以下の点をあげている（文献87）。

①官舎群の中で大型の部類に属す建物数棟で構成される。

②中核的殿舎である正殿とその左右ないし前面左右に配した脇殿とを主たる構成要素とする（脇殿・後殿の変化型としての回廊構造をともなう場合もある）。ただし、脇殿等は省略されることもある。

③正門または主たる入口からみると、正殿は基本的に正面の奥まった位置に存在する。

④正殿または前殿の前面に前庭（「庁庭」）を設ける。

⑤他の官舎群とは区別される方形を基本とした郡庁域を形成している。ただし、必ずしも周囲を塀や溝で囲繞した明瞭な一院を形成しているとは限らず、長舎（桁行7間以上の細長い平面形の建物）等の外壁が遮蔽施設を兼ねているような例もある。

⑥郡庁域の規模は方54mほどが平均的規模であり、ある程度の規制があったとみられる。この規模は国庁の一般的な規模より一回り小さく、国衙と郡衙との官衙の等級序列を反映する。

⑦交通路や地形による制約を受けた場合を除くと南面するのを基本としている。

⑧ほとんどが非瓦葺の掘立柱建物で構成されている。

また、東北の郡庁については、村田晃一氏が一連の研究のなかで、東北に広く展開する城柵政庁の体系的な整理をおこない、その中で城柵政庁と郡庁との比較もおこなって、東北の官衙政庁全体のなかにおける郡庁の特徴をあきらかにしている（文献74・76・77・80）。すなわち村田氏は、城柵政庁を規模の点から、

Ⅰ　一辺150m：志波城跡→最北端の城柵としての特性。

Ⅱ　一辺109m前後：多賀城跡・城輪柵跡→陸奥・出羽国府

Ⅲ　一辺90m前後：胆沢城跡・秋田城跡→準国府

Ⅳ　一辺70m前後：桃生城跡・徳丹城跡・払田柵跡→数郡を管轄

Ⅴ　一辺55m前後：東山官衙遺跡・伊治城跡→「城柵型（兼）郡家」

の5類型に区分し、正殿・脇殿などの殿舎や門、囲繞施設、前庭、政庁後方の空間など、政庁を構成する諸要素を検討した（文献80）。その中で、「城柵型郡家」の政庁を含む城柵政庁に比べて郡庁は正殿や脇殿の規模・配置にバラエティがあり、建物配置の踏襲性・継続性が希薄である点を指摘し、両者の違いを国府（＝律令国家）主導で造営がおこなわれた城柵政庁と、地方豪族によって造営・維持がおこなわれた郡庁との違いと理解した。

このように、郡庁の構造については、多くの事例から、その一般的な特徴が抽出されている一方、比較的画一的な様相を示す国庁や城柵政庁とは異なり、各郡の独自性を示す多様な構造の存在が論議されている。

本報告では、研究集会の主題に従って、東北各地で郡庁の遺構である可能性が指摘されている事例を取り上げ、その空間構成と特質について検討する[1]。そこで、まず各遺跡例について全体的な変遷や、郡庁の建物の構成・配置とその変遷を検討し、そこにみられる特質や問題点を抽出する。また合わせて、郡庁の造営計画の検討をおこなう。具体的には、各時期の建物や区画施設について、柱筋の通り具合や建物間距離の規則性、中軸線にもとづく左右対称性などの計画性を把握する。これまで、上述のような種々の特徴をもつ郡庁の建物配置を実現させた造営計画については、個別に検討された例はあっても、

横断的な検討や相互比較はあまりおこなわれていないように思う[2]。

そして、以上の検討によって導かれた特徴や問題点を、他地域の郡庁、あるいは国庁や城柵政庁などと比較することによって、東北の郡庁の空間構成とその特質をあきらかにすることとしたい。

I 事例の検討

東北地方において、陸奥国は、「国造本紀」から知られる北限の国造分布域であり、大化前代から大和政権の支配下にあった南部(以下、国造域)と、大化前後になって関東系土師器の出土などに示される関東を中心とした地域からの移民によって建郡が進められ、城柵が置かれた中・北部(以下、城柵域)という、性格の異なる二つの地域に分かれる(図1)(文献42)。日本海側の出羽国は、すべて城柵域に入る。後者に設置された城柵では、政庁をともなうものも多い。したがって、遺跡の性格が城柵か郡衙かという認定の問題が生じ、城柵と郡衙との共通性や差異性が検討課題となる。そのなかには、上述した村田氏の研究などによって、「城柵型郡家」として捉えられるものもある。一方、城柵の置かれなかった陸奥南部については、さしあたって、そうした問題は考慮しなくともよい。

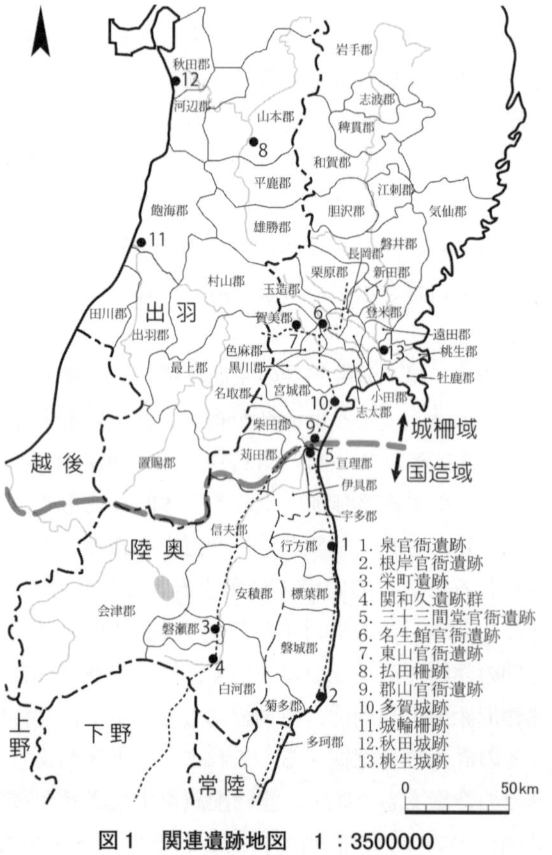

また、「郡庁」は『上野国交替実録帳』(以下、『実録帳』)から、「正倉」「郡庁」「館」「厨家」から構成されるということが知られ、その記述のなかで「郡庁」の内容がもっとも理解しやすい新田郡の項では、郡庁は東西南北に長舎である「長屋」を配し、中央に正殿として「公文屋」を配した状況が推定される(文献85)。したがって郡庁は、この『実録帳』の記述と合致するものがみつかれば、文句なしにそれと認めてよいと思っていたが、近年、発見された新田郡庁の遺構は、冒頭で述べた全国的な郡庁の一般的特徴である一辺約50mという点は当てはまらない。そのため、これを郡庁の多様性として捉えるのか、郡衙以外の特殊な性格の付与を想定するのかといった問題が生じ、城柵が置かれなかった地域でも、郡庁の認定や性格付けに議論の余地がある場合もある。

そこで、まずは国造域である陸奥国南部の遺跡例であり、『実録帳』から知られる「郡庁」の特徴と合致し、かつ考古学的にあきらかとなっている郡庁例に一般的な規模をもった、典型的な郡庁の遺構が検出されている泉官衙遺跡から検討を始めたい。

(1) 泉官衙遺跡 (陸奥国行方郡衙)

福島県南相馬市原町区泉に所在する。遺跡は市内を東流し太平洋に注ぐ新田川の河口ちかく、その北岸に沿って形成された丘陵南斜面の裾部から河岸段丘にかけて立地しており、西から町池、宮前、寺家前、町、舘前の小字にまたがる東西約1kmの範囲にわたって横に長く広がっている。遺跡背後の丘陵は標高20m以下で、官衙遺構は、その裾部にあたる標高8mほどの位置から、低湿な沖積地へと移行する標高3mほどの位置にかけて検出されている。全体には南へ向かう緩傾斜地で、部分的には河川流路に沿って形成された自然堤防と、その背後の後背湿地といった微地形の起伏を含み込む。

これまでの発掘調査で検出された遺構から、官衙を構成する主要な施設は、①郡庁院(寺家前地区)、②正倉院(旧県史跡指定地区)、③館院(町池地区)、④水運関連施設(町地区)、⑤寺院推定地(舘前地区)の5つの地区にまとめることができる(図2)。

施設の変遷は、後に詳しく述べる郡庁院の遺構期

図1　関連遺跡地図　1：3500000

1. 泉官衙遺跡
2. 根岸官衙遺跡
3. 栄町遺跡
4. 関和久遺跡群
5. 三十三間堂官衙遺跡
6. 名生館官衙遺跡
7. 東山官衙遺跡
8. 払田柵跡
9. 郡山官衙遺跡
10. 多賀城跡
11. 城輪柵跡
12. 秋田城跡
13. 桃生城跡

図2　泉官衙遺跡全体図　1：6000

区分にもとづき、主軸方位が座標北から16°30′東に振れるⅠ期、正方位をとるⅡ期・Ⅲ期に区分できる。町池地区の館院はⅡ期、町地区の水運関連施設はⅢ期に対応する。なお、遺跡東端の舘前地区は、瓦の出土から寺院跡の存在が推定されるが、遺構の様相は明確ではない。

以下では、郡庁院の構造や変遷過程を整理する。一連の遺構群は、泉官衙遺跡で確認された掘立柱建物のなかでも比較的大型の建物で構成されていること、廂をもつ大型の東西棟建物を中心殿舎である正殿として、その左右に脇殿を配し、正殿の前面に庁庭を設ける建物配置をとること、掘立柱塀と推定される一本柱列に囲繞されて他の官舎群から画然と区別される一辺50mほどの一院を形成していること、などの点から、冒頭で述べた郡庁の一般的な特徴を備えている(図3)。

①郡庁院の変遷

先述のように、郡庁院の遺構期は大きく主軸方位が座標北より16°30′前後東に振れるⅠ期、ほぼ正方位を向くⅡ・Ⅲ期に区分できる。後二者は、ＳＢ1710を正殿とする時期、ＳＢ1712を正殿とする時期である。以下、順を追って変遷をみていく(図4)。

Ⅰ期(7世紀後半～末)　Ⅰ期の建物配置は、郡庁域の西・東辺に脇殿としてＳＢ1701・1704、南・北辺に前殿・後殿としてＳＢ1706・1707が配置され、これらの建物に囲まれた院の中央北寄りに正殿としてＳＢ1703が配される。東・西脇殿は桁行8間、前・後殿は7間の長舎構造の建物に復元でき、東・西脇殿、前・後殿それぞれが妻の柱筋を揃えて対面する位置に置かれている。そして、これらが掘立柱塀で連結されて、南北に長い長方形の区画を形成する。区画の規模は、各コーナーにあたる柱穴が未確認であるため推定値となるが、東西43.0m×南北49.8mである。前・後殿は区画の中軸線に乗る。また正殿であるＳＢ1703は桁行4間に復元すると、やはり区画の中軸線に乗ることとなる。この時期の正殿は南面廂の構造をとる可能性があるが判然としない。

Ⅱ期(8世紀初頭～前半)　Ⅱ期の建物には同位置での建て替えが認められ、ａ・ｂの2小期に細分できる。

Ⅱ－ａ期は、区画の東・西辺に東・西両脇殿とし

てSB1702とSB1408が、南・北辺に前・後殿としてSB1705とSB1405がそれぞれ妻の柱筋を揃えて対面する位置に配置され、これらが掘立柱塀SA1405・1408・0202で連結されて長方形の区画を形成する。また、区画の南北中軸線上北寄りには、正殿として四面廂建物のSB1710aが配置される。区画の規模は、東西44.2m×南北50.9mである。この建物配置構造や区画の規模は、Ⅰ期のそれとほぼ同じ

であり、Ⅱ-a期の郡庁院は、主軸を正方位に変えながらもⅠ期の規模や建物配置をほぼ正確に踏襲したものと考えられる。なお、この時期の郡庁院は庁庭に玉石敷を施す。

Ⅱ-b期は、Ⅱ-a期の区画をほぼ踏襲して建て替えがおこなわれた段階である。すなわち、東・西辺はⅡ-a期のそれと同位置に重複するSA1701・1402、北辺はⅡ-a期北辺の北1.8mの位置を通る

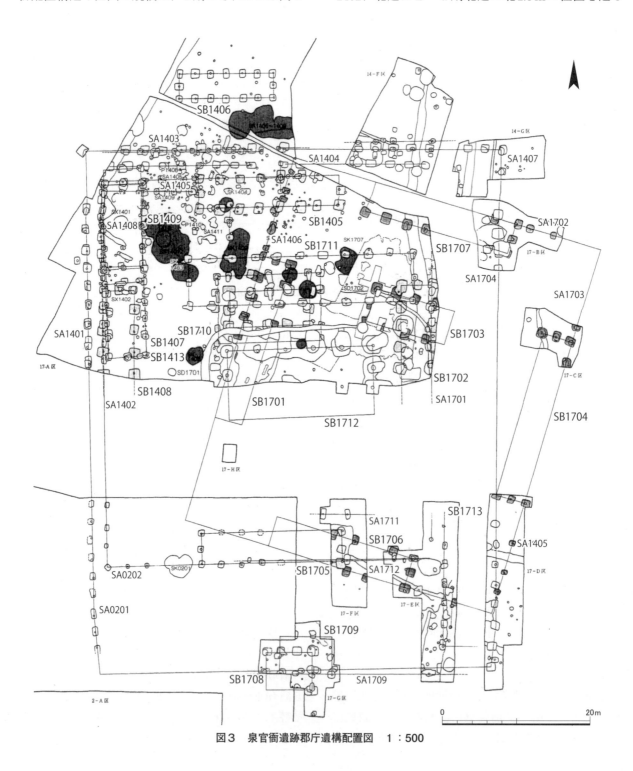

図3　泉官衙遺跡郡庁遺構配置図　1：500

ＳＡ1404によって区画される。南辺については不明確だが、Ⅱ－a期の南辺と重なるＳＡ1712がこれにあたると推定される。その場合、区画の規模は東西44.2ｍ×南北52.7ｍとなる。なお、北辺掘立柱塀であるＳＡ1404の東西中央の柱間は他に比してやや広くとられており、この部分に棟門が存在し、北辺の出入口となっていたものと考えられる。

この時期の正殿は、ＳＢ1710に建て替えの痕跡が認められることから、Ⅱ－a期の正殿が同位置・同規模で建て替えられて存続したものと思われる。また東・西辺掘立柱塀は、調査区内で確認された脇殿相当の建物すべてと重複しており、この時期にともなう脇殿は確認されていないことから、東・西辺の位置に脇殿はなく、掘立柱塀のみとなっていた可能性が高い。ただし後述するように、未調査部分に短舎の脇殿が存在した可能性は残る。

Ⅲ期（8世紀後半～9世紀）　Ⅲ期は郡庁院の区画が拡張され、掘立柱塀に囲繞された区画の規模は東西55.5ｍ×南北67.6ｍとなり、建物配置も大きく改変される。区画の中央北寄りに5×3間の正殿ＳＢ1712ａ、その背後に10×2間の長大な後殿ＳＢ1711、正殿の西北側には脇殿となる南北棟建物ＳＢ1407・1409・1413・1414・1415、東南側にはやはり南北棟のＳＢ1713・1714が配置される。区画の南辺中央には南門ＳＢ1708・1709が取り付く。

この時期の建物や掘立柱塀には、建て替えを主とした最大で3時期の変遷がみられる（a～c期）。

ａ期はＳＢ1712ａを正殿、ＳＢ1711を後殿とする。ＳＢ1711は1時期しか確認されていないが、正殿であるＳＢ1712と北辺掘立柱塀との間には約26.5ｍもの距離があり、建物配置の計画当初から予め後殿が置かれるべきスペースが広くとられていたと考えられることから、後殿もａ期から造営されたと考えられる。また、この時期には西脇殿としてＳＢ1413、東脇殿としてＳＢ1713ａが配される。そしてそれらをＳＡ1401ａ（西辺）、ＳＡ1403ａ（北辺）、ＳＡ1407・1704（東辺）、ＳＡ1709ａ（南辺）が囲繞し、南辺には南門ＳＢ1708が取り付く。

Ⅲ－a期の郡庁院が成立して以降の変遷は、基本的にａ期の建物や区画施設が踏襲される。ただし、ａ期の西脇殿ＳＢ1413は9×2間の長舎であったが、ｂ期には同位置を踏襲した2棟の短舎ＳＢ1407・1414を直列配置させた形態に変わる。また、すべての建物に等しく建て替えを確認できるわけではなく、すべての施設がａ～c期まで存続したわけではない。

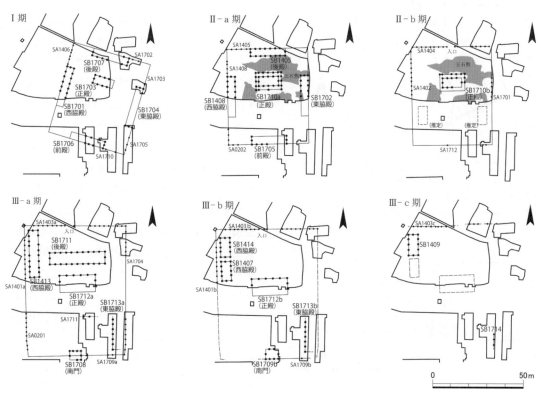

図4　泉官衙遺跡郡庁遺構変遷図　1：2000

②郡庁院の造営計画

　以下では、各期の建物配置を子細にみることで、整然とした配置をとる政庁院の造営計画の一端をあきらかにしたい（図5）。

　Ⅰ期郡庁院の造営計画　正殿の北側柱列と東・西脇殿の北妻は柱筋が揃う。また前・後殿は両妻の柱筋を揃えて対面する位置にあり、前殿・正殿・後殿は桁行中軸線を揃えて並列している。したがって、これら郡庁院を構成する各建物は、対面しあるいは隣り合う建物との関係性のもとに配置されたことがわかる。このような見た目の計画性のほかに、建物間距離などの計測値を加えると、より具体的な造営計画を把握することができる。まず、正殿と前殿の距離は27.9mを測り、後殿と正殿の距離9.3mの3倍の値を示す。正殿と東・西脇殿の建物間距離は、それぞれ12.0m、12.2mを測り、これは前・後殿のコーナーに取り付く南・北辺掘立柱塀の長さ（すなわち前・後殿の妻と区画の東・西辺との距離）に等しい。東・西脇殿の北妻から区画北辺までの距離は12.7m、南妻から南辺までの距離は15.0mを測り、東・西脇殿は、区画の東・西辺の中央から北にやや寄った位置にある。

　Ⅱ期郡庁院の造営計画　Ⅱ-a期郡庁院では、正殿の北入側柱列と東・西脇殿の北妻の柱筋がほぼ揃う。これは北側に廂をもたないⅠ期における正殿と脇殿の配置関係を、正確に踏襲したものとみることができる。また、前・後殿は両妻の柱筋を揃えて対面する位置にあり、前殿・正殿・後殿が桁行中軸線を揃えて並列している。建物間距離等の計測値をみると、Ⅰ期の建物配置関係をほぼ踏襲したとみられる点がある一方、若干の違いがみられる部分もある。まず、四面廂建物の正殿と後殿との距離は9.0m、正殿の身舎すなわち北入側柱列で計測すると11.1mである。一方、前殿と正殿との距離は24.9m、正殿の身舎すなわち南入側柱列で計測して27.0mを測り、後者の数値は正殿の北廂と後殿との距離の3倍の値となる。また、正殿の身舎すなわち東・西入側柱列と東・西脇殿の距離は、それぞれ12.3m、12.9mを測り、これは前・後殿のコーナーに取り付く南・北辺掘立柱塀の長さにほぼ等しい。したがって建物間距離の設定においても、本期はⅠ期のそれと共通する点が多く、Ⅰ期の郡庁院を造営した施工原理が以後も継承され、Ⅱ-a期郡庁院の造営においても、それがかなり忠実に踏襲されたとみてよいであろう。

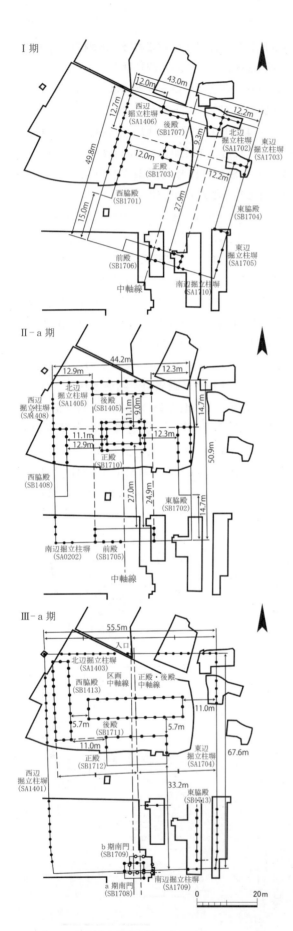

図5　泉官衙遺跡郡庁院の造営計画　1：1200

ただし異なる点もある。本期の東・西脇殿は、いずれも南妻を確認していないため、南北規模は不明である。しかし、Ⅰ期東脇殿の平面形式が桁行8間と推定されるため、本期がこれを踏襲したと仮定すると、既調査部分であきらかな柱間2.7mの等間で8間、桁行総長21.6mの建物に復元できる。その場合、区画北辺から脇殿の北妻までの距離、南辺から南妻の距離はそれぞれ14.7mと等しくなり、脇殿は区画の東・西辺のほぼ中央に位置することとなる。

　なお、Ⅱ－b期郡庁院の区画は、Ⅱ－a期のそれを踏襲している。先述したように、Ⅱ－b期の北辺掘立柱塀の東西中央の柱間は広くとられ、その部分が棟門となっていた可能性が高い。一方、先行するⅡ－a期の後殿は桁行7間の奇数間で、その中央間の位置はⅡ－b期の棟門の位置と一致するため、Ⅱ－a期後殿も中央間が区画内部へ通じる馬道となっていた可能性がある。その場合、Ⅱ－a期の後殿には長屋門のような構造が想定されよう。そしてこの北辺入口は、後述するようにⅢ期まで踏襲される。

Ⅲ期郡庁院の造営計画　まず、正殿と後殿は互いに桁行中軸線を揃えて並列する。また正殿の北側柱列と西脇殿となるＳＢ1413の南妻は柱筋がほぼ揃う。正殿と後殿の中軸線は掘立柱塀による区画の中軸線からは1.5mほど東にずれている。一方、南門ＳＢ1708は区画の中軸線に乗る。正殿・後殿の中軸線に合わせて折り返すと、東辺掘立柱塀が西脇殿の西側桁行のラインに乗り、東辺掘立柱塀と西脇殿の西側柱列は、正殿・後殿の中軸線を中心とした左右対称の位置関係にあることが判明する。正殿・後殿の中軸線と区画の中軸線が合わないのはこのためである。

　西脇殿の西側柱列の通る位置は、前段階のⅡ－a・b期郡庁院の西辺ともほぼ重なるため、郡庁院のなかでも柱掘方の重複がもっとも激しい部分となっている。このことは、Ⅲ期郡庁院の建物配置計画においても、このラインがひとつの基準となったことを示すものと考えられる。正殿・後殿・西脇殿などの主要殿舎の位置がまず決定された後、それらを基準として区画掘立柱塀や門などの位置が決定された可能性が高い。なお、南門ＳＢ1708に後出するＳＢ1709は正殿・後殿の中軸線に乗る。したがって南門は新しい時期（ｂ期）になると、正殿・後殿の中軸線を意識した配置となる。

　建物間距離をみると、正殿・後殿の距離は5.7mで、後殿と西脇殿との距離5.7mに等しい。また正殿と西脇殿の距離は11.0mで、これは後殿と東辺掘立柱塀との距離と一致する。また正殿の南側柱列（復元）と南辺掘立柱塀の距離は33.2m、院の区画は東西55.5m、南北67.6mである。したがって、5.5m前後もしくはその倍数が建物距離の設定の基準となっていた可能性が高い。

　なお、北辺掘立柱塀には1箇所、柱間が広くとられている部分があり、北辺入口の位置が判明するが、その位置は前述したⅡ－ｂ期の北辺入口と一致している。この位置はⅡ期においては区画の中軸線上にあたるが、拡張されたⅢ期の中軸線とは一致しない。Ⅲ期の北辺入口の位置は、北辺中央にこだわることなく、Ⅱ期以来使用されていた入口や、そこに至る経路の位置を踏襲して決定されたのであろう。

　また本遺跡は南へ向かって傾斜する地形に立地するが、Ⅰ期西脇殿・Ⅱ期東脇殿について、柱掘方の深さを調べた結果、掘方底面の標高差が傾斜面の標高差に対応している可能性が高いことが判明した。したがって、郡庁院建設に際して、盛り土や切り土などのような自然地形に対する造作はおこなわれず、傾斜地に直接建物を建設したと考えられる。

③郡庁院の変化とその特質

Ⅰ期からⅡ期へ　主軸方位が正方位に変更されることで、郡庁の造営計画が大きく改変されている。Ⅱ期以後の官衙施設は正方位で変遷していることから、Ⅱ期は以後長く踏襲される造営計画が成立した官衙施設全体に及ぶ画期であったと考えられる。郡庁院は、Ⅱ－a期区画が主軸方位を変えながらも位置を変えることなく、また建物配置計画・施工原理はⅠ期のそれが正確に踏襲されている。このことは、Ⅰ期からⅡ－a期の時期に至る10年ないし数十年の期間、郡庁院の造営計画が在地において保持されたことを示している。

　また、Ⅱ－a期の郡庁院には庁庭に玉石敷を施す。庁庭に石敷をもつ例は国衙クラス以上の官衙において知られ、郡庁の庁庭が玉石敷をともなう事例は全国的にみても上野国新田郡庁をあげうるのみである。同遺跡も国庁クラスの規模を持つ点から、その特殊性が指摘されている（文献89）。行方郡衙における玉石敷庁庭の採用も、政庁としての格式や特殊な性格を反映したと考えられる。その背景については不明とせざるを得ないが、Ⅱ－a期郡庁が成立する8世紀初

頭の時期には、泉官衙遺跡の所在する行方郡を含む、陸奥南部太平洋沿岸の諸郡が石城国、内陸部の諸郡が石背国として分国されており、未成立であった石城国の国府機能を国内の郡衙が代行し、行方郡衙に国庁機能が付与された可能性を、かつて指摘したことがある（文献61）。

大橋泰夫氏は近年、泉官衙遺跡や後述する栄町遺跡などにみられる陸奥国の成立期の郡庁が斜め方位をとり、長舎連結型の構造をとることについて、郡山遺跡ⅠＢ期官衙が陸奥国内の郡庁に影響を与えたことを指摘した（文献24）。またそれらの郡庁は8世紀段階になると正方位をとるようになることについても、郡山遺跡Ⅱ期官衙に倣った可能性があるとし、陸奥国では拠点的な官衙施設である郡山遺跡の影響を受けて、国内各地で郡庁を含めた官衙施設が建設されていったとした。従うべき見解であろう。泉官衙遺跡では、斜め方位のⅠ期の正殿が無廂ないし片廂であるのに対し、正方位となるⅡ－a期には四面廂となること、さらには庁庭が玉石敷となることも、正方位の採用とともに郡山Ⅱ期官衙の正殿や正殿後方の玉石敷に影響を受けたと理解できる。

Ⅱ－a期からⅡ－b期へ　これまで、あまり注目してこなかったが、区画の四辺に長舎が連結する構造をとるⅠ期・Ⅱ－a期に対し、Ⅱ－b期にはⅡ－aの正殿が建て替えられて存続する一方、区画の四辺の長舎がなくなり、掘立柱塀が囲繞するのみとなる。青木敬氏は定型化国庁のもつ画期性の1つに区画施設の独立をあげており（文献1）、陸奥国内の郡庁が陸奥国府の影響を受けたとする大橋氏の指摘を踏まえると、Ⅱ－a期からⅡ－b期の推移において、郡山Ⅰ期官衙以来の古い形態を踏襲した泉官衙遺跡の長舎連結型の郡庁が、新たに定型化国庁、すなわち多賀城政庁の形態に倣ったと理解できる。Ⅱ－b期にともなう脇殿は確認されていないが、多賀城のような短舎が未調査部分に存在した可能性もある。いずれにしても、脇殿をはじめとする殿舎からの区画施設の分離は、多賀城のあり方に影響を受けたと考えられ、Ⅱ－a期からⅡ－b期への変遷から、定型化国庁の成立と連動して、郡庁における儀礼も変化した可能性を指摘できる。

Ⅱ期からⅢ期へ　Ⅱ期はⅠ期の計画をほぼ踏襲しているのに対し、Ⅱ期からⅢ期への変遷には大きな改作がみられ、それらの施設は以後、同位置で建て替えられ、この構造でもっとも長く存続したという点で、郡庁院の変遷において大きな画期であったと評価できる。Ⅲ期には区画の規模が拡張され、またその内部に配された建物も大型化する。区画は、北辺・西辺はⅡ期のそれと近接し、北辺の入口もⅡ期の位置も踏襲し、主に東と南に拡張されている。建物は、正殿が南に寄ったことで、その後方に広いスペースが生まれ、それを10×2間の後殿と9×2間の西脇殿がL字に囲むように配置され、北側の入口から区画内に入ると、長舎に囲まれた空間となっている。正殿後方の空間の利用が、より重視された構造と理解できる。荒木志伸氏は城柵政庁が正殿の後方部の空間を広くとり、後殿や後方建物を配置するなどして積極的に活用する傾向が、特に平安期に顕著にみられる点を指摘している（文献8）。泉官衙遺跡の郡庁の変化が、城柵の政庁にみられる変化と一致する理由は定かではないが、郡庁の整備・拡充されるⅢ－a期は8世紀後半であり、この時期には本地域が7世紀後半の評の成立以来、担ってきた製鉄の操業が、対蝦夷38年戦争を背景としてピークを迎えていることがあきらかにされている（文献11）。そうした陸奥国における情勢が、郡庁構造に影響を与えていた可能性を指摘したい。

（2）根岸官衙遺跡 (陸奥国磐城郡衙)

福島県いわき市平下大越に所在する。阿武隈高地から派生し太平洋岸近くまで張り出した丘陵の東端に位置し、眼下には夏井川南岸に形成された沖積地が広がる。東へ向かって張り出した丘陵の東端に、郡衙を構成する主要な施設がブロックに分かれて配置される（図6）（文献13・17）。郡庁院は丘陵の先端に位置しており、大きくⅠ～Ⅲ期に時期区分され、7世紀後末～8世紀後半以降まで存続したと考えられる。正倉院は、郡庁院から谷を隔てた西側に広範に展開する。西へ向かって入り込む小さな谷によって、大きく北群と南群に分かれる。やはりⅠ～Ⅲ期に時期区分され、北群ではⅠ・Ⅱ期に2棟の礎石建の倉を南端に配し、北側に掘立柱の屋とみられる側柱建物が広場を挟むように配され、これが建て替えられて存続するが、Ⅲ期に屋は礎石建の倉に建て替えられる。Ⅰ期の礎石建物の堀込地業には瓦が入らないが、Ⅲ期には8世紀前半～中葉の瓦が入る。南群の遺構期は明確でないが、礎石建の倉が点在する。正倉院南群の

南約150mの丘陵上には、郡衙が成立する以前の7世紀前半から8世紀中頃まで存続した居宅が営まれており、7世紀前半の石城国造の居宅から律令期の郡領居宅へと引き継がれたと考えられている。

①郡庁院の建物と時期区分

郡庁院では、正殿・脇殿・掘立柱塀などが確認され、郡庁域北部は遺構が把握されているが、南部の状況は削平により明確でない（図7）。検出された建物は、いずれも掘立柱建物である。以下、報告書の遺構名である「第36号掘立柱建物跡」に対し、「SB36」のように略記を用いる。掘立柱塀（SA）による区画の北辺中央には正殿とみられる建物の重複がみられる。報告では、まず北辺掘立柱塀に接する位置に四面廂建物SB36が配置され（Ⅰ期）、その後には北辺塀に取り付くSB37→35（Ⅱ-a・b期）、さらに北辺塀がなくなり、前段階よりも南にずれた位置にSB34→33→32→31（Ⅲ-a・b・c・d期）と変遷したと解している。対応する脇殿は、西脇殿はSB46→45→44→43、東脇殿はSB50→49→48→47の順に推移する。ほかに、正殿の東側に正殿東建物が位置する（SB39→38）。また、政庁の北端は台地の端で以北は谷部となっており、地形が下がるが、その谷を埋めるように整地してSB30を建設している（報告書では「正殿北建物」と呼称）。この部分の建物の推移は、

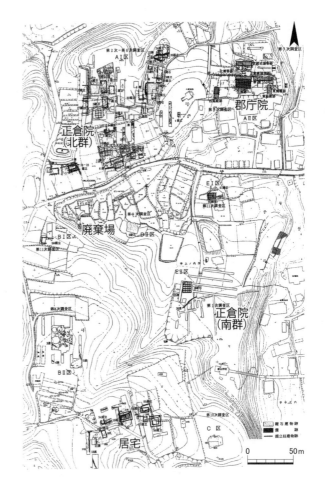

図6　根岸官衙遺跡全体図　1：4000

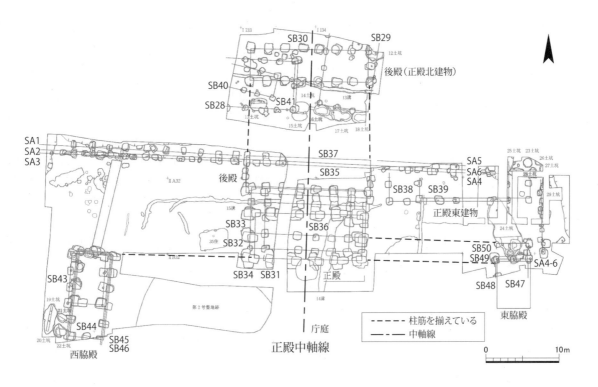

図7　根岸官衙遺跡郡庁の造営計画　1：500

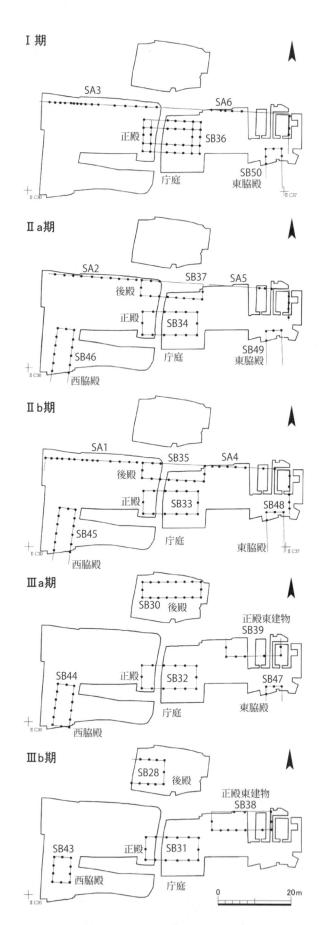

図8　根岸官衙遺跡郡庁遺構変遷図（B案）　1：1000

SB30が古く、41・40・28が後続する。

報告では上述のように、SB36を正殿とする時期（Ⅰ期）、北辺塀に取り付くSB37・35を正殿とする時期（Ⅱ期）、塀による区画がなくなり、SB31〜34を正殿とする時期（Ⅲ期）に大きく区分している。ただし、Ⅱ期とⅢ期の正殿は重複しない点、正殿東建物と掘立柱塀との重複関係は不明である点を報告者の猪狩忠雄氏も指摘している（文献17）。

Ⅱ期とⅢ期の正殿が合わせて6時期の変遷を示すのに対し、東西脇殿の変遷がこれと対応しない点もやや不自然である。山中敏史氏は報告書のなかで、重複しないSB37・35とSB31〜34が併存するB案を想定し、4時期の変遷を示し東・西脇殿の北妻がSB31〜34の南側柱列と揃うなどの対応関係が見出せることから、その蓋然性が高いとしている（文献86）。筆者もB案が支持できると考える（図8）。

以下、B案での変遷を記述し、郡庁院の空間構成を検討したい。

Ⅰ期（7世紀末〜8世紀初頭）　SB36を正殿とする時期。北辺はSA3・6が区画する。この時期の脇殿はないとされるが、東脇殿のなかでもっとも古いSB50は以後の建物より北妻が北側に位置し、SB36の南側柱列と柱筋を揃えて配置されているとみられることから、SB50もⅠ期に属すると見ておきたい。

Ⅱ・Ⅲ期（8世紀前半〜9世紀）　4時期の重複のあるSB34→33→32→31が正殿として変遷する。これには西脇殿のSB46→45→44→43、東脇殿の49→48→47の変遷が対応する。正殿の南側柱列と東・西脇殿の北妻は柱筋を揃えている。この時期は、正殿の北側に接して長舎がSB37→35と変遷し、SB37にSA2とSA5が、SB35にSA1とSA4がそれぞれ取り付く前半期と、塀がなくなり正殿東建物SB39→38の変遷がある後半期とに分かれる。後半期には、北辺掘立柱塀がなくなるとともに、郡庁域の北側の谷が造成され、新たにSB30が建設される。SB30は前段階のSB37・35と同規模で、両妻の柱筋を揃えている。したがって前半期に属させる考えもあるが、北辺の区画施設がなくなったことを重視すると、郡庁の区画が北へ拡張され、前段階のSB37・35に相当する長舎が、北に移動して建てられたと理解できる。前半期と後半期の間に画期を見出せることから、前者をⅡ期、後者をⅢ期とし、建て替えによる変遷をそれぞれa・bの小期に区分する。

②建物配置と変遷の特徴

　正殿の変遷をみると、Ⅰ期は5×2間の身舎の四面に廂をもつSB36が配され、この段階には脇殿はなかったか、SB36の身舎の南側柱列と柱筋を揃えたSB50が存在したと考えられる。SB50が存在する場合は、左右非対称の配置となる。両建物に接して掘立柱塀がめぐる。

　続くⅡ・Ⅲ期の正殿SB31〜34は5×2間で無廂建物となる一方、北辺掘立柱塀に連結するSB37・35が出現する。これらの建物は、郡庁域の北辺中央に近接して建てられ、ともにⅠ期の正殿と重複していることから、建物の機能が継承されて推移したと考えられる。身舎が同規模なら四面廂建物は無廂建物の2倍の床面積があり（文献56）、当初の四面廂建物SB36が、南北に接する2棟の建物SB34・37に分離したとも解せる。Ⅲ期には区画が北へ拡張され、正殿の北に接する位置にあった建物が、北へ移動したと考えられる。

　Ⅱ・Ⅲ期の脇殿は、北妻の柱筋を正殿の南側柱列に揃え、正殿の中軸線を中心に左右対称に配される。建物変遷が比較的判明している西脇殿を見ると、前半期（Ⅱ-a・b期）のSB46・45は桁行6間以上で長舎とみられるが、後半期（Ⅲ-a・b期）のSB44は桁行5間、SB43は桁行3間で、長舎から短舎への推移が認められる。ただし、正殿と柱筋が揃う北妻の位置を踏襲して建て替えられていることから、正殿との位置関係を基本的に守りながら推移したと考えられる。

　なお、瓦の出土から瓦葺であった可能性が指摘されているが、正殿周辺が全面的に発掘されているにもかかわらず瓦の出土がごく少量であることから、正倉などで使用されたものが二次的に混入した可能性があり、郡庁での瓦葺建物の存在を疑問視する意見もある（文献22）。

③郡庁院の変遷の背景

　政庁の規模は北辺掘立柱塀の長さから、東西66m以上と考えられる。南側は削平により失われているため、南北規模は不明ながら、やはり地形状況から60m前後と推定され、郡庁例のなかでも大型の部類に属す。山中敏史氏は、区画の規模や両脇殿間に確保された庁庭が広く取られている点を指摘し、陸奥国南部海道の行政ブロック支配の拠点施設として位置付けられていたことによるとしている（文献86）。そして、養老2年（718）に石城国が成立した際には、一時的に国司の駐在場所としても機能したとする。平川南氏も石城国府は根岸官衙遺跡の中にあったと見ている（文献58）。ただし、郡庁院の遺構変遷を見る限り、その推移は連続的であり、大きな構造的変化は認められない。猪狩みち子氏はⅠ期からⅡ期への画期が、石城国が陸奥国に再編入される時期の組織的な変化を背景とすると指摘している（文献12）。また猪狩氏は、筆者のいう郡庁院のⅢ期（8世紀後半以降）に掘立柱塀がなくなり脇殿が短舎化するとともに、正倉院では屋が倉に変化し穀倉が増加することから、在地有力者層による水田開発などの背景を想定している（文献13）。

(3) 栄町遺跡（陸奥国磐瀬郡衙）

　福島県須賀川市栄町に所在し、奥羽山脈から派生して東へ向かって樹枝状に張り出した丘陵が阿武隈川の支流によって切り離され半ば独立した丘陵の西端に立地する。遺跡の乗る地形は北・東・西の3方を谷が囲み、南は東流する釈迦堂川を望み、その北岸に形成された河岸段丘へと連続する。なお、本遺跡の北約500mの位置には郡衙周辺寺院である上人壇廃寺がある。

　発掘調査で確認された官衙遺構（文献41）は、郡庁院を構成する建物群を中心に西部建物群・東部建物群・北東部建物群などのまとまりがあるが、郡庁院以外は性格付けが難しい。

①郡庁院の構造と変遷（図9）

Ⅰ期（7世紀後半）　北より約22°西に振れる8×2間の南北棟建物SB40と、その北西隅柱に取り付くSA24、およびSB40と同じ8×2間で同方位をとるSB08で構成される時期。SB40とSB08は南妻の柱筋がほぼ揃うように配置されたと考えられるが、SB08は桁行柱間が約2.21m等間で桁行総長17.58mを測るのに対し、SB40は柱間1.81〜2.15mで平均2.02m、桁行総長16.14mとSB08に比してやや小さく、北妻の柱筋は揃わない（図10）。SA24はSB40の北西隅柱から北へ約11間（約24m）延びて東へ折れ曲がる。さらに東へ延びて南へ折れ、SB08の北東隅柱に取り付いて一院を形成したと思われる。院の中央にあたる部分が未調査ではあるが、本期はSB08・40を東・西の両脇殿とし、中央に広場を設けた建物配置と想定できる。調査区外には正殿に相当する

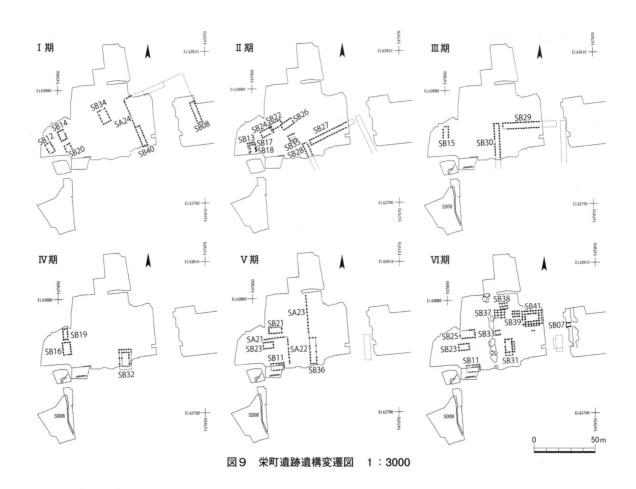

図9　栄町遺跡遺構変遷図　1：3000

東西棟建物が存在した可能性が高い。ＳＢ40とＳＢ08の建物間距離は約45ｍ、両建物の外側柱列を西・東辺とした院の東西規模は約52.5ｍとなる。この東西規模はＳＢ08の桁行総長のおよそ3倍の値であり、北辺ないし南辺の中央に同規模の建物が取り付いた可能性があるが、推測の域を出ない。

Ⅱ期（7世紀末）　Ⅰ期のＳＢ08東脇殿が火災に遭って焼失したことから、その後に再建された郡庁院である。建物の主軸方位はⅠ期とほぼ同じで、北より約23°西に振れる。桁行16間以上×梁行2間の長大な東西棟建物ＳＢ27と、ＳＢ27の北側柱列に北妻を揃える形で西約3ｍの位置に近接する桁行6間以上×梁行2間の南北棟建物ＳＢ28を配し、両建物が北辺・西辺となる一院を形成する。正式報告で皆川隆男氏は、前段階であるⅠ期区画の西辺にあたるラインが本期の中軸線と想定した場合、本期の東西規模はⅠ期とほぼ同じとなることから、調査区外となる東側の左右対称位置に東辺を構成する長舎の存在を想定し、Ⅱ期はⅠ期の構成をほぼ踏襲していると推定している（文献41）。

Ⅲ期（8世紀前半）　Ⅱ期と同じ建物構成だが施設が正方位に改められる。建物はⅡ期と同様に長大な側柱建物を北辺・西辺に配したもので、西辺の建物ＳＢ30は前段階のⅡ期の西辺であるＳＢ28と間尺も含めほぼ同じ規模である。一方、北辺のＳＢ29は桁行柱間が2.07ｍで、Ⅱ期のＳＢ27の2.03ｍとほぼ同じであるが、梁行の柱間はＳＢ27のそれが1.99ｍであるのに対し、ＳＢ29では柱間2.34で、梁行がＳＢ27より2尺程度広くとられている。

Ⅳ・Ⅴ期（8世紀中頃～後半）　Ⅳ・Ⅴ期は、重複する南北棟建物ＳＢ32とＳＢ36が存在した時期で、Ⅳ期のＳＢ32は南端が調査区外にかかるが桁行4間以上×梁行3間の身舎の北・東・西に廂をもつ。このＳＢ32と重なる位置に9×2間の南北棟建物ＳＢ36が造営された時期がⅤ期である。ＳＢ36の西側柱列の北側延長上には南北掘立柱塀ＳＡ23が調査区内で約28.82ｍ延びているものの、東へ折れ曲がる様子はない。これらの建物と一連の配置をとる建物が判然としないことから、郡庁院としての様相は不明瞭となる。

Ⅵ期（9世紀～）　5×3間の身舎の四面に廂を持ち、さらに南側に孫廂を設けた東西棟建物ＳＢ41を台地

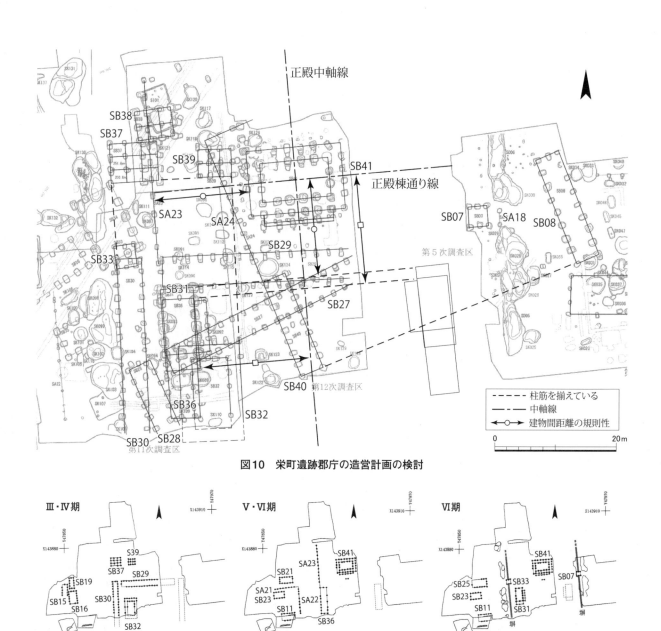

図10 栄町遺跡郡庁の造営計画の検討

図11 栄町遺跡変遷図（私案） 1：3000

北端に配し、その南西側のSB36を踏襲した位置に5×2間の身舎の東側と南側に廂を設けた南北棟建物SB31を配する。東面廂は身舎の南4間分、南面廂は南妻と同じ2間分に設けられている。東西棟SB41を正殿、SB31を西脇殿とする建物配置を想定でき、後述する門の配置からも、SB31に対応する東側の調査区外に東脇殿に相当する南北棟建物が存在した可能性が高い。SB41・31にはそれぞれ建て替えがみられることから、同じ配置で複数時期の変遷を辿ったとみられる。

院の東・西両側には、区画施設として南北溝が設けられる。溝は当初、幅2m前後、深さ0.8～1m前後を測るものであったが、その後に土坑を連結したような形状に掘り直されている。これらは、それぞれ中間が陸橋状に掘り残されて途切れる部分があり、その部分に対応するやや内側に、それぞれ2×1間の建物跡SB33・07が存在する。建物跡は四脚門と考えられる。また、東辺の陸橋部分、SB07の東側では柱穴2個が確認され、SB07と時期の異なる棟門とみられる（SA18）。SA18は当初の溝の線上に位置

するのに対し、ＳＢ07とＳＢ33は溝よりも内側に位置することから、当初は幅2ｍの溝の陸橋部分に棟門を設ける形の区画施設であったが、その後、区画溝が土取りを兼ねた土坑連結状の溝に掘り直されるとともに、溝の内側に土塁や築地のような積土をともなう区画施設が設けられ、その区画施設は東・西の四脚門ＳＢ33・07に取り付いていたと推定される。正殿ＳＢ41に中軸線を設定して折り返すと、ＳＢ33・07は左右対称の位置関係となる。東西両四脚門の棟通り（＝扉筋）の距離は57.4ｍを測り、この時期の政庁の東西規模とみてよい（図10）。

なお、ＳＢ41の西側に総柱建物3棟が確認されている（ＳＢ37～39）。報告書では、これらはⅥ期に属し、建て替えられて変遷するＳＢ41などと併存すると理解されているが、ＳＢ39はＳＢ41と距離が近すぎることから同時に存在したとは考えにくく、またＳＢ39はＳＢ37と南側柱列の柱筋が揃うこと、ＳＢ37の西側柱列はＳＢ30の西側柱列と、ＳＢ39の東側柱列はＳＢ32に東廂の柱列と柱筋が揃うことから、これらの総柱建物はⅢないしⅣ期に相当する建物と併存した可能性が高いと考える（図10・11）。

②郡庁院の変化とその特質

栄町遺跡の郡庁各期の造営計画については、南半部や東半部に相当する部分が調査区外となっているため判然としない。

変遷の特徴としては、斜め方位をとるⅠ期に続き、Ⅱ期も斜め方位の建物が造営されており、皆川隆男氏はⅠ期の西辺をⅡ期の中軸と想定すると、Ⅱ期の東西規模はⅠ期とほぼ同じとなる点を指摘し、Ⅰ期→Ⅱ期への強い連続性を指摘する。Ⅰ期→Ⅱ期への推移が火災という不慮の原因とその復旧によるものであるとすれば、連続性の存在も理解できよう。

Ⅲ期はⅡ期の構造と位置を踏襲するが、正方位に改めている。Ⅱ期→Ⅲ期の推移もまた、政庁の構造的な特徴に大きな変更をともなわない連続的なものであった。大橋泰夫氏は、陸奥国内の郡衙が、仙台市郡山遺跡Ⅰ期官衙の長舎を連結した中枢部の構造や、Ⅱ期官衙における正方位の採用に影響を受けた一例として、当遺跡をあげている（文献24）。東西棟であるＳＢ29が梁行の規模を大きくしている点は、南面する東西棟を正殿とし、南北棟のＳＢ30との間に差を設けたとの理解も可能である。

続くⅣ期・Ⅴ期は先述のように、政庁としての様相が不明瞭となることから、政庁機能の一時的な移転も考慮されている。ただし、ＳＢ36の位置は後のⅥ期の西脇殿であるＳＢ31に踏襲されること、南北掘立柱塀が取り付き、院の西辺を構成したとみられることから、ＳＢ36を西脇殿とする郡庁院を想定可能である。対応する正殿は不明であるが、ＳＢ36は後続するⅥ期のＳＢ31に踏襲され、その機能が継承される点から、Ⅵ期に至る過渡的な段階と位置付けられ、ＳＢ41が正殿である時期に帰属させる可能性もある（図11）。この時期の造営計画を検討すると（図10）、正殿の棟通りの線が脇殿の配置に一定の基準を与えた可能性が考えられる。Ⅴ・Ⅵ期に属する北妻の柱筋を東に延長した線と正殿棟通り線との距離が、正殿中軸線とＳＢ36の東側柱列の距離と等しい。また、ＳＢ36を踏襲したⅥ期に属するＳＢ31の北妻の柱筋を東に延長した線と正殿棟通り線との距離は、ＳＢ31の西側柱列を北へ延長した線と正殿の西廂の柱列の距離と等しい。

ＳＢ32についてはＳＢ29・30で構成される院の内側に入り重複しないこと、ＳＢ39の東側柱列と東廂の柱列が柱筋を揃えること、ＳＢ32の一部の柱穴には長方形で長軸を柱列に直行させ最深部が片側に寄る特徴があり、ＳＢ29の掘方に似ることから（図12）、ＳＢ29・30・39が存在した時期に帰属させることも一案である。その場合には、滋賀県栗東市岡遺跡のような長舎囲いで正殿隔絶型の郡庁構造を想定することになる[3]。Ⅲ期は前段階のⅡ期の配置をそのまま正方位に変えたとすると、Ⅱ期も調査区内に同様の四面廂建物が存在するはずであるが、そのような建物は見られないことから、ＳＢ32はⅢ期の途中から付け加えられた建物の可能性もあろう。

いずれにしても、後のⅥ期には、四面廂をともなうＳＢ41を正殿とし、その南西側に短舎構造の脇殿ＳＢ31を配した品字形の配置となり、区画施設も東・西に四脚門を設けた土塁ないし築地塀とし、長舎連結型を基本とした前段階までの政庁との間に大きな画期があったとみることができる。ただし、西脇殿の位置や区画西辺の位置は、前段階までに存在した建物の位置を踏襲したとみられる。正式報告でⅣ・Ⅴ期とされた時期は、私案におけるⅢ期からⅥ期へ至る過渡的な段階と位置付けられる。Ⅵ期の建物は同位置・同規模で2回の建て替えがみられ、この構造となってから長く踏襲されることから、郡庁院の最盛

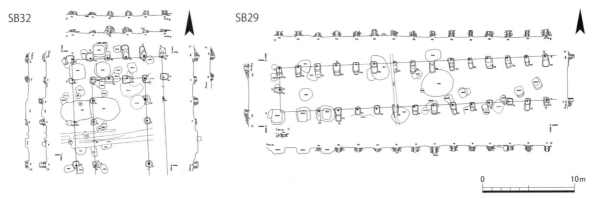

図12　栄町遺跡ＳＢ29・32平面図　断面図　1：400

期と考えられる。

　磐瀬郡も磐城郡と同様、養老２年(718) の石背・石城国分国の時期には国府が所在し、その施設が磐瀬郡衙の中にあった可能性もある。その時期は、上述した磐瀬郡庁の変遷のなかでⅢ期にあたる。旧来の長舎囲いの政庁に四面廂の正殿が新たに加わったと見る筆者の変遷観が正しいとすれば、それは、この時期の磐瀬郡衙に国庁機能が付加されたことを契機とする変化であった可能性がある。

（4）関和久遺跡群（陸奥国白河郡衙）

　関和久官衙遺跡・関和久上町遺跡は、福島県西白河郡泉崎村の関和久地区に所在し、阿武隈川北岸の河岸段丘上に立地する。阿武隈川を隔てた南側は白河市で、南西約1.2kmにある借宿地区には借宿廃寺が所在する。関和久官衙遺跡は現状で、明地地区と中宿・古寺地区で構成されている。明地地区は遺跡南部にあたる低地部に位置し、大溝による方形の区画内に掘立柱と礎石建の総柱建物が整然と配された正倉院が確認されている。中宿・古寺地区は、遺跡北部の段丘上の緩斜面に位置し、掘立柱塀による区画の南面に四脚門、東面に八脚門が取り付き内部に間仕切をともなう掘立柱建物が配された館院と推定される施設が確認されている。

　関和久官衙遺跡の南東約500ｍに位置する関和久上町遺跡では、高福寺地区で発見された７×２間で南廂をともなう建物を中心に、隣接する高福寺東・上町南地区に掘立柱建物で構成される官衙施設が展開し、その北側の関和神社地区や東側の上町東地区では、それぞれ漆・鍛冶の工房をともなう地区が広がっていたことが判明している。関和久上町遺跡は当初から白河軍団に比定する内藤政恒氏の説や、高福寺地区の掘立柱建物を郡庁とみる意見もあったが定見は得られず、岡田茂弘氏は白河郡衙と一体の複数の官衙からなる遺跡であるものの、その性格は不明としている (文献60)。この関和久上町遺跡は関和久官衙遺跡とともに、関和久遺跡群と総称されている。

　以下、郡庁とする説のある関和久上町遺跡の官衙施設を改めて検討する (図13)[(4)]。

①関和久上町遺跡の遺構の再検討

　高福寺地区では上述した東西棟で７×２間の身舎の南に廂をもつＳＢ50が建て替えによるa〜dの４時期の変遷を示し、この地区の中心となる建物と考えられる。その東側には、７×２間の東西棟でa・bの２時期の変遷のあるＳＢ71が、ＳＢ50と北側柱列を揃えて東西に直列するように配置される。このＳＢ50・71に後出して５×３間の総柱建物ＳＢ51が建てられ、これらの建物の北東部をＳＤ83溝が区画する。

　一方、高福寺地区の西部では南北棟の側柱建物ＳＢ40と掘立柱塀ＳＡ42が確認され、ＳＢ40は総柱のＳＢ41に建て替えられる。ＳＡ42は調査区内で南北に延びて北端で東へ折れ曲がり、途中が後世の掘削で失われているが、その線を東へ延長するとＳＢ50の身舎の西妻中央柱に乗り、同建物に接続していたと考えられる。したがってＳＡ42は建物群の西北隅部を区画するものとみてよい。また、高福寺地区の南側約100ｍに位置する上町南地区では、東西掘立柱塀（ＳＡ91〜93・110・111）や溝跡（ＳＤ94）、棟門とみられる建物跡（ＳＢ103・104）が検出されている。このうちＳＡ93とＳＡ110は平行し柱位置が対になることから築地塀の寄柱とも考えられ、その後、ほぼ同位置で掘立柱塀ＳＡ92→ＳＡ91と変遷する。

　木本元治氏は、ＳＢ50の西辺とＳＡ42の西辺やＳＢ40の北辺とＳＡ42の北辺の距離が完数尺とな

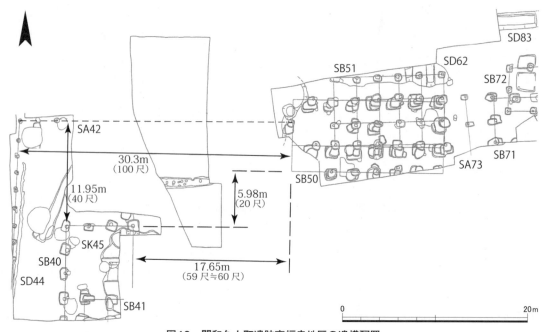

図13 関和久上町遺跡高福寺地区の遺構配置

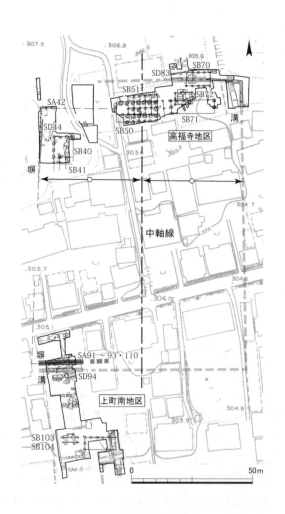

図14 関和久上町遺跡遺構配置図 1：1500

り、東西棟のSB50が区画北辺、南北棟のSB40が区画西辺に配され、SB50が中心となるコの字形の建物配置を想定できること、最終的にそれぞれ総柱のSB51・41に建て替えられていることから、これらは一連の施設であることを想定した（文献28）。すなわちSB40の北辺と北辺掘立柱塀SA42が11.95m（40尺）、西辺掘立柱塀SA42からSB50の西辺までが30.3m（100尺）、SB50の南側柱列を西に延長した線とSB40の北妻の柱筋を東に延長した線は5.98m（20尺）、SB50の西妻を南へ延長した線とSB40の東辺は17.65m（59尺で大略60尺）となる（図13）。20尺程度が建物間距離を設定する単位となっていたと理解できる。

またSD83溝がSB50・71を区画していることはあきらかで、このSD83を東辺、SA42を西辺とする区画を想定すると、SB51は東西約80mの区画の中軸線に乗り、SB50もほぼ中央に位置することとなる（図14）。

南辺については距離が離れるが、上町南地区のSD94と上述のSD83は断面が箱薬研形で規模も似通っていることに加え、この溝とともに複数時期が重複する築地塀や掘立柱塀も、北側に位置するSB50a～d期→SB51の推移とともに存続し、その間、同じ位置を踏襲しながら変遷した可能性が高い。SD83は遺構の重複関係からみて相対的に新しいが、SD94は溝底面でこれより古いSA111が検出されてお

り、ＳＤ83も東辺は前段階に存在した掘立柱塀などの位置を踏襲したものであった可能性もある。上町南地区の掘立柱塀や溝跡を南辺と想定した場合の区画の南北規模は約100～110ｍとなるが、東西規模が約80ｍと想定される点からみれば、それほど不自然ではない。なお、上町南地区から高福寺地区にかけては、本遺跡のなかで特に瓦が集中して分布する範囲であり、この地区に瓦葺建物を含む一連の施設が存在したことを示唆し、上町南地区の区画施設はその南辺を画していると考えられる。

ＳＢ50ａ・ｂ期からの出土遺物はないが、前後する建物との関係から、8世紀前葉～後葉と考えられる。ＳＢ50ｃ・ｄ期は掘方埋土出土の土器から上限を8世紀末、ＳＢ50と重複するＳＢ51は掘方埋土出土の土器から9世紀中頃～後葉と推定される。4時期の変遷を示すＳＢ50と、これに後出するＳＢ51を合わせた5時期の変遷を想定できる（**図15**）(5)。

上町南地区の区画施設は、もっとも新しいＳＡ91の掘方埋土出土の土器から、9世紀前半を下限としており、それより古い区画施設は8世紀に入る可能性が高い。東北部のＳＤ83と南部ＳＤ94は、出土土器からともに9世紀前半に位置付けられている。なお、これらの地区で出土する瓦は7世紀後半ないし末～8世紀後半頃に位置付けられるもので、瓦葺建物が継続的に存在した可能性が高い。

②関和久上町遺跡の性格

南面する廂付建物が中心となる計画的な建物配置から、木本元治氏はＳＢ50を正殿とする郡庁院と想定した（文献28）。ＳＢ50は建て替えにより長期間存続することをはじめ、南側の区画施設も同じ位置が踏襲されることから、本地区の施設が官衙の中枢施設であった可能性は高い。しかし、その特徴は、一辺が1町近い規模をもつ築地塀ないし掘立柱塀による区画内に瓦葺建物が継続的に存在したもので、一般的な郡庁院とみるよりは、国庁クラスもしくは城柵政庁に近い規模と格式を備えた施設とみられる。

これらの点については後述したいが、1町規模の政庁の事例として群馬県太田市の上野国新田郡家跡をあげることができる（文献30）。山中敏史氏は新田郡庁が国庁に匹敵する規模をもつことについて、「国府の出先施設的な役割を担う上野国東部の拠点的な郡衙」であったことを指摘している（文献89）。瓦葺の郡庁の例は、後述する城柵域の郡衙に多くの事例を見

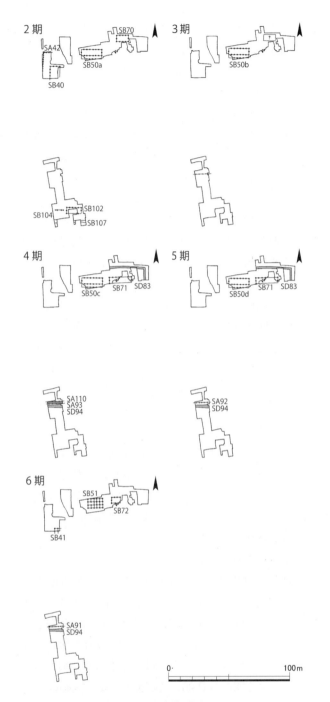

図15 関和久上町遺跡遺構変遷図 1:3000

出せる。

白河郡は文献にあらわれる「白河剗」を擁する郡であり、鈴木啓氏はＳＢ50を関司の勤務した正殿と推定した（文献43）。関和久の地は内陸を北上する山道と太平洋沿岸の海道から久慈川沿いに北上する交通路が合流する交通の要衝に当たっており、そうした拠点的な位置にある郡衙に、国府直属の出先機関としての性格が付与あるいは併設された可能性があろう（文献63）。

このような一般的な郡庁例にない特殊なあり方が、

郡庁の多様性と捉えられるのか、郡庁以外の性格に起因するのかについては、問題の一つと思われる。

(5) 三十三間堂官衙遺跡

宮城県亘理郡亘理町逢隈下郡に所在する。阿武隈高地から派生し阿武隈川河口一帯を北に臨む標高20〜40ｍの丘陵上に立地する。遺跡は南西－北東方向に走る丘陵の尾根筋から東向きの緩やかな斜面にかけて、東西約500ｍ×南北約750ｍの範囲に広がり、西側は急峻な崖によって区切られている（図16）。また、遺跡内には東側から谷が入り込み、地形的に大きく北地区と南地区に分けられる。北地区には郡庁院を中心に、館とみられる東院や北東院、曹司とみられる北院が、南地区には幅2ｍほどの溝によって150ｍ四方の方形に区画された内部に多数の礎石建の総柱建物が尾根筋に沿ってL字形に配された正倉院が存在する。丘陵の尾根筋を通る通路がこれらの官衙ブロックを結びつけ、また東側から各地区へ向かって入り込む沢を利用した通路が官衙外から官衙内へと延びている。

三十三間堂官衙遺跡は、その年代から平安時代以降の亘理郡衙と見られており、各地区で検出された遺構から、その変遷は大きく4ないし5時期に区分されている（文献93）。郡庁院を基軸に遺構期について述べる（図17）。

①郡庁院の遺構

郡庁院は東西約50ｍ×南北約65ｍの長方形の敷地を掘立柱塀（ＳＡ71・506〜508）で囲繞し、区画の中央北寄りに位置する5×3間の東西棟の側柱建物ＳＢ50を中心に、その西南側に3×2間の南北棟の側柱建物ＳＢ39、東北・西北には床束をもち高殿とみられる3×2間のＳＢ90・91が配される。区画北辺には8×2間の長舎構造をもつＳＢ45、南辺中央には八脚門ＳＢ70、東辺の北寄りには四脚門ＳＢ104が取り付く。なお、郡庁院は丘陵の地形に規制されて、主軸方位が北から10〜15°東に振れる。

これらの建物群は、一辺70〜160cmの比較的しっかりした方形の柱掘方をもち、柱痕跡も径25〜45cmと大きく太い柱が想定できること、後述する整然とした計画的な建物配置を取ることから、主要建物と見られている。主要建物はそれぞれ、ほぼ同位置・同規模での建て替えによるＡ〜Ｃの3時期の変遷がみられ、Ｉ〜Ⅲ期に時期区分される。北辺は、当初は

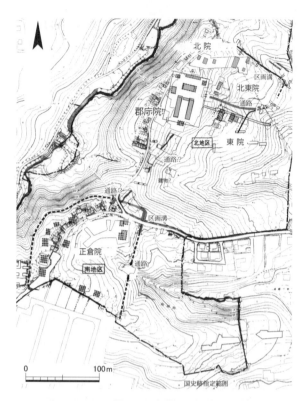

図16　三十三間堂官衙遺跡全体図　1：5000

掘立柱塀ＳＡ507のみであるが、後には塀にＳＢ45が取り付くようになり、このＳＢ45もＡ〜Ｃの3時期の変遷を示すことから、ＳＢ45はⅠ期の途中から北辺に取り付くようになったと考えられている。ＳＢ45は東から4間分の位置に間仕切が設けられ、以東はＢ・Ｃ期に床張りとなる。なお、Ⅱ期の施設は東北部を中心に火災に遭っている。

これら主要建物のうち北東建物ＳＢ90と東門ＳＢ104は4時期目に礎石建物に建て替えられていることが判明している（Ⅳ期）。館である北東院と東院の中心となる建物も相対的に新しい時期に礎石建物に改修されていることから、痕跡は捉えられていないが、正殿など他の主要建物もⅣ期に礎石建物化していた可能性がある。

一方、郡庁院の区画内南半には、柱穴が小さく柱痕跡も10cm前後の建物ＳＢ40〜44・46・510・511が集中的に配される（正殿前方建物群）。これらは上記の主要建物と重複しないことから主要建物の変遷の中に組み込む見方と、後出するとする見方が示されている。郡庁院の主要建物と対応する遺構変遷を示す東院で、柱穴の小さい建物が主要建物より新しいことが判明していること、郡庁院でも北辺では、やはり柱穴の小さいＳＢ128が主要建物ＳＢ45と重複して

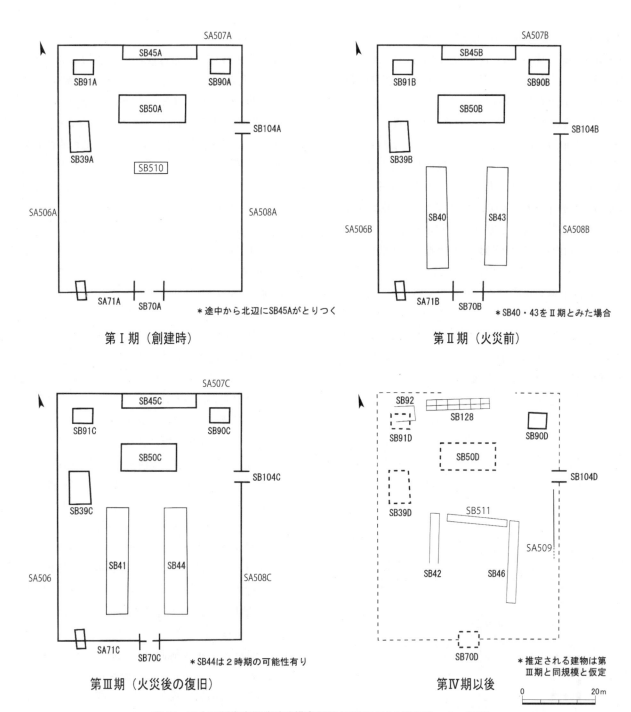

図17 三十三間堂官衙遺跡遺構変遷図（文献92による変遷案） 1：1000

いることから、総括報告では柱穴の小さい建物をいずれも主要建物の廃絶後に建てられたとみて、V期を想定している。

②郡庁院の造営計画

郡庁院の造営計画については、報告書のなかで詳細に検討されている（図18・文献92・93）。以下、報告書に依拠しつつ、私見を加えて記述する（図19）。

まず、正殿SB50は、南側柱列が西脇殿SB39の北妻、東門SB104の北妻と柱筋を揃える。正殿SB50は建て替えによりA〜Cの3時期の変遷があり、C期には桁行の規模が小さくなる。このため、A・B期とC期で中軸線の位置が若干異なるが、A・B期の中軸線（中軸線A・B）は南門SB70A・B、同じくC期の中軸線（中軸線C）はSB70Cの中軸線と揃う。したがってこれらの建物は、正殿を中心として柱筋や中軸線が揃うように配置されている。

ところで、正殿SB50は掘立柱塀で区画された院の中央北寄りに位置するが、A・B期建物にともなう

中軸線A・Bは、区画の中軸線と正確には一致せず、1.5mほど東にずれている。一方、桁行が縮小したC期建物では、このずれは小さくなり、区画中軸線と正殿中軸線がほぼ重なるようになる。

また正殿は区画の北にかなり寄った位置にあるが、厳密には北辺の南約16.25mの位置、すなわち南北65mの区画を四等分した位置に棟通りが来るように配置されたと考えられ、桁行が縮小したC期まで、この位置は墨守されている。このことを手掛かりに、16.25mを建物間距離の基準尺と想定すると、上述のように区画南辺＝南門SB70の棟通りが正殿の棟通りから基準尺の3倍に設定されているほか、西脇殿SB39は主軸が正殿に比べるとやや西に振れるものの、東側柱列が正殿中軸線の西約16m強に位置するほか、区画東北・西北のSB90とSB91の建物間距離は32mで、正殿中軸線から左右それぞれ16mずつ離れた位置に配されている(6)。

一方、I期の途中から北辺に取り付くSB45は北辺中央ではなくやや東に寄る。SB45の西妻は正殿SB50Cの西妻と柱筋が揃うが、I期からの存在を想定すると偶然の一致であろう。またSB45の南側柱列は正殿北東・北西建物であるSB90・91の北側柱列の柱筋と揃う。

さて、以上に述べた郡庁院の主要建物は、全体に区画の北辺に寄せて配置されているように見えるが、その主な理由は、桁行の短い脇殿の北妻が、正殿の南側柱列に揃うように配置されているためである。東辺に取り付く東門も北に寄っているが、これも西脇殿と同様、正殿との関係で位置が決定されたからであろう。その結果、主要建物が全体に区画の北半に寄り、南半は広い庁庭が存在することとなった。

ここで、正殿前方建物群に目を向けると、その変遷は、妻柱筋を揃えて並列する南北棟の長舎SB40・43→同じく妻柱筋が揃うSB41・44→コの字形に配されたSB42・46・511が、位置を踏襲しながら変遷する。SB510はこれらに先行するとみられる。南北棟建物2棟が並列するSB40・43は、主要建物にともなう区画の南北中軸線に対しほぼ左右対称の位置関係にあり、区画に東西中軸線を想定すると、両建物の北妻は厳密にはわずかに北にずれるが、ほぼ乗ると見ることができ、区画の南北の中央に北妻が来るように設定されたと見ることができる。したがって少なくともSB40・43の位置は掘立柱塀による区画を意識して決定された可能性が高く、やはり主要建物が存在した時期のなかに位置付けられるのではなかろうか。後続する建物は、以後、このSB40・43の位置を踏襲して変遷したのであろう。主要建物が全体に北に寄り、とりわけ西脇殿が短舎とされている理由の一端は、やはり庁庭を広く確保して、何らかの理由で正殿前方建物を設けることが企図されたためであろう。

なお、郡庁院の主要施設は、東から東南へ向かって下がる地形に逆らうように、南を正面として造営されている。村田晃一氏は、基壇を構築して造成した水平な土間のうえに建物を建てているが、西脇殿－正殿－東辺掘立柱塀の間にはかなりの高低差が生じたと推定し、東脇殿を設ける場合にも大規模な造成が必要となる一方、東辺掘立柱塀とのバランスが難しい点が、東脇殿を欠く理由と理解している（文献93）。また区画の東南部は沢頭となり、大きな建物の構築が難しい点も、建物配置に影響を与えたと指摘している。従うべき見解であろう。そのような選択の結果、広く確保された庁庭に、南北棟建物SB40・43など簡易な建物が、おそらく大規模な基壇を構築せずに設置されて、脇殿が果たすべき機能を代替し

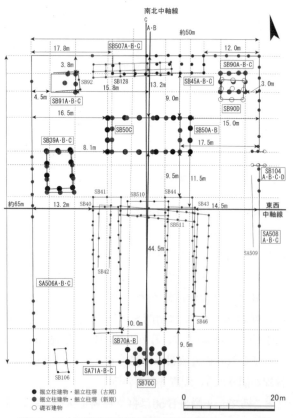

図18　三十三間堂官衙遺跡郡庁建物配置図　1:800

図19　三十三間堂官衙遺跡郡庁の造営計画　1：500

たことが考えられる。

③郡衙の移転と背景

　これらの官衙施設は9世紀前半〜10世紀前半に存続したことから、平安時代前半の亘理郡衙跡と考えられ、奈良時代以前の郡衙は別に存在したと考えられている。奈良時代の亘理郡衙の所在は明確でないが、近年の発掘調査で郡里制段階や「天平宝字四年」、「従五位」などの木簡や「大領」と書かれた墨書土器が出土した山元町熊の作遺跡の付近に存在する

との見方が示されている。村田晃一氏は、亘理郡の南部にあたる山元町において、最近の調査で製鉄や窯業など大規模な手工業生産地であったとみられる亘理南部製鉄遺跡群の実態があきらかとなりつつあることを踏まえ、奈良時代の亘理郡衙は、そこでの生産活動を統括し得る場所に存在したと推定した（文献93）。そして平安時代前期に、亘理郡の北端に位置する三十三間堂官衙遺跡の地に郡衙が移転する理由については、征夷の中止や陸奥国海道における伝馬・

駅家の廃止など交通体系の変化にともない、阿武隈川河口近くの交通の結節点を掌握するため、ランドマークとなり得る丘陵上に選地することとなったとし、海上や河川の交通による物資の運搬・交易を掌握したことによる経済的基盤が、Ⅳ期における主要建物の礎石建物化（＝高質化）の背景と指摘している。

（６）名生館官衙遺跡（陸奥国丹取郡衙・玉造郡衙）

宮城県大崎市古川大崎に所在する。遺跡は江合川右岸の河岸段丘の東縁に立地し、字城内・内館・小館・天望などの小字にまたがる南北約1,400ｍ×東西約600ｍの範囲にわたって広がる（図20）。南約１kmの地点には伏見廃寺が位置する。広範囲に展開する遺構は各地区で方位や重複関係などから遺構期が設定され、全体としてはⅠ～Ⅵ期に時期区分されている（文献46～48）。

①名生館官衙遺跡の変遷（図21）

Ⅰ期（７世紀中頃～末）　官衙成立以前。主軸方位が東や西に振れる小規模な掘立柱建物と竪穴建物が混在する集落が、小館地区を中心に展開する。在地の土師器とともに、関東系土師器が多く出土する。移民による集落。

Ⅱ期（７世紀末～８世紀初頭）　官衙成立期。小館地区・城内地区に正方位の掘立柱建物群が展開する。城内地区では東西160ｍ以上×南北115ｍを材木塀で囲い、さらに東西70ｍ以上×南北80ｍの範囲を幅２ｍの溝で区画する。その内部に南北８間の長舎（ＳＢ05）と小規模な掘立柱建物で構成される官衙施設が成立する。小館地区でも材木塀と溝で区画された小規模な掘立柱建物や竪穴建物で構成される施設が営まれる。この時期から在地系・関東系に加えて東北北部系の土師器がみられるようになる。

Ⅲ期（８世紀初頭～前葉）　Ⅲ期はⅡ期に成立した城内地区の官衙院を政庁に改修している（図21）。小館地区・天望地区にも官衙院が造営される。小館地区の官衙はⅡ期の構造を踏襲したものである。天望地区の官衙は材木塀と溝で区画され、その内部に総柱の掘立柱建物や竪穴建物が存在する。なお、政庁西北部にも建物が置かれるが、この時期の城内地区では同時期の遺構が非常に少ないことが判明している。

Ⅳ期（８世紀前葉～末葉頃）　城内地区の政庁が廃絶する一方、小館地区東南部で土取工事の際に８世紀前半頃の多賀城創建期の瓦が多量に出土した状況から、

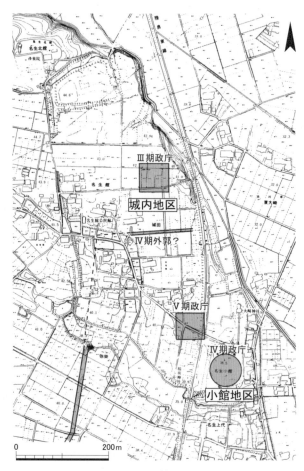

図20　名生館官衙遺跡全体図　１：8000

Ⅲ期に後続するⅣ期の政庁がこの地区に移ったと理解されているが、その構造は不明である。

この時期には、櫓をともなう外部施設が構築される。平行する２条の溝（ＳＤ1187・1188）に櫓がともなう状況から築地塀の可能性もあり、この時期の政庁にともなう外郭施設と考えられる。

出土遺物はそれまでの関東系土師器が激減し、それに替わるように須恵器の出土量が増加する。

Ⅴ期（８世紀末ないし９世紀初頭以降）　小館地区南西部に政庁が造営される時期である（図23）。この時期には城内地区に設定された外郭施設の溝は埋め戻されて廃絶しており、主軸方位を西に振る小規模な掘立柱建物と竪穴建物が多数確認されている。

Ⅵ期（９世紀）　政庁が確認できなくなる。Ｖ期政庁の跡地に比較的大型の建物が造営される。

②郡庁院の造営計画

城内地区政庁（図22）　Ⅲ期の政庁は、北辺に東西棟の四面廂建物である正殿（ＳＢ01）、西辺には南北に直列する２棟の脇殿（ＳＢ60・61）を配置し、それらを掘

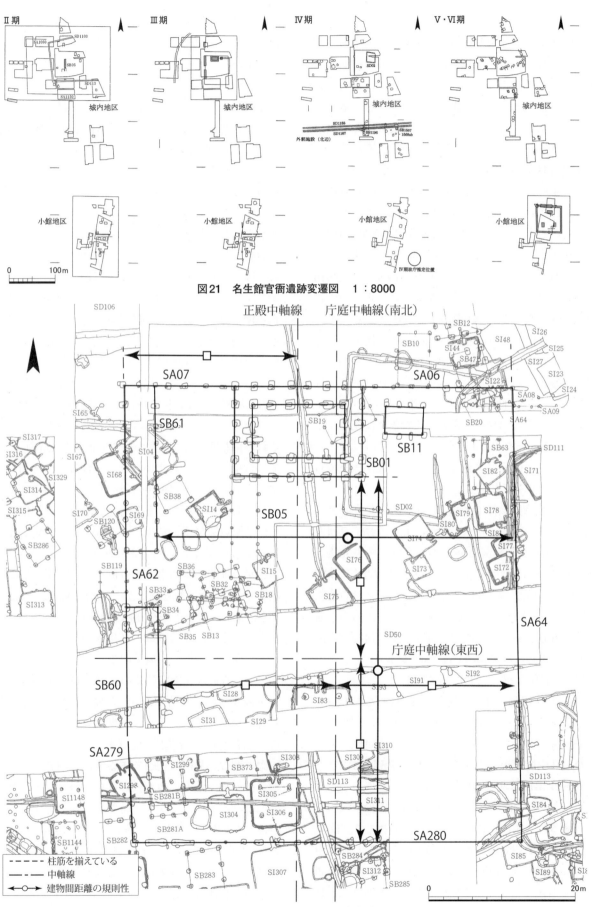

図21 名生館官衙遺跡変遷図 1:8000

図22 名生館官衙遺跡城内地区政庁の造営計画 1:500

立柱塀（ＳＡ06・07・62・64・279・280）によって連結して、東西52.5ｍ×南北60.6ｍの区画を形成する。東辺は掘立柱塀のみで東脇殿はなく、正殿の前面は広場となる。建物はいずれも掘立柱建物で、正殿ＳＢ01の柱抜取穴から多賀城創建期の瓦に先行する単弁八葉蓮華文軒丸瓦・ロクロ挽き重弧文軒平瓦が出土したことから、正殿は瓦葺であったと考えられる。

正殿ＳＢ01は、区画北辺の中央やや西寄りに取り付き、東脇殿もないことから、全体に左右非対称の配置をとり、あまり規格性はないように見えるが、建物・塀が面する広場、すなわちＳＢ01の南廂の柱列、西脇殿ＳＢ60・61の東側柱列、南辺掘立柱塀、東辺掘立柱塀で囲まれた空間が東西・南北とも48.6ｍ（162尺）の正方形となるように配置され、正殿の中軸線から区画西辺までの距離の２倍に設定されている。はじめに正殿と、その北側柱列に北妻を揃えた西脇殿の位置関係が決定され、その距離を基準として、建物で囲まれた正方形の庁庭の規模が決定され、掘立柱塀による区画が設定されたと考えられる。その結果、区画全体の中軸線と正殿の中軸線とは互いにずれた位置となったのであろう。

城内地区の政庁には建て替えがなく柱が抜き取られ、１時期のみで廃絶している。

小館地区南西部政庁（図23）　政庁は東側が失われているものの、四周を回廊（ＳＣ1250・1251・1270）で囲んだ東西45ｍ以上×南北58ｍの区画内の中央北寄りに東西棟（ＳＢ1241）を、南寄りの東・西辺近くに南北棟（西：ＳＢ1315、東：ＳＢ1316）を置いた品字形の建物配置をとっている。ＳＢ1241を正殿、ＳＢ1315を西脇殿、ＳＢ1316を東脇殿と想定できる。建物群を囲む回廊の南辺には四脚門（ＳＢ1300）が取り付き、その北側には目隠し塀（ＳＡ1317）を設ける。

正殿ＳＢ1241は４×２間の側柱建物（総長11.7ｍ×6.0ｍ）、西脇殿ＳＢ1315は５×２間の総柱建物（総長9.35ｍ×6.0ｍ）で、正殿のほうが桁行の柱間数が少ないが、平面規模がやや大きい。西脇殿ＳＢ1315と東脇殿ＳＢ1316は北妻の柱筋を揃え、区画東辺の位置は不明ながら、南門ＳＢ1300の位置に仮の中軸線を想定すると、ＳＢ1315・1316は左右対称の位置関係となる。ＳＢ1241もややずれるものの、この仮想中軸線に乗る。ＳＢ1315、ＳＢ1316、ＳＢ1300は同位置での建て替えによる２時期の変遷があり、ＳＢ1241にも掘方のいくつかに重複が確認できることから建て替えが想定される。回廊状の遺構も北辺・南辺の位置は踏襲し、西辺の位置をずらして建て替えられている。

③遺跡の性格

遺跡の性格については、Ⅲ期政庁が備後国三次郡衙に比定される広島県三次市下本谷遺跡Ⅱ期政庁に、Ⅴ期政庁は武蔵国豊島郡衙に比定される東京都北区御殿前遺跡Ⅴ期政庁に規模・構造が類似し、遺跡の所在地が古代の玉造郡内にあること、Ⅴ・Ⅵ期の時期にともなう土器に「玉厨」の墨書土器がみられることから、玉造郡衙と考えられている。

『続日本紀』和銅6年（713）12月辛卯条にみえる「新たに陸奥国丹取郡を建つ」という建郡記事、『続日本紀』神亀5年（728）4月丁丑条の「丹取軍団を改め玉造軍団と為す」という軍団改変の記事から、玉造郡の前身が丹取郡と考えられ、遺構期との対応から、Ⅲ期が丹取郡衙、Ⅳ期以降が玉造郡衙と考えられる（文献48）。ただし、Ⅳ期は櫓をともなう外郭施設が構築され、城柵としての構造を持つことから、『続日本紀』天平9年（737）4月戊午条の「多賀柵」とともに記載されたいわゆる天平五柵の一つである「玉造柵」としての機能も併設されていたとみられる。柳澤和明氏は、玉造柵は8世紀後半の伊治公呰麻呂の乱後の復興にともなって新たに玉造塞として宮沢遺跡に移転し、Ⅴ期以降は玉造郡衙のみとなったと推定している（文献83）。なお、Ⅱ期は評が成立していない時期であるが、Ⅲ期に連続する正方位をとる官衙施設が成立しており、材木塀と溝によって区画されていることから、郡衙に継承される初期の城柵と考えられる。

さて、上述したように、名生館官衙遺跡ではⅢ・Ⅳ・Ⅴ期の各時期に、遺跡内で政庁の位置と構造が変わる。Ⅲ期は四面廂建物の正殿と長舎構造の西脇殿を掘立柱塀で連結するが、東脇殿を欠いた左右非対称の構造である。一方、Ⅴ期は4ないし5間の短舎が左右対称の品字形の配置をとり、建物の四周を回廊が囲む。Ⅴ期は正殿であるＳＢ1241が４×２間の側柱建物で無廂、西脇殿は総柱建物である。回廊型の郡庁の事例とされる鹿島郡庁や豊島郡庁では脇殿はともなわず、小笠原好彦氏が指摘するように（文献25）、回廊も殿舎としての機能を持ち、長舎の代替と理解してよいとすれば、正殿の規模が小さい点を、回廊が補ったとみることができるかも知れない。また、Ⅴ期の政庁は短舎を品字形に配置したいわゆ

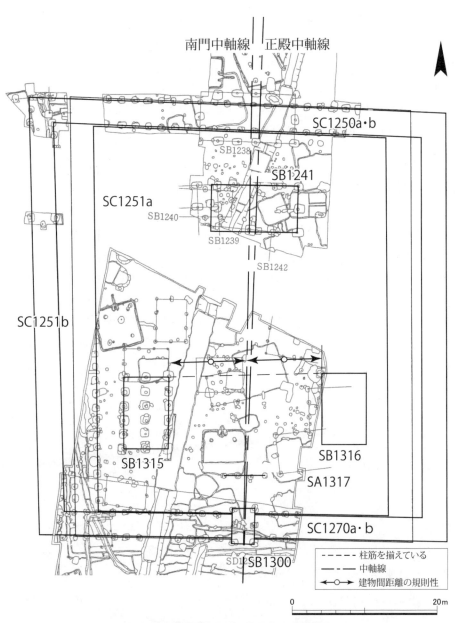

図23　名生館官衙遺跡小館地区政庁の造営計画　1：500

る城柵政庁型の建物配置と、長舎がロの字に広場を囲った古い形態の郡庁を継承したあり方が共存する空間構成とも解される。そうした点では、Ⅴ期の政庁の構造は、「城柵域の郡衙」にふさわしいものと言える。

　また、Ⅲ・Ⅳ期は瓦葺、Ⅴ期は非瓦葺である。Ⅳ期の構造は不明だが、Ⅲ期の正殿が規模・格式の点で他の殿舎から隔絶しているのに対し、Ⅴ期の正殿は脇殿と大差のない規模であり、正殿を荘厳にしようとする意図の有無が、瓦葺の採否を分けているとも考えられる。

　政庁の位置と構造の変化は、丹取郡衙→玉造郡衙・玉造柵の併設→玉造郡衙といった性格の変化に起因し、状況に応じて性格を変化させる必要のあった城柵域の郡衙の特性を示している可能性がある。ただし、遺跡の性格と政庁の構造とが結びつくかどうかは、慎重な検討が必要と考えられる。

（7）東山官衙遺跡（陸奥国賀美郡衙）

　宮城県加美郡加美町鳥嶋字東山から鳥屋ヶ崎字八幡裏に所在する。遺跡は奥羽山脈から派生して南東に張り出した丘陵先端部の台地上に立地し、南側に臨む沖積地との比高は約20ｍである。台地上には東西約300ｍ×南北約250ｍの平坦面があり、南側か

ら入り込む谷によって二分される(図24)。遺跡はこの平坦面の周囲に築地塀をめぐらし、その内部は台地を二分する谷を利用して、その延長上に南北方向の大溝を設け、東に掘立柱式の側柱建物で構成される政庁、館、厨家といった実務官衙を、西に掘立柱および礎石建の総柱建物を配列した正倉院が営まれる(文献71・73)。

①東山官衙遺跡の変遷

官衙施設は、先行する造営集落とみられる竪穴建物と小規模な掘立柱建物の後、政庁・正倉ともに4ないし5時期の変遷をみせる。

Ⅰ期　北からやや西に振れる。政庁は不明瞭だが、次に述べるⅡ期以降の政庁と重複して7×3間の南北棟建物が検出され、またⅡ期の正殿とみられるSB481Aの掘方埋土から瓦が出土しているほか、周辺の遺構からも瓦や塼が多く出土していることから、未検出の塼積基壇をともなう瓦葺の正殿がⅠ期に存在したと推定されている。

なお、政庁地区の西北に西廂の南北棟建物があり、この建物の周囲から「館上」の墨書土器が出土していることから、館と考えられている。正倉院には床束をともなう側柱建物が南北に直列し、以後、この配列が踏襲される。台地を二分する谷の入口には八脚門が設けられる。

Ⅱ～Ⅴ期　政庁はⅡ期以降、掘立柱塀によって一辺50～60m前後の方形に区画される。5×2間の東西棟建物SB481を正殿、その前方左右に南北棟の建物を置いて脇殿とし、正殿の北東にも建物を配す。

区画の掘立柱塀と正殿は3回の建て替えによる4時期、脇殿は2ないし3時期、北東建物は3時期の重複がある。当初は正殿SB481A・北東建物SB345・正殿の南東に床束をともなう東西棟建物SB342が配された左右非対称の構造とする宮城県多賀城跡調査研究所(文献71)、斉藤篤氏(文献31・32)、柳

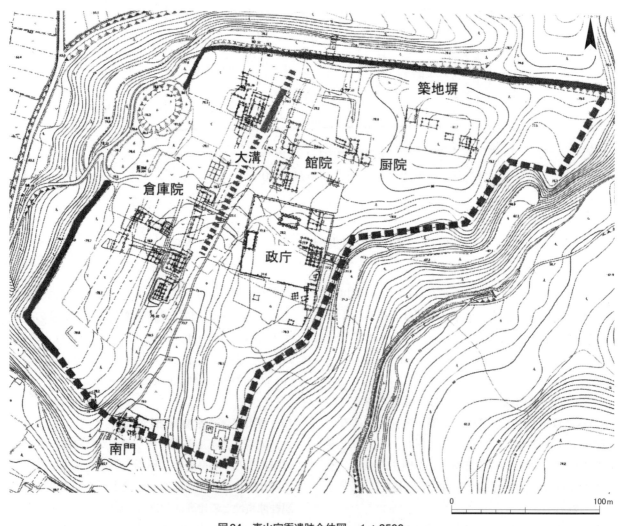

図24　東山官衙遺跡全体図　1：2500

澤和明氏（文献84）の説に対し、村田晃一氏はＳＢ342をⅠ期に位置付け、当初からＳＢ481Ａ・ＳＢ391Ａ・ＳＢ326による左右対称のコの字ないし品字形の配置を想定する変遷案を示している（文献75）。

掘立柱塀による区画は、入口の位置も含め正殿を中心とした左右対称の配置が意図され、同時に区画の西辺・東辺・北辺はそれぞれ西脇殿・東脇殿・北東建物の位置に接するように設定されており、建物の位置を意識しているとみられる点から、当初から左右対称の配置を想定する村田案が支持できる（図25）。

正倉院はⅡ期に高質化し、掘込地業と雨落溝をともなう礎石建で茅葺の総柱建物が直列に配置される。これらの倉は、同位置・同規模での建て替えが確認できるものがあり、建て替えを確認できないものも次段階のⅢ期まで踏襲された可能性が高いが、その後は火災で焼失したとみられる。続くⅣ期には倉庫の配列を踏襲した屋とみられる側柱建物が配された。Ⅴ期の政庁は正殿ＳＢ481Ｄと小規模な掘立柱建物ＳＢ344・396で構成される。正倉院も4×2間で平面積25㎡前後の屋とみられる側柱建物がみられる程度で、建物規模が縮小する傾向は、政庁の変遷と対応する。

Ⅰ期は瓦の年代（文献35）から8世紀中葉、Ⅱ期は8世紀後半、Ⅲ期は9世紀前半、Ⅳ期は9世紀後半、Ⅴ期は9世紀末～10世紀前葉と考えられる。

②政庁の造営計画（図26）

正殿であるＳＢ481を区画の中央北寄りに置き、その前方左右に東脇殿ＳＢ326と西脇殿ＳＢ391が配置される。東西脇殿は北妻の柱筋を揃え、正殿の中央を通る中軸線を設定すると、中軸線を挟んで左右対称に置かれている。もう少し厳密にみると、東西脇殿の北妻を結んだ東西線と、正殿の棟通りの東西線との距離は12.3ｍ（41尺）であり、正殿中軸線と東脇殿ＳＢ326の棟通りの南北線、ならびに西脇殿ＳＢ391Ａの西北隅柱との距離は、それぞれその2倍とされている。東脇殿ＳＢ326の西北隅柱と正殿中軸線の距離は19.8ｍ（66尺）を測り、西脇殿ＳＢ391Ａの建て替えであるＳＢ391Ｂの東北隅柱と正殿中軸線との距離も同じである。

区画の掘立柱塀は、北辺59ｍ、南辺54ｍ、東辺52ｍで、東西にわずかに長い正方形、厳密には南辺がやや短く西北・東北隅がわずかに鋭角となる台形状である。西辺は西脇殿の西、東辺は東脇殿の東、

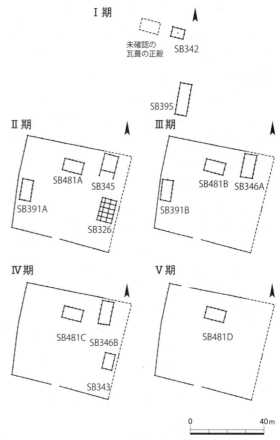

図25　東山官衙遺跡郡庁遺構変遷図　1：2000
（文献73による変遷案）

北辺は北東建物の北に、かなり近接して設定されている。特に西辺は、西北隅から21.3ｍ延びた地点でごく弱く東へ折れ、さらに28.5ｍ延びて西南隅に至る。西辺が途中で屈曲するのは南半が西脇殿の位置を意識して方位を変えた結果とみられる。北辺も正殿とは方位が一致せず、正殿に比べると西がやや南に偏しており、北東建物ＳＢ346とは方位が合う。初めに建物を配置し、その後、それらを囲むように区画施設を設定した結果、区画施設の各辺が建物の位置や方位の規制を受けたのであろう。

一方、南辺のラインは、正殿の南側柱列の南36.0ｍ（120尺）の位置に設けられている。この距離は東西脇殿の北妻を結んだ線と正殿の南側柱列との距離9.0ｍ（30尺）の4倍である。東西脇殿の建物間距離は、東脇殿ＳＢ326の西側柱列と、やや方位の振れるＳＢ391Ａの東南隅柱で計測して37.8ｍ（126尺）となる。したがって、各殿舎の庁庭側の柱列を基準にした庁庭の広さは、東西37.8ｍ×南北36.0ｍで、やや東西に長いがほぼ正方形の空間であったと考えられる。

このように、脇殿や南辺区画の位置は、正殿の側柱や棟通りの柱筋を基準とした建物間距離に一定の規則性を認めることができる。

③遺跡の性格

政庁のほか正倉や館・厨家などによる構成、政庁が方半町ほどの規模である点は郡衙に共通する特徴であり、調査報告書では賀美郡衙としている。一方、官衙施設全体を築地塀で囲繞する点は郡衙にない特徴であり、城柵の特徴と共通する（文献26）。また、東山官衙遺跡の立地する台地の前面に広がる河岸段丘に方格地割の存在が判明した壇の越遺跡や、背後の丘陵に展開する集落である早風遺跡の調査が進展し、それらを大きく囲む外周施設が存在することもあきらかとなってきている。

村田晃一氏は、内部施設は郡衙に、明確な外周施設を有する点は城柵に共通することから、郡衙であるとともに一郡を管轄した城柵（城柵型郡衙）と考え、また東山の政庁を中心に外郭施設が官衙を囲繞し、外周施設が壇の越の街区と早風の集落を囲む三重構造をとる点が、城柵型郡衙の特質と捉えた（文献77）。柳澤和明氏も当初（Ⅱ期）の段階には城柵のみからなり、後に宝亀11年（780）の伊治公呰麻呂の乱後の復興期に大規模に修造された城柵に賀美郡衙が併置され、外郭区画施設の廃絶する9世紀後半には城柵が廃止されて賀美郡衙となったと理解している（文献84）。

(8) 払田柵跡（出羽国山本郡衙ヵ）

出羽国では、明確に郡衙に比定できる遺跡が確認されておらず、その理由として、他国の郡衙とは異なる様相を呈していた、あるいは城柵の機構の一部に郡衙的機能が組み込まれていた、などの可能性が指

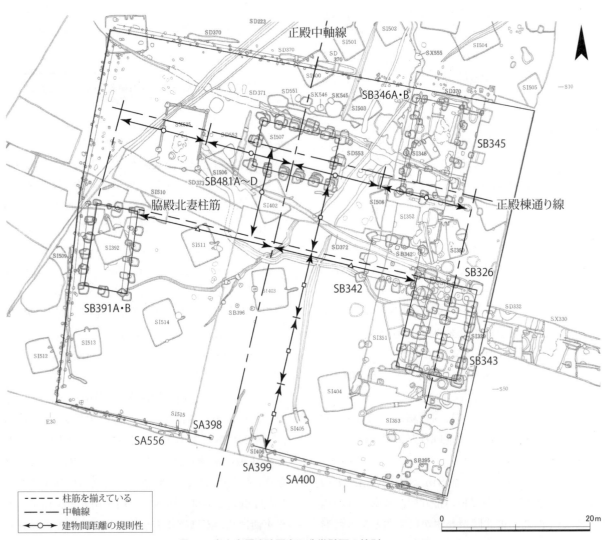

図26 東山官衙遺跡郡庁の造営計画の検討　1:500

摘されている（文献49）。外柵を構成する柵木の年輪年代から9世紀初頭の創建と判明している払田柵跡は、天平宝字2年(758)に造営された雄勝城が移転した第2次雄勝城と考えられているが、高橋学氏は山本郡衙の機能も果たしていた可能性を指摘している。事例の検討の最後に、この払田柵跡の政庁について検討する（文献2）。

払田柵跡は、秋田県大仙市払田および同県仙北郡美郷町本堂城回に所在する。遺跡は沖積地内に島状に浮かぶ標高50～60mの2つの丘陵に立地する。丘陵の周囲を取り囲む沖積地には、東西1,370m、南北780mの楕円形状に柵木を立て並べて外柵が設置されている。2つの丘陵の内、東側に位置する長森丘陵頂部の中央には政庁が位置し、その外側を東西750m×南北320mの楕円形状に木柵・築地・石塁で構成された外郭が囲む。

①政庁の変遷

政庁は、建物や区画施設の建て替えによりⅠ～Ⅴ期の変遷を辿る（図27）。布掘り状の掘方をもつ板塀によって方形に区画された政庁域の中央北寄りに正殿、その南方の前庭を挟んで東西に脇殿を配する。

正殿は、無廂となるⅤ期に規模が変わるが、Ⅰ期は5×4間、Ⅱ～Ⅳ期は5×3間の南廂建物で平面形式は異なるもののⅣ期までほぼ同位置・同規模で建て替えられる。同じく脇殿はⅠ期が桁行6間、Ⅱ～Ⅳ期が桁行5間と規模が変化するが、梁行規模や位置は踏襲して変遷し、Ⅴ期のみ総柱となり位置をややずらして建て替えられる。

区画施設は、南辺・北辺の位置が変わることによって区画の規模が時期によって変化する。すなわち、南辺はⅡ期にⅠ期の位置から北へ3～4m移動し、その位置でⅤ期まで変遷し、北辺はⅢ期にⅠ・Ⅱ期の位置から18～20m北へ移動しⅣ期まで変遷した後、Ⅴ期にはⅠ・Ⅱ期の近くに戻る。東辺・西辺の位置はⅠ期～Ⅳ期まで踏襲されるが、Ⅴ期のみ西辺が3～4m東に移動している。区画の規模はⅠ期が東西約63m×南北約60m、もっとも拡大したⅢ期は東西54m×南北76mを測る。

このように、正殿、東西脇殿は規模が大きく改変されるⅤ期を除くと、ほぼ同規模・同位置で変遷している。Ⅰ期からⅡ期への変遷において脇殿の桁行規模が1間短くなることは、南辺の位置が北へ移動することと対応し、脇殿は北妻の位置を変えずに南妻

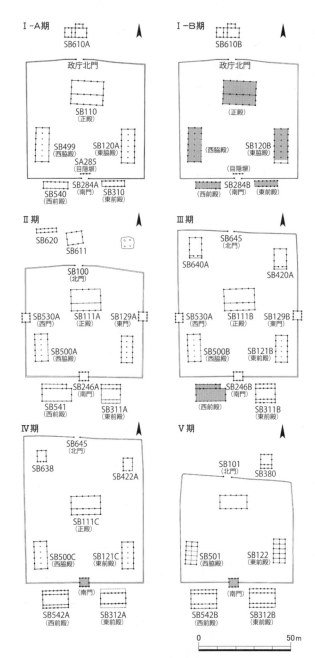

図27　払田柵跡政庁変遷図　1：2000

を北へ移動させたとの理解も可能である。

年代は、Ⅰ期：9世紀初頭、Ⅱ期：9世紀後葉、Ⅲ期：9世紀末～10世紀前葉、Ⅳ期：10世紀中葉、Ⅴ期：10世紀後葉と推定されている。

②政庁の造営計画（図28）

東辺・西辺の位置にもとづいて区画の中軸線を想定すると、東・西脇殿は互いに北妻と南妻の柱筋を揃え、中軸線を中心に左右対称に配置されていることが分かる。脇殿の前庭側の柱列から中軸線までの距離は20.5mで、これは正殿の棟通りの柱筋から脇殿の北妻までの距離、正殿の東妻から東門の西側柱

列の柱筋までの距離に等しく、正殿の棟通りの柱筋から南門の北側柱列までは、この距離の2倍に設定されている。なお、政庁域が北に拡張されたⅢ・Ⅳ期には、区画の西北・東北に新たに北東建物・北西建物が建てられるが、それらは東西脇殿と前庭側の柱筋がほぼ揃うように配置されており、北西建物の南妻から正殿棟通りの柱筋までの距離も20.5mである。これらの建物は、正殿中軸線・正殿棟通り線を

基準とし、20.5mを建物間距離の単位として配置された可能性が高く、後述する国庁の配置にみられるような、一辺20.5mの方眼地割にもとづいた配置であった可能性もある。一方、南辺区画の外側、すなわち南門の南側左右に置かれた2棟の前殿は、その位置や規模・構造において、必ずしも政庁区画の中軸線を挟んだ左右対称の位置にあるのではなく、正殿・脇殿間にみられたような建物間距離の規則性は

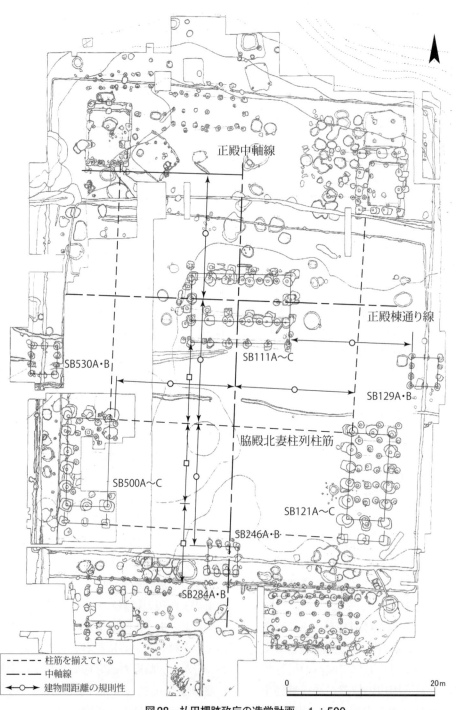

図28　払田柵跡政庁の造営計画　1：500

見出せない。
　このように払田柵跡の政庁は、正殿・脇殿など政庁としての基本的な構成要素となる建物が規格的な配置を守って変遷している。

Ⅱ　考察〜東北の郡庁の空間構成〜

　これまで、東北の郡庁の構造や変遷過程、さらに各遺跡で指摘されている歴史的背景などについて、個別に検討を加えてきた。そのことを通じて、いくつかの問題点が浮かび上がってきたと思われる。すなわち、郡庁の成立過程と変化、規模や瓦葺の問題、建物配置や造営計画などである。以下では、それらの点について関連する事項をまとめ、国府や城柵など他の官衙と対比しながら、東北の郡庁の特質を導くこととしたい。

(1) 陸奥国における郡庁の成立と変容 (図30)
①陸奥の郡庁の祖型は郡山遺跡
長舎連結型の採用と郡庁の成立　陸奥国におけるもっとも古い官衙遺跡は郡山遺跡である。郡山遺跡Ⅰ期官衙の中枢部は、側柱建物による長舎と総柱建物とを塀で連結させたロの字形の配置をとるⅠA期から、側柱建物のみを連結したⅠB期へと変遷する。中枢区の左右には、総柱建物が多数配された倉庫群が存在する。この時期の官衙の性格については、国家的な城柵 (=初期城柵) とする説が定着している (文献16・54)。山中敏史氏は「名取」刻書土師器や「コオリ」地名から名取評衙とするが、王権と直接結びついた前期評衙として国家的性格も認めている (文献85・88)。

　大橋泰夫氏は、陸奥国における拠点的な官衙施設である郡山遺跡の斜方位や、特にⅠB期の長舎連結型の建物配置が、泉官衙遺跡や栄町遺跡の創設期の官衙施設の方位や政庁の建物配置に影響を与えたと考えている (図29)(文献24)。

　泉官衙遺跡ではⅠ期に斜方位で長舎連結型の政庁が成立する。また、その西側に接して斜方位をとる倉庫群が存在しており、規模の違いはあるものの、政庁と倉庫群がブロックに分かれて配置されるあり方も、郡山ⅠB期のあり方と類似する。規模の点については、郡山Ⅰ期官衙の中枢部が、120m×90mの1町程度である点は国庁に共通する要素であるが、上野国新田郡家跡のように、初期の郡衙には国庁に匹敵する規模をもつものもみられた。したがって、郡山Ⅰ期官衙は、後の郡衙につながる要素と、国府につながる要素、さらには城柵につながる要素[7]を兼ね備えており、多様なレベルの官衙機能が未分化な状態で結びついた存在形態を示す点が、この時期の官衙施設の特質と理解できる。

　その後、7世紀末〜8世紀初頭には、このⅠ期官衙は撤去され、正方位をとるⅡ期官衙が、Ⅰ期官衙

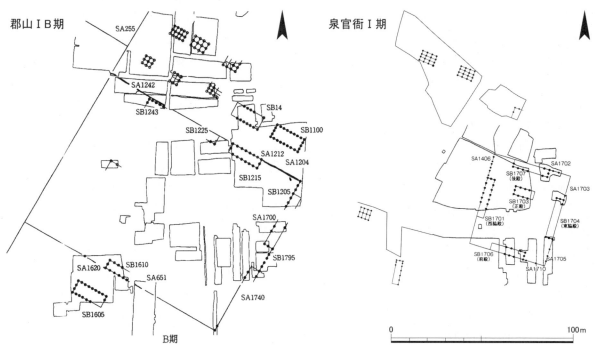

図29　郡山ⅠB期と泉官衙Ⅰ期の中枢部　1：2000

の位置を踏襲して建設される。郡山Ⅱ期官衙は初期陸奥国府であり、藤原宮の造営プランを縮小して採用したものである（文献16）。この時成立した郡山Ⅱ期官衙の諸要素が多賀城に引き継がれる点は多くの研究者が指摘しており（文献16・37・54・81）、初期国府に採用された宮都からの要素が、後の定型化国庁の成立につながっていくと考えられる（文献1・24）。一方、郡山Ⅰ期官衙にみられた中枢部と倉庫群がブロックに分かれて配置されるあり方がⅡ期官衙に引き継がれていないのは、そうした要素が郡衙に引き継がれたからであると理解できる。泉官衙遺跡では、長舎連結型のⅠ期政庁の造営計画を踏襲したⅡ期政庁が、郡山Ⅱ期官衙が存続した8世紀初頭に成立する。その際、泉官衙遺跡Ⅱ期政庁が正方位を採用する点は、大橋氏が指摘するように郡山Ⅱ期官衙の影響と考えられる。

四面廂建物の採用　泉官衙遺跡ではⅠ期からⅡ期への変遷において、造営方位が斜方位から正方位に変化するが、建物配置は変化していない。すなわち、建物配置は、郡山Ⅰ期官衙からのそれを踏襲している。一方、Ⅰ期からⅡ期への変化として、正殿に四面廂を採用した点、庁庭に玉石敷を敷設した点があげられる。正方位になる点に加えこれらの点も、郡山Ⅱ期官衙からの影響とみることができる（図29）。

正殿などに四面廂建物が採用される時期は、泉官衙遺跡Ⅱ－a期（8世紀初頭）・Ⅱ－b期（8世紀中頃）、根岸官衙遺跡Ⅰ期（7世紀末～8世紀初頭）、栄町遺跡Ⅵ期（9世紀）、名生館官衙遺跡Ⅲ期（7世紀末～8世紀初頭）である。泉官衙遺跡・根岸官衙遺跡・名生館官衙遺跡では7世紀末～8世紀初頭を中心としており、栄町遺跡でも四面廂とみられるＳＢ32がⅢ期にともなうと推定する筆者の変遷案（図11）にもとづけば、やはりこの時期に重なる。

栄町遺跡でも、長舎連結型で斜方位のⅠ・Ⅱ期から、Ⅱ期の建物配置を踏襲しつつ正方位となるⅢ期へと変遷している点は泉官衙遺跡と同様で、郡山Ⅱ期官衙の正殿に影響を受けた四面廂建物という新たな要素が、7世紀からのあり方を継承する政庁に付け加えられたと解することができる。

郡山遺跡Ⅱ期官衙は、藤原宮の影響を受けて採用した新しい要素だけでなく、玉石敷や方形石組池など、一段階古い飛鳥石神遺跡の要素も取り入れている。このことから、政庁がその空間構成のなかに、新しい要素と古い要素をもつ場合があったと考えられ、そうしたあり方を郡庁にも認めることができる。

根岸官衙遺跡Ⅰ期官衙は7世紀末を上限とした8世紀初頭頃までの間に創設されたとみられ、当初から正方位で、正殿に四面廂を採用していることから、やはり郡山Ⅱ期官衙の影響下に成立した可能性が高い。四面廂の正殿が長舎とともに連結された名生館官衙遺跡Ⅲ期官衙も、同様に理解することができる。

②建物と空間構成の変化

正殿の変化　8世紀初頭頃に正殿に四面廂を採用するこれらの例は、栄町遺跡Ⅵ期を例外として、郡山Ⅱ期官衙の影響を受けたとみられる。江口桂氏は、拠点的な郡衙に格式の高い四面廂建物が採用された可能性を指摘している（文献20）。廂の付設には、建物の格式を高めることの他に、内部空間の拡大ないし使い分けなどの意図もあったと思われる。

一方、栄町遺跡を例外として、泉官衙遺跡Ⅲ期、根岸官衙遺跡Ⅱ・Ⅲ期、三十三間堂官衙遺跡、名生館官衙Ⅴ期、東山官衙遺跡Ⅱ期以降などにみられるように、8世紀後半以降の郡庁は正殿が無廂となる傾向がある。このことから、この時期以降に郡衙の拠点的機能が低下したとの理解も可能である。ただし、泉官衙遺跡では正殿が無廂となるⅢ期に建物や区画の規模が拡大している。また根岸官衙遺跡では、Ⅰ期に四面廂建物であった正殿が、続くⅡ期には無廂となる一方、正殿後方に近接して長舎の後殿が加わったとみる先述のB案にもとづけば、Ⅰ期には四面廂建物1棟で果たしていた機能が、Ⅱ期以降は正殿・後殿に分化した可能性もある。清涼殿・大極殿・朝堂院の身舎と廂の使い分けのあり方を検証した有富純也氏が、儀式の際に身舎のほうが廂よりも格式の高い空間として使用されたことを指摘しているように（文献10）、郡庁でとりおこなわれる儀礼においても、正殿の身舎と廂で空間の使い分けがなされていた可能性がある。そして当初は正殿1棟の中で身舎と廂に分かれていた儀式空間が、正殿・後殿という別々の建物に分かれた可能性があろう。廂の採用を荘厳化ではなく広さの確保と捉えると、無廂化は必ずしも格式の低下や、ひいては郡衙の拠点性の低下を示すのではなく、郡庁建物の内部や郡庁域の内部の機能分化を示す可能性もある。

脇殿の短舎化と区画施設からの分離　根岸官衙遺跡Ⅲ期、栄町遺跡Ⅵ期、名生館官衙Ⅴ期、東山官衙遺

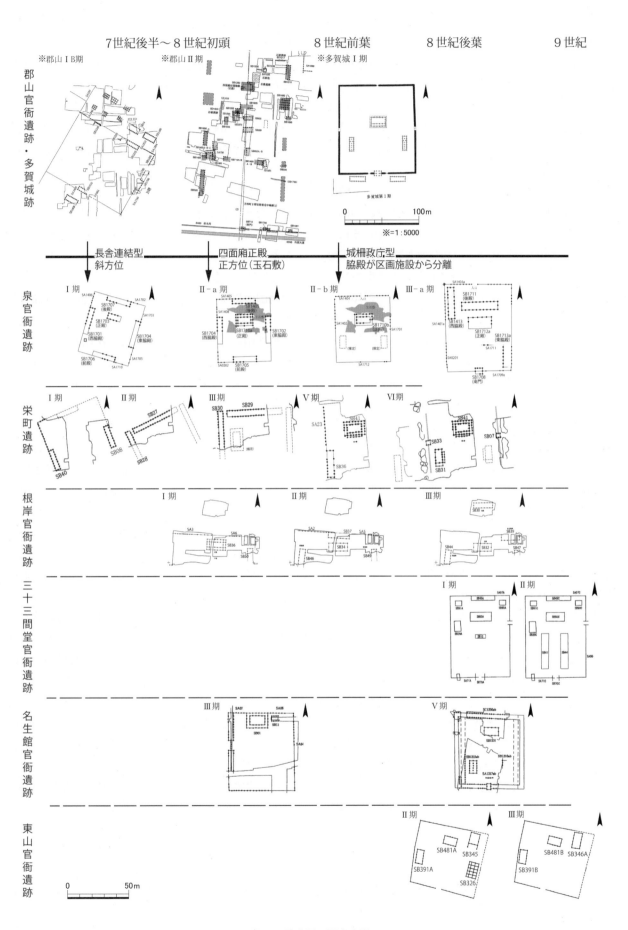

図30　陸奥国の郡庁変遷

跡Ⅱ期以降、三十三間堂官衙遺跡など、多くの郡庁例で相対的に新しい時期に脇殿が短舎となる傾向がみられる。根岸官衙遺跡では、前段階の建物配置を踏襲しながら、西脇殿が短舎となっている。泉官衙遺跡では先述したように、Ⅱ－b期が未調査部分に短舎の脇殿をともなうとすれば、そうした例に加えることができる。

初期評衙や郡庁に長舎が多用される点は、全国的な郡庁例から、多くの先学が指摘している（文献6・7・85・87）。山中敏史氏は、長舎やそれに準じる構造の建物を多用したロの字・コの字型配置やその省略変形型の郡庁が古い段階に認められ、回廊型や品字型配置はやや後出して普及するという変遷の傾向を指摘しており（文献85・87）、相対的に新しい時期に脇殿が短舎化するのは、全国的な傾向と言える。

一方、阿部義平氏は、正殿と桁行の短い脇殿による品字型配置を城柵政庁の特色としてあげ（文献4）、進藤秋輝氏は多賀城が創建されると、その構造や政庁の建物配置が、以後つくられる城柵のモデルとなったと指摘している（文献38）。大橋泰夫氏が指摘するように（文献24）、東北の郡庁の建物配置が郡山Ⅰ期官衙やⅡ期官衙の影響を受けたとすれば、脇殿の短舎化も直接には国府としての多賀城政庁の影響があらわれた可能性がある。

泉官衙遺跡では、長舎連結型であったⅠ期・Ⅱ－a期に対し、Ⅱ－b期には四面廂の正殿や郡庁域を囲繞する掘立柱塀は踏襲されるが、塀に連結していた長舎がなくなり、塀が囲繞するのみとなる。この変化も、郡山遺跡に続く国府である多賀城政庁の影響によるものであった可能性があり、その場合には正殿の前方左右の未調査部分に短舎の脇殿の存在が想定されることは先述の通りである。こうした変化は、栄町遺跡でより明確に認められ、Ⅴ期には長舎であるＳＢ36が、掘立柱塀に連結した西脇殿として配置されたと考えられるが、Ⅵ期にはＳＢ36の位置を踏襲した短舎のＳＢ31が配置され、郡庁域の区画施設はその外側に門の取り付く土塁ないし築地が、西脇殿とは独立して設けられている。

青木敬氏は、郡山Ⅱ期官衙を「初期国庁」、山中氏が指摘した多賀城Ⅰ期政庁を含め全国的に成立する画一性の高い国庁を「定型化国庁」と呼んで区別し、定型化国庁のもつ画期性の1つに区画施設の独立をあげている（文献1）。定型化国庁の成立と連動して、郡庁も郡山Ⅰ・Ⅱ期官衙以来の古い形態を踏襲した構造から、新たに定型化国庁と共通する形態に変化したと理解することができる。

小田裕樹氏は、長舎を多用する建物配置には饗宴空間としての要素が重視されていた可能性を指摘し、その後、律令制度に則った政務・儀式の整備とともに、より政務・儀式に適したコの字型の配置が採用されるようになったと考えている（文献27）。多賀城政庁のような定型化国庁の成立は、地方において律令制度による政務・儀式の定型化を示し、それと類似した使われ方をしていた郡庁の、国庁との共通化をもたらしたとも解される。

出羽国の事例　出羽国では、明確な郡庁が確認された例がないことは先述したが、そのなかで、第2次雄勝城兼山本郡衙の可能性がある払田柵跡政庁の変遷は、平安時代の出羽国府とする説が有力な山形県酒田市城輪柵跡の変遷との対応関係を見出せる（図31）。すなわち、城輪柵跡の政庁は、9世紀前半のⅠ期には正殿を政庁域の中央に置き、その前方左右に脇殿を配した構造であるが、続く9世紀後半のⅡＡ期には、正殿が南に移動するとともに、正殿の後方に後殿が新設され、その北方左右に後殿に付属する南北棟建物を配した北に開くコの字型配置の空間が新たに創出される。さらに10世紀後半のⅢ期には、後殿を中心とした空間は廃されている（文献33・34・39）。払田柵跡の政庁も、正殿と東西脇殿からなるⅠ・Ⅱ期から、Ⅲ期になると区画北辺が拡張され、正殿の北方左右に南北棟建物が配されて、正殿後方に新たな空間が創出され、続くⅤ期には区画北辺が南に移動してもとの位置に戻り、再び正殿と東西脇殿のみの構成となっており、城輪柵跡政庁の推移と一致している。

出羽国の郡衙の様相は不明ながら、陸奥国と同様に出羽国においても、国庁と国内の城柵ないし郡衙の政庁は、連動して推移した可能性がある。

郡庁構造の固定化　泉官衙遺跡Ⅲ期、栄町遺跡Ⅵ期、三十三間堂官衙遺跡、東山官衙遺跡Ⅱ期以降、名生館官衙遺跡Ⅴ期のように、多くの郡庁例では8世紀後半以降になると、郡庁を構成する建物や区画施設が、同位置・同規模での建て替えにより2ないし3時期の変遷をみせ、基本的な建物配置を変えることなく維持されている。このことも、正殿・脇殿でおこなわれた政務・儀式の定型化にともない、郡庁構造が

安定的に維持された結果と考えられる。

後方空間の利用と長舎の残存　泉官衙遺跡では8世紀後半のⅢ期になると、国府の影響を受けたⅡ期までの郡庁構造を一新する。この時期には、正殿の後方に10×2間の東西棟建物ＳＢ1711、9×2間の南北棟建物ＳＢ1713がＬ字形に配置され、北辺区画との間に長舎で囲まれた広い空間が設けられる。

　根岸官衙遺跡の郡庁でも、正殿・脇殿は創設期以来の配置を踏襲するが、脇殿が短舎化する8世紀後半以降のⅢ期になると、北辺の区画施設がなくなり、北側を整地して正殿後方のスペースを確保した上で、7×2間の東西棟建物ＳＢ30を配置している。

　また9世紀前半に創設される三十三間堂官衙遺跡の郡庁は、Ⅰ期には当初、北辺は掘立柱塀で区画するのみであったが、Ⅰ期の途中から8×2間のＳＢ45が北辺塀に取り付き、長舎が塀に連結する伝統的な構造を採用している。

　以上の例のうち泉官衙遺跡では、前段階のⅡ期の郡庁が庁庭を玉石敷とするが、玉石敷は正殿の前面だけでなく後方まで及んでおり、長舎の後殿と正殿との間に後庭と呼ぶべきスペースが確保されている。Ⅲ期における後方空間は、建物配置に大きな改変を加えながらも、Ⅱ期のそれを継承したものであった可能性が高い。先述したように、Ⅱ－a期には塀に取り付く奇数間の後殿の中央間が馬道となっていたと考えられ、北辺が掘立柱塀だけとなるⅡ－b期とⅢ期にも、同じ位置の柱間が広く取られて入口が設けられており、郡庁域の後方からの出入口がⅡ－a期からⅢ期まで踏襲されたと考えられることも、これを裏付けている。

　正殿の後方に長舎が置かれるこれらの例は、正殿前方における脇殿の短舎化の一方、後殿は古い様相をもつ長舎が残存したものと言える。長舎に饗宴空間を構成する機能を想定した小田氏の指摘を踏まえると、正殿の後方において、これらの建物が古い伝統をもつ饗宴がおこなわれる場として機能した可能性がある。事実、泉官衙遺跡でも正殿後方の空間の一角に掘られた土坑から、Ⅲ期に相当する時期の「厨」墨書土器が出土しており、後方の空間で飲食をともなう儀礼がおこなわれた可能性が高い。正殿の前方は前庭を囲むように配置された脇殿が短舎化し、律令制に則った定型化した政務・儀式の場に変化する一方、正殿の後方では、なお古い伝統である饗宴空間にともなう建物が新しい時期まで残存したのでは

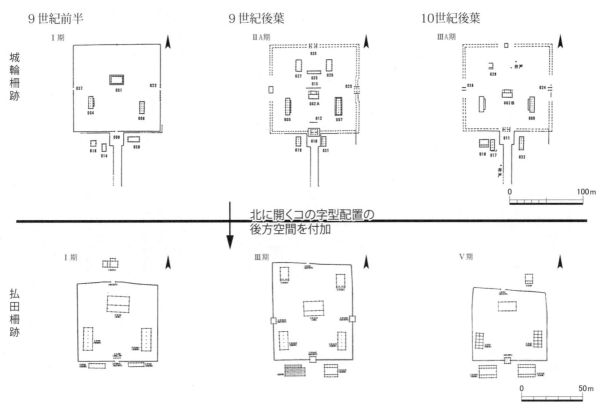

図31　出羽国の政庁の変遷

なかろうか。

　荒木志伸氏は、先述した城輪柵跡政庁や払田柵跡政庁の事例にもとづいて、城柵政庁が平安期に入るに従い、正殿の後方部を活用する傾向がある点を指摘し、飲食儀礼にともなう饗宴がおこなわれたと考えている（文献8）。村田晃一氏も陸奥・出羽国府や城柵では政庁の南北長に占める後庭の割合が30％前後もしくはそれ以上であるのに対し、郡庁では20％以下が一般的であるとし、前者が広い後庭をもつのは、東辺や北辺（奥羽越）の国司が担った特別な職掌である「饗給」に関わる空間の可能性を指摘している（文献80）。

　こうした後方空間の利用については、藤原宮期に藤原宮の朝堂院・大極殿の配置をいち早く取り入れながら、正殿の後方には飛鳥石神遺跡と共通し蝦夷の服属儀礼に使用された石組遺構や玉石敷がともなう郡山遺跡II期官衙における空間構成が想起されるが、それが後の時代の官衙に継承されたのかどうか、郡庁にそうした機能が必要だったのかについては、にわかには判断し難い。しかし、先述のとおり、東北の郡庁が国庁の変化と連動していると見られることからも、国庁に準ずるような政務・儀礼や饗宴が郡庁においてもおこなわれていたのではなかろうか。

　以上のように、郡庁構造は創設期以来の各郡における伝統の継承や、その時期における要請のなかで、その構造を変化させたと考えられる。

（2）東北の郡庁の特徴

　東北の郡庁例には、冒頭で述べた郡庁の一般的特徴から逸脱する事例が認められる。ここでは、規模・瓦葺・床張りの脇殿について触れる。

①郡庁の規模

　例にあげた東北の郡庁各時期の敷地の規模は、平均すると東西約54ｍ×南北約63ｍであるが、関和久上町遺跡では南北が100ｍを超え例外的に大きい。関和久上町遺跡例が郡庁でない可能性も現状では排除できないため関和久上町遺跡例を除くと、東西約52ｍ×南北約57ｍが平均値である。南北にやや長い長方形が多いが、東山官衙遺跡は東西に長く、根岸官衙遺跡も地形からみてその可能性が高い。根岸官衙遺跡例も関和久上町遺跡例ほどではないが東西66ｍ以上と他の郡庁例に比べ大型の部類に属す。

　全国的な郡庁例をみると、関和久上町遺跡のように規模が突出して大きい事例として、鳥取県八頭郡八頭町万代寺遺跡（伯耆国八上郡衙）の中央官衙、群

表1　郡庁の規模

遺跡名	郡 ※（　）内は 郡の等級	時　期	規　模 ※（　）内は推定値	
			東西(m)	南北(m)
1．泉官衙	行方（下）	I	43	49.8
		II-a	44.2	50.9
		II-b	44.2	52.7
		III	55.5	67.6
2．根岸官衙	磐城（上）	-	66以上	?
3．栄町	磐瀬（下）	I	52.5	?
		II	(51.7)	?
		III	(57.3)	?
		VI	57.4	?
4．関和久上町	白河（大）		約80	100～110
5．三十三間堂	亘理（下）	I～III	50	65
6．名生館官衙	丹取（?）	III	52.5	60.6
	玉造（下）	V	45以上	58
7．東山官衙	賀美（小）	II以降	59	52

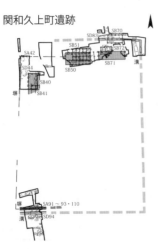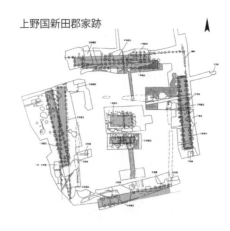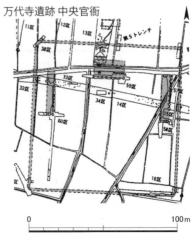

図32　区画が一辺100ｍを超える郡庁の例　1：2500

馬県太田市の上野国新田郡家跡の郡庁があげられる（図32）。

万代寺遺跡の例は、館など別施設の可能性も指摘されているが（文献6）、山中敏史氏は国庁・郡庁と同様に建物がコの字型配置をとることから特殊な郡庁の一例とする（文献85）。規模が大きい点については、山中氏は八上郡司の権力の大きさを反映、国庁の役割を果たした、などの可能性を指摘している。また八上郡が12郷からなる大郡であることが要因とみる意見もある（文献57）。瓦葺の問題は後述するが、万代寺遺跡では中央官衙以前の郡庁とされる北官衙が瓦葺であり、大郡であった八上郡の特殊性を反映した可能性がある。

上野国新田郡家跡についてはどうか。新田郡は下郡であり、規模が大きい理由を郡の等級に求めることはできない。しかし本遺跡は東山道牛堀・矢ノ原ルートと下新田ルートが近接して通過し、これに東山道武蔵路がぶつかる政治的な要衝に位置しており、新田郡は内外の政治・軍事上の拠点としての役割が与えられていたと解されている（文献21・89）。

関和久上町遺跡の所在する白河郡は陸奥国の入口にあたり関も置かれた重要な郡であり、陸奥国のなかで唯一の大郡である。磐城郡は上郡であり、根岸官衙遺跡も陸奥国南部海道の行政ブロック支配の拠点施設として位置付けられていた可能性が指摘されている（文献86）。東山官衙遺跡の所在する賀美郡は小郡、他はいずれも下郡であり、区画の規模が郡の等級とある程度対応するとみることもできる。村田晃一氏が指摘するように、城柵政庁の規模は支配領域の規模や担った役割を反映したとみられ、郡庁についても同じ陸奥国内において、国府の指導下でその序列に連なり、郡の規模や求められる実務の重要性を反映したと考えられる。

一方、泉官衙遺跡や根岸官衙遺跡では、8世紀後半以降に区画が拡張されている。行方郡ではこの時期に、郡内でおこなわれていた製鉄が対蝦夷38年戦争を背景に操業のピークを迎え、泉官衙遺跡の郡庁規模の拡大もこれに関係すると考えられる。根岸官衙遺跡はこの時期の穀倉の増加から想定される水田開発の展開が、その背景と指摘されている（文献13）。先述した上野国新田郡家跡も、東国における蝦夷征討策の拠点として機能するが、9世紀前半以降、蝦夷地の政治状況の鎮静化とともに、その規模を方60mに縮小することが指摘されている。このように郡庁規模は、郡内外に対して担った役割や郡内における経済活動の増大を背景として、一定の序列のなかで、規模が変化する場合もあったと考えられる。

②瓦葺について

東北の郡庁例のなかで瓦葺であることが確認できるのは、関和久上町遺跡、名生館官衙遺跡Ⅲ・Ⅳ期、東山官衙遺跡Ⅰ期である。事例を個別に検討した際に述べたように、これらの例は、郡衙としての機能以外に、別の性格が付与された可能性のあるものが多い。

例えば名生館官衙遺跡は、Ⅲ期が丹取郡衙、Ⅳ期以降は玉造郡衙で、Ⅳ期には玉造柵の機能が併設されるが、Ⅴ期には玉造郡衙のみとなることが指摘されている。Ⅲ期の施設は、関東系土師器の出土に示されるように、移民と建郡が進められた時期に陸奥北部の城柵域に設置された官衙で、いわゆる黒川以北10郡が成立する以前に、その母体となった丹取郡の官衙と考えられている。続くⅣ期の政庁の構造は不明だが、外郭施設が櫓をともない城柵としての構造をもつことから、玉造郡衙とともに玉造柵としての機能も併設されていたと考えられる。Ⅲ期についても神亀5年に玉造軍団に改められる以前の丹取軍団が駐屯し、城柵的な機能も兼ねていた可能性が高い。

東山官衙遺跡Ⅰ期も先にみたとおり、政庁としての構造は不明だが、Ⅱ期以降に政庁と正倉を備えた賀美郡衙としての施設が成立する以前、玉造柵と同じ時期にいわゆる天平五柵として設置された城柵の一つと考えられている。したがって、城柵としての機能の併設を想定できる初期の段階に政庁が瓦葺とされ、郡衙のみ、もしくは郡衙としての性格が整った段階では非瓦葺となる傾向を示す。こうした例に加え、城柵域に設置された多くの城柵政庁が瓦葺であることを考えると、城柵域における政庁の瓦葺は、城柵としての機能と結びついている可能性が高い。国の外縁地帯に置かれ国外の蝦夷に対する軍事的・行政的機能を持った城柵において、政庁はその機能を具現化した「外向きの政庁」であり（文献4）、外国使節の往来に対し瓦葺粉壁を備えた山陽道駅家の事例も想起すると、瓦葺は対外的機能と関係があるかもしれない[8]。

では、国造域に設置された関和久上町遺跡はどうであろうか。明確な解答は持ち合わせていないが、

先述のように郡の等級と関わる政庁規模との関係で、より荘厳性の高い屋根形式を採用した可能性がある一方、陸奥国への玄関口にあたる郡として、交通系の結節点を掌握する国府直属の出先機関としての性格の併設も想定できる(文献63)。

そして、上記以外の郡庁はほとんどが非瓦葺であり、既に指摘されているように、郡庁は一般的には非瓦葺と考えられる(文献87)。したがって多くの郡庁は、城柵政庁ほどには対外的機能を必要としておらず、主に郡内支配を遂行する象徴的施設として機能したと考えることができる。

③床張りの脇殿

名生館官衙遺跡Ⅴ期西脇殿、東山官衙遺跡のⅡ期東脇殿は棟通りに柱穴があり、床張り建物であったと考えられる。床張りの脇殿は、国府である多賀城政庁や城輪柵跡政庁をはじめ、志波城跡・桃生城跡・払田柵跡・伊治城跡など、城柵政庁の規模や性格に関わりなく普遍的に存在することから、城柵政庁の特色の一つと言える。上野邦一氏は、城柵政庁の脇殿が棟通りに床束とされる柱穴をともなうのに対し、正殿にはそうした柱穴が見られない例が多い点を指摘している(文献18)。上野氏はそうした脇殿内部の柱穴について、床束でなく儀式用の構築物の可能性を指摘しているが、正殿が土間床、脇殿が床張りの可能性も認めている。藤原宮朝堂院では格式の高い第一堂が中国式の土間とされ、第二堂以下が床張りで敷物を敷いて座る形式であるという(文献52)。正殿・脇殿の床の形式の違いは、建物の規模や廂の有無などとともに、建物の格式の差を示していた可能性もある。こうした特徴が、名生館官衙遺跡や東山官衙遺跡といった城柵域の郡庁のみに認められる点は、地域的特質として、これらの郡庁が城柵政庁としての機能を兼ねる場合があったことを示すとも解される[9]。

(3) 政庁の造営計画

東北の郡庁例を個別に検討した中で、その建物配置を実現させた造営計画に触れた。そこでは、各遺跡の郡庁に、区画や正殿の中軸線、正殿の側柱筋や棟通り線等を基準とし、脇殿など各建物の建物間距離を一定にするなどして、合理的な規則にもとづく建物配置の計画性を見出すことができた。

一方、全国的な郡庁例のなかでは、きちんとした長方形の配置となっていないなど、施工精度が宮都や国庁などのそれに劣る事例もみられる。郡庁の造営計画の追及と国庁との比較によって、両者の格差を見出せる可能性があり、郡庁の空間構成の解明の一助となると考える[10]。以下では郡庁の造営計画と、国庁など他の官衙施設の造営計画との比較から、郡庁の空間構成の特質を考えることとする。

①郡庁の造営計画

泉官衙遺跡の郡庁は、後殿・脇殿などの主要殿舎が正殿と柱筋ないし中軸線を揃えて配置され、建物間距離も基準となる距離を設定したうえでその倍数とするなど、一定の合理性を見出すことができる(図5)。これと類似した造営計画がみられるのが名生館官衙遺跡Ⅲ期政庁である(図22)。すなわち、まず柱筋を揃えて正殿と西脇殿を配置したうえで、正殿の中軸線から西脇殿の西側柱列(区画西辺となる)までの距離を基準として、その倍数によって各建物が面する庁庭の大きさや区画の東辺・南辺の位置を決定したと考えられる。このため、正殿の中軸線と区画全体の中軸線とはずれている。

上記した泉官衙遺跡Ⅰ・Ⅱ-a期、名生館官衙遺跡Ⅲ期では、それぞれ正殿の北入側柱列・北側柱列と脇殿の北妻の柱筋が揃う。このほか、根岸官衙遺跡や三十三間堂官衙遺跡の例では、正殿の南側柱列に脇殿の北妻柱筋を揃えている(図7・19)。根岸官衙遺跡では、正殿が四面廂のⅠ期には正殿の南入側柱列に東脇殿の北妻の柱筋を揃え、正殿の位置がやや南に移るⅡ・Ⅲ期にも、無廂となった正殿の南側柱列に東西脇殿の北妻が柱筋を揃えている。この関係は、脇殿が短舎となったⅢ期にも踏襲される。同じく三十三間堂官衙遺跡でも、桁行3間の短舎が正殿の南側柱列と柱筋を揃えて配されるため、区画全体の規模からみれば正殿・脇殿が全体に北に寄ったアンバランスな配置となっている。これらの点は、脇殿の短舎化の流れとは別に、脇殿は正殿との関係性のなかで配置するという原則が守られたことを示す。

一方、栄町遺跡Ⅴ・Ⅵ期では、正殿の棟通り線と西脇殿の北妻を延長した線との距離が、脇殿を配置する基準となっていたと考えられる(図10)。三十三間堂官衙遺跡では、正殿の棟通り線から北辺までの距離約16.25mの倍数が区画の規模を設定する基準となっている。品字型配置をとる東山官衙遺跡でも、正殿の棟通り線と、これと平行する脇殿の北妻の柱

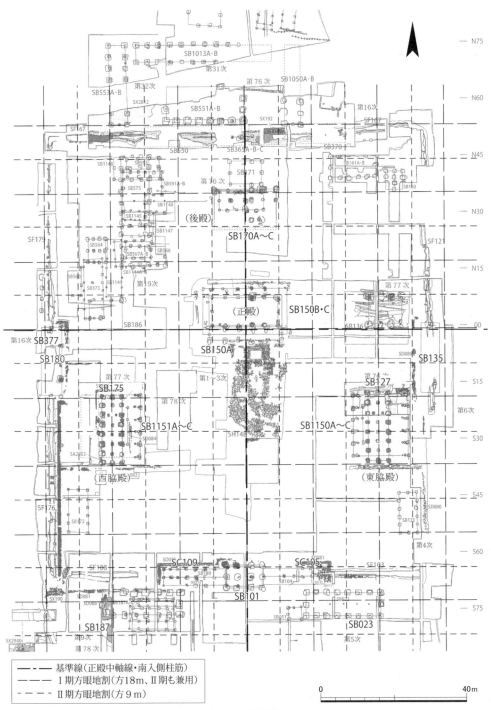

図33 多賀城政庁の造営計画 1:1000

筋との距離が、脇殿の横方向の位置を決める基準となったと考えられる(図26)。一方、東山官衙遺跡では、正殿・脇殿を区画する掘立柱塀のうち、南辺は正殿の南側柱列と東西両脇殿の北妻を結んだ線との間の距離である30尺を基準とし、その4倍の距離に設定している。

以上の例からは、正殿の側柱筋が他の殿舎の配置の基準となる場合と、棟通り線が基準となる場合の2者が存在したことを指摘できる。

なお、いずれの場合も、東西脇殿が検出されている事例では、両脇殿が北ないし南の妻の柱筋を揃え、正殿の中軸線を中心に左右対称に配されている。

以上の例では、正殿を基準として、これと側柱筋や中軸線を揃えることによって、また棟通り線を基準とした一定の基準となる距離にもとづいて、脇殿等の主要殿舎の配置を決め、正殿との位置関係を守り

ながら変遷する。

一方、第2次雄勝城兼山本郡衙とされる払田柵跡は、正殿中軸線・棟通り線が基準となった例であり、東西・南北とも20.5mの建物間距離を基準として脇殿などの建物を配置していることから、一辺20.5mの方眼地割にもとづいて建物が配置された可能性がある（図28）。

こうした造営計画は、整然とした建物配置を実現するために必要だったと考えられる。全国的な郡庁例のなかで、正殿・脇殿がきちんとした長方形の配置となっていない例も、側柱筋を揃えていく方式で建物を配置した際に生じた施工誤差とみておきたい。

②国庁の造営計画

次に、国庁の造営計画についてみてみたい。国庁の造営計画が検討された例として、近江国庁をあげることができる。近江国庁は正殿・後殿・脇殿など主要な建物の柱位置が判明しないため、築地や建物基壇からの推定となるが、発掘調査で確認された遺構を検討した黒崎直氏により、厳密な地割計画の存在が復元されている（文献29）。それによれば、政庁域を区画する東・西辺築地間の内々距離は72.8m（240尺＝2/3町）、北辺は南辺築地の北縁から約100mの位置にある畦畔の存在から南北1町と推定される。正殿は基壇の東西幅の中央が区画の中軸線に正確に乗り、また南辺築地の北縁から160尺（＝区画の東西規模の2/3）の位置に基壇の南北幅の中央が来るように配置されている。脇殿は区画・正殿の中軸線から東西各々24.2m（80尺）の位置に基壇の心が乗るように配置され、修復前の基壇の南端は南辺築地の中軸から40m（240尺の1/6）に設定されている。総じて、政庁域は南北が1町、東西はその2/3、正殿は政庁域の南北長の1/2、脇殿は区画の中軸線から左右に1町の1/4の長さを割りふった位置に基壇の中央が来るように計画されたとされる。同時に、各建物が12m（40尺）方眼に乗るように配置されたことも推定されている。この近江国庁の例は、以下に述べる多賀城政庁などと同様に、正殿の中軸線を南北基準線、棟通りの線を東西基準線とした方眼地割にもとづいて、脇殿や築地の位置が決定されたと理解することもできる。

多賀城政庁の造営計画（図33） 多賀城政庁は、『多賀城跡 政庁跡本文編』（文献67）で発掘成果に基いて造営計画が検討され、建物配置の原理が詳しく解明さ

れた例である。最近の再調査によって変遷観にいくつかの修正が加えられているが（文献68・90）、建物配置に関する基本的な理解は変わっていない。多賀城政庁の建物配置は、先述のように、以後つくられる城柵政庁や郡庁のモデルとなったと考えられ、東北の郡庁の建物配置を考えるうえで参照すべき事例である（図34）。

多賀城政庁の建物配置は、全期を通じて正殿の中軸線を南北の基準線、南入側柱筋を東西の基準線とした方眼地割にもとづいて割り付けられていることが判明している。Ⅰ期では、東西・南北の基準線にもとづく18m方眼（1/6町）が設定され、これにもとづいて基本的な建物が配置された。すなわち東・西脇殿は、東西基準線（正殿南入側柱筋）の南17.9mと35.8mのラインに北と南の妻が、南北基準線（正殿中軸線）の東と西それぞれ36.4mのラインに棟通りが乗る。また、築地塀の南外側で東西に直列する南門前殿は、棟通りの線が東西脇殿の南妻の南37mにある。

Ⅱ期以降、正殿は四面廂建物となるが、身舎の位置はⅠ期のそれを基本的に踏襲しているため、南入側柱筋と中軸線を基準とした東西・南北の基準線はⅠ期と同じである。Ⅱ期以降は、各建物が東西・南北の基準線にもとづく約9m（1/12町）の方眼に乗るように配置されたと考えられている。

このように、多賀城政庁では、正殿を基準とした方眼地割にもとづいて、脇殿などの基本的な建物の配置が決定されている。基準となる正殿の位置が変わらないことから、正殿と脇殿などの位置関係が全期を通じて変わることなく踏襲される。政庁の踏襲性は、このような造営計画が長期間、継承された結果と考えることができる。

ところで、多賀城Ⅰ期の建物配置が郡山Ⅱ期官衙の政庁中枢部のそれを引き継いだものであることを、多くの研究者が指摘しているが、最近、両者の建物配置を詳細に比較した村田晃一氏は、①郡山Ⅱ期官衙の前殿と中庭南の東西建物2棟が、多賀城Ⅰ期政庁の正殿南廂と南門前殿にほぼ重なること、②前者の脇殿は後者の脇殿と北妻の柱筋が揃い、後者は前者よりやや外側にずらした位置にあること、③後者の区画施設の位置は、北辺が前者の石組池に接続する東西溝ＳＤ1236、東・西辺は南北棟建物列、南辺は中庭南の東西建物の北側を結んだラインと、それぞれ重なることから、多賀城Ⅰ期政庁は郡山Ⅱ期政庁中

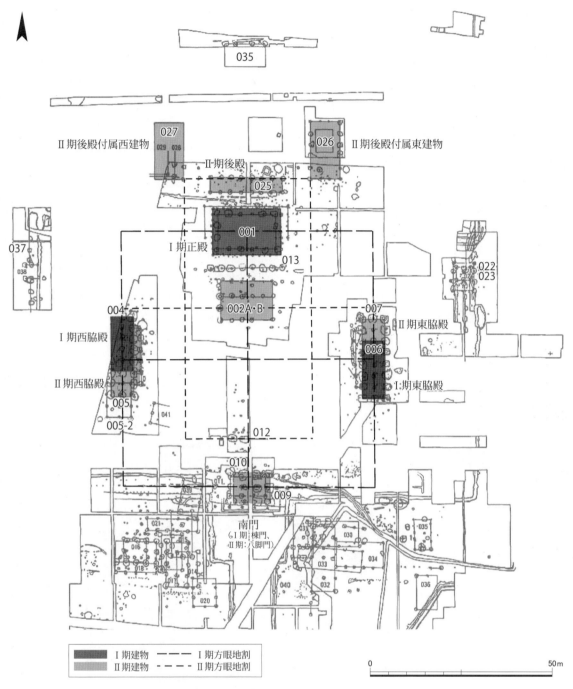

図34 城輪柵跡政庁の造営計画　1：1000

枢部の施設配置だけでなく建物配置や庭の規模も基本的に踏襲する形で設計されたと指摘している（文献81）。このように、多賀城Ⅰ期政庁は郡山Ⅱ期官衙政庁の建物配置を忠実に引き継いでいるが、郡山Ⅱ期官衙の政庁には、多賀城政庁で復元されているような方眼地割が見出せない点にも留意しておきたい。

城輪柵跡政庁の造営計画　城輪柵跡は平安時代の出羽国府とされる遺跡で、一辺720mの方形に巡る築地塀による外郭の中央に政庁がある。政庁は一辺115m前後の正方形で、Ⅰ～Ⅳ期（Ⅱ・Ⅲ期はそれぞれA・B期に細分）の変遷のなかで、Ⅰ期は掘立柱塀、Ⅱ・Ⅲ期は築地塀、Ⅳ期は溝による区画となる。区画内に配された主要建物はⅠ・Ⅱ期が掘立柱建物、Ⅲ・Ⅳ期が礎石建物である。

政庁の建物配置計画については、断続的に実施された発掘調査の概報で部分的に触れられているが（文献33）、私見を加えながら検討する（図34）。まず、正殿の中心を通る南北中軸線は、Ⅰ期からⅢ期まで同じ

ラインを踏襲する。また3時期の変遷のある東脇殿、2時期の変遷のある西脇殿は、Ⅰ・ⅡA・Ⅲ期に、この中軸線から東・西それぞれ33.5mの位置に棟通りが乗るように配置されている[11]。

次に、時期別にみると、Ⅰ期正殿(001)の棟通り線を東西の基準線とすると、その南67mの位置に政庁南辺(南門009の棟通り線)が乗る。したがって、正殿中軸線・棟通り線を基準とした一辺約33.5mの方眼地割を想定でき、Ⅰ期の主要建物はこの方眼に棟通りが乗るように配置されていることが分かる。東西両脇殿(006・004)は互いに南北にずれる。その理由は不明だが、東西方向の位置は方眼を基準に設定され、Ⅰ期からⅢ期まで踏襲されたが、南北方向の位置は明確な基準がなかったため、東と西で、また時期によって、位置がずれた可能性はあろう。

次にⅡ期についてみると、南北の基準線は、正殿(002A)がⅠ期より南に移動するものの、中軸線はⅠ期を踏襲することから、Ⅰ期と同じラインが継承されたと考えられる。これに後殿(025)の中軸線も乗る。また前述のように、東西脇殿(007・005)もこの中軸線を基準とした33.5m方眼に棟通りが乗るように置かれている。なお、東脇殿(007)の北妻は正殿の南側柱列と柱筋が揃う。

さらに、後殿とともにコの字形の配置をとる後殿付属西建物(027)・東建物(026)の建物間距離も33.5mである。一方、東西の基準線については、この時期の正殿の身舎の棟通りを基準線にすると、後殿の北側柱列と、これと柱筋を揃えた後殿付属東・西建物の南妻が、東西基準線の北34mの位置に乗る。また東西基準線の南約34mの位置に南門北側の目隠塀が乗る。

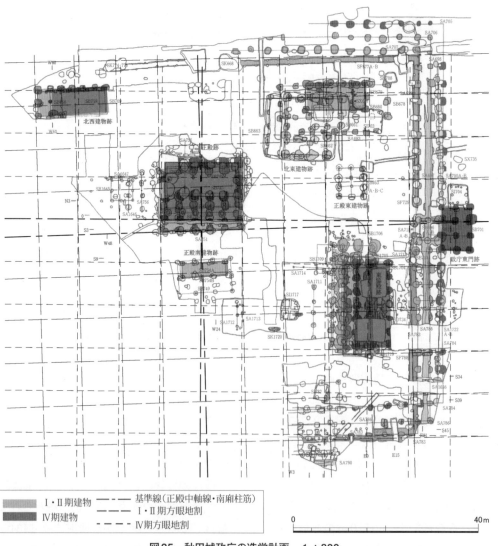

図35 秋田城政庁の造営計画 1:800

このように、造営計画が大きく改変されるⅣ期を除く各期は、一貫して踏襲された正殿中軸線と、各期における正殿棟通り線を基準とした一辺33.5mの方眼にもとづいて、主要建物が配置されたと考えられる。

③城柵政庁の造営計画

最後に、城柵政庁の造営計画をみる。先述の払田柵跡政庁の造営計画は、城柵の一例に加えられる可能性もある。

秋田城政庁の造営計画（図35）　秋田城跡（秋田県秋田市）の政庁はⅠ～Ⅵ期（Ⅳ期はA・Bに細分）の変遷があきらかにされ、各期の配置計画も詳細に検討されている（文献3）。それによると、配置計画は各時期の正殿の南廂の柱筋を東西の基準線、正殿の中軸線を南北の基準線とした約9m（1/12町）の方眼にもとづいていると想定されている。

正殿は同位置で建て替えられており、時期により正殿の規模が変わるのにともなって東西基準線の位置は若干変化するものの、正殿中軸線である南北基準線は全期を通じてほぼ変化しない。東門は、位置が大きく変化するⅢ期を除くと、Ⅱ・Ⅳ・Ⅴ期で戸口の北側の柱が東西基準線上に乗るように置かれ、正殿の変遷過程で東西基準線の位置が変化しても、この関係は変わらない。東脇殿の位置も、全期を通じて南北基準線の東約36mのラインが基準となっている。東脇殿はⅣA期まで東側柱列がこのラインに乗るように配置され、ⅣB期のみ棟通りがこのラインに乗る位置に移動するが、Ⅴ期以降はもとの位置に戻る。またⅢ期には北妻の位置が北にずれるが、ⅣA期にはもとの位置に戻っている。

このように秋田城政庁の建物は、正殿を基準とした方眼地割にもとづいて東脇殿や門など主要殿舎が配置されたとみられ、前段階から配置が変更された時期があっても、次の時期になると2世代前のあり方に戻るケースがみられる。このことから、正殿や脇殿などの主要な建物の位置関係は、単に前段階の建物の位置の踏襲ではなく、一定の造営計画・原理が保持・継承され、正殿の建て替えの都度、他の殿舎の位置も正殿との関係を守って決定されたと考えられる。

桃生城政庁の造営計画（図36）　桃生城（宮城県石巻市）の政庁は、築地塀で方形に囲まれた東西66m、南北72mの区画内に正殿、東西の脇殿、後殿が配されている（文献72）。正殿のみに建て替えがみられるが、他

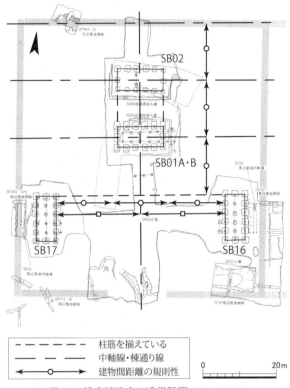

図36　桃生城政庁の造営計画　1：1000

は1時期のみである。建物はいずれも瓦葺で、後殿には間仕切、脇殿には床束と前庭側を向く面の中央3間分に縁束がともなう。

建物配置をみると、区画の中軸線上北寄りに正殿SB01が置かれ、その北には正殿と両妻の柱筋を揃えて後殿SB02が配される。正殿前方左右の脇殿SB16・17は、区画の東辺・西辺に近接する位置に、区画の中軸線を中心に左右対称に配置されている。正殿の棟通りと後殿の棟通り、正殿の棟通りと東西脇殿の北妻を結んだ線、後殿の棟通りと北辺築地の心の距離が、それぞれ15.2mを測り、建物間距離の一つの基準と考えられる。東西脇殿の建物間距離は46.2mで、上記の建物間距離のほぼ3倍の値である。建物の配置に当たって、正殿の棟通りが基準となり、脇殿や後殿を基準となる一定の距離で配置した一例である。

以上、わずかな例をあげるにとどまったが、東北における官衙政庁について、造営計画を検討した。郡庁は正殿を中心として、その側柱筋や中軸線、あるいは棟通り線を基準とし、建物間距離を一定にして、脇殿ほかの主要殿舎を割り付けることによって、整然とした配置を実現したのであろう。ただし、この方法では、名生館官衙遺跡Ⅲ期や泉官衙遺跡Ⅲ期のよ

うに、左右対称の配置とはならない場合もあった。一方、多賀城政庁・城輪柵跡政庁などの国庁では、方眼地割にもとづいて建物の配置がおこなわれたと考えられる。これは、郡庁院に用いられた造営計画より厳密な計画性と言える。国庁の影響を受けたとみられる城柵政庁においても、払田柵跡政庁・秋田城政庁にこうした計画性を見出すことができたが、桃生城政庁のように方眼地割が見出せない例もある。

これらの例からは、正殿の側柱筋や中軸線・棟通り線を基準に建物を配置していく郡庁と、方眼地割を用いる国庁・城柵政庁との間に、格差の存在を認めることができる。前者を「柱筋・建物間距離基準型」、後者を「方眼地割基準型」と仮称しよう。両者は系譜の異なる造営計画と考えられる。すなわち、前者は創設期の郡庁から認められることから、郡山Ⅰ期官衙の系譜を引く古い造営計画の方式と考えられ、側柱筋を互いに揃えて建物を配置し、これを塀で連結していく長舎連結型の政庁は、こうした方式で建物配置が計画されたと考えられる。

一方、多賀城政庁などに認められる「方眼地割基準型」は、郡山Ⅱ期官衙の政庁に、こうした地割が今のところ見出せないことから、定型化国庁にともなって導入された、相対的に新しい造営計画の方式であった可能性がある。

村田晃一氏は、城柵や「城柵型郡家」の政庁に比べ、郡庁は建物配置のバラエティがあり、後者は前者に比べ、建物配置の踏襲性や継続性が希薄であったことを指摘している(文献80)。「方眼地割基準型」は、長期間、同じ配置を踏襲することが予め企図された造営計画と考えられ、国庁が定型化し、長期間おなじ建物配置が踏襲される背景には、このような方眼地割による造営計画の存在が、一定の役割を果たしたのではなかろうか。そして、桃生城政庁のような例もあるが、国庁と同じ原理が城柵政庁にも用いられるようになったと考えられる。

一方、東北の郡庁を検討した限りでは今のところ、「方眼地割基準型」は確認できないことから、郡庁の造営計画は、国庁のそれとは一線を画すものであった。郡庁が建物配置を変化させやすかった背景には、そうした造営計画の違いが存在した可能性がある。

おわりに

以上、雑駁な議論に終始したが、これまで述べてきた東北の郡庁の空間構成の特質についてまとめておく。

- 陸奥国における郡庁の祖型を拠点的な官衙施設である郡山遺跡ⅠB期官衙・Ⅱ期官衙の政庁とみる大橋泰夫氏の説を追認した。Ⅰ期官衙の斜方位や長舎連結型の構造、Ⅱ期官衙の正方位に加え、郡山Ⅱ期官衙の併行期に創設された郡庁には、すべてではないが四面廂の正殿や玉石敷を採用する例があり、それらは初期国府であった郡山Ⅱ期官衙の影響を受けたものとみられる。
- この時期に四面廂建物の正殿を採用した郡庁例でも、相対的に新しい時期には正殿が無廂となる傾向にある。それは必ずしも格式の低下を意味するのではなく、郡庁内の空間利用の変化にともなうものであった可能性がある。
- 陸奥国の郡庁には多賀城が成立して以降、従来の長舎連結型の構造から、脇殿の短舎化や区画施設からの分離などの変化がみられる例があり、それは定型化国庁としての多賀城政庁の成立と連動したものとみられる。こうした関係は、出羽国の政庁間でも認められる。
- 8世紀後半以降には、郡庁建物が同位置・同規模で建て替えられて変遷する例が多く、このことは郡庁構造の固定化と捉えられる。
- 相対的に新しい時期には、郡庁の後方空間の利用が顕著になる。郡庁の後方空間では、相対的に新しい時期にも、郡衙創設期に多用された長舎がともない、古い伝統をもつ饗宴空間として機能したと考えられる。
- 陸奥国の郡庁の規模は、郡の等級や拠点的機能を反映したと考えられ、国内において国庁や城柵政庁にみられる支配領域の広狭や担った役割に応じた政庁規模の序列に連なっていた。
- 郡庁は多くが非瓦葺であるが、蝦夷などへの対外的機能にともなって、瓦葺が採用される場合があった。また、城柵域の郡庁の特質として、郡衙が城柵機能を兼ねていることから、城柵政庁に一般的な、床張りの脇殿をともなう例がある。
- 郡庁・国庁・城柵政庁の造営計画を検討した結果、「柱筋・建物間距離基準型」と「方眼地割基準型」という、系譜の異なる二つの方式が存在する。前者は郡山Ⅰ期官衙以来の古い伝統をもつ造営計画、後者は定型化国庁とともに採用され、

国庁や城柵政庁の画一性・踏襲性の背景となった造営計画であり、両者は一線を画している。

　最後に、郡庁の空間的意義を見出すとすれば、構造を多様に変化させながらも、造営計画や空間構成にはむしろ古い伝統を残しているという点にあるのではないか。このことは、6年ごとに交替する国司が執務した国庁が、厳密な造営計画のもとに、その配置を継承していったのとは異なり、郡司による郡庁を舞台としておこなわれた在地支配は、在地氏族の伝統的な支配に根差しており、その支配のあり方の守旧性が、特に儀礼の場である郡庁に反映されたと理解することができる。

註

（1）本稿は、平成28年12月9・10日に奈良文化財研究所で開催された第20回古代官衙・集落研究会「郡庁域の空間構成」において、筆者が「東北の郡庁の空間構成」と題して発表した内容に、大幅に加筆修正を加え、新たにまとめ直したものである。討論や質疑の際などに、種々のご意見を賜った他の発表者の方や参加者の方々、発表の機会をいただいた古代官衙・集落研究会事務局の方々に厚く御礼申し上げる。

（2）本稿で示した造営計画は、筆者の地元の遺跡である泉官衙遺跡を除くと、いずれも各遺跡の報告書に記載された内容に依拠しながら、同書に付されたあまり縮尺の大きくない遺構配置図にもとづいて検討したものである。本来であれば、遺構実測図の原図に近いもので検討すべきなのは言うまでもなく、ここでの検討は一つの解釈として提示するものである。したがって、遺構図を所蔵する自治体などで、できるかぎり詳細な遺構図にもとづいて検証していただくことをお願いしたい。こうした方向性での研究の進展が、官衙そのものの解明や、計画的な調査の実施において、資するものとなることを望むものである。

（3）その場合には、政庁が東向きとなることや、正殿に相当するSB32を身舎の桁行が5間の北東建物として中軸線を設し、区画の東西規模を想定すると42m程度と小さい点などが問題となる。ただし、東向きの政庁は初期常陸国庁に例があり、泉官衙遺跡ではⅠ期の郡庁院は東西43mであることから、そうした類例は存在する。

（4）関和久官衙遺跡中宿・古寺地区では、館と推定される建物群に先行して、桁行10間以上×梁行2間の長舎（SB111）が存在しており、雨森智美氏は長舎のみで構成される郡庁の一例に含めている（文献7）。しかし、この建物は、今のところ、同時に存在した建物は確認されておらず、その空間構成には不明な点が多いため、その性格については保留しておく。

（5）報告書では、区画西北部のSB40は土取穴とみられるSK45と重複し、SK45出土の土師器杯にもとづき、土坑の年代を7世紀末〜8世紀初頭とし、SB40の下限をこの年代に求めているため、SB50に先行する時期にSB40を位置付けている。しかし、新しい遺構に古い遺物が入ることはあり、SB50に取り付くと想定したSA42に画されるSB40とSB50との間にあえて年代差を想定する理由はなく、これらは同時期に存在した蓋然性が高い。

（6）建物配置が一辺16.25mの方眼にもとづいて設定されたとみることも不可能ではないが、短舎の西脇殿や東門の妻は正殿の側柱と柱筋を揃え、必ずしもこの方眼に乗らないことから、建物間距離の設定が16.25mを基準としたと考える。

（7）最近、村田晃一氏は、こうした飛鳥時代の城柵を「ブロック連結構造城柵」と呼んで、その意義を論じている（文献82）。

（8）飛鳥石神遺跡ではA1期にともなう瓦の出土から、飛鳥時代前半から夷狄の饗宴空間に瓦葺建物が存在したことが指摘され、福岡市那珂遺跡でも一辺90mの溝で区画された内部に7世紀初頭の瓦を使用した施設が存在し、対外的な饗宴などを担った施設と見られている（文献27・52）。仙台市郡山遺跡では、Ⅰ期官衙・Ⅱ期官衙から、隣接する郡山廃寺のそれとは特徴の異なる瓦が出土する。Ⅰ期には官衙内に未発見の仏堂が存在したと考えられているが、Ⅱ期官衙内にも郡山廃寺とは別に瓦葺の何らかの施設が存在した可能性があり、それが政庁にあった可能性もある（文献62）。なお、正倉の瓦葺については、陸奥国および隣接する常陸・下野国の郡衙正倉にみられることから、やはり蝦夷政策との関わりで正倉が荘厳化したと大橋泰夫氏は指摘している（文献23）。

（9）研究集会の折、長舎連結型の政庁の構造を郡山遺跡ⅠB期官衙からの系譜とする考えに対し、山中敏史氏からは、先行するⅠA期は総柱建物を連結した構造であり、ⅠB期がⅠA期の機能を継承したとすれば、長舎は政庁の脇殿としての性格でなく、倉の機能を継承した建物であった可能性があるとの指摘を受けた。一方、海野聡氏は討論の中で、こうした総柱建物は、床を張っている建物で、倉庫ではない建物の可能性も指摘している。断片的であるが、区画のなかで脇殿的位置に床張りの建物を配するあり方が、初期の段階から城柵政庁の何らかの機能と結びついていた可能性も考慮される。

（10）古代における造営計画については、管見では戦前に

おける朝鮮の寺院を対象とした米田美代治氏の先駆的な研究のほか(文献91)、宮都・都城の地割を分析した稲田孝司氏・井上和人氏の研究があり(文献14・15)、地方官衙では国庁跡で個別に検討され造営計画が復元された例がある(文献3・29・67など)。最近では陸奥国内の地方寺院の伽藍配置を検討した佐川正敏氏の研究がある(文献36)。郡庁についてはあまり検討されていないが、泉官衙遺跡などの実例をみていくと、一定の計画性が存在したことは否定できず、そうした計画性の検討や国庁などとの比較は、郡庁の空間構成を考えるうえで有効と考える。

(11) 概報では政庁の東西・南北の中軸線として「東西センター」・「南北センター」が想定され、東脇殿は「南北センター」の東33ｍ、西脇殿は西33.45ｍの位置に棟通りが来るとされ、「南北センター」からの距離に東・西でわずかな違いがあるが、正殿の中軸線からの距離でみると、東・西が均等に離れているとしてよい。

参考文献

1　青木敬「宮都と国府の成立」『古代文化』第63巻　第4号、古代学協会、2012。
2　秋田県教育委員会払田柵跡調査事務所『払田柵跡』Ⅰ－政庁跡－、1985。
3　秋田市教育委員会秋田城跡調査事務所『秋田城跡』秋田城跡調査事務所年報2003、2004。
4　阿部義平「古代城柵政庁の基礎的考察」『考古学論叢』Ⅰ、東出版寧楽社、1983。
5　阿部義平「国庁の類型について」『国立歴史民俗博物館研究報告』第10集、国立歴史民俗博物館、1986。
6　阿部義平『官衙』考古学ライブラリー50、ニュー・サイエンス社、1989。
7　雨森智美「郡衙遺跡の再検討」『滋賀史学会誌』第7号、滋賀史学会、1989。
8　荒木志伸「城柵政庁の再検討」『古代学研究紀要』第15号、明治大学古代学術研究所、2011。
9　荒淑人「福島県泉廃寺跡　陸奥国行方郡衙」『古代日本の郡衙遺跡』条里制・古代都市研究会編、2009。
10　有富純也「平安時代の儀式・建築からみた身舎と廂」『第15回古代官衙・集落研究会報告書　四面廂建物を考える』報告編、奈良文化財研究所、2012。
11　飯村均『律令国家の対蝦夷政策　相馬の製鉄遺跡群』シリーズ遺跡を学ぶ21、新泉社、2005。
12　猪狩みち子「古代磐城郡家の成立と変遷における諸問題－根岸官衙遺跡群の発掘調査成果から－」『列島の考古学』Ⅱ、渡辺誠先生古稀記念論文集刊行会、2007。
13　猪狩みち子「福島県根岸遺跡　陸奥国磐城郡衙」『古代日本の郡衙遺跡』条里制・古代都市研究会編、2009。
14　稲田孝司「古代宮都における地割の性格」『考古学研究』第19巻第4号、考古学研究会、1973。
15　井上和人「古代都城制地割再考－藤原京・平城京を中心として－」『研究論集』Ⅶ、奈良国立文化財研究所、1984。
16　今泉隆雄「古代国家と郡山遺跡」『宮城県仙台市　郡山遺跡発掘調査報告書』－総括編－仙台市文化財調査報告書第283集、仙台市教育委員会、2005。
17　いわき市教育委員会『根岸遺跡　磐城郡衙跡の調査』2000。
18　上野邦一「古代東北城柵の政庁建物について」『古代学』第5号、奈良女子大学古代学学術研究センター、2013。
19　海野聡「古代地方官衙政庁域の空間構成」『日本建築学会計画系論文集』第74巻　第645号、日本建築学会、2009。
20　江口桂「東日本における古代四面廂建物の構造と特質」『第15回古代官衙・集落研究会報告書　四面廂建物を考える』報告編、奈良文化財研究所、2012。
21　太田市教育委員会『上野国新田郡家跡保存活用計画書』2017。
22　大橋泰夫「福島県根岸遺跡（陸奥国石城郡衙）」『古代日本における法倉の研究』平成21年度～平成23年度科学研究費補助金　基盤研究（Ｃ）研究成果報告書（研究代表者　大橋泰夫）、2012。
23　大橋泰夫「坂東における瓦葺きの意味－クラからみた対東北政策－」『古代社会と地域間交流－寺院・官衙・瓦からみた関東と東北－』国士舘大学考古学会編、六一書房、2012。
24　大橋泰夫「長舎と官衙研究の現状と課題」『第17回古代官衙・集落研究会報告書　長舎と官衙の建物配置』報告編、奈良文化財研究所、2014。
25　小笠原好彦「発掘された遺構からみた郡衙」『古代日本の郡衙遺跡』条里制・古代都市研究会編、2009。
26　岡田茂弘「城柵の設置」『古代を考える　多賀城と古代東北』岡田茂弘・青木和夫編、吉川弘文館、2006。
27　小田裕樹「饗宴施設の構造と長舎」『第17回古代官衙・集落研究会報告書　長舎と官衙の建物配置』報告編、奈良文化財研究所、2014。
28　木本元治「福島県関和久遺跡　陸奥国白河郡衙」『古代日本の郡衙遺跡』条里制・古代都市研究会編、2009。
29　黒崎直「第2章　遺構」『滋賀県文化財調査報告書』第6冊、滋賀県教育委員会、1977。
30　小宮俊久「関東、東北における長舎と官衙」『第17回古代官衙・集落研究会報告書　長舎と官衙の建物配置』報告編、奈良文化財研究所、2014。
31　斉藤篤「東山官衙遺跡の概要」『第29回古代城柵官衙

遺跡検討会」古代城柵官衙遺跡検討会、2003。
32 斉藤篤「宮城県東山官衙遺跡 陸奥国賀美郡衙」『古代日本の郡衙遺跡』条里制・古代都市研究会編、2009。
33 酒田市教育委員会『城輪柵跡』－昭和58・59年度発掘調査概報－、1984・85。
34 酒田市教育委員会『国指定史跡城輪柵跡－史跡城輪柵跡保存整備事業報告書－』1998。
35 佐川正敏「陸奥国の平城宮式軒瓦6282－6721の系譜と年代－宮城県中新田町城生遺跡と福島県双葉町郡山五番遺跡・原町市泉廃寺－」『東北学院大学 東北文化研究所紀要』第32号、東北学院大学東北文化研究所、2000。
36 佐川正敏「寺院と瓦生産からみた律令国家形成期の陸奥国」『古代社会と地域間交流－寺院・官衙・瓦からみた関東と東北－』国士舘大学考古学会編、六一書房、2012。
37 進藤秋輝「多賀城創建をめぐる諸問題」『東北古代史の研究』高橋富雄編、吉川弘文館、1986。
38 進藤秋輝「城柵」『古代の官衙遺跡』Ⅱ 遺物・遺跡編、奈良文化財研究所、2004。
39 進藤秋輝編『東北の古代遺跡 城柵・官衙と寺院』古志書院、2010。
40 眞保昌弘「出土瓦にみる中央集権国家形成期陸奥国支配体制の画期とその側面」『日本考古学』第37号、日本考古学協会、2014。
41 須賀川市教育委員会『栄町遺跡－陸奥国石背郡衙跡の発掘調査報告－』2012。
42 菅原祥夫「陸奥南部の国造域における大化前後の在地社会変化と歴史的意義」『日本考古学』第35号、日本考古学協会、2013。
43 鈴木 啓「那須と白河関」『白河市史』第1巻通史編1 原始・古代・中世、白河市、2004。
44 鈴木朋子「宮城県三十三間堂官衙遺跡 陸奥国日理郡衙」『古代日本の郡衙遺跡』条里制・古代都市研究会編、2009。
45 仙台市教育委員会『宮城県仙台市 郡山遺跡発掘調査報告書』－総括編－、2005。
46 高橋誠明「名生館官衙遺跡の概要」『第29回古代城柵官衙遺跡検討会』古代城柵官衙遺跡検討会、2003。
47 高橋誠明「名生館官衙遺跡」『古川市史』第6巻資料編Ⅰ考古 古川市、2006。
48 高橋誠明「宮城県名生館官衙遺跡 陸奥国玉造郡衙」『古代日本の郡衙遺跡』条里制・古代都市研究会編、2009。
49 高橋学「秋田県払田柵跡 出羽国山本郡衙」『古代日本の郡衙遺跡』条里制・古代都市研究会編、2009。
50 独立行政法人国立文化財機構奈良文化財研究所『古代の官衙遺跡』Ⅱ遺構編、2003。

51 独立行政法人国立文化財機構奈良文化財研究所『古代の官衙遺跡』Ⅱ遺物・遺跡編、2004。
52 独立行政法人国立文化財機構奈良文化財研究所「討議」『第17回古代官衙・集落研究集会報告書 長舎と官衙の建物配置』報告編、2014。
53 鳥羽政之「東国における郡家形成の過程」『幸魂 増田逸朗氏追悼論文集』北武蔵古代文化研究会、2004。
54 長島榮一「宮城県仙台郡山遺跡 陸奥国名取郡衙(旧説)」『古代日本の郡衙遺跡』条里制・古代都市研究会編、2009。
55 長島榮一「陸奥国府の成立」『古代文化』第63巻第3号、古代学協会、2011。
56 箱崎和久「身舎外周柱列の解釈と上部構造」『第15回古代官衙・集落研究会報告書 四面廂建物を考える』報告編、奈良文化財研究所、2012。
57 東方仁史「鳥取県万代寺遺跡」『古代日本の郡衙遺跡』条里制・古代都市研究会編、2009。
58 平川南「磐城郡－海道の大郡」『東北「海道」の古代史』岩波書店、2012。
59 福島県教育委員会『関和久遺跡』1983。
60 福島県教育委員会『関和久上町遺跡』福島県文化財調査報告書第300集、1994。
61 藤木海「陸奥国行方郡衙周辺寺院の陸奥国府系瓦について－郡衙周辺寺院と定額寺との関連をめぐる試論－」『国士舘考古学』第5号、国士舘大学考古学会、2009。
62 藤木海「郡山廃寺」『考古学ジャーナル』№680、ニュー・サイエンス社、2016。
63 藤木海「官衙遺跡群としての郡衙－陸奥国の事例から－」『考古学ジャーナル』№692、ニュー・サイエンス社、2016。
64 古川市教育委員会『国指定史跡 名生館官衙遺跡』Ⅻ・ⅩⅢ・ⅩⅣ、1992・93・94。
65 南相馬市教育委員会『泉廃寺跡－陸奥国 行方郡家の調査報告－』2007。
66 宮城県教育委員会・宮城県多賀城跡調査研究所『多賀城跡 政庁跡』図録編、1980。
67 宮城県教育委員会・宮城県多賀城跡調査研究所『多賀城跡 政庁跡』本文編、1982。
68 宮城県教育委員会・宮城県多賀城跡調査研究所『多賀城跡 政庁跡』補遺編、2010。
69 宮城県教育委員会『亘理町三十三間堂遺跡ほか』1989。
70 宮城県多賀城跡調査研究所『名生館遺跡』Ⅰ～Ⅵ、1971～86。
71 宮城県多賀城跡調査研究所『東山遺跡』Ⅰ～Ⅶ、1987～1993。
72 宮城県多賀城跡調査研究所『桃生城跡』Ⅲ、1995。

73 宮崎町教育委員会『東山遺跡』XI・XII、2007・08。
74 村田晃一「三重構造城柵論－伊治城の基本的な整理を中心として 移民の時代2－」『宮城考古学』第6号、2004。
75 村田晃一「奈良時代における陸奥北辺の官衙と交通－宮城県加美町壇の越遺跡・東山遺跡の調査成果を中心として－」『古代交通研究会第13回大会資料集 官衙と交通』古代交通研究会、2006。
76 村田晃一「陸奥北辺の城柵と郡家－黒川以北十郡の城柵からみえてきたもの－」『宮城考古学』第9号、宮城県考古学会、2007。
77 村田晃一「陸奥・出羽における版図の拡大と城柵－宮城県加美町東山官衙遺跡群の調査成果から－」『条里制・古代都市研究』第25号、条里制・古代都市研究会、2010。
78 村田晃一「黒川以北十郡における城柵・官衙群」『考古学ジャーナル』No.604号、ニュー・サイエンス社、2010。
79 村田晃一「古代奥羽の城柵・官衙の門と囲繞施設」『第13回古代官衙・集落研究会報告書 官衙と門』報告編、奈良文化財研究所、2010c。
80 村田晃一「日本古代城柵の検討 (1)－東辺と北辺に置かれた城柵政庁の再検討－」『宮城考古学』第13号、宮城県考古学会、2011。
81 村田晃一「日本古代城柵の検討 (2)－郡山II期官衙から多賀城I期へ－」『宮城考古学』第16号、宮城県考古学会、2014。
82 村田晃一「飛鳥時代の城柵－律令国家形成期の城柵構造－」『考古学ジャーナル』No.669、ニュー・サイエンス社、2015。
83 柳澤和明「「玉造柵」から「玉造塞」への名称変更とその比定遺跡－名生館官衙遺跡IV期から宮沢遺跡へ移転－」『宮城考古学』第9号、宮城県考古学会、2007。
84 柳澤和明「東山官衙遺跡政庁地区の構成と変遷」『芹沢長介先生追悼 考古・民族・歴史学論叢』六一書房、2008。
85 山中敏史『古代地方官衙遺跡の研究』塙書房、1994。
86 山中敏史「磐城郡衙の発掘調査成果における若干の問題」『根岸遺跡 磐城郡衙跡の調査』いわき市埋蔵文化財調査報告第72冊、いわき市教育委員会、2000。
87 山中敏史「郡庁」『古代の官衙遺跡』II 遺物・遺跡編、奈良文化財研究所、2004。
88 山中敏史「地方官衙と周辺寺院をめぐる諸問題－氏寺論の再検討－」『地方官衙と寺院－郡衙周辺寺院を中心として－』奈良文化財研究所、2005。
89 山中敏史「郡衙の姿と役割」『郡衙の姿と役割』平成19年度文化財講演会資料、太田市教育委員会、2008。
90 吉野武「近年の調査にみる多賀城跡」『条里制・古代都市研究』第30号、条里制・古代都市研究会、2015。
91 米田美代治『増補版 朝鮮上代建築の研究』慧文社、2007。
92 亘理町教育委員会『国史跡 三十三間堂官衙遺跡－平成16・17年度重要遺跡範囲確認調査報告書－』2006。
93 亘理町教育委員会『国史跡 三十三間堂官衙遺跡－平安時代の陸奥国曰理郡衙跡発掘調査総括報告書－』2016。

図表出典
図1： 著者作成。
図2～5：文献65を一部改変。
図6～8：文献17を一部改変。
図9～12：文献41 (図9・10は一部改変)。
図13：文献28を一部改変。
図14：文献63を一部改変。
図15：文献60を一部改変。
図16：文献39、44、92を一部改変して作成。
図17：文献92を一部改変。
図18・19：文献93を一部改変。
図20：文献39を一部改変。
図21：文献46を一部改変。
図22：文献70 (宮城県教委1971) を一部改変。
図23：文献47を一部改変。
図24・25：文献75 (図25は一部改変)。
図26：文献71 (宮城県多賀城跡調査研究所1993) を一部改変。
図27・28：文献2を一部改変。
図29：文献45、65より作成 (文献45は一部改変)。
図30：文献17、41、45、65、68、70、92を一部改変して作成。
図31：文献2、33より作成。
図32：文献21、57、63を一部改変して作成。
図33：文献67、68を一部改変して作成。
図34：文献34を一部改変。
図35：文献3を一部改変。
図36：文献72を一部改変。
表1： 著者作成。

文献からみた郡庁内・郡家域の空間構成

吉松大志（島根県古代文化センター）

はじめに

本研究集会の全体テーマ「郡庁域の空間構成」を文献史学の立場から論じるのが本稿であるが、本論に入る前に「郡庁域」という用語が指し示す範囲を整理しておきたい。

「郡庁域」とは、郡家政庁を取り巻く周囲域であるが、その構成要素は重層的に存在している（図1）。正殿・脇殿など複数の建物をもつ政庁の周囲には、出入口となる門、遮蔽施設である塀・垣、また神社などが、史料上確認される。

これまでの五氏による列島各地の郡家遺跡の実例報告では、主にこの区域を郡庁域として認識して報告されており、この区域の空間構成について議論するのが本研究集会の基本目的であろう。

ただし、この区域の要素だけで郡庁域の空間構成やその意義を分析するのは問題で、これよりもっと広い範囲の建物や環境も、その空間構成に影響を与えていると考える。そこで本稿ではまずこの区域について便宜的に「郡庁内」と呼称する。Ⅰ・Ⅱ章では、「郡庁内」にいかなる施設が存在し、どのような空間配置をとったのか、文献からうかがえる様相について述べる。

さて、この「郡庁内」区域外には、正倉や館、厨家、曹司、兵庫といった郡家の運営や郡家の収納機能を担う建物群が配置されていた。特に正倉・厨家などは各地の郡家跡でも盛んに確認されており、五氏の報告でもその実例が紹介された。本稿ではそれら建物群の存在するエリアを、「郡庁内」区域とあわせて「郡家内」と表現したい。この「郡家内」の空間構成の解明も、郡家研究にとっては不可欠である。

さらに筆者は「郡家内」区域の外側の環境も、郡家域の空間を構成する要素として捉えられるのではないかと考えている。例えば、駅家・道路といった交通施設、神社・寺院といった宗教施設、さらには山・川といった自然物も、郡庁や付属する建物群の立地条件や空間構成を規定する要素と考えられる。本稿では郡庁を中心としこれらの要素が広がるエリアまでを「郡家域」と呼称したい。

この「郡家域」に関しては、奈良時代前葉における、郡家を軸に国郡内の環境や施設を記す『出雲国風土記』が現在までほぼ完本として伝わる出雲地域が、その空間構成をもっとも復元しやすい地域の1つといえよう。

そこでⅢ章では、出雲国の郡家域の空間構成を文献・考古両面から復元し、それが郡庁の設定や郡庁内の建物群の配置にどのように影響を与えたかを考えてみたい。

Ⅰ　古代文献にみる郡庁内の建物構成

本章では、六国史や律令、風土記といった文献にみえる郡庁内の要素に関わる記事について整理し、郡庁内の建物構成について考えていきたい。

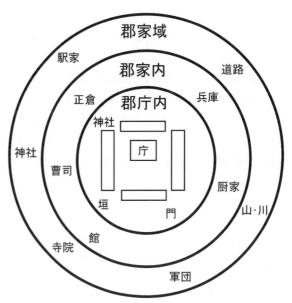

図1　郡庁域の空間構成　概念図

(1) 官舎・郡庁院

郡庁関係史料で頻繁に登場する語が「官舎」であり、六国史を中心として7世紀末〜11世紀頃までの史料で継続的にみられる。

史料A 『日本書紀』天武天皇13年(684)10月壬辰条
　逮_于人定_、大地震。(中略)諸国郡官舎、及百姓倉屋、寺塔神社、破壊之類、不_可_勝数_。(後略)

史料B 『続日本紀』天平16年(744)5月庚戌条
　肥後国雷雨、地震。八代・天草・葦北三郡官舎、并田二百九十余町、民家四百七十余区、人千五百廿余口、被_水漂没_。(後略)

これらは地震や水害によって諸国の郡の官舎が崩壊したという記事だが、郡の建物は「郡官舎」と呼ばれていたことがわかる。

史料C 『続日本後紀』承和7年(840)3月戊子条
　陸奥国磐城郡大領外正六位上勲八等磐城臣雄公、(中略)勤修_大橋十四処、溝池堰廿六処、官舎正倉一百九十宇_。(中略)並仮_外従五位下_。

一方で「官舎正倉」と、官舎と正倉が別立てで表現をされることもあった。前沢和之氏は、官舎という言葉は正倉も含めた郡家諸施設を指す場合と、正倉は別立てで正倉以外の郡庁・館・厨のみを指す場合があると指摘する(文献29)。

ただし、官舎は郡だけでなく、国や朝廷の公的建物を広く指す言葉でもあるので、「官舎」が郡庁内建物群を指すかどうかはよく史料を吟味する必要がある。

史料D 『朝野群載』巻22　国務条事第20条
　一、択_吉日_可_度_雑公文_由牒_送前司_事(中略)次勘_官舎_。〈神社、学校、孔子廟堂并祭器、国庁院、共倉庫院、駅館、厨家及諸郡院、別院、駅家、仏像、国分二寺堂塔、経論等。〉

例えば、これは国司交替の際の前任者と後任者の引き継ぎの作法を示した史料だが、ここで郡庁内建物群は「諸郡院」と称され、その他駅家や国分寺、国庁などを含め引き継ぎ対象となるすべての公的建物群が官舎と総称されている。「官舎」は便利な言葉であるため多用されるが、それがどの範囲の建物群を指すかは注意する必要がある。

次に、郡庁内の建物が「郡庁院」や「郡院」と表現される場合を示す。

史料E 『令集解』戸令国郡司条　古記
　古記云、(中略)不_得受_百姓迎送_。謂国司巡_部内_、郡司待_当郡院_。

史料F 『令集解』儀制令五行条　古記
　古記云、(中略)郡院者、鉏・鍬・大斧・小斧・鉾・鎌・鋸・鑿之類。倉庫院者、長橋・長杓・木樽之類。厨院者、食器之類。(中略)問。国郡各具以不。答。国謂_大郡_耳。凡国内有_官舎_之所、皆随_便造具也。(後略)

史料G 『令集解』儀制令凶服不入条　令釈・古記
　釈云、(中略)不_入_公門_者、市門倉庫国郡厨院駅家等類、不_称_公門_。但国郡庁院、市司庁院門者、是為_公門_耳。
　古記云、(中略)自余国郡庁院為_公門_。倉庫国郡厨院駅家等類、不_称_公門_也。

Fからは、郡家内の各建物群が郡院、倉庫院、厨院と、それぞれ1つの区画を持った院を形成していたことがうかがえる[1]。Gによると政庁たる郡庁の区画施設も同様に郡庁院と呼称されていた。

(2) 庁

史料H 仮寧令12　外官聞喪条
　凡外官及使人、聞_喪者、聴_所在館舎安置_。不_得_於国郡庁内挙哀_。

郡庁内において中心となる建物が庁である。Hでは、都から派遣された人々が喪に遭った場合の「国郡庁内」での挙哀が禁じられている。

史料I 『続日本紀』天応元年(781)12月丁未条
　太上天皇崩。(中略)仍従_今月廿五日_始、諸国郡司於_庁前_挙哀三日。若遠道之処者、以_符到日_為_始施行。礼日三度。初日再拝両段。但神郡者不_在_此限_。

一方でIでは、光仁太上天皇が崩じた際に諸国の国司・郡司が庁前(国庁・郡庁の前庭)において3日間の挙哀が命じられている。官人個人の庁での挙哀は禁止だが、上皇崩御時の挙哀は庁でおこなう、つまり私的儀礼以外の国家的儀礼の場として庁が位置付けられていた。

史料J 『常陸国風土記』行方郡条
　郡家南門、有_一大槻_。其北枝、自垂触_地、還聳_空中_。其地、昔有_水之沢_。今遇_霖雨_、庁庭湿潦。

常陸国行方郡の郡庁内についての記述である。庁庭(庁の前庭)が長雨に遭うと水がたまるとあるが、こ

うした記述は、逆に庁庭は水がたまるようなことは避けるべき場所できちんと整備されなければならない空間と認識されていたことを示しているとも考えられる。庁だけでなく、その周辺の空間地も「郡庁内」を構成する一要素であった。

ただし庁については、風土記や六国史など9世紀までの史料では「庁前」「庁庭」という表現はみえるものの、庁を構成する個別の建物の詳細は語られず、『上野国交替実録帳』に頼らざるを得ない。その点についてはⅡ章で述べる。

(3) 垣・門

史料K　衛禁律24　越垣及城条
　　　凡越₋兵庫垣及筑紫城₋、徒一年。(中略) 郡垣杖七十。(中略) 余門各減₌二等₌〈(中略) 余門、謂国郡及坊市之類。(後略)〉

衛禁律では、郡の垣や門を越えた場合の罰則が規定されており、郡庁内を区画する垣・門の存在が前提とされている。また前掲Gによると、郡庁院の門は公門と定められている。さらに古記には倉庫・国郡厨院・駅家等の類は公門として扱わないとあるのが注目される。郡庁院の門と郡家内を構成するほかの諸院の門、ひいては郡庁院と郡家内諸院の間に明確な格差が存在したことがうかがえる。

また門には、人・ものの出入りという門自体の機能以外にも重要な意味があった。

史料L　『続日本後紀』承和4年(837)2月甲午朔条
　　　遣唐使祠₋天神地祇於当国愛宕郡家門前₋。諸司為₋之廃務。

史料M　『続日本後紀』承和14年(847)6月甲寅条
　　　先レ是。左相撲司伐₋葛野郡家前槻樹₋作₋大鼓₋、有レ祟。由レ是、奉₋幣及鼓於松尾大神₋、以祈謝。〈用レ鼓牛皮十二張。一面六張。〉

史料N　『万葉集』巻19　4251番歌　題詞
　　　五日平旦、上道。仍国司次官已下諸僚、皆共視送。於レ時射水郡大領安努君広島、門前之林中、預設₋饌饎之宴₋。(後略)

郡家の門は、遣唐使がその門前で祭祀をおこなう(L)ような場ともなった。また門の前に槻の大樹があり(J)、Mでは郡家の前(門前か)の槻を切ると祟りがあったとされ、こういった槻は神聖視されていた。また郡家の門前の林では、上京する国司への餞別宴が催された(N)。

つまり、郡家の門は単なる出入り口という機能に加え、祭祀や儀礼を催行する場としての機能が備わっていた (文献32)。それは門前の聖なる槻樹の存在からうかがえるように、郡家の門前の空間が神聖視されていたことから発生したものと考えられる[2]。言い換えれば、そういった在地の祭祀空間を取り込むように郡家が設定されたこともあっただろう (文献12)。

史料O　『類聚三代格』巻18　承和5年(838)11月18日官符
　　　太政官符
　　　　応レ禁₌断上下諸使等剋外多乗₋用夫馬₋事
　　　右太政官去延暦元年十一月三日下₋諸道₋符偁、(中略) 諸国承知、牓₋示郡家并駅門₋、普令₌告知₋者。(後略)

Ⅲ章で分析する郡家域の空間構成の実態を考える上でも、郡家の門と交通の関係は注目される。Oでは官符の内容を駅家や郡家の門に牓示し普告することが求められている。この場合の郡家の門は郡庁内区域の門というより郡家内区域とその外部を区切る門かもしれないが、ともかく郡家の門前とされる場は多くの人々が通過するような交通の要地でもあった。

(4) 神社

神社は主に「郡家内」よりも外、本稿で言う「郡家域」に所在し郡庁域の建物配置などに影響を与えると想定されるが、一方で「郡家内」、さらには「郡庁内」に関わる神社や神信仰も確認できる。

史料P　『日本三代実録』貞観7年(865)12月9日条
　　　勅。甲斐国八代郡立₋浅間明神祠₋、列₋於官社₋。即置₋祝禰宜₋、随レ時致レ祭。先レ是、彼国司言、(中略) 今年八代郡擬大領無位伴直真貞託宣云、我浅間明神。欲レ得₋此国斎祭₋。頃年為₋国吏₋成₋凶咎₋、為₋百姓病死₋。然未₋曽覚悟₋。仍成₋此恠₋。須下早定₋神社₋兼任₋祝禰宜₋、宜潔斎奉祭上。(中略) 於レ是依₋明神願₋、以₋真貞₋為レ祝、同郡人伴秋吉為₋禰宜₋。郡家以南作₋建神宮₋、且令₋鎮謝₋。(後略)

史料Q　『日本三代実録』貞観18年(876)7月21日条
　　　授₋加賀国正六位上白鳥神・郡家神・山代大堰神並従五位下₋。

Pでは天変地異や富士山の噴火によって、八代郡擬大領に神が憑依し託宣を述べ、その託宣に従い「郡家以南」に神社を建立し擬大領らに奉斎させた。

Qは加賀国の郡家神への授位記事で、『延喜式』神名帳によれば同国加賀郡に郡家神社がみえる。このように郡家と密接な関係をもつ神社が確認できる。

史料R　「土佐国風土記逸文」

　　土佐郡家之内、有₋社。神名、為₌天河命₋。其南道下有₋社。神名、浄川媛命、天河神之女也。其天河神者、為₌土左大神之子₋也。

史料S　宝亀3年(772)12月9日太政官符(卜部吉田家旧蔵文書(3))

　　太政官符神祇官
　　応₋奉₌幣帛神社₋事
　　右、得₌武蔵国司去年九月廿五日解₋偁、以₌今月十七日₋入間郡正倉四宇着₋火、(中略)仍卜占、在₌郡家西北角₋神、□□[名云]₌出雲伊波比神₋。崇云、我常受₋給　朝庭幣帛。而頃来之間□[不]₋給。因₋茲引₋率郡家内外所₋有雷神₋発₌此火災₋者、
　　(後略)

R・Sによって郡家のどこに神社があったかを絞り込める。Rでは「郡家之内」とあり、郡庁を中心とした一定の区画された区域内に社が存在したことがわかる。さらに「南の道を下ると社が有」り、その祭神は郡家内の社の祭神天河神の女であった。天河神も郡名を冠する「土左大神」の御子神とされていることから、地域の信仰対象たる神社を取り込む形で郡家が設置され、郡家の鎮守神化していったことが想定できる(4)。

Sは既に平川南氏が紹介・分析し著名な史料である。入間郡家の西北角には出雲伊波比神が存在し、朝廷からの幣帛の不給により郡家内外の雷神を引率して正倉火災を起こしたとされ、郡家周辺に複数の神格の存在が認められる。氏によると、建物の西北隅に祀られる屋敷や官衙施設の鎮守の神は「内神」と呼ばれ、こういった戌亥神信仰はまず郡家が先行し、その後中央官司・国府へと拡大していくという(文献25)。こうした性格を踏まえると、「内神」は郡庁内に存在した神格と考えてよいだろう。

以上を総合すると、郡家にまつわる神信仰はある程度普遍的に存在し、祭祀を怠ると祟りを起こすとされており、神社は郡庁内・郡家内の空間を構成する重要な要素であったと考えられる。

ここまで郡庁内の諸要素について述べてきたが、先述したように肝心の庁の構成や機能、活用をうかがわせる史料は非常に少ない。その理由として正倉に比べ郡庁に対する政府の関心度や直接的な掌握の程度の差異によるという指摘がある(文献26)。筆者もこれに同意するものであるが、加えて本章でみてきた六国史を中心とする史料群の性格の問題もあるのではないか。こういった史料は、非日常・異常を記録するものであり、特に地方において通常通り問題なく実行される政務・儀礼が記録される類の編纂物ではない。さらに庁を中心とする郡庁院は、垣などで遮蔽され、出入口も厳重な公門とされた密室的な空間であって、非日常的な事象が発生しにくいと考えられる。逆に、門は郡家とその外部との接触の場であるために、さまざまな非日常的な出来事が起こり得る場であり、比較的史料にも現れてくると理解できる。

II 『上野国交替実録帳』諸郡官舎項と郡庁内の空間構成

郡庁内・郡家内建物群の空間構成をもっともよく伝えるのが『上野国交替実録帳(以下『実録帳』)』(文献10)である。長元三年(1030)の上野介交替(前司藤原家業→後司藤原良任)の際に作成された不与解由状案とされ、正税や稲穀、国府や郡家の器物・行政文書・官舎、神社・寺院などの無実・破損状況を逐一書き記した文書である(5)。日々の政務・儀礼が日常的に正則に実行され、その機能が保たれていたかを記録する類の史料であることも特徴のひとつである。

本文書のうち、郡家内の建物配置を列記した部分が諸郡官舎項と呼ばれている。例えば那波郡は「正倉院」「郡庁壹宇」「一舘」「厨家」など細目名があり、各細目の詳細については1字下げで「倉拾漆宇」等内訳を記している。また「不₋注₌本帳並名₋」とあるように、諸郡官舎項に関しては各郡から提出された本帳を書き写して集約したものとされている。そして諸郡官舎項をみていくと、郡毎に細目の表記や内訳の記載方式の相違が目につく。特に「郡庁」に関わる部分は郡毎の相違が非常に大きい。これは記載方式に留まるのではなく、実際の郡庁建物群構成自体がバラエティに富んでいることも想定される。

具体的に言うと、郡庁関係部分の細目名は「官舎」(片岡郡)、「郡廳舘」(多胡郡)、「郡廳雑屋」(佐位郡)と上野国内で統一性がなく、中には細目名を記さない(山田郡など)、「正倉」の内訳に郡庁記載が混在している(利根郡など)など混乱もみられる。正倉院や館に比して不統一や混乱が目立つ郡庁関係部分の記載につい

ては、これまで国司交替時の分付受領における郡庁建物群に対する価値の低さを示していると考えられてきたが、一方で近年では大区画内に郡庁や正倉院の建物が混在している実態を示すとも考えられるといった指摘もある(文献3)。

また諸郡官舎項は基本的に『実録帳』作成時に無実の建物を列記しているとされるが、問題はここにみえない建物の取扱いである。例えば「納屋」は記載のある郡・ない郡まちまちであるが、記載がない郡には『実録帳』作成当時に納屋が実在していたと考えてよいか、そもそも郡庁建物群成立当初から納屋と名付けられた建物が存在していないのか、その判断は極めて難しい。記載がない建物の存否については、各郡の状況を整理し慎重に考えねばならないだろう。

以上を念頭に置いて、『実録帳』から想定される郡庁内建物群の構成を考えていきたい。これについてはすでに第17回の本研究会において小宮俊久氏が整理している(文献11)ので、本稿ではそれに従いつつ、いくつか論点を提示したい。

小宮氏は郡庁関係部分について、①庁屋に対しての位置を示す記載②役割を示す記載に大きく2つに分類する(表1)。まず②について、「公文屋」「掃守屋」「厨屋」など異なる機能をもった様々な建物が各郡にバラバラと記されている。例えば郡内行政に必要な文書の管理や作成がおこなわれていたと思しき「公文屋」は、那波郡、吾妻郡、新田郡の3郡のみにみえる。それ以外の郡の「公文屋」は『実録帳』作成時に実在したために記載がないとも考え得るが、②の各郡の建物名称の不統一性・不規則性を踏まえると、全ての郡に同じ「公文屋」という名の建物が存在したとは考え難い。公文に関わる建物は各郡に必ず存在していたであろうが、それは3郡以外では「納屋」や「雑屋」など他の名称がつけられた建物で代用されていたと考えるべきであろう。郡務を支える②の建物群は、各郡によって必要とされる数も機能も名称もまちまちであった。

次に比較的各郡で統一性がみられ、郡庁内の中心施設の建物群となる①を検討する。この①はさらに

表1 『上野国交替実録帳』諸郡官舎項にみる「郡庁」の「無実」の建物

	郡名	郡庁	庁屋	庁屋に対しての位置を示す記載				役割を示す記載				備考
1	碓氷	欠損										
2	片岡	官舎	庁屋					舘屋	宿屋	厩		
3	甘楽	欠損										
4	多胡	郡庁館		向屋	副屋			宿屋	厨家	西納屋	厩	館に郡庁があったか、誤記か?
5	緑野	正倉	庁屋	南向屋	北屋	西屋						「正倉」に記載される
6	那波	郡庁		向屋	副屋			公文屋				
7	群馬	雑舎	庁					掃守倉	納屋	厨屋	酒屋 備屋	「郡庁」を次の行に記載
8	吾妻	官舎		長田院雑舎	伊参院東一屋	北一屋		雑屋				
		郡院		東一屋	西屋	南一屋		掃守屋	東一板倉			
		郡庁屋		東屋				公文屋				
		大衆院		東一屋	南一屋			雑屋				
9	利根	郡庁		郡中東一屋								「正倉」「郡庁」を一緒に記載
10	勢多		庁屋	向屋	副屋							
11	佐位	郡庁雑屋	庁屋	向屋	副屋	西屋						
12	新田	郡庁		東口屋	西長屋	南長屋	□□屋	公文屋	厨			
13	山田		庁屋	西副屋				納屋				
14	邑楽		庁屋	東横屋	西横屋							

(A)方角+(長・横)屋、(B)庁屋→向屋→副屋の2つの類型に分けられる。

(A)は新田郡や邑楽郡がこれにあたる。新田郡に関しては、群馬県太田市の上野国新田郡家跡から検出された建物群が『実録帳』の郡庁の記載と見事に符合することが注目される(文献6)。遺跡の調査成果を踏まえると、東西南(北)と囲むように「長屋」が配置されたと考えられる[6]。邑楽郡は、「横屋」に「東」「西」が冠せられていることから、「郡庁」の横に建物が東西に並立している、いわゆるコの字型配置が想定できる。

(B)は三者のうちいずれか1つでもみえる郡も含めると『実録帳』に郡庁関係の記載がある12郡のうち半分の6郡で確認できる。その特徴は、これら「庁屋」「向屋」「副屋」は必ずこの順番で記されており、入れ替わることがない点である[7]。これは三者の重要度の違いや、郡庁内における建物の階層性を示していると考えられよう。

ではこの三者の郡庁内の配置を考える。「郡庁」に続くのが「向屋」であるが、多くの郡が「向屋」と記す一方、「南向屋」(緑野郡)とも記される。「南」そして「向」の語義から考えても、「向屋」とは「庁屋」と正対する建物で、両者は並行関係にあるとするのが妥当であろう。「南向屋」は「庁屋」の南に配置された、正殿に対するいわゆる前殿にあたると想定できるが、単に「向屋」とある場合は前殿もしくは後殿いずれかは決しがたい。

「副屋」も同様に多くの郡が「副屋」と記すなか、「西副屋」(山田郡)が目を引く。中心建物に対して「西」にあるべき副次的屋と解せるとすれば、つまり「副屋」とは「庁屋」の東西に副え置く建物と捉えられ、いわゆる脇殿にあたるものと考えられる。

ただし「西副屋」の場合は「東副屋」の存在が想定できるが、一方で多くの郡が方角を記さず単に「副屋壹宇」とあることも捨て置けない。『実録帳』の記載を忠実に解釈するなら、「庁屋」に対して東もしくは西に一棟のみ脇殿が配置される場合も想定しなくてはならない。これは郡家跡の発掘調査において、8世紀後半以降品字形の配置から脇殿の片方を欠くといった左右非対称の建物構成をとる郡庁が確認されるようになる(文献33)こととの関連も考えねばならないだろう。

また山田郡の「西副屋―庁屋―東副屋」という想定が正しいとすると、「庁屋」の東西に建物が並立する形となり、邑楽郡と建物配置が同形となる。ほかにも、例えば緑野郡の「西屋」も、「副屋」を「庁屋」の西側に想定した場合には配置が重なってくる。このように郡によって建物名称にはバリエーションがあるものの、結果的に郡庁内の建物配置や建物の機能が似通ってくる場合は②と同様に多く想定できる。本稿の(A)・(B)は記載上の表記から類型化をおこなったが、実態的な建物構成は今後の発掘調査の進展を待ってまた改めて検討する必要がある。

以上、本章で述べてきたことをまとめる。『実録帳』の郡庁内建物記載は各郡から提出された本帳にもとづいて記載をされていることもあり、建物呼称はある程度共通化は図られているものの、各郡には多種多様な建物が混在していた。それらの空間構成も大まかな分類はできるものの、記載による分類を飛び越えて結果的に建物配置が同形になる場合も想定できるなど、これまでの研究が示す通り『実録帳』のみで古代の郡庁内空間構成のモデルを提示することは非常に困難である。

また『実録帳』の記載の主眼は「屋」であり、I章で述べた門・垣・(庁)庭・神社・樹木といった構成要素は、全く記されない[8]。郡庁内の空間構成を議論する際には、『実録帳』にみえる建物ばかりが取り上げられがちであるが、政務の場たる屋(庁)だけでなく、外部との出入口かつ祭儀空間の門、遮蔽施設の垣、儀礼空間の庁庭、祀神施設の神社等もその重要な要素であったことを強調しておきたい。

III 出雲国の郡家域の歴史的展開

はじめにで述べたように、郡庁域の空間構成を議論するためには郡庁内・郡家内だけでなく、それらの外側に展開する諸要素の構造と歴史的展開を分析することが不可欠である。本稿では出雲国のいくつかの事例をもとに考えていきたい。

郡家域の歴史的展開を分析するのに出雲国が適している理由は主に2つある。1つは近年、島根県東部の出雲地域でも古志本郷遺跡(出雲市古志町)(文献14)、郡垣遺跡(雲南市大東町)(文献5)で郡庁と思しき建物群が発見され、考古学的に郡庁域の空間構成を議論することが可能になってきたこと、もう1つは先述のように国内景観の地理情報が充実する『出雲国風土記』(以下『風土記』)がほぼ完本として現在に伝わること

が非常に大きい。その点は早くから認識され、『風土記』を利用した古代出雲国の郡家に関する研究は江戸時代から現在まで重厚な研究蓄積があるが、近年は考古学的な調査成果も絡めてより具体的に郡家域の歴史的展開を追えるようになってきている。

『風土記』は各郡からの提出資料を軸に、「秋鹿郡人神宅臣金太理」らが全体の書式を整え天平5年(733)に勘造された。諸国の風土記は基本的に国司が編纂し朝廷に提出したとされるが、出雲の場合は『風土記』末尾の識語に「国造帯意宇郡大領(中略)出雲臣広島」とあるように、出雲地域の最有力者である出雲国造が編纂責任者と目され国司はみえない。都から下向し短期間の滞在で行政をおこなう国司ではなく、地域に基盤をおく国造が編纂を統轄したことで、『風土記』の精緻で充実した地理的情報の収集が可能となったとみることもできる。

『風土記』の地理情報は「郡家からの方角・距離の有無」で大きく2つにわけられる。例えば社・浜・浦・島・坡・池などは、その名称や各々の長さ・周囲長・高さといった個々の情報は記されるが、基本的に郡家からの距離や方角は記さない。一方、郷・駅家・寺院・山(川)・通道・剗・軍団・烽火・戍などは「新造院一所。朝山郷中。郡家正東二里六十歩。建_立厳堂_也。神門臣等之所レ造也。」(神門郡新造院条)のように、まず郡家からの方角・距離を記した後、個々の情報(寺院なら伽藍や建立者)を書き連ねるという書式が定式化している。

要するに『風土記』の地理情報の基準は「郡家」に設定されており[9]、その情報を総合的に復元することによって出雲国の郡家を中心とした空間構成を理解することが可能になるわけである。

(1) 意宇郡家と郡家域 (図2)

出雲国府が所在する意宇郡では、明確な郡家自体につながる遺跡は発見されていないが、推定地周辺には国府をはじめ郡家以外の多様な遺跡が存在し、『風土記』の詳細な記述と総合することで郡家をとりまく空間構成があきらかとなる(文献15)。

まず意宇郡家の位置については、巻末総記の「又、西廿一里、至_国庁、意宇郡家北十字街_、即分為_

図2　意宇郡家域の空間構成　1：20000

二道_。〈一正西道、一柾北道。〉」などから、十字街の南、出雲国庁の北に所在したと想定される(文献15・21)。出雲国庁は発掘調査によってその所在地は判明しており、十字街も現道上に推定地があるので、おおよその郡家所在地は推定可能である。

次に意宇郡家周辺の郡家に関連する施設をみていく。『風土記』意宇郡郡名起源部分は、島根半島の形成を語るいわゆる国引き神話であるが、その中に国引きをおこなった八束水臣津野命が杖を突き立てた「意宇社」が登場し、「郡家東北辺田中在塾是也」と記される。国引き神話は出雲国造と意宇郡大領を兼任する出雲臣の地域支配の根幹となる伝承であり、その舞台となったと伝える意宇社は、意宇郡家の東北の田の中にある塾(小山)とされ、出雲臣の「聖地」とも言うべき場所である。また「有_山代郷中_。郡家西北二里」の山代郷南新造院は「飯石郡少領出雲臣弟山之所_造」とされる古代寺院で、神名樋野と称された茶臼山南麓の四王寺跡に比定されている。弟山はのちに出雲国造に就任したとみられ(『続日本紀』天平勝宝2年(750)2月癸亥条)、出雲臣の氏寺のひとつとみてよいだろう。また「意宇軍団。即属_郡家_。」(巻末総記)と軍団も意宇郡家に隣接して設けられた。

意宇郡家を考える上で重要となるのが黒田駅の移転である。意宇郡黒田駅条を次に掲ぐ。

> 黒田駅。郡家同処。郡家西北二里、有_黒田村_。土体色黒。故、云_黒田_。旧、此処有_是駅_。即号曰_黒田駅_。今東属_郡。今猶、追_旧黒田号_耳。

黒田駅と意宇郡家は『風土記』の時代には同所に存在したが、元は郡家の西北二里の「黒田村」に駅家が置かれていて現在は移転しているとされる。ここで黒田駅移転の背景が問題となる。

移転する前の駅家が所在した「黒田村」は現在も地名が残る松江市大庭町黒田畦・下黒田付近と推定される(文献15)。その黒田畦遺跡では奈良時代の土坑から「云石」の墨書土器が出土した。これが「飯石」を指すとすると、先述した山代郷南新造院を建立した飯石郡少領出雲臣弟山との関係がうかがわれ、ここに出雲臣集団のひとつの拠点が存したのだろう(黒田畦遺跡と四王寺跡との距離は約300m)。

さらに黒田畦遺跡のすぐ南の台地上には大型の廂付建物が検出され豪族居館と推定される中西遺跡(文献17)や、国造内神的性格とされる古社神魂神社、出雲国造の館跡の伝承地などが集中し、出雲臣ら意宇郡支配者層の本拠地とも言うべき空間であった。

さらに「黒田村」の周辺には出雲地域最大の古墳である山代二子塚古墳(全長94m)をはじめ古墳時代後期の大規模古墳が集中的に分布しており、この古墳の間を縫うように「伝統的南北幹線道」とも言うべき基幹交通路が通っていたと推定されている。この南北道は南下すれば出雲山間部への最短ルートともなっている。

要するに「黒田村」の地は東西方向の主要路(『風土記』正西道)と南北方向の基幹路が交わる要衝で、そこには交通機能を有した出雲臣など地域支配者層の居宅が存在していた。そして7世紀後半に遡る初期意宇評家や移転前の旧黒田駅もここに設けられたと考えられている[10](文献7・8)。

「黒田村」に所在し意宇郡支配者層に支えられた交通拠点(旧黒田駅)が『風土記』の時代までに十字街付近に移転した最大の原因は、出雲国庁の整備に求められる。この移転は地方行政機能が国庁を中心に集約される過程として位置付けられ、国庁設置とともに正西道(石見国への道)や柾北道(隠岐国への道)も整備され、国庁付近がその分岐点(十字街)となったことで駅家も移転する必要が生じた。黒田駅の移転は国内だけでなく隣国との広域交通網整備にともなって実行されたと評価できる。

そして『風土記』に記事はないものの、意宇郡(評)家もこうした方針のもとで十字街の近くに移転したと想定されている(文献7・8)。軍団などの郡家関連機能も郡家近傍に設けられており、国府域設定や国庁を軸とした広域交通網の整備が郡庁域の建物配置や空間構成に大きく影響を与えるものであったといえよう。

(2) 大原郡家と郡家域 (図3)

大原郡家は『風土記』に郡家の移転が記されている希有な事例である(大原郡郡名起源部分)。

> 所_以号_大原_者、郡家正西十里一百一十六歩、田一十町許。平原、号曰_大原_。往古之時、此処有_郡家_。今猶追_旧号_大原_。〈今有_郡家_処、号云_斐伊村_。〉

『風土記』の時代には郡家は斐伊村(斐伊郷)にあったが、「往古之時」は大原にありそれが郡名の由来となっている。大原の地は新郡家の「正西」10里116歩とあるが、そのまま解釈すると大原郡域を越えて飯石

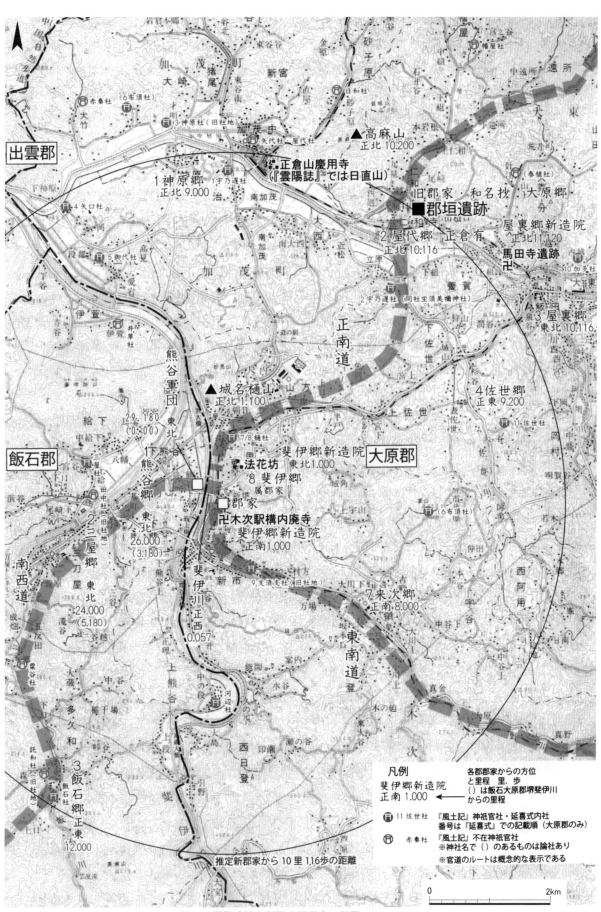

図3　郡垣遺跡と新旧大原郡家の位置　1：60000

郡域に入ってしまうことから、これは「正北」の誤りとする見解が有力である[11]（文献22）。

その主な論拠が、雲南市大東町の郡垣遺跡から発見された郡庁遺構である。遺跡はⅡ期に分けられ、Ⅰ期は建物主軸が29°西から北に振れる形で北・東・南3棟の長舎がコの字形に配置され、一辺約45mの方形区画を形成している。塀（または柵）で遮蔽されているが西側が正面と想定され、全国の類例から7世紀末〜8世紀初頭頃の郡庁遺構と考えられる。なおⅡ期には総柱礎石建物が検出されており、郡庁が他所に移転した後の郡家別院（正倉）の可能性が指摘されている（文献5）。これは郡家正北10里116歩に所在する屋代郷の「即有⌐正倉┐。」という記載との関連が注目される。

郡垣遺跡Ⅰ期郡庁遺構は、『風土記』のいう旧郡家の可能性が非常に高い。そしてⅡ期遺構が屋代郷正倉とすると、郡垣遺跡の地は「正北」にあたることとなり、大原の地は郡家の「正西」ではなく「正北」が正しいということになる。後述するように、これは交通路との関係からも妥当性が高い。

ところで、旧郡家の所在したとされる屋代郷に関連して、その東隣の屋裏郷の新造院（郡家正北11里120歩）が前大原郡少領で現少領の従父兄額田部臣押島[12]の建立であり、また屋代郷付近（郡家正北10里200歩）所在の高麻山の地名起源説話に登場する「青幡佐草日古命」は額田部臣の奉斎神であった（文献23）。つまり、屋代郷一帯は大原郡の郡領氏族額田部臣の本拠であった。一方、新郡家の所在する斐伊郷には大領勝部臣虫麿[13]が建立した新造院（郡家正南1里）が所在することから、勝部臣の本拠と目されている。

さて、この大原郡家の移転についてはやはり広域交通路の整備という観点から捉えるべきという見解が多い（文献9・13・19）。新郡家の位置は雲南三郡（飯石・仁多・大原郡）と山陰道の通過する意宇・出雲郡とを結ぶ水陸交通の結節点であり、大原郡家の移転は、国による雲南三郡の広域支配を念頭に置いた体制整備と評価され（文献13・19）、移転後の大原郡家は斐伊川流域の諸郡との交通を重視しており、「諸方面連絡型」の立地に分類される（文献9）。

しかし移転前の旧郡家と交通路の関係が希薄というわけではない。郡垣遺跡のすぐ西には意宇郡から大原郡への官道（『風土記』「正南道」）が通ると推定されており、「正南道」沿いの郡垣遺跡（旧郡家）は新郡家の「正北」と意識されていた（文献22）。また先述したように、郡垣遺跡のⅠ期郡庁遺構の建物主軸は北西方向にあるが、これはその推定官道と直交する関係にある。つまり、Ⅰ期郡庁遺構は官道に規制される形で建設されたと推定される[14]。この官道が『風土記』正南道と同じルートをとると考えれば、この旧郡家の位置も飯石・仁多郡への途上であることには変わりない。また新郡家は斐伊川の川べりに位置するが、旧郡家も斐伊川支流の赤川に至近であり、いずれの地も河川交通を利用すれば出雲郡家への往来でも大差はない。

つまり新郡家に比して旧郡家の位置が広域交通上著しく劣っているとは言い切れず、両者の立地の差を国主導の広域交通網の整備だけで捉えきれるのかという疑問が生じる。例えば国府との距離で言えば、旧郡家のほうが近く新郡家ではむしろ遠くなっている。

国側だけの論理で大原郡家の移転の意義を評価することは難しいのではないか。そこで注目されるのが新旧郡家を支える地域豪族層の存在である。先述したように、旧郡家周辺は少領額田部臣の本拠、新郡家周辺は大領勝部臣の本拠と目されている。郡庁の設定・建設には郡領層の協力が不可欠なことは言うまでもなく、こうした郡家の移転の背景に郡内の郡領層の力関係の変化や、国府と郡領層との結合の強弱を想定することもあながち無理なことではなかろう。郡庁の立地や郡庁域の空間構成が国主導の広域交通網の整備方針から多大な影響を受けることは疑いないが、実際に郡庁等を建設し維持していく側の地域の動向も念頭に置いて総合的に検討する必要があろう。

（3）神門郡家と郡家域（図4）

最後に、郡庁遺構に加え古墳や祭祀遺構など、郡家域の歴史的展開を跡付けられるような考古学的成果に恵まれる神門郡家について検討する（文献14・16）。

まず『風土記』の神門郡家関連記事をみていく。

巻末総記の正西道記載について、出雲郡の「西堺」たる斐伊川から「又、西七里廿五歩、至⌐神門郡家┐。即有ᵣ河。〈度廿五歩、度船一。〉自⌐家家┐西卅三里、至⌐国西堺┐。」と記される。この「河」は神戸川（『風土記』神門川）で、正西道の渡河点に郡家が設定されている[15]。

また神門郡狭結駅は「郡家同処」とあり、駅家と郡家が併設されるのは先に見た意宇郡と同じである。

また神門郡にも郡家周辺(正東七里＝神戸川右岸域か)に神門軍団が設けられている。

加えて意宇・大原郡と同様、神門郡家周辺にも寺院が建立されている。神門郡新造院条によると、朝山郷中の「郡家正東二里六十歩」に「神門臣等」が、「属_郡家_」の古志郷中の「郡家東南一里」に「刑部臣等」がそれぞれ新造院を造立している。前者の朝山郷新造院は神戸川右岸の神門寺境内廃寺、後者の古志郷新造院は左岸の古志遺跡(寺院遺構は未確認、瓦等が出土)が比定されている。造立者の神門臣と刑部臣は郡末の神門郡郡司の列記にそれぞれ大領と(擬)少領(・主帳)としてみえ、神門郡においても郡領層の氏寺が郡家近傍に建立されるという姿がみてとれる。

この両岸の氏寺建立の前提として、当地の6世紀後半～7世紀前半の古墳動向が参照される。神戸川右岸には出雲西部最大の前方後円墳である大念寺古墳(全長91m)や、それに続く首長墳(上塩冶築山古墳・地蔵山古墳)が継続的に築造される。一方左岸にはそれらに次ぐ首長墳群(妙蓮寺山古墳(全長49m)・放れ山古墳・宝塚古墳)が所在しており、神門郡郡領層の勢力基盤との対応が注目される。

ただし両岸の勢力を対立する要素として捉える必要はないだろう。8世紀の木簡や墨書土器が多数出土し古墳時代以来の地域の拠点的施設と目される三田谷Ⅰ遺跡、総柱建物群や緑釉陶器などを検出した官衙関連遺跡の天神遺跡、光明寺三号墓をはじめとする石製骨蔵器を使用した火葬墓群、出雲最大規模の上塩冶横穴墓群といった官衙関連遺跡が右岸にも広がっており、郡庁の所在した左岸とあわせ、神戸川両岸域が神門郡家(評家)の成立や展開を支えた地域基盤であったと言うべきだろう。

さて、郡家と駅家が同所に設定されたことに関してはⅢ章(1)の意宇郡家と黒田駅の事例と共通する面がうかがえる。郡家(評家)がもつ交通拠点としての機能(文献9・31)を前提とすれば、神門評家から駅家的機能が分化し狭結駅が成立したと想定できる[16]。

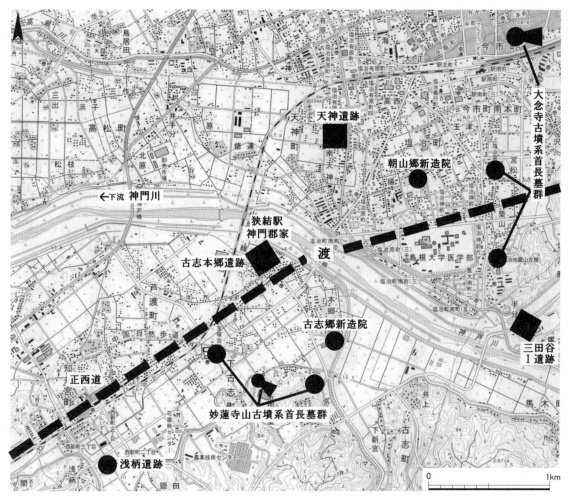

図4　神門郡家域の空間構成　1：30000

一方で郡家と同所にもかかわらず、この駅家が「属_郡家_」の古志郷と同じ名の"古志駅"ではなく、「狭結駅」となっていることは注意しておく必要がある。狭結駅には「古志国佐与布云人、来居之。故、云_最邑_。」という地名起源伝承が記される。古志国（現在の北陸地方）からこの地にやってきたという「佐与布」は氏姓が記されず、5世紀の金石文等にみられる古いタイプの名前表記である。この伝承に一定の信をおくなら、狭結の地は比較的古い段階から北陸系集団が集住しており、東西方向の陸路と南北方向の水路の交わる交通拠点の経営に関わっていたと想定することも可能である。駅家が郡家（評家）から後発的に分離独立する場合のほか、こうした以前からの交通要衝に郡家（評家）が設定されるパターンも想定する必要があるだろう。

さて交通路と郡家建物群との関係は神門郡家周辺の考古学的成果からも指摘できる。古志本郷遺跡のⅠ期遺構は7世紀末〜8世紀前葉頃と推定される（文献5）建物群で、特にそれぞれ5間以上・7間以上の長舎ＳＢ11・12はコの字形もしくはロの字形に配置された郡庁と考えられ、主軸がそれぞれ西から南・北から西に約33°振れている。郡庁のすぐ南には、東西方向に推定官道（『風土記』正西道、旧石州街道を踏襲する現道下か）が走っている。この道は西から35°前後南に振れているのだが、古志本郷遺跡の南西約2kmに位置する浅柄遺跡（出雲市知井宮町）からは、この道と同方位の7世紀前半〜8世紀の掘立柱建物群が検出されている。つまり、周囲の建物群を規制する交通路の成立は7世紀前半に遡る可能性が高く、神門郡庁（評庁）もその影響を受けて正方位から斜行して建設されたと考えられる。

さらに郡庁の建物配置だけでなく、郡庁建設地の選定もこの地域の歴史的経過に規定されるものであった。古志本郷遺跡ではⅠ期以前に前身官衙や居宅のような遺構は存在しないものの、郡庁遺構のすぐ北側の古墳時代後期の溝から長大な大刀二振、煮炊具、供膳具、手捏土器などが出土した。これらの遺物は6世紀末〜7世紀初頭に位置付けられるが、神戸川から分かれた水路状の大溝に二振の大刀が並べて置かれており、地域首長が大刀などを奉納する水辺の祭祀をおこなっていたと考えられている。つまり、まさに郡庁が建設された場所は古墳時代以来の地域首長にとっての支配拠点であり、聖域とも呼ぶべき特別な空間であった。

こういった祭祀が催行されてから約100年の後にこの地に郡（評）庁が建設されるのは偶然ではなく、古墳時代的な首長の地域支配を体現する場に、郡（評）の官人に転化した首長の新しい地域支配のモニュメントを具現化する必要があった。宗教性に依存した祭祀首長の基盤を継承しながら法（律令）にもとづく支配をおこなう政治首長へと変身を遂げていく姿をそこにみることができよう。

おわりに

本稿では郡庁域の空間構成を郡庁内・郡家内・郡家域と階層化し、特に郡庁内と郡家域を対象に構成要素やその構造について、文献史料を軸に郡庁遺構やそれ以外の考古学的成果も活用しながら検討してきた。論点は多岐に渡ったが、最後に郡庁域と地域社会の相互作用という観点からまとめておく。

まず郡庁域の設定に国内交通や国を越えた広域の交通網の成立・整備が大きく影響を与えていたといえる。一方で郡（評）成立以前の地域拠点や、交通上の要地に郡庁が建設される例も確認できた。地域社会は未曾有の巨大建造物である郡庁・関連建物群を一方的に受容したのではなく、朝廷や国の意向と地域の歴史的経過を折衷する形でそれらを地域の中で位置付けていったと評価したい。

また郡庁域は郡司など郡支配者層のためだけの場ではなかった。郡庁内を区切る門前は祭祀・儀礼の場であり、また郡家に密接に関わる神社の存在は、既存の地域信仰の郡家への取り込みや郡家導入による神格の形成を示し、地域の人々もそれらの祭儀に関与していくこととなる。また史料に残りづらいためあまり指摘されてこなかったが、視覚装置として郡庁を捉える必要もあるだろう。郡司が天皇・朝廷から地域支配を委任された存在である以上、その政務の場たる郡庁や郡庁域も、地域の人々の目にどのように映るかを意識した空間構成をとっていたと考えられる。これまで指摘してきた交通の要衝に郡家が設定されたことも、より多くの人々に郡庁の存在を視覚的に訴える効果を狙ったものと評価することも可能なのではないか。郡庁域の空間構成は、国家・国・郡といった支配者層からの観点だけでなく、被支配者層にとっていかなる意味があったかについても、今後問われていく必要があるだろう。

註

（1）Eによると郡司の待機場所として「郡院」が示されており、郡院は倉庫院・厨院と同列の院ではなく、それら諸院をさらに区画し「郡家内」区域を示す上位の院の可能性が高い。

（2）これら「郡家の門」とされる門がどの区域を区切る門なのかは問題であるが、郡庁院の門が公門として格段に位置付けられていることや、Jで郡家南門と庁庭が一連の記事として記されていることなどを踏まえると、郡庁内とその外とを区切る門と考えられる。

（3）翻刻は文献25による。

（4）一方でPのように後発的に既存の郡家に追加する形で神社が設置されることもあった。類例としては『出雲国風土記』秋鹿郡の秋鹿社が挙げられる。秋鹿郡郡名起源部分には「郡家正北、秋鹿日女命坐。」とあり、郡家に近接した郡名を冠した神の鎮座が語られる。この神を祀ったと思しき神社として同郡神社条には「秋鹿社」がみえるのだが、この社は不在神祇官社（神祇官の神社帳簿に登録されない神社）であり、同郡の神社列記の中で最末尾に記される。『出雲国風土記』の各郡の神社列記の順番は登録順という平石充氏の説（文献20）に従うと、秋鹿日女命や秋鹿社は郡内では有力な神でなかったことになる。実は秋鹿郡域は東接する島根郡域とあわせてもともと一郡（評）で、のちに秋鹿郡（評）が島根郡（評）から分立したと考えられており（文献1）、そもそも秋鹿郡の成立自体が遅れると想定される。以上のような状況から、秋鹿日女命・秋鹿社は平石氏が指摘するように平川氏の言う「内神」（文献25）の一つとして捉えられるが、既存の地域の信仰が秋鹿郡家に取り込まれたのではなく、秋鹿郡・秋鹿郡家の新立にともなう政治的な要請から発生した神格・神社であると推定される。

（5）本文書の内容や性格は沢沢和之氏が詳細に分析をおこなっており（文献26～30）、本稿もそれに負うところが大きい。本文書は前々回・前回の交替文書案をもとに、年号・国司などを今回の交替の情報に加筆・修正して成立したと考えられている。つまり本文書に記載された無実・破損は、前回の交替から今回の交替の間で発生したとは限らず、むしろそれ以前に発生していた可能性が高いことは注意を要する。

（6）新田郡に関しては「庁屋」の記載がないことが問題となる。『実録帳』作成時には「庁屋」が実在していた、もしくはこれら「長屋」のうちいずれか（北側の「長屋」か）が「庁屋」の機能を果たした可能性がある。

（7）後述するように、緑野郡では「南向屋」、山田郡では「西副屋」と方角を冠す。また多胡・緑野・山田郡では三者のいずれかが脱落している。しかし三者の順番が前後することはない。

（8）門や垣などの記載がない理由について、これらが国司の分付受領の範囲外であったためとも「屋」が門や垣を兼用する場合もあったことによるとも考えられる。また同じ『実録帳』内でも寺院や神社の項では門や垣、鳥居などの記載がみえるため、これらの不記載は諸郡官舎項特有の問題の可能性もある。

（9）方角・距離の厳密な基準点は記されていないが、郡家の中心施設たる郡庁と考えるのが穏当であろう。なお、『風土記』ではⅠ章で述べた郡庁に関わる社以外の郡庁内・郡家内建物についての記載はみられない。

（10）旧黒田駅推定地にほど近い松江市山代町小無田遺跡では、細長い掘立柱建物が複数並列する遺構が検出されており、厩舎遺構の可能性が指摘されている（文献4）。

（11）なお、荒井秀規氏は「正西」を生かす形で解釈を試みている（文献1・2）。

（12）『風土記』最善写本である細川家本には「田部臣」とあり、また郡末の大原郡郡司の列記に「額部臣」とあるが、いずれも「額田部臣」の誤写と推定される。

（13）『風土記』最善写本である細川家本には「勝部君」とあり、また郡末の大原郡郡司の列記に「勝臣」とあるが、本来はいずれも「勝部臣」であったと推定される。

（14）『風土記』の時代の「正南道」に先行するプレ正南道ともいうべき官道が推定される。ただし『風土記』正南道に関わる遺跡は未発見であり、このルートも推定路の1つに過ぎない。

（15）これまで「神門郡家」→「河」という記載順から川の右岸に郡家が想定されてきたが、河ではなく郡家から「国西堺」への距離が記されることから川の左岸に郡家が所在したとする説（文献18）が提示され、それを証するように、神戸川左岸の古志本郷遺跡から郡庁遺構が検出されている。

（16）『風土記』によると、出雲国においては駅路が通過しかつ駅家のある意宇郡・神門郡（島根郡千酌駅は隠岐国への渡であり除く）には郡家に附属する駅家（黒田駅・狭結駅）があり、これらはほかの郡家附属でない駅家（野城・宍道・多伎駅）よりも古い様相を持つ可能性が指摘されている（文献24）。郡制・駅制の成立以前において、評家が持つ交通機能に依存し評家間を結ぶ形で交通路が形成されたことがうかがえる。

参考文献

1　荒井秀規「領域区画としての国・評（郡）・里（郷）の成立」『古代地方行政単位の成立と在地社会』奈良文化財研究所、2009。

2　荒井秀規「出雲国大原郡家（評家）の移遷」『出雲古代史研究』24、出雲古代史研究会、2014。

3 出浦崇「「上野国交替実録帳」と上野国における郡家の実態」『考古学ジャーナル』692、ニュー・サイエンス社、2016。
4 内田律雄「山陰道―出雲国―」舘野和己・出田和久編『日本古代の交通・交流・情報3 遺跡と技術』吉川弘文館、2016。
5 雲南市教育委員会『郡垣遺跡Ⅲ 旧大原郡家等範囲確認調査報告書1』2014。
6 太田市教育委員会『天良七堂遺跡 上野国新田郡庁跡の範囲確認調査3』2012。
7 大橋泰夫「国府成立と出雲国の形成」島根県古代文化センター編『出雲国形成と国府成立の研究 ―古代山陰地域の土器様相と領域性―』2010。
8 大橋泰夫『出雲国誕生』吉川弘文館、2016。
9 門井直哉「律令時代の郡家立地に関する一考察」『史林』83-1、史学研究会、2000。
10 群馬県『群馬県史 資料編4 原始古代4』1985。
11 小宮俊久「関東、東北における長舎と官衙」『第17回古代官衙・集落研究会報告書 長舎と官衙の建物配置』奈良文化財研究所、2014。
12 佐藤信『古代の地方官衙と社会』山川出版社、2007。
13 志賀崇「郡衙の移転と地域支配」『考古学ジャーナル』692、ニュー・サイエンス社、2016。
14 島根県教育委員会『古志本郷遺跡Ⅴ 出雲国神門郡家関連遺跡の調査』2003。
15 島根県古代文化センター編『出雲国府周辺の復元研究―古代八雲立つ風土記の丘復元の記録―』2009。
16 島根県古代文化センター編『解説 出雲国風土記』2014。
17 昌子寛光「中西遺跡」松江市史編集委員会編『松江市史 史料編2 考古資料』松江市、2012。
18 関和彦「神門郡条」『『出雲国風土記』註論』明石書店、2006。
19 関和彦「出雲国大原郡に見る古代の地域像」『古代出雲の深層と時空』同成社、2014、初出1999。
20 平石充「出雲国の社・神社と郡・郷・里・村」『出雲国風土記の研究Ⅲ 神門水海北辺の研究（論考編）』島根県古代文化センター、2007。
21 平石充「出雲国風土記と国府の成立」『古代文化』63－4、古代学協会、2012。
22 平石充「旧大原郡家の方位里程と郡家の移転について」（文献5所収）。
23 平石充「出雲の部民制・国造制」『歴史評論』786、歴史科学協議会、2015。
24 平石充「出雲国風土記からみる出雲国府の景観」鈴木靖民・荒木敏夫・川尻秋生編『日本古代の道路と景観―駅家・官衙・寺―』八木書店、2017。
25 平川南「古代の内神」『古代地方木簡の研究』吉川弘文館、2003、初出1992。
26 前沢和之「「上野国交替実録帳」郡衙項についての覚書」『群馬県史研究』7、群馬県史編さん委員会事務局、1978。
27 前沢和之「「上野国交替実録帳」にみる地方政治」『群馬県史 通史編2 原始古代2』群馬県、1991。
28 前沢和之「「上野国交替実録帳」にみる国と郡―郡官舎の管理を通して―」『ぐんま史料研究』7、群馬県立文書館、1996。
29 前沢和之「「上野国交替実録帳」研究小論―関口功一氏「「上野国交替実録帳」諸郡官舎項の再検討」に触れて―」『群馬文化』268、群馬県地域文化研究協議会、2001。
30 前沢和之「「上野国交替実録帳」諸郡官舎項再考―郡家の景観を中心に―」『国史学』198、国史学会、2009。
31 森公章「評制と交通制度」『地方木簡と郡家の機構』同成社、2009、初出2007。
32 山下信一郎「文献からみた古代官衙の門の機能」『第13回古代官衙・集落研究会報告書 官衙と門』奈良文化財研究所、2010。
33 山中敏史「郡庁の構造と機能」『古代地方官衙遺跡の研究』塙書房、1994。

図表出典

図1・2・4：著者作成。
図3： 文献22を一部改変。
表1： 文献11。

史料出典

1 『日本書紀』・『万葉集』：日本古典文学大系。
2 『続日本紀』：新日本古典文学大系。
3 『続日本後紀』・『令集解』・『類聚三代格』・『日本三代実録』：新訂増補国史大系。
4 『朝野群載』：佐藤信監修・朝野群載研究会編『朝野群載 巻二十二 校訂と注釈』吉川弘文館、2015。
5 律・令：日本思想大系。
6 『常陸国風土記』・『出雲国風土記』：沖森卓也・佐藤信・矢嶋泉編『風土記 常陸国・出雲国・播磨国・豊後国・肥前国』山川出版社、2016。
7 「土佐国風土記逸文」：新編日本古典文学全集。

II 討議

【司会】　では、討論に入りたいと思います。

討論は、報告者の皆さんに加えて、奈良大学の坂井先生に司会をお願いいたしまして、進めてまいりたいと思います。坂井先生、お願いします。

【坂井】　それでは、7件の報告を受けて、これから討論を進めたいと思います。

司会は、私、奈良大学の坂井が担当いたします。それから、隣におられます馬場さんにも適宜助けてもらって進めたいと思います。

それで、今回のこの研究集会は、郡庁域の空間構成というテーマでやっていますが、今回の企画は奈良文化財研究所の海野さんが中心となって、郡庁の検討をしようということで、あらかじめ3つの論点を報告者にも意識をしてもらって、図面の作成・報告をしていただきました。

その3つとは、まず1点が政庁域、郡庁として比定した根拠と方法であります。建物配置などを考えての位置が第1点であります。それから第2点は、時代的変遷からみた郡庁の位置付けや荘厳化、その方法の変化で、郡庁内の変化・変遷ということになります。それから、3点目といたしましては、各地域における国の中、1つの郡に限らず広域に見た視点で、郡庁における変遷との関係。この3つの論点があらかじめ提示されております。

各報告者は、この観点に従ってご報告いただいたところでありますが、今回、私、久々にこういう話を聞いて、幾つか新しい発見といいますか、報告の中で目新しいことがありました。皆さんの発表の中で出てきていましたが、郡衙、それから官衙の研究をしてきた山中敏史さんは、その特徴を整理されておりますが、国庁と郡庁では必ずしも同じではないということ。今回の正殿のあり方ですとか、遮蔽施設のあり方に違いがありましたけれども、まず、遺跡の報告をしていただいた方々から、この政庁域として比定した根拠について、どういう建物構成のものをそう考えたか。改めて整理していただいて、それとともに、もっとも古い、ある面では定型化した郡庁がいつ成立しているのかについて、一通りお話しいただければと思います。

では、発表順で九州のほうからいきたいと思います。よろしくお願いします。

【西垣】　それでは、まず、郡庁と判断したその根拠ですけれども、私が基準にしましたのは、山中先生が奈文研から出されている『古代の官衙遺跡』(奈良文化財研究所『古代の官衙遺跡Ⅱ』2004)の中で示されている各項目について、当然のこととして考えてはいたんですけれども、その中でも特に私が重視したところは、遮蔽施設をもって内部に空間をつくって、外からは隔離された1つの神聖な場としての儀礼空間を持つというのを重要なポイントとして考えております。

それぞれ、定型化した政庁の一番古い段階はどこになるかということですけれども、私が調査を担当した阿恵遺跡で考えますと、昨日の発表の中で、1期、2期、3期というふうに変遷をお示ししましたけれども、その中で、2期の長舎囲いになる政庁(55頁図6・7)ですね。それが一番古い時期のものだと思います。これですね。1期は一番古い、政庁になる前の段階(53頁図5)ですが、その後に、長舎で周囲を囲って、中に内部の空間をつくり出す。

阿恵遺跡のほかにも、例えば、福岡市の有田遺跡(62頁図15)も長舎囲いで、中にそういうものを持っているという構造になります。それが、7世紀の末〜8世紀の初めにかけてになります。阿恵遺跡も同じ時期です。福岡県の小郡遺跡(66頁図18)、これも長舎を連結させて内と外を区別して、内部に正殿と空間を持つというようなものです。

あとは、小郡市の上岩田遺跡(65頁図17)というのがあります。これは、通常の評の役所というのとはちょっと性格が異なるかなと。国家的な関与が大きく認められている遺跡ですので、ひとくくりにはできないなとは思うんですけれども、上岩田遺跡におきましても、7世紀の第4四半期、筑紫地震以降、建物で囲って内部に空間を持つという段階が出てきます。それ以前は、中心的な建物はあるんですけれども、並列の配置になっていて、はっきりした儀礼空間というのは明確ではありませんでしたが、7世紀の終わりぐらいになると、内部の儀礼空間が出てくるというところです。

さらに、大分の城原・里遺跡においても、7世紀の第4四半期あたりに建物を連結して長舎囲いの構造というのが成立してきますので、7世紀末〜8世紀初めの頃の長舎囲いあるいは普通の建物を連結するような政庁が一番古い段階のものかなと思います。

【坂井】　ありがとうございます。確認ですが、今、郡庁と認定したものについては、長舎で囲いをつくるというのを根拠にしたということですか。

【西垣】　そうですね。一番古くなる段階では、全部そのタイプになってくるというのが九州の特徴かなと思います。

【坂井】　はい、ありがとうございました。

　次に、雨森さんお願いいたします。

【雨森】　郡庁と認定した根拠は、やはり、郡衙遺跡の中でもっとも大きな建物を持つところで、先ほども言われた長舎、または柵などで、空間をつくり出すということです。機能の面から言うと、儀式とかそういったことをおこなうための空間をつくることを抽出の条件と考えて見ていきました。

　初期の段階といいますと、やはり岡遺跡 (91頁図5) をはじめとしまして、宮尾遺跡 (103頁図15) であるとか、万代寺遺跡 (100頁図12) であるとか、郡垣遺跡 (101頁図14) であるとか、長舎を配して空間をつくり出すことが認められるということで、その後になると、またちょっと状況が変わってくるというようなことがあると思われます。

　この岡遺跡、一番最初の段階は、長舎をL字形に囲っているというところで、一応、これで空間ができるかどうかというところかなと思います。これが、岡遺跡では最初の状況です。

【坂井】　ありがとうございます。そうすると、岡遺跡ではL字形の状態で、郡庁、政庁が成立しているということでよろしいでしょうか。

【雨森】　2棟あって、その中に空間を作れなくはないとは思います。完全に閉鎖された空間であるかどうかと言われると、ちょっとつらいところなんですけれども、一応そのようには考えています。

【坂井】　これは、遺構の調査の結果の検討で、やっぱりそれはL字形のものと、反対側の逆L字形のものが、どう見ても併存はしないということでしょうか。

【雨森】　そうですね。岡遺跡は遺構検出後、保存のため掘り下げていないので、実は何とも言えないというのが正直なところですけれども、L字形を構成するＳＢ06、ＳＢ14のみ建て替えがあることで、編年的にはそうなっていて、そういう意味ではちょっと過渡期的なところ、成立の段階で、後にロの字形になっていったということだけなのかもしれないです。その辺、ちょっと弱いところかなとは思います。

【坂井】　わかりました。長舎で囲むという定義からすると、次の段階になってしまうということですか。

【雨森】　はい、そうです。

【坂井】　はい、わかりました。

　それでは次、田中さんお願いします。田中さんは、弥勒寺東遺跡を主に話をされましたが、東海でほかの事例でも、例えば四日市の久留倍官衙遺跡だとか、そういう事例もあわせて何かコメントができれば、よろしくお願いします。

【田中】　まず、どうして郡庁と認定したかという点ですが、弥勒寺東遺跡 (107頁図1) の場合は、これを郡庁じゃないと、初めから誰もが疑わない。逆に言うと、武儀郡の郡庁だと主張しても誰も反対しないのは、どういう要素が整っているからかという考え方をしていったほうがいいのかなと思います。調査が始まった頃、この図面を見せると、これ、どこの国庁ですかと聞かれました。そういう意味では、なぜ郡の役所なのかということが、問題になってくると思います。弥勒寺東遺跡は限られた範囲の中にコンパクトに郡衙の全ての機能が凝集していて、すぐそばに祭祀の跡もあるという場所であり、やはり一番大きな決め手は、武儀郡を治めていたムゲツ氏の氏寺である弥勒寺跡のすぐ東側に位置しているということです。

　それから、武儀郡全体を治めるにあたって、武儀郡を背骨のように貫く長良川流域の一番南端にあたる場所でありまして、壬申の乱でももちろん、兵士たちは長良川を使って不破の道を目指したわけですが、そういう交通の要衝、あるいは郡を治めるために物資を速やかに集中できる場所であるということだろうと思います。これは、後からつけた理屈です。

　そう考えますと、正倉がセットであるということも、1つの決め手になると思います。正倉や関連する施設がない遺跡の場合など、外側に決め手がない場合は、決め手に欠けるというようなことなんだろうけれども、そういう意味では、狐塚遺跡 (118頁図13) の場合は、正倉とセットになっているということがありますし、久留倍官衙遺跡についても正倉をともなうということが決め手であるということができると思います。しかし、久留倍官衙遺跡に関して言えば、郡家なのか意見が分かれていて、さらに、Ⅰ期、Ⅱ期、Ⅲ期という変遷の中で、Ⅰ期は朝明郡家であるとか、Ⅱ期は頓宮であるというふうに、変遷ごとに遺跡の性格が異なる想定をされるというような状況です。

　中部全体を見渡して、そういうことについて何か抽出できるかというと、私の力不足もありますけれど

も、今のところ事例に乏しく難しいのが現状です。

【坂井】　ありがとうございました。郡庁の認定には、国の施設か郡の施設かという問題があり、正倉がともなっていれば、これは郡の施設だということも大きいということですね。

そうしたら、関東の栗田さん、お願いいたします。

【栗田】　改めまして、今日はありがとうございました。

私が、発表の最後にお話しさせていただきましたように、8世紀以降の郡段階での郡庁が私のほうの橘樹官衙遺跡群では見つかっておりませんので、何とも言えないところですが、関東地方で集成させていただいた郡庁の特徴から見ても、今までお話ししていただいたことと同じですが、郡庁としての比定の根拠は、共通の特徴とともに、やはり正倉であるとか、寺院であるとか、そういった関連施設との関係性が、比定の根拠としては非常に重要だと考えております。

また、広場の設置というのも非常に重要だと考えており、関東地方でみた郡庁は当然広場を持っておりますけれども、広場を塀であるとか、長舎で囲むかどうかというのには、さまざまなバリエーションがあり、当時の人々と今の我々がみても、その空間は何かしら遮蔽しており、区切られた空間だと感じられる施設が存在することが根拠になると考えております。

あと、関東地方で定型化したもっとも古い郡庁、あるいは評段階の役所の跡ではないかと言われている、例えば群馬県太田市の新田郡家（上野国新田郡家跡）（149頁図8）や東京都北区の豊島郡家（御殿前遺跡）（151頁図11・12）の中にある7世紀後半頃の区画された空間の存在が、郡庁としてのもっとも古い部類に入るものと考えております。

私の発表の際も、若干お話しさせていただきましたが、橘樹官衙遺跡群の橘樹郡衙に隣接する影向寺で発見された古代寺院の下層にある長舎で囲われた施設も、評段階の役所の跡ではないかと考えておりまして、長舎で囲むような施設が関東地方では、もっとも古い定型化した郡庁の施設ではないかというふうに考えております。以上でございます。

【坂井】　ありがとうございます。

続きまして、藤木さんのほうから東北をお願いいたします。

【藤木】　私の取り上げた遺跡は、郡衙かどうかというところがあるものも含めてですが、郡庁というふうに過去に指摘されているものを取り上げたというのが、正直なところなんです。ただその中で、『上野国交替実録帳』にありますように、郡衙の基本的な構成が、正倉・郡庁・館・厨という構成になることをふまえて、まずはその遺跡が郡衙なのかどうかというところが問題になると思うんです。それが考え方の出発点だと思うんです。

その中で中枢になるような建物群ということで、郡庁に認定するということになるんですが、その中で、最初にお話ししましたように、泉官衙遺跡（158頁図3）は長舎を四辺に配置して、真ん中には正殿を置くという点が『上野国交替実録帳』にもみえる新田郡庁と同じ構造を持ちますので、そういった意味では、郡庁の1つの、非常に認定しやすい典型例かなというふうに思います。

それから、根岸官衙遺跡（163頁図7）ですね。これは磐城郡衙なんですが、基本的には正殿を中心としまして、東西に脇殿を配置するという点が共通するのと、正倉・郡庁という構成であるという点と、それから、泉官衙遺跡と同様なコの字型配置というか、そういったものを取り入れていることで、磐城郡庁と認定していいのかなと思います。

それから、栄町遺跡（166頁図9）ですね。石瀬郡衙については、正倉とかはわかっていないんですけれども、関東とか西日本も含めたほかの郡庁と認定されている遺跡と、建物群と長舎囲いの構造ですとか、長舎が連結するというような構造とか、さらに、そういった施設が正方位に変わるとしても、同じ場所で中枢的な大きな建物が変遷するという点が共通することから、栄町遺跡の場合は郡庁に認定したということになります。

1つ問題になるのは関和久上町遺跡（170頁図14）です。この遺跡は、正倉とおそらく館ではないかと認定されている関和久官衙遺跡の500mぐらい東側にある遺跡なんですね。なので、今日の発表の冒頭であったように、正倉とか館とかが見つかってくれば消去法的に郡庁と判断するというふうな考え方というのが1つの根拠としてありまして、さらに廂付きの建物がある程度計画的に配置されているということが、もう1つの根拠になって、関和久上町遺跡については、郡庁とみる説があるということになります。

これについては、先ほども申し上げたとおり、まだはっきりと郡庁だと決定するところまでいってないと

いうことなんです。郡庁としては、通常の例に比べ区画の規模が非常に大きいという点と、瓦葺という点が、『古代の官衙遺跡』であげられている郡庁の特徴から外れていますので、そういったものを郡庁と位置付けていいのかというところが、問題になるのかなと思います。

あと、三十三間堂官衙遺跡（172頁図16）も正倉をともなうので郡庁に認定されていますが、これは陸奥南部の例です。それ以外に申し上げたのは、陸奥北部の例ですね。問題になるのは、名生館官衙遺跡と東山官衙遺跡、陸奥の北部にあたる遺跡なんですが、これは、先ほど久留倍官衙遺跡なんかも時期によって使い方が違うというような報告もありましたが、名生館官衙遺跡（177頁図21）についても、大きく3時期ぐらい政庁が違う場所でつくられているというのがあります。まず、Ⅲ期は長舎を連結するような形の郡庁で、これが、政庁、郡庁というか政庁ですね。そういうものでありますけれども、瓦葺だということがわかっています。

ですので、建物配置としては、名生館官衙遺跡Ⅲ期の郡庁は、例えば、広島の三次郡衙に比定される下本谷遺跡（109頁図15）とよく似ている。それから、Ⅴ期になってからの回廊囲いのものは、武蔵国の豊島郡衙（御殿前遺跡）ですとか神野向遺跡（146頁図5）とか、そういったものと共通するという点から、郡衙なんではないかというふうには言われています。

ただし、例えば『続日本紀』の和銅6年（713）に「新たに陸奥国丹取郡を建つ」という、建郡の記事があって、『続日本紀』神亀5年（728）の4月の段階に、「丹取軍団を改めて玉造軍団と為す」という記事があります。この名生館官衙遺跡は、「玉厨」という墨書土器も出ているので、この文献に出てくる玉造郡の郡衙という指摘があるということですね。それから、『続日本紀』の天平9年（737）に多賀柵ですとか、玉作柵という城柵ができているという記事があるんですね。

ですので、まず丹取郡の郡衙が当初の名生館官衙遺跡であり、続いて玉作柵兼玉造郡衙となり、それが、ある時期に玉造郡衙だけになるんですね。そういった変遷があるということも指摘があります。なので、ずっとそれが郡衙とか、郡庁ということで変遷したとは限らなくて、一時的に城柵的なものになっている可能性が指摘されております。

それから、もう1つ東山官衙遺跡ですね。東山官衙遺跡は、181頁図25に変遷が出ていると思いますが、政庁の特に左のほうで瓦が出ます。ただ、その瓦はⅡ期の政庁にともなうものではなくて、正殿の柱掘方から瓦が出るので、正殿よりも古い時期に瓦葺の建物があって、それがⅠ期と推定されています。その後、Ⅱ期以降に品字形の配置の政庁が出てくるということが言われています。

先ほど言った天平9年の段階に幾つか城柵が置かれるんですが、そのうちの1つが東山官衙遺跡のⅠ期と言われております。瓦葺のⅠ期ですね。その段階では、城柵として設置されている。それがⅡ期以降に、賀美郡衙になるということなんですが、Ⅱ期以降の政庁にともなって、賀美郡衙に正倉域が広がりますので、村田晃一さんや先学の研究者の中では、正倉等が政庁にともなうという構成は郡衙に近い、郡衙の特徴だとされています。ただ郡衙との相違点として、外郭にその官衙遺跡全体を区画する築地塀が出ていまして、そういったものは通常の郡衙にともなわないので、城柵的な要素も備えているということで、この遺跡は城柵兼郡衙と言われています。ただいずれにしても、東山官衙遺跡の中で中枢となっているものですので、郡庁の機能も持つということが言えるかなと考えています。以上です。

【坂井】　ありがとうございました。

東北は、城柵が設置されてない南側と設置された北側で、ちょっと違いがあるということでした。

今まで5人の方から遺構についての考え方をご説明いただきましたが、文献のほうからそれについて、何かコメントすることなどがあればお願いします。

【吉松】　文献全体というより、出雲の場合はやはり『出雲国風土記』があるということがとても大きいと思います。ほかの国々だとそういった遺構が出ても、そこが郡家があった場所なのかということは、いろんな庁の遺構の類例などから推定して判断することになるのですけれども、出雲の場合は『出雲国風土記』に郡家を起点に郡内の山や寺などの距離が出てくるので、逆に現在も所在する山や発見された寺跡などから郡家の位置が推定できるということが大きいです。実際にその推定と重なる場所に、古志本郷遺跡のような郡庁遺構が出てくるということもあります。よって、『出雲国風土記』や『常陸国風土記』などの文献の示す郡家の位置と遺構とがうまく合致したところを確実に郡庁だと押さえた上で、それと類似した遺

構が出ているところはどうか、という視点もあってもいいのではないかと思いました。

【坂井】　ありがとうございました。

　出雲国は、大変まれな風土記という史料があって、我々が知りたいことがよく書いてある史料ですので、いろんなことがわかるわけです。

　今、考古と文献のほうから、この点について、いろいろご意見を伺いましたが、建築のほうから、海野さんはこの論点を立てられたわけでありますが、今まで一通り聞かれて、コメントですとか建築のほうからの考え方を伺えればと思います。

【海野】　奈文研の海野です。建築のほうからと言われましても、なかなか上物の話というより、まずは建物配置の問題になるかと思います。特に、藤木さんが、建物配置の設計のお話をされましたが、やはり我々建築の側からみたときに、1つ気になってくるのは、実際に発掘をされた国庁等に比べますと、どうしても、郡庁のレベルのものというのは、いわゆる施工精度、あるいは長方形にきっちりつくっていないとか、そういったところの問題点が出てくると思います。そういった精度の違いというのが、実際、その在地性を示すものか。あるいは、日常的なものかというところの違いがみえてこないとか。それとともに、そういった精度の違いがある中で、ある程度の設計をとにかく見出してよいのか、それとも、それは後づけと言ったら失礼ですけれども、そういった、普請の後の時代の分析という中で出てくるものなのかというのが、どちらなのかというのが、ちょっと疑問として出てきたところです。

【坂井】　それで、何か確認したい点はありますか。

【海野】　確認したい点というのは、今のところ特にはありません。ただ、長舎で囲むというのは九州のほうではやはり強い話だというのが、まず出されました。それに対して、雨森さんのところからは囲っていないという話が出てきて、各地に共通して、やはり庭と言われる空間というのが必要だということは、ある程度、核としているのかなと思うんですけれど、では果たしてどこまで囲ったら空間になるのかというのがやはり、私としては非常に気になる点です。雨森さんの、2辺で囲ったことにより空間になるとか、あるいは、文献のほうで公門という話が出されたと思うんですけれど、郡衙内の区画を示す大切な点かなと思いますので、そういったところで雨森さん、あるいは吉松さんのあたりから、区画をする、あるいはその境界を示すというのは、どの程度の認識のものなのかというところを、ちょっと伺えればと思います。

【坂井】　お願いいたします。

【雨森】　厳密に空間をつくり出すということは、長舎なりで囲って、例えば、この宮尾遺跡のような長舎間も柵で囲ってしまうという、厳密に閉鎖された部分が、空間かなとは思うのですけれども、この岡遺跡のL字のような2辺で囲った部分でも、空間として成立し得るのかどうか。1棟ではなかなか難しいと思うんですけれど、2棟あれば、一応そういう場所はつくり出せるかな。外からは非常にオープンですけれど、場所はつくり出されるかな、とは思っています。

【坂井】　吉松さん、お願いします。

【吉松】　文献のほうでは、区画については「垣」と史料では出てきます。私の資料でいうと史料K（205頁）の衛禁律に「郡垣」とあります。ただ実際に、その「郡垣」が郡庁院を取り囲む区画施設なのか、それとも正倉や館まで含めた私がいう「郡家内」区域を囲む垣なのかは、こういった史料から判別するのは非常に難しい。

　それに対し、門に関しては史料G（204頁）で「郡庁院は公門と為す」とあるように、これは確実に郡庁を取り囲む区画があって、そこにはある門は公門であると言っていますので、郡庁にはしっかりと遮蔽する施設や門があるべきだという意識があったことはわかります。ただ、あくまでもこれは律令解釈の問題で、この条文や注釈があるからといって、古記がつくられた天平期に全国の郡庁で必ず垣や門があったことを示すかと言われると、やはりそれは疑問であって、あくまで法律の解釈論だということは気をつけなければいけないと思います。

【坂井】　ありがとうございました。

　一応、これまでのところをまとめておきますと、長舎や遮蔽施設で空間を囲んでいることが重要な政庁に比定する根拠と考えられる。これについては、岡遺跡のL字のものが課題としてありますけれども、ほかのものは、おおよそ長舎で囲うとか、もしくは遮蔽施設で囲む。ただし、幾つかの事例で指摘されましたけれども、長舎だけで完全に壁ができて遮蔽されているわけではない。建物間に隙間といいますか、間に入り込む空間はあるということだろうと思います。

次に、今回、こういう整理をしていくと、正殿として独立した建物がないというのが、郡庁のなかにはあるんですね。全てのものについて郡庁の正殿が独立しているわけではない。これは長舎で、海野さんは辺殿という言葉を使われましたが、北の辺殿が正殿としての役割を代替するというような考え方も成り立つわけで、これまでもそう理解されてきたと思いますが、それとは別に正殿が独立しているかどうかということは、結構大きな意味ではないかというふうなことを指摘されました。

海野さん、ある程度見通しのようなことを述べられたと思うんですが、改めてその正殿が独立した施設として存在するということ、それが郡庁でみられる特徴だということについては、どう理解したらいいかについて、コメントいただければと思います。

【海野】はい。正殿の有無については、建物を比較した場合に、その空間、囲まれたものの中で、優位性のある建物が存在するのかしないのかというところに、大きな違いがあるのではないかと思います。

長舎型というのが、いわゆる初期郡庁、あるいは評家段階のものを考えるときに、特徴として出てくるのではないかと。それに対して、いわゆる国庁、あるいは田中さんがおっしゃったように、これは郡庁とみなさざるを得ないというようなものに対しては、基本的には正殿が存在して、脇殿が存在してと、明文化はできないにせよ、ある程度皆さんの共通認識を得られやすい何らかの形というのが存在するかと思います。

その違いというのが、実際に7世紀段階のころの律令国家の成立期、あるいは過渡期のものなのか、それともある程度それが進行する過程で優位性を持った建物と、端的に言えば、郡家層による支配関係というのが浸透してくる時期なのかといったところに関連付けて考えられるんじゃないかというところで、疑問を投げる一手として正殿の有無というのを入れさせていただきました。

【坂井】ありがとうございます。郡庁の特徴が、その国庁との比較において、特に古い時期にみられるわけでありますが、郡の持っている性質、国の行政組織との違いからすると、どんなことが評価としてできるのか。これは、文献からはどんな評価をしたらよろしいでしょうか。吉松さん、お願いします。

【吉松】難しい問題だと思いますが、その回答とはちょっと違うかもしれませんが、山中敏史さんからいただいた質問があります。『上野国交替実録帳』の新田郡は「庁屋」といったものが書いておらず、長屋がおそらく4つあり、別に公文屋と厨があると書かれています。小宮俊久さんは庁屋を長屋で囲まれた真ん中に推定し、これを正殿のように比定されていて、庁屋が実録帳に書いてないということは、『実録帳』の段階で庁屋は実在していた可能性を考えておられると思います。ただ一方で、私は正殿にあたる庁屋がそもそもない郡であったという可能性もまだ残されているのではないかなと考えています。一方、山中さんからは、『実録帳』にある公文屋が正殿にあたるのではないかというようなご指摘をいただきました。

その可能性もあるとは思うのですけれども、私はやはり明確に庁屋と公文屋は区別されていたのではないかと考えています（207頁表1）。例えば那波郡は「郡庁壹宇」が見出しのように書かれ、その後に向屋、公文屋、副屋が記される。吾妻郡も「郡庁屋壹宇」とあって、次行に東屋や公文屋が壹宇とあって、これらの郡ではあきらかに郡庁と公文屋が記載上併存している。実際には『実録帳』当時、実在しないですけれど、併存していたと認識されているわけで、やはり公文屋と庁屋とはおそらく機能が違っていて、公文屋を正殿と捉えるのは難しいのではないかなと考えます。

ご質問の回答になっているかわかりませんが、よろしいでしょうか。

【坂井】ありがとうございます。今の質問に対する答えで何か確認しておくことは、よろしいですか。はい、わかりました。ありがとうございます。

郡司は、言うまでもなく在地の豪族が任命されているわけですので、在地での支配関係が大変重要で、そこが律令国家にとっては、期待されたところであるわけですので、初期の郡庁がこういった辺殿とか、独立した正殿を持たないということについては、大変興味深い、考古学的な事実だろうというふうに思います。

辺殿となると、長舎の建物をそれに代用している。それが重要な意味を持っているということなんですが、以前の研究集会では、長舎の課題を取り上げましたが、これについてその成果とあわせて何かコメントを。小田さん、お願いできますか。

【小田】奈文研の小田です。3回前の研究集会で、長舎について取り上げましたけれども（奈良文化財研究所『長舎と官衙の建物配置』2014）、その際に、この初期の

郡庁というかその建物配置を考えたときに、やはり長舎が最初に出てくるということです。たしか九州の長さんがお話しされたと思いますが、囲むという段階の前に、まずは長舎があってそれに短い短舎が付くという段階がある。さらに、もともとを言うと、1棟の長舎が間仕切などで機能分化をしてきて、それがさらに建物として分かれてきたのではないかという、そういう建物の機能分化の過程というのがみられるのではないかと。その延長線上に、長舎を多用する建物配置というものがあるのではないかというお話であったかと思います。

　私も少しコメントいたしましたが、それが都とか宮内での、例えば石神遺跡ですとか、そういうところで口の字形に囲む建物配置というものが出てきて、そういうのが今回、問題になっておりますようないわゆる初期の口の字形の建物配置を持つものに影響を与えているのではないかという話であったかと思います。ご参考にしていただければと思います。

【坂井】　ありがとうございます。急に振りまして申し訳ありません。

　そこで何がおこなわれていたのか。儀礼とか政務がおこなわれていたとよく言いますけれども、考古学的な遺物、遺構から断定はなかなか難しいでしょうけれども、遺物からそれが推定される事例も幾つかあったと思います。

　田中さんのほうから円面硯がまとまって出ているという話がありましたが、その時期ですとか出土状況、それと円面硯以外の転用硯のあり方とか、そういうことでちょっとコメントをいただければと思います。

【田中】　弥勒寺東遺跡で出土している円面硯、いわゆる定型硯ですね。今のところ29点、数えております。そのうちの20点近くの18点までが郡庁から出ているという格好になります。

　円面硯はかなり広範囲に、正倉にあるものと接合したり、あるいは館・厨区域といったところにあるものと接合したりという具合に結構動いていて、出土地点から一概にそこで集中的にそれが用いられていたとしてしまうのは、ちょっと危ないかなというふうには思います。しかし、円面硯が集中的に出るということは、やはりここでそれが必要であったということを一定程度示しているんだろうと思います。

　ただし、転用硯に関して言いますと、ものすごくたくさん出てきています。まさに実務に用いられるのは転用硯が主であって、円面硯は権威を示す、そういう道具である。完全な形で出てくる事例が少ないので確実なことは言えませんが、印象としては、円面硯はあまり使い込まれていない。逆に、転用硯になりますと、高台の内側が高台の縁まで全面に真っ黒であったりします。それから、朱墨を用いられた転用硯も結構あります。表と裏で朱墨と普通の黒い墨とを使い分けている転用硯であるとか、非常に役人の営みを感じることができるのが転用硯なんですけれども、転用硯に関して言えば、先ほど打ち合わせの席でも小田さんに数を尋ねられましたので、ちょっと昼休み中に勘定してみました。弥勒寺東遺跡の報告書は、1と2と3とあります。今日は、2と3を持参しなかったので数えられなかったんですけれども、ここに紹介した430点余りの土器のうち、90点が転用硯、用途がわかるものとして「転用硯」、あるいは「転用硯か」としているものです。これほどさように転用硯がたくさん出るんです。そういう意味からすると、やはり郡庁院では、円面硯は象徴的な用いられ方をしていたんだろうと思います。これはたまたまかもしれませんが、その区域の性格をあらわす出土の仕方を弥勒寺東遺跡の場合はうまく抽出できたと考えております。

【坂井】　ありがとうございます。確認ですが、円面硯はやっぱり政庁付近にある程度集中するということですね。

【田中】　そうですね。

【坂井】　ということは、円面硯はそこにいた位の高い人が使う。一般の人は転用硯を使って事務作業をしていると、そういうことが確認できるということですが、そのほかに、壇上におられる方でこういうものがあるとかいうようなことはありませんでしょうか。西垣さん、お願いします。

【西垣】　私が調査しました阿恵遺跡の政庁から出ていますのは、円面硯は2点だけあります。転用硯はちょっと数はわかりません。覚えてないんですけれども、転用硯は円面硯よりも多く出てきますので、そういった郡庁の様相を示していたと思います。

　それと、新羅土器の破片が1点出てきておりますので、そういった搬入品、貴重品も、政庁のほうから出てきています。そのようなことです。

【坂井】　ありがとうございました。ほかにいかがでしょうか。やっぱり硯ぐらいしかないですかね。考古

学的な資料としては。

田中さんのご報告では、一番最後の時期に廃棄土坑があったということなんですが、廃棄土坑にもいろいろなものがある。下野国府跡でしたかね、木簡の削りくずなんかが入ったものがあったと思うのですが、郡庁でそういうものはないでしょうか。郡庁のそばで、そういった廃棄土坑、田中さんが指摘された以外のものはありませんでしょうか。はっきりとしたものはないでしょうか。

はい。わかりました、ないですね。そうすると、なかなか考古資料からは、どういったその役割を果たしていたかということについては迫ることができないというようなところで。一般的に郡庁は、どんなことをしていたかということについては、どんな説明をされるんでしょうか。馬場さん、何かコメントを。

【馬場】一般的には、どんなことをしていたかわからないですね。今回、吉松さんの報告でありました史料Ⅰ(204頁)が、おそらく、この国庁に近い郡庁の使い方じゃないかなと思います。庁前で挙哀したという状況ですね。これは、要は、広場に立っておそらく郡庁に向かって泣き悲しむということで、こういうやり方としては国庁と同じ使い方になります。ですので、これをみますと少なくとも8世紀の最終段階では、郡庁、もしくは郡庁に記載されるのは、もう完全に国庁のやり方を郡庁でもやり始めている、来ているという様子が読み取れると思います。となると、7世紀段階はどうなんでしょうかというのを、改めて大きな課題だなと思っています。

【坂井】元日朝賀はどうでしょうか。郡司は元日は国庁に行きますよね。郡庁に戻ってきて朝賀をやるようなことはないんでしょうかね。

【馬場】この阿恵遺跡の資料をみていると、そういう使い方をしているのを感じられますね。だから元日はまず、朝は郡司がぞろぞろ行って、そこでひと集まりすると戻ってくる。ちょうどうちで言うと、所長が東京で辞令をもらって帰ってきて、我々に辞令を配りますみたいな、そういったような流れと申しましょうかね。それがもう、この段階からあっても不思議ではないと思います。

【坂井】それが、どの段階からおこなわれていたか、1つ課題であるということがわかりました。

それから、ちょっとさっきの質問で、いつ定型化したのかと言いましたけれども、その郡庁が定型化してきた時期なんですが、大体7世紀末とか7世紀の後半とか表現するときに、具体的に言うとそれが第3四半期なのか第4四半期なのかで、この段階ですと結構大きな差があると思うんですね。

それから、今日の藤木さんの発表でも、仙台の郡山官衙遺跡のⅠ期とⅡ期の関係で、藤原宮が成立した後か前かということも、大きな問題になろうかと思いますので、大体、末というふうに言われたと思います。関東では7世紀後半という言い方をするのが結構多いのですが、少し話が出た新田郡庁がある太田市の小宮さん、ちょっと突然で恐縮ですが、新田郡庁は結構広範囲に掘ってますので、この時期をどのように評価されているのか。その後半がどの辺なのか少しご説明いただければと思います。

【小宮】突然振られてちょっと困っておるのですが、時期に関してですけれども、郡庁自体から出ている遺物では時代は語れません。ですので、郡庁の西部にある掘立、四面廂も掘立があるんですけれども、そこの掘方の中から、地元で言います7世紀第4四半期の土師器の杯が出ております。それと層高がほぼ同じですので、それが郡庁化した時期ではないかというふうに考えております。というぐらいしか今のところ言えないですよね。

あと、郡庁の変遷が一応5段階と捉えておりまして、それが7世紀の第4四半期ぐらいから追うと、大体おさまるのかなということで、今のところは、7世紀の第4四半期ぐらいを出発点と考えております。そんなことでよろしいでしょうか。

【坂井】ありがとうございます。7世紀の第4四半期の、700年に近いかどうかは。

【小宮】1片の土師器ですので、まだそこまではわかりません。申し訳ございません。

【坂井】わかりました。ありがとうございます。

この会場におられる方で、そのあたりのコメントをいただける方はいらっしゃいませんでしょうか。よろしいですか。わかりました。

藤木さんは、7世紀の後半という時期比定をされている例が結構ありましたが、具体的に言うと、郡山官衙遺跡との関連で評価されているものが結構ありました。そうすると、郡山官衙遺跡は7世紀半ばぐらいまでさかのぼるんですが、その7世紀後半といった場合、どれくらいの具体的な年代を考えておられるのか、少しコメントいただければと思います。

【藤木】　現実には、私も詳しくわからないのですが、郡山遺跡（図1）のⅠ期官衙の時期は7世紀中頃と言われています。ただ、そのⅠ期官衙の中で、大きく2時期、A期とB期があるんですね。そのA期では総柱の建物が連結されていて、その後B期になりますと、長舎構造の側柱建物が連結する構造になる。このうちで郡庁に模倣されるのは長舎が連結するB期のほうだと考えています。ⅠB期ですね。Ⅱ期官衙は、藤原宮の構造を模倣したとされますので、その前のⅠB期というのは、7世紀のやっぱり第4四半期ぐらいまでは続いて、その後なくなるということなのかと思います。そういった意味では、おそらくⅠB期を模倣した郡庁が成立してくるのも、おそらく7世紀第4四半期以降、藤原宮期よりももう少し前なのかなというイメージです。

【坂井】　ありがとうございます。7世紀第4四半期で藤原宮期よりも少し前ではないかというところですね。ありがとうございます。

西垣さんからは、先ほど大体7世紀第4四半期ということでしたでしょうかね。その辺のところ、補足をお願いいたします。

【西垣】　九州では、私が調査しました阿恵遺跡で長舎囲いが出てくるのは、7世紀第4四半期だろうと思っております。その前の段階の、建物が2つだけある時期が7世紀第3四半期になるのか、それとも7世紀第4四半期でおさまるのかというのは、まだちょっと検討中なので、そこははっきりとはわかりません。同じような時期で、大分の城原・里遺跡が長舎囲いになるのは、7世紀第4四半期と評価されていますので、その前のL字型配置の段階は、これも7世紀第3四半期に入ったとかいうようなところで、報告書の中では、一応、それも挙げられていたというように記憶しております。

ですので、確実に7世紀第3四半期にさかのぼる事例というのは、ちょっと性格が変わるかもしれませんが、福岡の小郡市の上岩田遺跡が、678年の筑紫

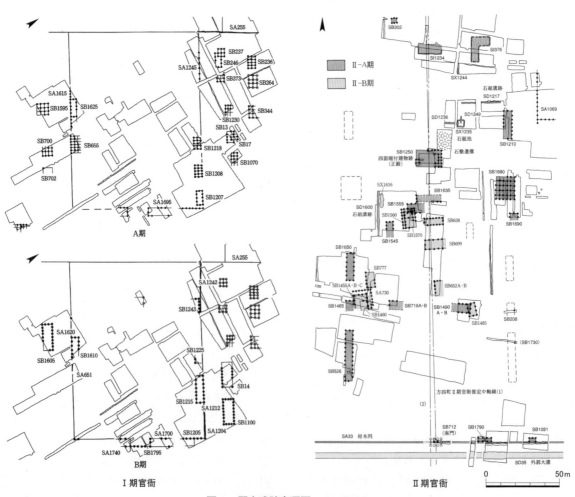

図1　郡山遺跡変遷図　1：2500

地震を境にⅠaとⅠb期に分かれてますので、678年以前のⅠa期というのが、7世紀第3四半期に成立していた可能性はあろうかと思います。

それが評庁なのかどうかという問題は、また別にあるかもしれませんが。

【坂井】　ありがとうございました。この辺は、どうしても考古資料からはなかなか難しいところがあるようですので、どの程度詰められるかというのはありますけれども、今後の大きな課題ではないかというふうに思います。

大分時間が過ぎてますので、次のテーマにいきたいと思います。いずれにしても、どこまでさかのぼるか、それから、定型化したといいますけれども、その前の段階から連続してその場所に前段階の遺構が確認されるというところがありますので、それはどういう評価をしたらいいか。郡評との関係で、その辺から出てきてもいいのではないかということがあると思うんですが、ここで一言だけ、田中さん、明確に郡庁のところで、古い前段階のものがあるんだと言われましたが、あれはどの辺までいくというふうに考えておられますでしょうか。

【田中】　7世紀の第3四半期ぐらいから。わりと存続期間が短い、郡庁域中心部の下層で7世紀の中頃の竪穴建物が3棟見つかっているんですけれど、これらは1回整地されています。あきらかに意図的に廃棄させられたという状況です。その後に、脇殿よりも大きい下層の南北棟が見つかっています。これが古い段階のもので、これに関連する建物と思われる柱穴が正殿の北のほうの「後殿か」とした範囲で見つかっています。未だ把握し切れてないんですけれども、7世紀第3四半期に成立する「評庁」と思われる遺構です。7世紀第4四半期から、「弥勒寺」の造営がまず始まるんですけれども、評の段階の建物がどういうふうに、その後の郡衙に切りかわっていったのかというのは、また微妙な問題をはらんできます。

【坂井】　わかりました。ありがとうございます。いずれにしても、「弥勒寺」よりも古い段階で、下層に大型の掘立があるということですね。その後、「弥勒寺」が成立して、あそこに郡庁が造営されるということでよろしいですね。はい、わかりました。ありがとうございます。

では、1番目の課題についてはこの辺で終えることにいたしまして、次に郡庁の変遷について、確認しておきたいと思います。この変遷については、建物に廂を付け足す。これは、面積を拡大するということになりますし、それから、礎石化、瓦葺、あるいは、長舎の辺殿の遮蔽施設が独立していくというような変遷が、どの程度確認できるかということについて、考古の報告をされた方から、1人ずつ順に、ちょっとコメントをいただければと思います。

【西垣】　それでは、九州のほうからコメントいたしますと、政庁の前の段階、阿恵遺跡、あるいは城原・里遺跡のように、政庁になる前、数棟の建物で始まる時期、この時期の建物の1つを基準にして、次の段階に長舎囲いの建物群ができる。今の阿恵遺跡で言いますと（53頁図5）、北側にある建物（1期）、その位置を基準にして建て替えて、長舎建物（2期）が出てくる。構造自体は内部空間を持つ2期が政庁として成立する段階だろうと思いますので、1期と2期で構造は大きく異なってくるんですけれども、この2つが全く断絶している関係ではなくて、一応継承している。そういった意味では連続性を保ちつつ、政庁が成立するというようなことが言えるかと思います。

その後、7世紀末～8世紀初めの段階になりまして、阿恵遺跡でははっきりした正殿、例えば、西の区画のほうには正殿は確認できていません。正殿があるとしたら、もう出てきててもおかしくないだろうというところは調査しているんですが、それでも出てきてませんので、おそらく北の辺殿が正殿を兼ねるものだろうと思っています。

東側は、正殿があるんじゃないかというような場所は、はっきり調査ができていませんので、あるかどうかというのは、まだわかりません。ほかの遺跡で言いますと、同じ7世紀末～8世紀初めの段階で、福岡市の有田遺跡では、正殿は廂がもう付いておりますし、大分の城原・里遺跡でも、長舎囲いの中の正殿が、中央に位置して、二面廂が付いていくというような、そういった荘厳化も始まっております。

そして、評から郡に変わる段階ですが、大きな空間構造の変化というのは、あまり認められないんじゃないかと。空間構成は引き継ぎながら変遷しているように思います。

その後、8世紀の中頃に1つの大きな画期が九州ではあるんじゃないかと思っています。ちょうど、大宰府政庁Ⅱ期が成立した後ぐらいの時期だろうと思いますが、そのころに、それまで8世紀の初めまでに

存在していた郡庁というのは移転してしまいます。8世紀前半～中頃にかけて継承されるのは、今のところ確認ができておりませんので、別の場所に移ってしまうと。ただ、移った後も古い政庁のところには、何らかの官衙建物が残って、官衙の機能はしばらくの間は維持されている。

新しくできた郡庁というのは、ちょうどそのころ、長舎囲いがなくなってきます。遮蔽施設が独立して、柵とか塀が付けられるようになってまいります。そして、第2に、正殿・脇殿・後殿が設けられるタイプが出てまいります。資料（70〜73頁表1〜4）に細かい表を載せています。その中で8世紀中葉〜後葉の段階の郡衙の表がありますけれども、一番上の段の右から6番目に面積と書いています。これは建物面積を示していますが、この黒塗りの部分は、建物の1棟の面積が75m²以上を指しています。郡衙の建物については、8世紀中葉以降にかなり面積が拡大します。それまでとはかなり異なる傾向だろうと思います。これはおそらく、建物の梁行が3間に広がる、そういった建物が採用されていくのが、この8世紀中頃以降になります。正殿は廂も付けて、屋根の格式を維持しながら面積を拡大しますけれども、それ以外の建物については、切妻を基本としつつ、長舎囲いでなくなった後の面積を確保するために、梁行3間というのを持ってくるのではないかということを考えております。

その後、8世紀中頃以降というのが、一番郡衙が盛期を迎えるような段階ではないかと考えています。

【坂井】　ありがとうございました。8世紀中頃に結構大きな画期があったのではないかということですね。

雨森さん、次、お願いいたします。

【雨森】　変遷につきましてですけれども、まず岡遺跡ですが、L字形から8世紀前半にはロの字形に長舎で囲って、内部に正殿が出てくる（91頁図5）。それが8世紀前半～中頃ぐらいまでと想定されております。その後、8世紀後半～10世紀にかけては、場所も移転して、長舎による囲いがなくなって、ただ空間を持つ建物群は存続するという、そういう変遷になっています。

岡遺跡はこんな感じですが、広島県下本谷遺跡でも、細かな時期はまだ検討はできていませんけれども、まず小規模な建物が2棟ほど出てきている時期があって、その後、柵によって区画された中に正殿と脇殿が2棟並ぶような配置の建物が出てきて、最終的には、その廂付きの正殿が四面廂から二面廂になって、廂なしに戻るというような流れになっています。

あとは、山陰の上原官衙遺跡群（98頁図11）では、山宮阿弥陀森遺跡で、長舎で囲ったコの字形の建物が8世紀代にあって、その後9世紀になると上原遺跡へ場所を移して、廂付きの建物が出てくるという、そういうような移り変わりが想定されています。

それに、戻りますけれど、京都の正道官衙遺跡（96頁図9）では、長舎が組み合う建物群から、8世紀になると廂付きの建物で品字形になる、そうやって正殿が出てくるパターンと、岡山県の宮尾遺跡のように正殿が確認されていないものがあります。以上のような変遷です。

【坂井】　ありがとうございました。

田中さん、お願いいたします。

【田中】　昨日申し上げたことの繰り返しになりますけれども、弥勒寺東遺跡の郡庁の場合は、3期に分かれて、塀が2時期、その塀が最後の時期まで来るか、来ないか。これについては後半段階で遮蔽施設、囲繞施設を失うということが、象徴的に起こっているのではないかなと考えています。その背景には何があるのかということを考える前に、弥勒寺東遺跡の郡庁の変遷（115頁図9・116頁図10）をおさらいしていただきたいんですけれども、Ⅰ期はHの字形をしておりまして、脇殿に南北棟がそれぞれありますが、これらはⅡ期の段階に入るとなくなります。Ⅲ期には郡庁区域の西側に建物1、建物2が展開します。建物2は総柱建物なんですけれども、あきらかに郡庁区域の建物と棟の方向を直交させるという関係性がある。それまで郡庁区域であった範囲から、外側への意識が見てとれます。鈴鹿市の狐塚遺跡（118頁図13）の場合も、ＳＢ14という建物が、南西隅に登場します。これはⅡ期からです。ＳＢ14というのは、Ⅱ、Ⅲ期にわたるというふうに私は昨日申し上げました。

これに関連する建物ＳＢ16、ＳＢ17が登場してくるんですけれども、変遷の終わり頃に、やはり外側に意識が、あるいは空間が見てとれる。これは空間そのものの使い方、意義が変わったことをあらわすと思われます。このＳＢ14は、総柱建物群です。弥勒寺東遺跡の建物2も総柱だということと、何か関係するのではないかと思います。狐塚遺跡の郡庁の場合は、

遮蔽施設というか囲繞施設が、まだ確認されていないんですけれども、塀の有無に関わらず、変遷の終盤で、それまでの郡庁区域の範囲より外側に意識が広がっていっていることが読み取れるんじゃないかなと思います。狐塚遺跡と久留倍官衙遺跡、これは伊勢の隣同士の郡ですけれども、形は非常に似ています。そういうことからすると、狐塚遺跡にもひょっとしたら囲繞施設が実はあったのではないかというふうに思います。

【坂井】　ありがとうございます。

　それでは、栗田さん、お願いいたします。

【栗田】　関東地方で見つかっている10の郡庁ないし郡庁と推定される遺跡の変遷を見てみますと、基本的には通常、掘立柱から廂が付いて、さらには、礎石というような形の荘厳化が見られるケースが全国的には多い中、関東地方の場合、まず初期の段階から廂を持つものもあればないものもあり、礎石化が進まないところも多い等の特徴があり、その辺は地域性をあらわしているものと考えております。先ほど、小宮さんのお話にあったように、新田郡家の場合は、郡庁では、総地業から最後は壺地業の礎石になっていきますが、それ以外のところにつきましては、廂が四面廂になるというような変化はあったとしても、当初から二面廂であったり、廂の形状が最後まで変化なく推移するという郡庁もあります。ですから、それをどのような形で評価するかは、これからの課題だというふうに考えておりますし、廂の有無が、いわゆる荘厳化と関係するのかということも今後考えていく必要があると思っております。以上でございます。

【坂井】　ありがとうございます。

【栗田】　追加でもう1つ。関東の場合、新田郡家や豊島郡家（御殿前遺跡）のように、造営されてから終焉を迎える時期までの変遷をたどれる郡庁が発見されており、新田郡家であれば、小宮さんも造営が7世紀第4四半期ぐらい、終わりは9世紀の後半ぐらいとされていますが、西暦で言えば700～900年ぐらいとして、約200年間となります。豊島郡家も大体同じような700年ぐらい～900年までの約200年間となります。そうすると、その変遷時期が5期とすれば、大体1時期40～50年ということになります。とすると、基本的には掘立柱建物の耐用年数との関係が出てきます。廂の有無等は別ですが、掘立柱建物自体の寿命の問題で建物を建て替える際、前の建物の構造をそのまま踏襲するのかしないのかという違いがあらわされていると考えております。そこには、郡庁を造営する各郡の特徴を示しており、その背景を調べていければなと考えております。

【坂井】　ありがとうございます。

　次は、藤木さんですが、廂がなくなる方向の話もありました。その質問がありますので、それについてのコメントも含めて、手短に少しお願いできればと思います。

【藤木】　泉官衙遺跡（159頁図4）で、先ほどもご説明しましたけれども、斜め方位のⅠ期と、それから正方位のⅡ－a期で、建物配置は基本的に同じなんですが、正殿が四面廂になるという点があるのと、それからⅡ－a期になりますと、朝庭というか、建物のない空間の部分に玉石敷が敷設されるという点で、この時期に、荘厳化とかそういったものがされているということになります。

　それから、根岸官衙遺跡（164頁図8）については、当初は四面廂の建物が正殿になるんですが、これがⅡ期になりますと、無廂の正殿になるということで、これは、先ほどA案とB案があると申し上げましたが、もしB案で考えるとすれば、Ⅱ期には区画施設から独立した状態の正殿があって、その北側に区画施設に連結した後殿があるということになります。おそらく両方とも結構北辺に寄った位置にあって、Ⅰ期の四面廂の正殿の位置をほぼ踏襲しているような形で2棟重複している状況です。ですので、その四面廂の段階の建物の機能を継承したのが、その正殿とそれから北辺に取り付く後殿というようなことで理解をすれば、もともと四面廂でスペースを確保していたものが、2棟に分かれるというか、そういったことによって、建物の集合、集合という言い方はちょっと語弊がありますけれども、広さは2つに分けて確保したというようなことを、先ほどご説明しました。

　それから、栄町遺跡（166頁図9）については、Ⅲ期の段階にⅡ期の長舎囲いの建物を正方位に変えるんですけれども、その段階で、東西棟のほうですね、この梁行を2尺広くしています。これについては、少し大きくする、梁行を広くすることによって、脇殿との差を設けたみたいな解釈も、あるいは可能なのかもしれないと思いますが、大した差ではないので何とも言えないという点と、それから167頁図9・11の、このⅢ期のところでは、ひょっとしたら、南北棟に四面

廂が付いていて、そういったところで荘厳化がされた可能性があると思います。これも、はっきりと確定したわけではないんですが、そういった理解も可能だということを先ほどご説明しました。

Ⅱ期の段階では、Ⅲ期に想定したのと同じ位置関係のところに四面廂は確認されていないので、Ⅱ期の段階では四面廂は、おそらくともなわなかった可能性があって、Ⅲ期になってともなうようになったという理解ができるかもしれないということになります。

それから、荘厳化という点でもう1つ、瓦葺の問題がありまして、名生館官衙遺跡が瓦葺になるんですね。名生館官衙ではⅢ期に長舎連結型の建物が四面廂になりまして、それで、瓦葺になったと理解されています。この次の段階、Ⅳ期ははっきり見つかっていないのでわからないのですが、どうも瓦葺だと考えられています。そして、Ⅴ期の回廊囲いになった段階では、非瓦葺になります。回廊囲いのⅤ期の段階では、正殿は側柱で廂をともなわない建物になりますので、そういった意味では、正殿が四面廂の非常に格式の高い建物の際に瓦を使った場合があったのかなというふうには考えています。以上です。

【坂井】ありがとうございました。東北は瓦葺にすることが普遍的というか、一般的なような気がしまして、それは城柵のある地域だし、そういうところなんだろうと思います。

ここまでのコメントを聞きまして、海野さん、論点を設定した意図から、どんなことを考えられるか。また、さらにここで取り上げるべき課題について、ちょっとご説明をお願いします。

【海野】論点として、時代的な変遷をまず追いたいというところで、今のお話は進歩主義的な、基本的には荘厳化が進んでいくという話が中心になっておりますけれども、今回は成立から最盛期を迎えて、最終的に官衙自体がある程度不要な施設になって衰退していくというところに焦点をあてています。クロノロジカルに郡庁を見ていきたいという中で、今回はどうしても考古学的にわかりやすいところになると、最盛期に向かってどうなっていったかという話が出てくる。その点について各地の状況をみると、建物に廂が付いていたり、あるいは、廂が付いていたものが分化していくという部分に、地域的な特徴というのが出てきているのかなというふうに思います。

これに対して建築的なところから幾つか、栗田さんや藤木さんから出たような寿命の話ですとか、瓦葺の話について、ちょっとコメントをさせていただければと思います。

まず、寿命の話ですけど、それは昨日もお話ししましたけど、やはり掘立柱と礎石というもので、根本的に長寿命で建物を考えているか、あるいは一時性、一時性といっても、何十年かのスパンだと思いますけれども、超長期的なものを考えているかというところが大きな1つの違いであるとは思います。

そういった意味で、礎石化という問題に関しては、これは次のところにも関わってくるのかもしれませんが、昨日の私の発表で若干の誤解を与えてしまったところがあったと思います。地方に国分寺が入ってくることと礎石化の関係ということですけれども、技術的な部分がそこで伝播したということではなくて、正倉が礎石化していく、それから、国庁あるいは郡庁まで波及して礎石化していくという、礎石化をするという行為自体が、8世紀第1四半世紀の終わり、あるいは8世紀第2四半期ぐらいのところからある程度進んでくるんじゃないかと。そこら辺の関連性が地域社会の中で一体として起こっている可能性があるんじゃないかというのがコメントしたかったことです。

もう1つ、先ほど栗田さんの廂の話に関連して、完全に現存する礎石の建物の話なんですけれども、法隆寺の金堂で、裳階という、付廂と昨日私が説明したものに比較的近いものだと思いますけれども、ああいったものが壁画を保護するためにぐるっと回っているといった事例もございます。

もちろん、廂をぐるっと回して、さらに付廂が裳階状についてくる、身舎と廂が分離していて、廂だけ取り外しができて、建て替えできますといった廂であれば、それ自体が風雨を防ぐ、建物の身舎の部分を保護する役割を果たす可能性はあるのかなと思います。

もう1つ、建物の独立という話ですけれども、これに関しては、建物の配置として独立してくる、あるいは遮蔽施設をわざわざ別個に建てるのかどうかといった問題は、どこをどう囲ったらそれを区画とみなすかという認識の違いに関わることかもわかりません。

長舎ではもちろん、長舎と長舎の間を塀で区画しているものもありますから、その場合と、長舎で間が空いているものとの違いで、遮蔽施設の独立というのは関連して考えることができるのではないか。ま

た、完全に遮蔽するのか、それとも完全に遮蔽していなくても空間的認識として遮蔽されていると認識されていれば、もうそれをもって遮蔽された空間あるいは庭と認識するのか、という違いがみえてくるのかなというのが、私の意見であります。

【坂井】　ありがとうございます。それで、掘立の場合、修理して礎石化するということもありましたが、発掘現場でそれを的確に認識しているかどうかという問題提起でもあろうかと思うんですね。

　それで、田中さんからは、綿密に1年かかったと言われました。調査をして、礎石の下に掘立が20基ぐらい残っているということの事例がありましたが、同じように掘立から礎石に変化している、そういうことが確認されているところが結構あると思うのですが、現場でどんなふうにされているのか、臨んでいるのか、ちょっとお伺いしたかったんです。小宮さんがうんうんと言われていますから、新田郡庁では、そういった事例は、現場でどのような確認をしているのか。指定されているからどこまでやっていいんだというようなことも気を付けられてはいると思うんですが、遺跡の展開について、建物の更新とか修理について、大変重要な視点だと思いますので、少し現場からのお話をしていただければと思います。

【小宮】　今のお話では、郡庁に関してということでしょうか。それとも正倉……。

【坂井】　郡庁でも正倉でもいいです。

【小宮】　それでは、たまたま新田郡庁なんですけれども、掘立から総地業に造り替え、その後、壺地業に造り替えたということがわかっております。調査の過程では、まず、総地業の面が確認されまして、それをたまたま水道管が切っていることがありまして、水道管を取り除いたところ、そこの断面で、壺地業が総地業を切っているということが確認されました。その間に、地割れの跡がありました。ですから、おそらく総地業の建物が地割れにあって、地震で壊れて、その後に壺地業に造り替えたということがわかりました。

　その際に、たまたまその攪乱を掘ったところ、下に柱穴がありまして、それで掘立柱から総地業に変わって、また壺地業に変わったという変遷が追えたということになります。

【坂井】　ありがとうございます。攪乱を積極的に利用して、その確認をしたということでございます。上野国で確認されている礎石建物は、下に掘立の建物がそのままある場合が大変多いですね。出浦さんが担当された佐位郡衙（三軒屋遺跡）の、あの八角形の建物がそうでしたが、今後、あの現場ではそれに対する注意を怠ってはいけないというところだと思います。

　それから、もう1つ、発掘現場で注意すべきだというご指摘がありましたのは、床束ですね。建物の床があるかどうか。これを考古学的に認識できるのは、床束の痕跡が残っている場合なんですが、これはあんまり、必ずしも認識が十分ではない可能性もあるというようなことが考えられるということなので、海野さんから、どういう遺構として確認されるか、どの程度の大きさでとか、ちょっとお話しいただければと思います。

【海野】　これは、床の構造、上部構造に関して、模式図的に描いた図（33頁図23）なんですけれど、左側の2つ（A、B）に関しては、床を張るときに、床束と言われるような、床を張るために必要な構造体を別個に設けるものと考えられます。

　それに対して、右側のもの（C、D）というのは、いわゆる地下、地中に痕跡を残さないで床を張ることもあるということなので、極端な話を言いますと、床束の痕跡がないからといって、床を張っていないという結論にならないということなんです。左側の模式図のほう、発掘調査の所見に関係があるところを見ていただきますと、模式図的に描いているので誇張はしていますけれども、建物本体の柱の内側内部に、建物の本体の構造に比べてやや細い柱があります。こちら側の柱というのは床を支えるだけですから、構造的に支える荷重が少ないということもありまして、こういった少し細めの柱、あるいは深さに関しても浅いものということになります。そうなってきますと、削平の具合が大きければ床束の痕跡というのは出てこない。あるいは、残っていたとしても、非常に浅い痕跡になってしまうということがあります。

　もう1つが、昨日、駆け足になってしまいましたけれども、礎石と掘立柱を併用するといった事例で、床束のみを礎石として、小礎石として使うような場合というのも考えられます。そうした場合には、礎石ですので、掘削深度が浅いため、削平によってなくなってしまうという危険性があるということです。そこら辺は発掘する際に、かなり注意して見ていく必要があるんじゃないかと思います。

　さらに、もう1つ言わせていただきますと、床束と

言いますと、小さい柱穴、本体の柱に比べて小さいものというのが想定されますが、それだけではなくて、基本的に総柱の建物というと、上部が倉であるとしても、基本的には床を張っているものですから、真ん中に同じ大きさの柱穴があるものというのも、もちろん床を張っている建物の例ではあります。

そういう意味で、総柱の建物が遮蔽施設にくっついてくるといった事例というのは、梁行3間、4間で正倉になってくるものはともかくとして、そうでないものに関しては、床を張っている建物の構造で、倉庫ではない建物という可能性も、もちろん考える必要があるのではないかと思います。

さらに、あともう1つが、正殿についてはあまり床が確認できないですが、脇殿では確認できますというお話をしました。正殿の位置が少し高いのではないかという点で言いますと、正殿の位置が地形的に高いところに建っている、掘立柱で基壇をともなっているといったことが想定される場合には、もちろん、その高いところが削平されていれば、同じように床があったとしても、その束の痕跡が残っていないという可能性があります。少なくとも確認されている中で、脇殿の中には確認できるというところを強調しておきたいと思います。

【坂井】 ありがとうございます。脇殿、辺殿では、郡庁ではそう多くありませんけど、城柵と国庁では、結構事例があるというのが、海野さんの資料（16・17頁表1・2）でありましたので、今後、調査にあたっては、そういったことも念頭に置きながら、現場で作業をするということも必要だという重要なご指摘だったと思います。

時間が大分過ぎてきましたので、最後の3つ目の、地域の中で、同一国内ですとか、同一郡の中での、郡家、郡庁のあり方について、少し取り上げておきたいと思います。

昨日からのご報告の中では、近江国の栗太郡は、8世紀の半ばぐらいに、岡遺跡で栗太郡の郡庁が確認できなくなる。それが、ちょうど近江国庁が成立する時期と同時なんだということ、それから、官衙関連といいますか、そういったものが、地域の中で整備されていくということも、話がありました。それから、今日の出雲国の話の中でも、吉松さんから、駅の移転ですとか郡家の移転だとか、国庁の整備によって変化が見られるのではないかというお話がありました。

それから、あまり時間がないので、もう一緒にコメントをいただきたいと思いますが、交通路との関連などもありましたので、吉松さんのほうから、改めて、国庁の整備との関連とか、変化するところを、交通路の変化等もあわせて、手短にお話しいただければと思います。

【吉松】 私の資料の図2（209頁図2）をご覧ください。意宇郡家域について、もともと黒田駅は、風土記の時代の郡庁の西北二里の位置にあったと『出雲国風土記』に書かれていまして、それが風土記成立より前の時点で、山陰道（正西道）と隠岐へ行く道（枉北道）の交点に移転したと記されています。ただ旧黒田駅周辺の遺跡等の状況からみますと、おそらく郡家（評家）も旧黒田駅の近くにあって、国庁の整備とともに郡家もこちらも移転したのではないかと現在推測されています。その背景には、国庁の整備と付随する官道の整備によって十字街が広域交通上重要な場所になったということがあるのですけれども、その移転する前の時点で、なぜ駅家もしくはその前身施設が黒田村にあったのかというと、南北を走る伝統的な幹線道がその付近を通過するように推測されていまして、東西に走る道と伝統的な幹線道の交点に交通機能を有する施設があった。それが後に主要な南北道自体も東に移動し、それにともなって駅家や郡家も移転した、と考えられています。

【坂井】 ありがとうございます。近江の状況も、国庁の成立で栗太郡の中の情勢が大きく変化したということの説明がありましたが、改めて、簡単にちょっとご説明いただければと思います。

【雨森】 近江の栗太郡なんですけれども、長舎で囲った整然としたⅢ期の郡庁がちょうどなくなって別の区画に移る時期ですね。一応、そのⅢ期の遺構というのは、8世紀中頃ぐらいまで存続し、後半になると区画として簡単なものになっていくということで、近江の国庁、瓦葺で基壇を持つ国庁が出てくる時期にちょうど合ってくる。そのころになりますと、栗太郡域で草津市の大将軍遺跡（91頁図5）とか、手原遺跡（91頁図5）とかで建物群が整備されていく時期に、ちょうど重なっていくということで、何かその辺が関連性があるのではないかなというようなことが考えられました。

官道の整備につきましては、都が移ることによっ

て、この地域に東海道が官道として整備されるわけです。そういったことは手原遺跡が充実する時期にかかってくるのかなというようなところで、郡衙の機能の移転などもあったのではないかと想定はしています。ただ、手原遺跡については調査が大分進んできておりまして、機能の移転も時期的にももう少し古いのかなという気もするので、官道整備以前にも、官衙に関連する機能があったことがわかってきております。

【坂井】 ありがとうございます。この問題は、国府、国庁がいつ整備されるのか、それがどこまでさかのぼるかという問題とも大きく関連して、国府が成立、国庁が成立する以前は、郡庁が代替の機能を果たしていたという山中さんのお考えもあります。これまで言われているよりも古いんだという意見もあるんですが、これについては、大橋さん、会場におられますでしょうか。国庁の成立について、全国の事例を丹念に調査されていると思いますので、そのことについて、少しお考えをいただければと思います。

【大橋】 郡庁の話だったので、ぼうっとして聞いてたんですけれど。187頁図30で、私の意見を取り入れて示していただいている。陸奥は非常にわかりやすいかなとは思ってはおるんですが、図の一番上にありますけど、一応、陸奥国の国府というのは、郡山Ⅱ期官衙の正方位になった段階、藤原宮段階だと言える。私もそれでいいと思っていますが、大体ですが、7世紀の終わり～8世紀初め頃には、正方位を向いてシンメトリックなものが、各地で確認されるようになってきていますので、個人的な意見としては、藤原宮期に国庁を中心に国府が成立していって、出雲などもそうだとは思っておるんですが、陸奥だけではなくて各地の郡庁にも多少影響を与えているんだろうと考えてはおります。

時間がありませんので、具体的な事例は省かせていただきます。以上です。

【坂井】 ありがとうございます。ご報告の中でも、陸奥では、郡山遺跡と多賀城跡が大きな影響を与えたということもありましたし、それから、九州では大宰府との関連で、郡庁のあり方も変化しているということがありますが、改めて、西垣さんからコメントをいただければと思います。

【西垣】 福岡の話が中心になりますけれども、大宰府の関連からといいますと、まず7世紀の後半には、白村江の戦い以降、存亡の危機が訪れますので、水城、大野城、筑紫大宰を中心にした国家的な施設が建設されます。一方、地図を載せておりますけれども (49頁図1)、筑紫大宰から南、筑後のほうに行きますと、これは地図には載ってないですけれども、筑後国府先行官衙というのができて、九州の南を押さえる施設とされる。そして、筑後と筑紫大宰との間に、国家的な関与が考えられる上岩田遺跡と、私は小郡遺跡も同じ国家的関与があると思っておりますけれども、そういったものが筑後と筑紫の大宰の中間地点に来るというようなことがあったと思います。

そして、8世紀の前半～中頃ぐらいになると、大宰府のⅡ期政庁が成立してきます。そのときの造営事業の中で、ほとんどの郡衙の造営技術集団も大宰府のほうに駆り出されたりなんかしているようですので、そういったところで、国と郡の技術交流の接触の機会が増えた時期だろうと思います。

また、国分寺の造営ですとか、駅路の整備ですとか、大宰府の周辺官衙の整備なんかも、この8世紀中頃がピークとなってまいります。また、この地図の左端のほうに怡土城跡がありますが、これは、新羅との関係悪化によって、8世紀の中頃に建築が始まりますが、そういった造営事業が拡大していく中で、郡衙にも、中央の技術が伝播していっている。そういったことが考えられると思います。

あと、福岡の大ノ瀬官衙遺跡というのがありますが、それが大宰府との関係が見てとれるのではないかなと考えています。四面廂の正殿がありまして、その両脇に複廊的な建物がついてきます。遮蔽施設は、柵が独立してあって脇殿もあると。こういった複廊的なもので正殿の前と後ろの空間が分かれるというのは、大宰府の影響があるのではないかなと考えている遺跡です。ですので、福岡の、九州の郡庁との関係を考えるときに、大宰府というのは、非常に重要なものだろうと思います。

【坂井】 ありがとうございます。大宰府が大きな影響を与えているということなんですが、会場にお見えの杉原さんはおられますでしょうか。一番後ろのほうでくつろいでおられますが。大宰府の変遷とその周辺の変化を見ていただいて、コメントがありましたらお願いいたします。

【杉原】 福岡県の杉原です。今、西垣さんがおっしゃられたことと重複するかと思いますが、私も8

世紀第1四半期〜第2四半期のあたりの西海道の官衙の動態に注目しております。その中で、まず大宰府政庁が8世紀の第1四半期に成立するという1つの定点があります。おそらく、霊亀・養老年間頃、いろいろなデータで720年頃に成立するというのが、ほぼ定説になっております。その際に、西海道でどういうことが起こるのかというのが、1つポイントになってくるのですが、律令成立期の西海道では、官衙関連の遺構と遺物を対比させていくと、大宰府を中心に国庁などの整備が進んでいくと思われます。

また一方では、7世紀第4四半期から拠点となるような、筑後、豊前といった地域では、すでに国庁級の中心施設が存在しており、そのまま律令体制成立後も継続する形があるようです。このような状況が、今回の阿恵遺跡のように一部の評でもみられると考えています。ただし、評については再編もあり、より多様だと思われます。

その後、西海道では官道整備の時期に、駅家が瓦葺きになりますが、その際、大宰府式鬼瓦II式が筑前、肥後、薩摩といった大宰府道の南北へ広がります。これは鴻臚館跡II期にも対応していると思います。大宰府政庁周辺に置かれた不丁地区官衙の調査成果からその年代をみると、天平年間あたりです。

ですから、大宰府政庁との直接の関わりについては、私はわかりませんが、西垣さんがおっしゃるように、この時期に政庁様式の変化があるかもしれません。ちょっと答えになっているかどうかわかりませんが、今考えているのは以上です。

【坂井】ありがとうございます。時間が今、3時25分で、発表者の方が、飛行機の時間もあって、どうしても3時半に終わる必要があります。私の司会があまりうまくなくて、あまり討論が深まらなかったことがちょっと申し訳なかったんですけれども、ここで最後に、この研究会をずっと主宰してこられた山中さんから、この2日間の発表と討論を聞いた上でコメントをいただければありがたいと思います。よろしくお願いします。

【山中】山中です。2日間にわたって、研究が進展してきたということを実感しております。私ももう最近はまじめにやっていないので、忘れてしまって、改めて、もう1回思い出すというような状況でしたけれども、まず、郡庁の認定の問題、私の研究を扱っていただいてありがたかったわけですけれども、やはり皆さんの発言の中にもありましたように、現状においては、まずそこが郡衙であるかどうかということがわかれば、その中で長舎囲いのようなものが確実に、確実とは言えないかもしれませんけれど、相当の確率性で郡庁ということは間違いないだろうと思います。

その場合には、当然、正倉が遺構としてわかりやすいので、そういうのとセットで何に使うということも、皆さんも言われましたように、非常に重要なポイントだと思います。また、それが継続しているということですね。もちろん形は少し変わっても、ある程度の期間継続しているということも注意していく必要があるのではないかと思いました。

それから、あわせて当然ながら、その地域における立地の問題、それから、その場所における地形的な立地の問題、そうしたものもあわせて検討する必要があるというふうに思います。

それで地形上でですね、西垣さんの報告では、郡庁の一番高いところよりちょっと下がったところにあるというのが、ちょっとそれはどういうことかなと、私、わからないんですけれども。ほかのところでは、その中では一番、わりと高いところに、まず郡庁が置かれているというところが結構多いと思うので、阿恵遺跡はほかと違うのかなという感じがしました。そういうふうな立地というのも、注意していく必要があるだろうと思います。

ただ、型式というか、構造的に、長舎囲いとか、あるいはコの字形のような配置というのは、郷レベルのものでも見つかっているんですね。郷かわかりませんけれども、郡衙以外でも見つかっているわけです。四日市の西ヶ広遺跡とか、鳥取市の戸島遺跡（98頁図11）とかいうようなもの、あれは、郷というより、支所的なものでしょうけれども、郡庁とはちょっと違うものとして、よく似たものが出ています。石川県の横江荘では、これ、議論があったんですけれども、見れば郡庁かなというように思うんですけれども、出てくるものはお寺関係のものだけです。海野さんは、ヘボノ木遺跡（19頁図7）も郡庁のところに上げて議論されてましたけれども、あそこで出ているのは仏教関係遺物で、本当にあれが郡庁かなという気も実はしておりました。そういう意味で言うと、構造だけで議論するというのは、やっぱり危険なところがあって、まだ現状ではそういう研究水準にあるのではないかと思います。

それで、いつ成立したかということと関係しまして、私がやっていたころの研究水準ですと、いわゆる「豪族居宅型」ということで、吉田晶先生などがおっしゃっておられますけれども、それは現在でもある意味では新しく視点を当てなくてならない。赤堀茶臼山古墳の家形埴輪の配置とか。あるいは宮本長二郎さんが指摘している広島県の大宮遺跡ですね、6世紀後半で長舎がコの字といいますか、いびつなコの字形のように並んでいる。それで、周りを溝がめぐっているというふうな例がございます。

　そういうものとか、あるいは一方、ミヤケなんかの比恵遺跡のような、那珂遺跡群ですか、ああいうコの字状に曲がる3本柵列ですね。そういうのもよく似たような配置になっているので、そういう古い豪族居宅からの連続性、あるいはミヤケとの関わり。また都城の、要するに前期難波宮でも特に形になってるものね、コの字形といえば、それだけ見ればそっくりなんですよ。あるいは、雷丘北方遺跡とかよく似たものがあるわけでして、すぐにそれに飛びついて、系譜関係を論じるというのは問題があるかもしれないけど、やはりそれを総合的に検討する必要があるだろうと思います。

　それで、ある程度定型化した郡庁について、もう1つ、その前身があるのとないのとがありましたですね。下本谷遺跡のように1棟あるものとか、あるいは岡遺跡のようにL字形になるのがあるとか、あるいは阿恵遺跡のように長舎と1棟あるというふうな、囲いが何となくわかるようなものじゃないものがあるという、そういう場合もある。一方、いきなりちゃんとしたものが出てくる場合もある。そういうものと、定型化的なものができてくる過程について、前回の長舎の研究では、先ほど、小田さんもご指摘になりましたけれども、長舎というものが機能分化していくんですね。それが、L字とか、ロの字に転化してくるっていう話になったんですけれども、そういう展開をなぜできなかったかということですね。前の時期にあってもいいじゃないか。だけど、それはなぜこの時期にならないと出てこないか、ということも、やはり研究において考えるべき重要な論点じゃないかと思います。

　だから、単に長舎が分化して、それが発展してきたんだという考え方と同時に、やはりそこで大きな転換というものを考えなければならない。その相互をあわせて検討する必要があるんだろうというふうに思うんです。

　それから、今日の話では、国庁と、あるいは東北でいうと郡山官衙との関連性、影響とかいうことがありまして、そういう特に東北というフロンティアで造営された前進基地的なものが非常に大きなインパクトを与えて、構造に影響があるということもあると思いますし、また、西日本で言えば、福原長者原遺跡とかで突然規模が大きいものが出てくるというのも1つ、注目すべき点じゃないかなというふうに思いました。

　そういうものとの関係も論じる必要はあります。例えば、郡山遺跡Ⅰ期官衙の、あれがいわゆる政庁なのかどうかという、そこへまた戻ってくることになると思います。最初の時期は、どちらかというと、倉主体で張りついて並んでいたのが、同じ配置で、今度はそれが側柱の建物に変わってきます。そうすると、倉だったものが、同じ機能を持って側柱になったというだけかもしれない。そうなると、少し、そこで、何か儀礼的な空間とかというのと、空間は確かにあるんですけれども、ちょっと違った解釈をしなくてはならない余地もあるんじゃないかというふうにも思っています。そういう意味では、空間があって、その周りを囲んでいたら政庁とか、そういうふうに感じなくてはいけないところの問題もあるだろうということだろうとは思います。

　そんなことを問題点としていろいろと考えましたけれども、相当、今回の研究で郡庁域の移り変わりの動きというようなものは、はっきりわかってきました。ただ、それが荘厳化していくという傾向の話が主体だったけれども、それが逆に衰退していくような過程については、あまり意見がなかった。そういったことも、実際には幾つか例はありますので、今後見ていただいて、その地域の中における歴史の中に位置付けていただければいいじゃないかと思います。

　不勉強なのでちゃんとした説明はできませんけれども、以上で失礼いたします。

【坂井】　ありがとうございました。大変、総括的に的確なコメントをいただきまして、ありがとうございます。

　もう既に時間が来てますので、これで終わりたいと思いますが、私は長い間、文化庁におりまして、史跡の指定で官衙遺跡を取り扱う場合、その名称をどうしたらいいのかという問題、何が出ると郡庁なの

か、何があったら郡家、郡衙で、何があったら国庁、国衙、国府なのかという問題は、なかなか悩ましいわけです。それで昭和40年代後半に官衙遺跡という指定名称で、小郡官衙遺跡をやり始めて、今、郡衙関係は、大体官衙遺跡になっています。それはそれで問題ですが、現在では研究と調査の積み重ねで、郡家や郡庁などとある程度絞って言えるようになってきたなという感じがしております。

　今回、この２日間の報告と討論でも、その辺はかなり深められたわけですが、なお山中さんご指摘のとおり課題も多いわけで、それについては、来年度以降もこの研究会で引き続き取り組んでいただいて、皆さんに古代の官衙・集落についての実像をあきらかにしていただけたらと思います。

　長時間にわたりまして、私の下手な司会でちょっと戸惑ったりしまして、ご迷惑をかけました。報告者の皆さん、どうもありがとうございました。これで、終わりにしたいと思います。どうもありがとうございました。(拍手)

研究集会参加者（五十音順）

相原嘉之	赤川正秀	浅井勝利	朝田公年	安達訓仁	雨森智美	荒木志伸
家原圭太	猪狩みち子	生田和宏	石口和男	石毛彩子	石松智子	磯久容子
出浦　崇	伊藤　聡	井上　翔	今泉　潔	岩田　薫	岩永省三	上田　真
上野邦一	内田律雄	海野　聡	江草由梨	大上周三	太田有香	大橋泰夫
大村浩司	大矢健太郎	岡本治代	押井正行	小田裕樹	小野亜矢	亀田修一
河野一也	木下　実	木本雅康	蔵本晋司	栗田一生	黒済玉恵	黒田智章
郷堀英司	小杉山大輔	児玉利一	小宮俊久	近藤大典	斉藤和機	坂井勇雄
坂井秀弥	坂井田端志郎	坂爪久純	佐藤敏幸	志賀　崇	渋谷啓一	清水政宏
下平博行	下村嘉輝	下山はる奈	白石　聡	新垣清貴	神保公久	菅波正人
杉原敏之	杉本悠樹	杉山大晋	鈴木一議	鈴木智大	清野陽一	田井中洋介
田尾誠敏	高井　晧	高井佳弘	高橋　香	高橋忠道	高橋　透	滝沢　匡
田中弘樹	田中弘志	玉田芳英	知久裕昭	辻尾榮市	筒井崇史	津曲大祐
出越茂和	長井博志	仲田周平	中原彰久	中村信幸	西　拓巳	西垣彰博
西別府元日	新田　剛	丹羽崇史	箱崎和久	馬場　基	馬場保之	林　正憲
林　正之	平川智真	平田博幸	平田政彦	平山晃基	昼間孝志	廣瀬　覚
深澤みどり	福山博章	藤岡孝司	藤木　海	藤間温子	藤原秀樹	堀内和宏
堀沢祐一	前岡孝彰	松葉竜司	松村一良	松村恵司	松村　浩	眞鍋昭文
丸杉俊一郎	三浦薫平	道田賢志	三舟隆之	宮田浩之	三輪仁美	室伏　徹
望月秀和	矢越葉子	山岡　渉	山崎孝盛	山中敏史	山本哲也	山本輝雄
吉田真由美	吉松大志	吉本正典	依田亮一	李　陽浩	林　白簫	渡部圭一郎

これまでに開催した研究集会

第1回	**律令国家の地方末端支配機構をめぐって**	1996年12月
	(『律令国家の地方末端支配機構をめぐって―研究集会の記録―』1998年3月刊)	
第2回	**古代の稲倉と村落・郷里の支配**	1998年 3月
	(『古代の稲倉と村落・郷里の支配』1998年12月刊)	
第3回	**古代豪族居宅の構造と類型**	1998年12月
第4回	**郡衙正倉の成立と変遷**	2000年 3月
	(『郡衙正倉の成立と変遷』2000年12月刊)	
第5回	**銙帯をめぐる諸問題**	2000年11月
	(『銙帯をめぐる諸問題』2002年3月刊)	
第6回	**古代官衙・集落と墨書土器―墨書土器の機能と性格をめぐって―**	2002年 1月
	(『古代官衙・集落と墨書土器―墨書土器の機能と性格をめぐって―』2003年3月刊)	
第7回	**古代の陶硯をめぐる諸問題―地方における文書行政をめぐって―**	2003年 3月
	(『古代の陶硯をめぐる諸問題―地方における文書行政をめぐって―』2003年12月刊)	
第8回	**駅家と在地社会**	2003年12月
	(『駅家と在地社会』2004年12月刊)	
第9回	**地方官衙と寺院―郡衙周辺寺院を中心として―**	2004年12月
	(『地方官衙と寺院―郡衙周辺寺院を中心として―』2005年12月刊)	
第10回	**在地社会と仏教**	2005年12月
	(『在地社会と仏教』2006年12月刊)	
第11回	**古代豪族居宅の構造と機能**	2006年12月
	(『古代豪族居宅の構造と機能』2007年12月刊)	
第12回	**古代地方行政単位の成立と在地社会**	2007年12月
	(『古代地方行政単位の成立と在地社会』2009年1月刊)	
第13回	**官衙と門**	2009年12月
	(『官衙と門』2010年12月刊)	
第14回	**官衙・集落と鉄**	2010年12月
	(『官衙・集落と鉄』2011年12月刊)	
第15回	**四面廂建物を考える**	2011年12月
	(『四面廂建物を考える』2012年12月刊)	
第16回	**塩の生産・流通と官衙・集落**	2012年12月
	(『塩の生産・流通と官衙・集落』2013年12月刊)	
第17回	**長舎と官衙の建物配置**	2013年12月
	(『長舎と官衙の建物配置』2014年12月刊)	
第18回	**宮都・官衙と土器(官衙・集落と土器1)**	2014年12月
	(『官衙・集落と土器1―宮都・官衙と土器―』2015年12月刊)	
第19回	**宮都・官衙・集落と土器(官衙・集落と土器2)**	2015年12月
	(『官衙・集落と土器2―宮都・官衙・集落と土器―』2016年12月刊)	
第20回	**群庁域の空間構成**	2016年12月
	(『郡庁域の空間構成』2017年12月刊)	

第20回　古代官衙・集落研究会報告書
郡庁域の空間構成

発　行　日	2017年12月8日
編　　　集	独立行政法人 国立文化財機構 奈良文化財研究所
	〒630-8577　奈良市佐紀町247-1
発　　　行	株式会社 クバプロ
	〒102-0072　東京都千代田区飯田橋3-11-15 UEDAビル6F
印　　　刷	株式会社 大應
	〒101-0047　東京都千代田区内神田1-7-5

©2017　本書掲載記事の無断転載を禁じます。
乱丁本・落丁本はお取り替えいたします。
　　　　　ISBN978-4-87805-155-5　C3020

第17回 古代官衙・集落研究会報告書

長舎と官衙の建物配置
報告編・資料編

奈良文化財研究所研究報告

独立行政法人 国立文化財機構
奈良文化財研究所編

〈報告編〉
- 長舎と官衙研究の現状と課題
  大橋 泰夫（島根大学）
- 近畿地方における長舎の出現と展開
  鈴木 一議（奈良県立橿原考古学研究所）
- 九州における長舎の出現と展開─7世紀代を中心に─
  長 直信（大分市教育委員会）
- 関東、東北における長舎と官衙
  小宮 俊久（太田市教育委員会）
- 長舎の構造的検討
  大林 潤（奈良文化財研究所）
- 文献史料からみた長舎と官衙─7世紀の儀礼空間─
  古市 晃（神戸大学）
- 饗宴施設の構造と長舎
  小田 裕樹（奈良文化財研究所）

資料編
A4版・466頁
4,300円+税

報告編
A4版・256頁
2,600円+税

〈資料編〉
Ⅰ 都城の長舎／Ⅱ 官衙・集落の長舎／Ⅲ 遺構一覧表

第19回 古代官衙・集落研究会報告書

官衙・集落と土器2
─宮都・官衙・集落と土器─

A4版・194頁
2,500円+税

「官衙・集落と土器1」は残りあとわずか!!

- 東国の官衙・集落と土器様相─常総地域を中心に─
  松本 太郎（市立市川考古博物館）
- 豊前・豊後の官衙・集落と土器様相
  長 直信（大分市教育委員会）
- 越後の官衙・集落と土器様相
  春日 真実（公益財団法人 新潟県埋蔵文化財調査事業団）
- 陸奥国北辺における城柵の造営と集落・土器─賀美郡と栗原郡の様相から─
  村田 晃（宮城県教育委員会）
- 古代宮都とその周辺の土器様相─「律令的土器様式」の再検討─
  小田 裕樹（奈良文化財研究所）
- 難波地域とその周辺の土器様相
  市川 創（大阪府教育庁文化財保護課）
- 南山城地域における官衙と集落の土器様相について
  筒井 崇史（公益財団法人京都府埋蔵文化財調査研究センター）

A4版・280頁
3,500円+税

発行：(株)クバプロ 〒102-0072 東京都千代田区飯田橋3-11-15 UEDAビル 6F
TEL：03-3238-1689　FAX：03-3238-1837　URL: http://www.kuba.co.jp/　E-mail: book@kuba.jp